Les Rois
qui ont fait
la France

GEORGES BORDONOVE

Les Rois
qui ont fait
la France

LOUIS-PHILIPPE

Roi des Français

Pygmalion
Gérard Watelet
Paris

Sur simple demande adressée aux
Éditions Pygmalion/Gérard Watelet, 70 avenue de Breteuil, 75007 Paris.
vous recevrez gratuitement notre catalogue
qui vous tiendra au courant de nos dernières publications.

PORTRAIT DE LOUIS-PHILIPPE
PAR VICTOR HUGO

Les révolutions ont le bras terrible et la main heureuse... 1830, dans sa déviation, eut du bonheur. Dans l'établissement qui s'appela l'ordre après la révolution coupée court, le roi valait mieux que la royauté. Louis-Philippe était un homme rare.

Fils d'un père auquel l'histoire accordera certainement les circonstances atténuantes, mais aussi digne d'estime que ce père avait été digne de blâme ; ayant toutes les vertus privées et plusieurs des vertus politiques ; soigneux de sa santé, de sa fortune, de sa personne, de ses affaires ; connaissant le prix d'une minute et pas toujours le prix d'une année ; sobre, serein, paisible, patient ; bonhomme et bon prince ; couchant avec sa femme, et ayant dans son palais des laquais chargés de faire voir le lit conjugal aux bourgeois, ostentation d'alcôve régulière devenue utile après les anciens étalages illégitimes de la branche aînée ; sachant toutes les langues de l'Europe et, ce qui est plus rare, tous les langages de tous les intérêts, et les parlant ; admirable représentant de la « classe moyenne », mais la dépassant, et de toute façon plus grand qu'elle ; ayant l'excellent esprit, tout en appréciant le sang dont il sortait, de se compter surtout pour sa valeur intrinsèque et, sur la question même de sa race, très particulier, se déclarant Orléans et non Bourbon ; très premier prince du sang tant qu'il n'avait été qu'altesse sérénissime, mais franc bourgeois le jour où il fut majesté ; diffus en public, concis dans l'intimité ; avare signalé, mais non prouvé ; au fond, un de ces économes aisément prodigues pour leur fantaisie ou leur devoir ; lettré et peu sensible aux lettres ; gentilhomme, mais non chevalier ; simple, calme et fort ; adoré de sa famille et de sa maison ; causeur séduisant ; homme d'État désabusé, intérieurement froid, dominé par l'intérêt immédiat, gouvernant toujours au plus près, incapable de rancune et de reconnaissance, usant sans pitié les supériorités sur les médiocrités, habile à faire donner tort par les majorités parlementaires à ces unanimités mystérieuses qui grondent sourdement sous les trônes ; expansif, parfois imprudent dans son expansion, mais d'une merveilleuse adresse dans cette imprudence ; fertile en expédients, en visages, en masques ; faisant peur à la France de l'Europe et à l'Europe de la France ; aimant incontestablement son pays, mais préférant sa famille ; prisant plus la domination que l'autorité et l'autorité que la dignité, disposition qui a cela de funeste que, tournant tout au succès, elle admet la ruse et ne répudie pas absolument la bassesse, mais qui a cela de profitable qu'elle préserve la politique des chocs violents, l'État des fractures et la société des catastrophes ; minutieux, correct, vigilant, attentif, sagace, infatigable ; se contredisant quelquefois, et se démentant ; hardi contre l'Autriche à Ancône, opiniâtre contre l'Angleterre en Espagne, bombardant Anvers et payant Pritchard ; chantant avec conviction La Marseillaise *; inaccessible à l'abattement, aux lassitudes, au goût du beau et de l'idéal, aux générosités téméraires, à l'utopie, à la chimère, à la colère, à la vanité, à la crainte ; ayant toutes les formes de l'intrépidité personnelle ; général à Valmy, soldat à Jemmapes ; tâté huit fois par le régicide, et toujours souriant ; brave comme un grenadier, courageux comme un penseur ; inquiet seulement devant les chances d'un ébranlement européen, et impropre aux grandes aventures politiques ; toujours prêt à risquer sa vie, jamais son œuvre ; déguisant sa volonté en influence afin d'être plutôt obéi comme intelligence et non comme roi ; doué d'observation et non de divination ; peu attentif aux esprits, mais se connaissant en hommes, c'est-à-dire ayant besoin de voir pour juger ; bon sens prompt et pénétrant, sagesse pratique, parole facile, mémoire prodigieuse ; puisant sans cesse dans cette mémoire, son unique point de ressemblance avec César, Alexandre et Napoléon ; sachant les faits, les détails, les dates, les noms propres ; ignorant les tendances, les passions, les génies divers de la foule, les aspirations intérieures, les soulèvement cachés et obscurs des âmes, en un mot, tout ce qu'on pourrait appeler les courants invisibles des consciences ; accepté par la surface, mais peu d'accord avec la France de dessous ; s'en tirant par la finesse ; gouvernant trop et ne régnant pas assez ; son premier ministre à lui-même ; excellant à faire de la petitesse des réalités un obstacle à l'immensité des idées ; mêlant à une vraie faculté créatrice de civilisation, d'ordre et d'organisation, on ne sait quel esprit de procédure et de chicane ; fondateur et précurseur d'une dynastie ; ayant quelque chose de Charlemagne et quelque chose d'un avoué ; en somme, figure haute et originale, prince qui sut faire du pouvoir malgré l'inquiétude de la France, et de la puissance malgré la jalousie de l'Europe, Louis-Philippe sera classé parmi les hommes*

PORTRAIT PAR VICTOR HUGO

éminents de son siècle, et serait rangé parmi les gouvernants les plus illustres de l'histoire, s'il eût un peu aimé la gloire et s'il eût eu le sentiment de ce qui est grand au même degré que le sentiment de ce qui est utile.

Louis-Philippe avait été beau, et, vieilli, était resté gracieux ; pas toujours agréé de la nation, il l'était toujours par la foule ; il plaisait. Il avait ce don, le charme. La majesté lui faisait défaut ; il ne portait ni la couronne, quoique roi, ni les cheveux blancs, quoique vieillard. Ses manières étaient du vieux régime et ses habitudes, du nouveau, mélange du noble et du bourgeois qui convenait à 1830 ; Louis-Philippe était la transition régnante...

Cet admirable portrait, digne de Saint-Simon, est tiré des *Misérables* (quatrième partie, chapitre III, 1862).

OPINIONS ET PENSÉES
DE LOUIS-PHILIPPE

Un gouvernement sans force ne saurait convenir à une grande nation.

C'est parce que le trône est le protecteur de toutes les libertés publiques que les prétendus amis de la liberté veulent frapper la royauté.

Les rois ne doivent pas exiger une plus grande étendue de pouvoir que celle qui leur est nécessaire à l'exécution des lois, au maintien de l'ordre public et à la défense de l'État. La liberté doit avoir toute l'extension compatible avec ce même but, car il ne faut jamais oublier que la liberté se perd par une extension immodérée, par la manie des perfectionnements chimériques, dont la poursuite renverse les États et amène à sa suite une formidable anarchie, mère du despotisme.

La modération en toutes choses est la véritable source du bonheur et de la prospérité des nations.

L'enthousiasme est sans doute un grand moyen, peut-être le plus grand de tous, quand il est sincère et qu'il est le résultat des passions et des opinions des hommes, mais il faut avoir une connaissance approfondie de ces passions et de ces opinions, et combiner adroitement avec elles son système et ses mesures, pour parvenir à exciter un véritable enthousiasme ; tandis que, de l'enthousiasme fait à froid, des transports de loyauté et d'amour qui ne correspondent ni avec le caractère, ni avec les idées des générations actuelles, n'entraînent pas plus la masse qu'ils ne la trompent.

C'était sans doute un grand problème à résoudre que celui de faire sortir des orages révolutionnaires une liberté sans licence et un pouvoir sans oppression. La France l'a résolu. Mais il ne faut pas oublier que, pour consolider et conserver ces grands avantages, il faut continuer à éteindre l'effervescence des passions, et surtout obtenir de tous les pouvoirs et de toutes les autorités de l'État que chacun se meuve franchement dans le cercle de ses attributions, sans jamais chercher à en sortir et à s'arroger celles des autres.

Les émeutes, les troubles civils n'engendrent que la misère et le désappointement de ceux qui espèrent y trouver des moyens d'amélioration. Ce qui peut seul assurer le sort des populations, c'est le règne des lois, c'est la garantie accordée à chacun du libre développement de ses facultés, du libre exercice de son industrie, et enfin de l'augmentation de sa fortune par tous les moyens légaux et honorables.

Il est surtout essentiel de propager dans les classes moyennes de la société les connaissances qui tiennent à l'économie politique ou plutôt à la science commerciale.

C'est la paix qui fait prospérer le commerce et qui augmente le bien-être de toutes les classes de la société ; il ne faut pas rechercher la gloire quand la gloire n'est pas nécessaire.

Les frontières sont un Rubicon qu'on ne repasse plus si aisément, quand une fois on l'a franchi.

Rien n'est bon que ce qui est honorable et juste.

Aujourd'hui, les nations ont leurs flatteurs comme jadis les rois. Et les flatteurs savent aussi bien altérer la vérité par la flatterie que l'obscurcir par l'insulte et la calomnie. C'est au temps et à la raison publique à en faire justice, et ce n'est qu'en repoussant l'optique de la passion et de la partialité que l'esprit du peuple parvient à juger sainement les choses et à démêler ses véritables intérêts.

PREMIÈRE PARTIE

LE DUC D'ORLÉANS

1773-1830

I

L'ÉDUCATION D'UN PRINCE

Il convient de souligner, d'entrée de jeu, que les ducs d'Orléans ne cessèrent d'éveiller, à tort ou à raison, la suspicion sinon la crainte de la branche aînée des Bourbons. Et cela depuis les méfaits de Gaston d'Orléans (1608-1660), frère de Louis XIII et supportant malaisément sa condition de cadet! Mais, eût-il été l'aîné qu'il eût conspiré contre lui-même! Il noua de redoutables complots contre Richelieu, puis contre Mazarin qui finit par l'assigner à résidence dans le château de Blois. Il sacrifiait sans hésiter ses complices, ses meilleurs amis pour obtenir son pardon. Ce n'était pourtant pas un lâche! Il avait même prouvé son courage militaire en plusieurs circonstances, mais un machiavélisme quasi pathologique, un déloyalisme inhérent à sa nature, et finalement le manque de caractère vouaient par avance ses tentatives à l'échec et supplantaient toujours ses rares qualités. Dès lors, dans la Maison royale et chez les courtisans, le nom même d'Orléans devint en quelque sorte synonyme de complot.

Lorsque Gaston mourut, Louis XIV octroya le titre de duc d'Orléans à son frère Philippe (1640-1701). Il mit tout en œuvre pour affadir, voire pervertir ses vertus. Philippe d'Orléans se para de diamants, se couvrit de rubans et de parfums. Il aimait peu les femmes. Louis XIV le maria, par raison d'État, à Henriette d'Angleterre. Après la disparition tragique de celle-ci, Gaston dut épouser la célèbre princesse Palatine, aussi volumineuse et hommasse qu'il était efféminé et fluet. Trois enfants naquirent de cette étrange union : un fils qui mourut jeune, une fille qui devint duchesse de Lorraine et un second fils qui perpétua la lignée. Philippe portait le titre de Monsieur ; il possédait en propre les duchés d'Orléans, de Chartres et de Valois, le château de Saint-Cloud, le Palais-Royal ; il avait en outre quelque vingt millions de rente et il n'était pas heureux ! Il brûlait en effet d'être utile au royaume, d'acquérir de vrais mérites. Les sentiments qui l'animaient ne ressemblaient en rien à ceux du triste Gaston, son oncle. Louis XIV lui avait confié un commandement et Monsieur, contre toute attente, avait révélé ses qualités de stratège en battant Guillaume d'Orange à Cassel (1677). Louis XIV ne renouvela pas l'expérience. Force lui était de constater la supériorité de son frère dans le domaine des armes. Il jalousait sa gloire. Monsieur dut remettre l'épée au fourreau et se contenter de jouer les inutilités brillantes. De même, un peu plus tard, ce fut en vain qu'il protesta contre le testament de Charles II d'Espagne le frustrant des droits qu'il tenait d'Anne d'Autriche. Louis XIV ne voulait pas que Philippe régnât au-delà des Pyrénées. Philippe se résigna à devenir le « petit homme ventru monté sur des échasses » que vit Saint-Simon.

En 1701, son fils, également prénommé Philippe (1674-1723), devint duc d'Orléans. Il faisait l'admiration de sa mère, la princesse Palatine. Ses dons intellectuels, son physique avantageux pour ne pas dire séduisant portaient ombrage au Roi-Soleil ; ils formaient un tel contraste avec ceux de la progéniture royale ! Philippe d'Orléans traînait sans le savoir le boulet du grand-oncle Gaston. Il avait cependant épousé, il est vrai de mauvaise grâce, Mlle de Blois, bâtarde légitimée de Mme de Montespan. Mais, comme son père, il avait commis la maladresse, ou l'imprudence, de se montrer bon général : il s'était distingué au siège de Mons (1691), à la prise de Namur (1692) ; il avait même été blessé à Steinkerque. Louis XIV ne l'avait plus employé. Il se résigna pourtant, n'ayant d'ailleurs pas le choix, à l'envoyer à l'armée d'Italie en 1706, où Philippe montra à nouveau ses capacités de chef de guerre. Il fut tout aussi heureux en Espagne et peut-être trop ! Il semble avoir quelque peu tenté de se substituer au médiocre duc d'Anjou. Louis XIV se hâta de le rappeler. Réduit à l'inaction, Philippe s'adonna aux sciences, fit des expériences de chimie. L'opinion l'accusa d'avoir empoisonné la famille royale décimée par la variole. Il ne restait plus à Louis XIV que son arrière-petit-fils : le futur Louis XV, créature fragile, dont plus d'un escomptaient la prompte disparition. Le vieux roi prit ses précautions. L'usage voulait que la régence fût dévolue au premier prince du sang, en l'espèce le duc d'Orléans. Mais Louis XIV se méfiait de Philippe. Il ne le nomma que président du conseil de régence, sous le contrôle du duc du Maine, autre bâtard légitimé. Après la mort de Louis XIV, Philippe fit casser le testament par le Parlement, qui le reconnut pour régent à part entière. En contrepartie, Philippe rendait à cette assemblée son droit de remontrance. C'était une mesure lourde de conséquences ; elle paralysait par avance les initiatives de réformes de la monarchie, et l'on peut y voir une des causes de la Révolution de 1789. Le régent aimait tendrement Louis XV, encore qu'on l'accusât — et plus d'une fois ! — de vouloir le supprimer pour s'emparer du trône. Il lui légua un royaume dont la situation extérieure était solide, mais dont l'économie avait été partiellement ruinée par le système de Law. Le régent s'exposait comme par plaisir aux pires calomnies. Il affichait un scepticisme, voire un athéisme qui scandalisait le bon peuple. Il étalait ses liaisons sans vergogne. On parlait des ses débauches effrénées, en feignant d'ignorer son travail acharné au service de l'État. Peut-être mourut-il de ses excès.

Il laissait un fils, Louis d'Orléans (1703-1752), qui fut tout son contraire, brilla par ses vertus et acheva sa vie à l'abbaye de Sainte-Geneviève. Il avait été gouverneur du Dauphiné. Ses ambitions s'étaient bornées à ce gouvernement. Il y avait déjà en lui quelque chose d'un honnête bourgeois, alors que son père avait été un grand seigneur. De la princesse de Bade, sa femme, il avait eu un fils : Louis-Philippe, dit « le Gros » (1725-1785).

Louis-Philippe le Gros commença sa carrière dans l'armée, de même que ses devanciers. Il se distingua dans plusieurs campagnes et fut promu lieutenant général en reconnaissance de ses mérites. Il n'alla pas au-delà de ce grade. Veuf d'Henriette de Bourbon-Conti, il épousa secrètement Mme de Montesson et mena une vie bourgeoise, teintée de philanthropie. Sa sympathie envers les idées nouvelles traçait, si l'on peut dire, la voie du futur Philippe-Égalité.

Ce dernier naquit en 1747. Il porta d'abord le titre de duc de Montpensier, puis celui de duc de Chartres, avant de devenir duc d'Orléans à la mort de son père. En 1769, il épousa, malgré la désapprobation de Louis XV, Adélaïde de Bourbon-Penthièvre, arrière-petite-fille du Roi-Soleil et de Mme de Montespan. Ce mariage accrut sa fortune au point que Philippe devint le prince le plus riche d'Europe. Obsédé par l'anglomanie, avide de popularité, il était impatient de jouer un grand rôle. Sa prodigalité lui assurait une clientèle d'adulateurs. Il inaugura sa carrière politique en prenant fait et cause en faveur du Parlement lors de la réforme du chancelier Maupeou : il ne comprenait pas, ou ne voulait pas comprendre, que la royauté jouait sa dernière carte. Louis XV l'exila de la Cour. Dès lors, le duc d'Orléans devint insensiblement le chef de l'opposition. Ce n'était pourtant qu'un velléitaire. A l'avènement de Louis XVI, il tabla sur l'influence de la reine Marie-Antoinette. Il briguait alors la charge de Grand Amiral. Louis XVI le nomma chef d'escadre. A la bataille d'Ouessant, Orléans commit une faute tactique d'une telle gravité qu'elle nous fit perdre le gain de la victoire. Il imputa la responsabilité de sa disgrâce à Marie-Antoinette et ne cessa de la calomnier. A l'Assemblée des notables de 1787, il s'acharna à critiquer le gouvernement de son malheureux cousin, à réclamer le vote des impôts par les États généraux. Il incita publiquement le Parlement à refuser d'enregistrer d'indispensables édits royaux. Le débonnaire Louis XVI dut l'exiler à Villers-Cotterêts. Désormais, le duc d'Orléans présentait un danger évident pour la monarchie ; il incarnait l'espoir de tous les partisans d'un changement de régime. Grand maître de la franc-maçonnerie, il représentait une force considérable dans le royaume. Tout était à craindre de lui, mais il n'avait pas plus de constance dans ses entreprises que Gaston d'Orléans. Plus tard, le roi Louis-Philippe Ier, son fils aîné, fut le seul à tenter de défendre sa mémoire : il accomplit un pieux devoir, mais ne convainquit personne !

Il était utile d'évoquer les antécesseurs de Louis-Philippe : on retrouvera en lui plusieurs traits de leurs caractères. Utile aussi de retracer brièvement l'histoire de cette Maison d'Orléans s'enrichissant à l'ombre du trône — car le sens des affaires ne lui manquait pas ! — mais toujours déçue dans ses ambitions, toujours suspecte et méconnue, parfois bafouée et souvent tourmentée par un prurit de révolte. L'attrait des armes, le goût de l'argent, un mélange de noblesse et de bourgeoisie qui va s'accentuant d'une génération à l'autre, des dons intellectuels certains et surtout une feinte résignation à n'être que les seconds, telles apparaissent les dominantes de ces princes.

Le futur Philippe-Égalité fit un pas de plus. Il se voulut bientôt prince bourgeois, s'entoura de libéraux, s'improvisa homme d'affaires en vendant des boutiques aménagées dans les galeries du Palais-Royal, et fronda ouvertement le pouvoir royal. Pour le reste, il représentait assez bien l'archétype des grands seigneurs de son temps. Il était grand, bien tourné, spirituel, épicurien et, s'il lui arrivait de s'encanailler, il n'en restait pas moins Altesse royale par bien des côtés. La duchesse d'Orléans était pieuse et grave, modeste dans son comportement. Elle s'effarouchait aisément. Elle avait de la grâce, mais non cette beauté piquante et railleuse qui était à la mode. Bref rien ne décelait sa haute naissance et elle eût préféré vivre retirée, loin des obligations du monde, comme le faisait son père. Elle aimait son mari, mais il se lassa vite de sa vertu, de sa discrétion en société. Il l'eût désirée brillante et compréhensive, à l'image de tant de grandes dames de ce XVIIIe siècle finissant. Or Mme de Montesson, épouse morganatique de Louis-Philippe le Gros, glissa quasi dans le lit du prince Mme de Genlis, ambitieuse et sémillante créature dont elle était la tante.

Mme de Genlis joua un grand rôle dans la jeunesse du futur Louis-Philippe. Elle se prénommait Stéphanie-Félicité. Son père, le sieur du Crest, avait acheté le marquisat de Saint-Aubin (sur-Loire). Stéphanie était née en 1746. Toute jeunette, elle manifesta une extraordinaire curiosité d'esprit, et devint en grandissant belle et savante. Elle jouait la comédie et pinçait agréablement la harpe. Il ne lui fut pas difficile de s'introduire dans le meilleur monde. Chemin faisant, elle finit par trouver un mari : M. de Brulart, comte de Genlis, ancien officier de marine. Il était fort épris de Stéphanie, mais déchanta vite. Le brave homme avait épousé un bas-bleu. Stéphanie lui donna deux filles, puis entra au Palais-Royal, grâce à Mme de Montesson. Simple dame d'honneur de la duchesse d'Orléans, elle prit rapidement un empire extrême sur toute la maisonnée et ne tarda guère à s'attirer les bonnes grâces du duc Philippe. Elle n'opposa qu'une brève résistance. Bientôt leur liaison fut connue de tous, sauf de la duchesse. Le comte de Genlis l'accepta d'autant mieux que les fureurs livresques de sa femme le lassaient depuis longtemps. Stéphanie exerça une redoutable influence sur le duc d'Orléans. Elle avait misé sur son avenir et comptait certainement en tirer parti, de façon ou d'autre, car le désintéressement n'était pas sa qualité première. Elle espérait alors inspirer à son amant une ambition précise, lui dicter une ligne de conduite, lui insuffler l'énergie qui lui faisait tant défaut ! Vaste programme, mais elle ne s'en tint pas là. Au grand scandale de l'opinion — celle de la Cour et celle de Paris — elle devint « gouverneur » des enfants d'Orléans. Ils étaient quatre : le futur roi Louis-Philippe qui portait alors le titre de duc de Valois et devint duc de Chartres à la mort de son grand-père Louis-Philippe le Gros ; il était né le 6 octobre 1773 — le duc de Montpensier, né en 1775 — la princesse Adélaïde, née en 1777, dont la sœur jumelle mourut en bas âge — et le duc de Beaujolais, né en 1779. Il n'était pas d'usage qu'une femme fût gouvernante des princes du sang. L'initiative du duc d'Orléans parut d'autant plus inconvenante que Mme de Genlis était sa maîtresse attitrée. Stéphanie affirme dans ses Mémoires qu'elle ne fut pour rien dans cette nomination ; tout laisse supposer qu'elle prépara au contraire le terrain avec son habileté coutumière. Il faut dire cependant qu'elle prit ses responsabilités à cœur. Elle avait au surplus la vocation professorale, des idées précises et novatrices sur l'éducation. Elle feignit alors de se retirer du monde pour mieux se consacrer à sa tâche et obtint du duc qu'il lui fît bâtir la maison de Bellechasse pour y dispenser ses cours. Elle avait des lumières sur tout. Elle s'adjoignit pourtant un maître de grec et latin, l'abbé Guyot, et un maître de physique et de science, l'abbé Lebrun. Ils étaient étroitement soumis à son autorité. Elle ne leur épargnait pas ses observations. L'emploi du temps des élèves était chargé, c'est le moins que l'on puisse dire ! Lever à six heures, coucher à dix heures, récréations utiles, c'est-à-dire consacrées à des travaux manuels : menuiserie, vannerie, céramique, pâtisserie, reliure. Les petits princes étaient littéralement gavés de connaissances. Mme de Genlis voulait que leur esprit fût encyclopédique. Le matin, on parlait allemand avec le jardinier, et de même pendant le déjeuner. L'après-midi, on parlait anglais avec un valet de chambre. Le soir, c'était l'italien. L'espagnol n'était pas oublié. On aménagea une ferme dans le parc de Saint-Leu et, là, on apprenait à traire les vaches, à faire des fromages, à planter les salades, à soigner les vignes. Rousseau était à la mode et la reine élevait des moutons au Hameau de Trianon, avec pour bergères les duchesses de sa coterie. A Bellechasse, la salle d'étude, les chambres étaient décorées de grands panneaux éducatifs, évoquant la mythologie, l'histoire romaine, les faits marquants de l'histoire de France. Il y avait aussi des cartes de géographie. Le futur Louis-Philippe avait droit à la sollicitude particulière du gouverneur en jupon. Il se tenait mal, marchait pesamment, s'exprimait sans grâce, parfois vulgairement, et se montrait extrêmement couard. Il manifestait de surcroît une nonchalance indigne de son état. Mme de Genlis le métamorphosa ; en dix-huit mois, elle fit de lui un garçon bien élevé, hardi, marchant avec élégance et articulant bien les mots. Il cessa même de rire à gorge déployée. De plus, pour l'endurcir, elle l'habitua à coucher sur des planches, l'obligea à porter des semelles de plomb, à tirer l'eau du puits, à transporter les seaux, à monter des charges de rondins à l'étage. Il apprit à fendre le bois, à tourner, à sarcler la terre, à vendanger, à faner, à moissonner et même à se servir de la lancette pour saigner un malade, qui était, comme on sait, la panacée universelle ! Point de sucreries ni de friandises, une nourriture abondante mais frugale, composée de viandes rôties, de pain, de laitages, légumes et fruits. A ce régime spartiate, Louis-Philippe acquit des épaules d'athlète, une santé de fer et une résistance qui étonna ses contemporains quand il fut devenu roi. Il dut également à Mme de Genlis son goût des sciences exactes, son pragmatisme, son sens pratique, sa méticulosité. Il lui dut aussi de parler quatre langues. « Un rude précepteur, dira-t-il plus tard. Elle nous a élevés avec férocité, ma sœur et moi. » Car la princesse Adélaïde n'était pas mieux traitée que son frère aîné. Mme de Genlis réservait ses faveurs à une petite Anglaise nommée Pamela, dont les mauvaises langues disaient qu'elle était sa fille et celle du duc d'Orléans. Le hasard des voyages fit que j'ai rencontré, il y a quelques semaines, un honorable historien anglais, lequel était un descendant de Pamela : il m'a assuré qu'elle était d'ascendance anglaise, et non la fille de Mme de Genlis. Les Mémoires de Louis-Philippe touchant à cette période de sa vie soulignent également l'influence politique de Mme de Genlis. Elle se défendait d'avoir pris Jean-Jacques Rousseau pour modèle ; mais elle commentait volontiers cette page célèbre de son maître à penser : « Si j'avais le malheur d'être né Prince, d'être enchaîné par les convenances de mon état ; que je fusse contraint d'avoir un train, une suite, des domestiques, c'est-à-dire des maîtres, et que j'eusse pourtant une âme assez élevée pour vouloir être un homme malgré mon rang, pour vouloir remplir les grands devoirs de père, de mari, de citoyen de la République humaine, je sentirais bientôt les difficultés de concilier tout cela, celle surtout d'élever mes enfants dans le rang où les plaça la nature, en dépit de celui qu'ils ont parmi leurs égaux. » Louis-Philippe décrit avec brio la fermentation que produisait un texte pareil dans son jeune esprit. Il finissait par considérer sa qualité de prince comme un fardeau. Il avoua la difficulté qu'il éprouva par la suite à se débarrasser des « chimères » de Mme de Genlis, à admettre que le monde réel n'avait aucun rapport avec l'univers factice de Jean-Jacques. Mme de Genlis fit deux grands voyages avec sa nichée : des voyages évidemment « instructifs ». L'un à Spa, l'autre en Bretagne et en Normandie pour découvrir la mer. Au Mont-Saint-Michel, les geôliers montrèrent aux enfants une cage de bois dans laquelle certains prisonniers avaient jadis achevé leurs jours. Ils se récrièrent et l'aîné demanda que l'odieuse cage fût démolie. Ce trait d'humanité juvénile fut largement exploité.

Il y avait donc le pire et le meilleur dans le système de Mme de Genlis. On peut admettre néanmoins qu'elle prépara assez bien Louis-Philippe au destin qui l'attendait. En tout cas, à cette époque, il la révérait ; comme ses frères et sa sœur, il l'appelait ingénument « bonne amie », voire « Maman ». La rusée femelle avait réussi à détourner les enfants de leur mère, après lui avoir pris leur père. Elle s'apprêtait à jouer un autre rôle, ignorant qu'elle avait atteint son zénith et qu'un autre personnage allait désormais accaparer le duc d'Orléans.

II

ÉGALITÉ

Plus tard, Mme de Genlis dira de Louis-Philippe, non sans amertume : « Il était prince, j'en ai fait un homme ; il était lourd, j'en ai fait un homme habile ; il était ennuyeux, j'en ai fait un homme amusant ; il était poltron, j'en ai fait un homme brave ; il était ladre, je n'ai pu en faire un homme généreux ; libéral, tant qu'on voudra ; généreux, non. » Elle oubliait de dire qu'elle en avait fait aussi un prince jacobin. Car, entraînée par les idées nouvelles et poussée par son ambition, elle crut, ou feignit de croire à la Révolution. Elle croyait surtout qu'à la faveur de ce grand chambardement les Orléans pourraient enfin accéder au trône, que son amant deviendrait roi ! Elle joua donc résolument cette carte, prôna ouvertement les réformes exigées par le peuple souverain. L'anecdote du Mont-Saint-Michel n'était qu'un prologue. Par la suite, Mme de Genlis mit ses élèves en condition ; elle les prépara hardiment à accueillir avec joie les événements qui s'annonçaient. Elle applaudit à la prise de la Bastille et voulut que les jeunes princes assistassent à la démolition de « ce monument de la tyrannie ». Ils étaient à ses côtés, le 5 octobre 1789, lorsque les hordes de Maillard ramenèrent à Paris Louis XVI, Marie-Antoinette et leurs enfants. Elle ne ménageait pas ses sarcasmes à la malheureuse reine. Vêtue de tricolore, arborant une large cocarde, elle croyait être l'Égérie du parti d'Orléans. Le duc bénéficiait alors d'une immense popularité. On croyait qu'il deviendrait roi, à tout le moins lieutenant général du royaume au nom du dauphin. Avait-il réellement envie de l'être ? Ses amis se chargeaient de l'endoctriner, ou plutôt de penser pour lui. Ils le soupçonnaient de manquer de courage, mais ils espéraient se servir de lui pour arriver à leurs fins. On ne songeait point encore à instaurer une république ; on voulait une monarchie constitutionnelle, un régime à l'anglaise où le roi règne, mais ne gouverne pas. Le duc d'Orléans subissait à cette époque l'influence de Choderlos de Laclos, un officier du génie enrageant de ne pouvoir accéder aux grades supérieurs en raison de ses origines bourgeoises. Il avait écrit *Les liaisons dangereuses* pour tromper son ennui, et pour contribuer au discrédit de la haute noblesse. Philippe d'Orléans l'avait recruté comme secrétaire des commandements, sur les instances de son ami le plus cher, Lauzun, duc de Biron. Choderlos disposait en fait de l'immense fortune de son maître. Il en usait pour stipendier les folliculaires et les émeutiers professionnels. On a accusé Philippe d'Orléans d'avoir fomenté les premières journées révolutionnaires. Son argent, prodigué par Choderlos, y aida probablement, mais quelques écus suffisent-ils à susciter un climat insurrectionnel ? D'ailleurs, le duc d'Orléans était incapable d'organiser un complot de quelque importance. Il n'était bon qu'à accomplir des gestes spectaculaires, mais sans lendemain. Je le répète, il ne savait pas ce qu'il voulait. Néanmoins, dans la conjoncture, cette inconsistance était périlleuse. Choderlos, Biron, Mirabeau et d'autres travaillaient pour lui en grand secret. Chose singulière : en 1830, ce sera pareillement un groupuscule qui, pendant les Trois Glorieuses, préparera l'avènement de Louis-Philippe ! Philippe d'Orléans accepta une mission en Angleterre, sans comprendre que Louis XVI cherchait à l'éloigner. Il filait alors le parfait amour avec sa nouvelle maîtresse, Mme de Buffon. Elle l'accompagna en Angleterre. Bafouée, déçue, mais soucieuse de son avenir, Mme de Genlis abandonna le père pour miser sur le fils. Louis-Philippe (alors duc de Chartres) avait dix-sept ans, et il était amoureux de son gouverneur ! Mme de Genlis le persuada de se faire admettre au club des Jacobins. La duchesse d'Orléans jeta les hauts cris. Louis-Philippe lui tint tête. Il prétendit même que l'idée venait de lui seul. Il fut reçu le 1er novembre 1790. Le lendemain, il écrivait fièrement : « On m'a fort applaudi. J'ai témoigné ma reconnaissance de l'accueil plein de bonté qu'on voulait bien me faire et j'ai assuré que je ne m'écarterai jamais des devoirs sacrés de bon patriote et de bon citoyen. » Il faut tout de même préciser que les Jacobins de 1790 n'étaient pas ceux de 1793. La duchesse d'Orléans se cabra à la pensée que Mme de Genlis dévoyait ses enfants. Elle demanda son renvoi immédiat et se heurta au refus de son mari. Cet incident acheva de consommer la rupture entre les deux époux. La duchesse se retira au château d'Eu, près du duc de Penthièvre, son père. Elle ne devait plus revoir son mari. Cependant, du fond de son exil volontaire, elle tenta de conserver une influence sur ses enfants, en particulier sur Louis-Philippe. Par exemple, elle exhortait ce dernier à communier par les mains d'un prêtre non jureur. Louis-Philippe, dont la foi s'attiédissait encore qu'il affirmât son respect pour la religion, répondait que le serment exigé des prêtres ne portait pas atteinte au dogme. Les événements roulaient et Louis XVI, prisonnier de l'Assemblée et celle-ci des sections révolutionnaires, s'acheminait vers le martyre.

Louis-Philippe devint-il l'amant de Mme de Genlis ? En 1844, au cours d'un entretien avec Victor Hugo qui s'empressa de le noter dans ses carnets, il avoua qu'il n'avait jamais été amoureux qu'une fois dans sa vie et que ç'avait été de Mme de Genlis. Il ajouta : « En grandissant, je m'aperçus qu'elle était fort jolie. Je ne savais pas ce que j'avais près d'elle. J'étais amoureux mais je ne m'en doutais pas. Elle qui s'y connaissait, comprit et devina tout de suite. Elle me traita fort mal. C'était le temps où elle couchait avec Mirabeau. Elle me disait à chaque instant : "Mais, Monsieur de Chartres, grand dadais que vous êtes, qu'avez-vous donc à vous fourrer toujours dans mes jupes ?" Elle avait trente-sept ans, j'en avais dix-sept ! » Il y a des raisons de croire qu'elle changea d'avis, si l'on en juge par le ton de certaine lettre du jeune homme. Il est d'ailleurs sans intérêt de savoir si Mme de Genlis déniaisa ou non son pupille. En tout cas, si elle s'était flattée d'accroître son influence sur lui par ce moyen, elle en fut pour ses frais. Elle lui avait enseigné naguère « le malheur d'être né prince » et les bienfaits suprêmes de l'égalité. Louis-Philippe avait répété docilement la leçon, endossé volontiers l'habit de garde national et piqué la cocarde tricolore à son chapeau. Pourtant, il se souvint brusquement qu'il était colonel-propriétaire du 14e régiment de dragons, ce qui était un privilège princier. La guerre ne menaçait pas encore. Quels mobiles poussaient donc Louis-Philippe à s'éloigner de Paris en partant pour Vendôme où son régiment était caserné ? Peut-être le désir d'échapper à ce climat d'insurrection quasi permanente ; peut-être l'attrait de la carrière militaire auquel les Orléans ne savaient pas résister. Et peut-être marchait-il tout simplement avec son destin. En juin 1791, il avait rejoint ses dragons. Il était désormais le maître de ses actes. Tout de suite, il se passionna pour son nouveau métier. Méthodique, réfléchi, appliqué et même plein de zèle, il parvint rapidement à imposer son autorité et même à se faire aimer de ses hommes. Les leçons de Mme de Genlis portaient leurs fruits. A Paris, l'ébullition politique était à son comble ; des événements tragiques se préparaient. La famille royale avait fui ; on la ramenait de Varennes sous bonne garde. Laclos, Danton et leurs affidés estimaient que la fuite de Louis XVI équivalait à une abdication. Ils poussaient Philippe d'Orléans à se présenter devant l'Assemblée pour demander la Régence. A son habitude, il atermoya. L'Assemblée adopta la thèse d'une tentative d'enlèvement de la famille royale, décréta la personne royale inviolable et, par cette double fiction, put maintenir Louis XVI en fonction. Philippe d'Orléans venait de perdre la partie par son manque d'audace, mais aussi de ruiner l'avenir de ses partisans. Il ne sera plus désormais qu'une « baudruche dégonflée », emportée par le souffle révolutionnaire. Bien plus, quand, en octobre 1791, Louis XVI lui octroya un brevet d'amiral, Orléans s'engagea à faire tout ce qui dépendrait de lui pour réparer le mal qu'il avait fait, affirmant qu'on s'était servi de son nom pour perpétrer « mille horreurs » qu'on lui imputait à tort. Pour se rédimer aux yeux du roi, il trahissait ses amis et reniait sa propre cause. Ce n'était là que le premier gage de sa lâcheté! Le colonel Chartres se tenait en dehors de ces événements. Il faisait manœuvrer ses beaux dragons, se souciait de leur confort et même de leur moralité (il fit chasser les filles publiques de Vendôme). Il était en somme en expectative politique. Livré à lui-même, il retrouvait le bon sens qui était le trait dominant de son caractère. Les nouvelles parisiennes lui parvenaient assourdies, édulcorées ou tronquées. Il en savait cependant assez pour s'inquiéter de l'avenir de son père et plaindre sa faiblesse. Philippe d'Orléans avait perdu sa popularité, manqué l'occasion. Les partisans du trône comme ceux de la République le méprisaient ouvertement. Il se débattait au milieu des pires difficultés financières, car en dépit de sa gigantesque fortune il était couvert de dettes. Assailli par la meute de ses créanciers sachant qu'il n'était plus à craindre, il bradait ses propriétés, ses collections. Cette Révolution qu'il avait appelée de tous ses vœux, le ruinait.

Avril 1792: sous la pression des Girondins, l'Assemblée législative déclara imprudemment la guerre à l'Autriche. Chartres fut envoyé à l'armée du nord, sous les ordres de Biron, l'ami et le complice de son père. Il était plein d'ardeur. Le 28 avril, il franchit la frontière belge avec ses dragons. Quiévrain fut prise. Mais, dans la nuit, ce fut la débandade et le jeune colonel rallia à grand-peine ses dragons. Première déconvenue!

C'était l'époque où il terminait ses lettres par ces mots: « Louis-Philippe, prince français en expiation de ses péchés, colonel du 14e régiment de dragons et jacobin jusqu'au bout des ongles. » Cet enthousiasme fut de courte durée. Le 10 août, les émeutiers s'emparaient des Tuileries et la monarchie succombait. Le 2 septembre, les prisonniers étaient exterminés systématiquement. Terrorisé, Philippe d'Orléans n'osa refuser d'être candidat à la Convention. Bien plus, il demanda à changer de nom. Un arrêté de la Commune l'affubla, par dérision, du nom d'Égalité. Il accepta humblement, mais la rage au cœur, de s'appeler désormais Philippe-Égalité. Bien qu'il se prétendît « jacobin jusqu'au bout des ongles », le colonel Chartres envisagea sans joie de renoncer au nom de ses pères. Il eut en revanche la satisfaction d'être promu maréchal de camp (général de brigade). Il étrenna ses étoiles à la bataille de Valmy, sous les ordres de Kellermann. Ce dernier écrivit au ministre de la Guerre:

« Je ne citerai parmi ceux qui ont montré un grand courage que M. de Chartres et son aide de camp Montpensier, dont l'extrême jeunesse rend le sang-froid, à un des feux les plus soutenus qu'on puisse voir, extrêmement remarquable. » Et il crut bien faire en envoyant Chartres dans la capitale pour rendre compte au ministre de la victoire de Valmy. Chartres avait une raison personnelle de se rendre à Paris. On venait de changer son affectation. Il voulait rester avec Kellermann. Le ministre le reçut de mauvaise grâce, maintint sa décision de l'envoyer à l'armée du nord. Danton se trouvait là ; il arrangea les choses et donna d'utiles conseils au jeune général. Il l'invita fort nettement à faire son métier de soldat, sans se mêler de politique, ni manifester d'aucune façon son approbation ou sa réprobation des événements de Paris. Il lui fit comprendre, en termes non équivoques, que l'avenir des Orléans dépendait de sa propre attitude, davantage que du comportement de son père, désormais simple député à la Convention et dont les opinions étaient connues. Ces conseils, Chartres sut en faire son profit. Cet entretien avec Danton fut même déterminant pour son avenir. Au cours de ce bref séjour à Paris, Chartres supplia vainement son père de ne pas siéger à la Convention, de partir aux États-Unis pour réserver l'avenir. Il ne pressentait que trop le danger qui pesait sur Égalité partageant les outrances des Montagnards. Il aimait tendrement son père, malgré ses défauts. Ce dernier, quoique ébranlé par les arguments de son fils, n'avait déjà plus la force de réagir. Il tremblait pour sa vie, bien que les Montagnards se déclarassent ses amis ; il était désormais à leurs ordres. Chartres repartit aux armées et ce fut la victoire de Jemmapes. Dans un moment critique, Dumouriez, qui commandait en chef, lui lança :

— « Petit-fils d'Henri IV, montrez-vous digne de lui ! »

Chartres paya de sa personne, car il était brave, comme tous les Bourbons. Dumouriez le couvrit d'éloges. Quant à Chartres, s'il se réjouit de la victoire, il considéra avec pitié les morts qui jonchaient le champ de bataille. « C'est au milieu de cette victoire de Jemmapes, écrira-t-il plus tard, que je me jurai à moi-même de donner au monde, si jamais tel était mon pouvoir, l'horreur de ces jeux cruels. » Ce serment, il le tint avec obstination quand il fut roi ; peut-être lui coûta-t-il son trône.

La Convention s'apprêtait à juger Louis XVI. Une fois de plus, Chartres supplia son père de s'abstenir. Philippe-Égalité crut qu'il était de son devoir de siéger à la Convention. Ses collègues, les Montagnards eux-mêmes eussent admis qu'il se fît excuser sous un prétexte quelconque, ou votât l'indulgence. Or, quand ce fut son tour de monter à la tribune, il déclara :

— « Uniquement occupé de mon devoir, convaincu que tous ceux qui ont attenté ou attenteront par la suite à la souveraineté du peuple méritent la mort, je vote la mort. »

Il venait à la fois de se déshonorer et de signer son propre arrêt de mort. Le 21 janvier 1793, la tête de Louis XVI tombait sur l'échafaud. Chartres ressentit douloureusement la mort de ce roi qu'il savait moins coupable que victime de la fureur révolutionnaire. Il adressa à son père une lettre très dure, et vaine. Égalité glissait sur la pente fatale. En février, il ajouta à son ignominie en déclarant à la barre de la Convention qu'il n'était point le fils de son défunt père, mais celui d'un cocher. En mars, il approuva la création du tribunal révolutionnaire. Chartres se trouvait alors à Neerwinden. Son courage, son talent de stratège ne purent empêcher la défaite. L'armée se décomposait par suite d'une insubordination croissante, des mesures délétères prises par la Convention. Chartres avait été promu lieutenant général (général de division) mais sa carrière militaire était terminée. Il était devenu suspect, de même que son chef, le général Dumouriez. Celui-ci ne croyait plus à la République ; il voulait restaurer la monarchie. Bien entendu, il s'agissait dans son esprit d'une monarchie constitutionnelle ; il tenait le jeune Orléans en réserve. Faisant fond sur sa popularité, il projetait de marcher sur Paris, en s'appuyant sur l'insurrection vendéenne qui immobilisait alors une partie des troupes de la Convention. Chartres avait adhéré à ce plan. Le 26 mars (1793), Dumouriez fit arrêter les commissaires envoyés par la Convention et les livra aux Autrichiens. Il venait de franchir le Rubicon. Le 30 mars, la Convention le mit hors-la-loi ; le lendemain, elle décréta d'arrestation Égalité-fils. Les troupes refusèrent d'obéir aux généraux rebelles. Il ne restait plus qu'à fuir. Chartres et Dumouriez y parvinrent à grand-peine. Le 4 avril, ils rejoignaient les Autrichiens.

On ne saurait ici jouer sur les mots, dans une intention hagiographique. Il s'agissait pour Égalité-fils d'une désertion face à l'ennemi, et dans un moment particulièrement critique ! Cependant, pour Chartres, la situation se réduisait à cette alternative : ou bien il s'enfuyait et sauvait sa tête, ou bien il restait « patriote » et montait à l'échafaud. A Paris, la réaction fut immédiate. Égalité-père eut beau renier publiquement son fils et évoquer l'ombre de Brutus selon la phraséologie révolutionnaire, il fut arrêté. Les ducs de Montpensier et de Beaujolais, ses fils cadets, la duchesse d'Orléans, toute sa parenté fut jetée en prison. Philippe-Égalité devenait l'otage de cette République qu'il avait tant aidé à promouvoir. Bientôt son passé lui serait imputé à crime, sans excepter ses reniements. Il se retrouvait seul avec sa conscience.

Chartres et Dumouriez étaient au quartier général du prince de Cobourg. Dumouriez ne cachait pas sa haine de la Révolution, haine qui n'était peut-être que de l'amertume. Après avoir déserté, il s'apprêtait à trahir ouvertement pour assouvir ses ambitions : il s'imaginait être un nouveau Monk. Les Autrichiens offrirent à Chartres un commandement dans leur armée et la solde de son grade. Il refusa. Il ne voulait pas combattre sa patrie, se rendre semblable aux émigrés, faire allégeance au comte de Provence qui se prétendait régent de l'ex-royaume et à son frère, le comte d'Artois. Le comportement qu'il adopta ressemblait fort à cette politique du Juste Milieu qu'il pratiquera plus tard. Suivant les judicieux conseils de Danton, il se réservait. Plus tard, on ne pourrait l'accuser d'avoir servi contre son pays ; il resterait l'ancien combattant de Valmy et de Jemmapes contraint à passer la frontière pour sauver sa tête. Il avait désormais cessé d'être Égalité-fils.

III

MARIE-AMÉLIE

Il avait quitté le sobriquet d'Égalité, mais n'était pas encore redevenu lui-même. Le ci-devant prince n'était plus qu'un proscrit. Haï par les révolutionnaires et par les émigrés, il lui fallut se résigner à courir les routes d'Europe sous de fausses identités, dont par prudence il changeait fréquemment. De Mons, il se rendit à Aix-la-Chappelle et à Cologne, avant d'atteindre Coblence où les Français n'avaient pas laissé un souvenir très flatteur. De cette ville, il passa en Suisse. Il avait retrouvé sa sœur Adélaïde et Mme de Genlis. La ci-devant Égérie de l'Orléanisme et propagatrice de l'idéologie révolutionnaire avait abjuré ses convictions, jeté son ruban tricolore et sa cocarde aux orties. Effrayée par les progrès de la Révolution, elle avait d'abord fui en Angleterre avec Adélaïde; puis elle était rentrée en France sur les injonctions de Philippe-Égalité, mais pour repartir en Belgique et finalement pour se réfugier en Allemagne. Chartres leur procura un asile au couvent de Sainte-Claire à Bremgarten. A la suite de quoi, il mena dans les Alpes suisses l'existence aventureuse et précaire d'un chevalier errant, suivi de Baudoin, son fidèle valet. Don Quichotte et Sancho Pança! Les autorités helvétiques ne se souciaient guère de donner asile à un prince proscrit et, par là, d'indisposer la Convention. Elles étaient d'ailleurs d'opinion républicaine. Louis-Philippe fut courtoisement invité à déguerpir au plus vite. Il lui arriva de dormir à la belle étoile ou de coucher dans les granges comme un chemineau. Par bonheur, il avait une endurance physique à la hauteur de sa constance d'âme. Ayant choisi son sort, il en acceptait les conséquences. Il apprit à attendre, et cela lui servira plus tard. Il apprit aussi à compter, ménageant son léger viatique pour le faire durer. Montesquiou, ci-devant général-marquis, émigré pour échapper à la guillotine, lui procura un emploi de professeur à Reichenau, dans un pensionnat tenu par un certain M. Jost. Louis-Philippe fut engagé sous le nom de Chabos, aux appointements de 1400 francs par an, nourri et logé. Le professeur Chabos enseigna fort correctement les mathématiques, les langues vivantes, l'histoire, la géographie et le dessin: il avait acquis tant de connaissances au pavillon Bellechasse ! De plus, il possédait une excellente mémoire. Nul ne savait à Reichenau que ce jeune professeur était un prince du sang, sauf M. Jost, mais il appréciait infiniment sa compagnie. Louis-Philippe s'accommodait assez bien de sa nouvelle vie. Il connut cependant un moment de désespoir, de fureur impuissante, quand, en novembre 1793, il apprit l'exécution de son père. Il paraît qu'à l'article de sa mort, Philippe-Égalité retrouva son courage et sa foi, et déclara à son confesseur:

— « J'ai contribué à la mort d'un innocent et voilà ma mort, mais il était trop bon pour ne me point pardonner. Dieu nous joindra tous deux avec saint Louis. »

Désormais Louis-Philippe devenait duc d'Orléans et chef de sa Maison, ou de ce qu'il en restait. Duc d'Orléans pour lui seul, car à Reichenau, il devait garder l'anonymat au risque de recevoir son congé. Les mauvaises nouvelles se succédèrent dans les mois qui suivirent. La reine Marie-Antoinette, Lückner, Biron, les amis d'autrefois montèrent à l'échafaud. « Il était réservé à la Convention nationale, écrivait-il alors, d'insulter ceux qu'elle fait monter sur l'échafaud au mépris de toutes lois et de toute justice… Le déshonneur est à son comble et le nom français devrait être dans la boue si, à côté de toutes ces horreurs, on ne trouvait cette brillante bravoure qui l'a toujours distingué. Mais pour qui ces malheureux se battent-ils ? » Et encore : « On commence à voir ce qu'on ne voyait pas au commencement, que le peuple est partout le même et que partout c'est une bête avide de richesses. » Il craignait pour ses frères Montpensier et Beaujolais incarcérés à Marseille dans des conditions épouvantables, eux aussi peut-être promis à la guillotine malgré leur jeunesse. Il craignait pour sa mère momentanément hébergée à la pension Belhomme. Se souvenant des paroles de Danton, il se rendait responsable de l'infortune des siens, de l'exécution de son père. N'était-ce pas sa désertion qui avait provoqué la réaction brutale des Conventionnels à l'égard de sa famille? Ces pensées, ces chagrins, ces appréhensions, il devait les tenir secrets, offrir à ses élèves un visage paisible, rengainer sa colère et ses regrets. Il rendait Mme de Genlis responsable de ses erreurs de jeunesse, de son passé jacobin, de ses reniements. Il la congédia à la première occasion et confia sa sœur Adélaïde à la princesse de Conti, qui résidait pour lors à

Fribourg. Mlle d'Orléans y serait en sûreté, hors de l'influence pernicieuse de Mme de Genlis.

Louis-Philippe dut ensuite quitter Reichenau, car il avait engrossé la cuisinière du pensionnat, Marianne Banzori. M. Jost, calviniste et républicain, détestait les scandales de cette nature ! L'ex-professeur Chabos s'installa à Bremgarten. Il était dans un cruel embarras, quand il rencontra Mme de Flahaut. Elle avait été la maîtresse de Talleyrand dont elle avait eu un fils, le comte de Flahaut, lequel sera le père du duc de Morny : il y a de singulières continuités dans certaines familles ! Mme de Flahaut avait plus de trente ans, mais elle restait séduisante. Elle s'attendrit sur ce jeune et beau duc d'Orléans, devint sa maîtresse et le suivit à Hambourg (en 1795). Le couple s'étant procuré quelque argent décida de visiter la Scandinavie. Leur liaison prit fin en cours de route. Louis-Philippe poursuivit vers l'extrême nord, passa par les îles Lofoten, atteignit le Cap Nord. Il observa la vie quotidienne des Lapons, nota soigneusement les distances et les longitudes, mais ne s'émerveilla que brièvement sur la beauté des paysages. Mme de Genlis ne lui avait pas appris à aimer la nature pour elle-même ; c'était même à ses yeux un sentiment ridicule, tout à fait indigne d'un prince ! Le sens artistique de Louis-Philippe restera toujours médiocre. Cependant, par la suite, il ne se montrera pas peu fier d'avoir visité le Grand Nord, mais il évoquera ses souvenirs à la façon d'un ethnologue et d'un géographe. C'était une âme prosaïque, désailée. Il revint en Allemagne en passant par la Finlande, où il apprit la mort (officielle) de Louis XVII. La disparition de l'enfant-roi permit au comte de Provence de s'intituler Louis XVIII. Hormis ce dernier et quelques têtes exaltées de son entourage, personne alors ne croyait sérieusement à une restauration des Bourbons. Toutefois on commençait à parler du jeune duc d'Orléans. « Si l'on n'y prend garde, écrivait le sagace Mallet du Pan, il réunira facilement la grande masse des gens qui ont été pour quelque chose dans la Révolution... » Louis XVIII avait trop de finesse politique pour ne pas s'émouvoir. Il dépêcha le baron de Roll en Allemagne, où résidait Louis-Philippe. Le roi sans royaume acceptait de se réconcilier avec le jeune prince, à condition qu'il se rangeât aux côtés des émigrés. Louis-Philippe refusa, tout en remerciant Louis XVIII de sa mansuétude. On le constate, sa position n'avait pas varié d'un pouce : il ne voulait pas combattre sa patrie. Il eut peu après connaissance des arrangements du Directoire avec la duchesse d'Orléans. La fureur révolutionnaire était retombée depuis l'effacement de Robespierre et des Montagnards. Le nouveau gouvernement se débattait dans de telles difficultés qu'il pouvait tout craindre, y compris une monarchie constitutionnelle avec le duc d'Orléans. Il consentit à libérer Montpensier et Beaujolais, sous réserve qu'ils partiraient pour l'Amérique avec leur frère aîné. La duchesse serait libre de se retirer où il lui plairait. Louis-Philippe crut de son devoir d'accepter cette combinaison qui, somme toute, n'engageait en rien l'avenir. Il s'embarqua sur le vaisseau

« L'America ». En octobre 1796, il était à Philadelphie. Ses deux frères le rejoignirent au début de l'année suivante. L'un comme l'autre, ils étaient épuisés. Louis-Philippe ne mesura pas la gravité de leur état. Il leur infligea des excursions incessantes. Sa robustesse, son entraînement sportif le dispensaient de précautions élémentaires. Ils visitèrent Baltimore, Mount Vernon où ils furent reçus par le vieux Washington, le Tennessee, le Kentucky, les chutes du Niagara. Comme en Laponie, Louis-Philippe recueillait des informations exactes, mais ne s'extasiait guère sur les paysages. Il lui manquait le lyrisme et la plume de Chateaubriand ! Muni d'un prêt de quatre mille dollars par le gouverneur Morris, il entraîna ses frères à New York, puis à Boston. Il songeait alors à épouser la fille d'un notable de Philadelphie et à se fixer en Amérique. Il apprit sur ces entrefaites que sa mère avait émigré en Espagne et décida de la rejoindre. Les trois frères s'installèrent à Cuba en attendant leurs passeports. Ils reçurent un ordre d'expulsion. Peu après, ils s'embarquèrent pour l'Angleterre. Pendant leur absence, le général Bonaparte avait fait la percée que l'on sait. Il parut opportun que les Bourbons fissent front contre ce nouvel adversaire. Le comte d'Artois négocia le « pardon » des Orléans. Louis XVIII résidait alors à Mitau et se trouvait en assez fâcheuse posture. Il exigea néanmoins une rétractation de Louis-Philippe en bonne et due forme, ainsi qu'un engagement à servir sans réserve la royauté légitime. Louis-Philippe y consentit. Il écrivit même : « Si l'injuste emploi d'une force majeure parvenait, ce qu'à Dieu ne plaise, à placer de fait et jamais de droit, sur le trône de France, tout autre que notre Roi légitime, nous déclarons que nous suivrons, avec autant de confiance que de fidélité, la voix de l'honneur, qui nous prescrit d'en appeler, jusqu'à notre dernier soupir, à Dieu, aux Français et à notre épée. » Formule grandiose, toutefois ambiguë, dont Louis XVIII voulut bien se satisfaire. Il va sans dire que Louis-Philippe ne se mêla point des intrigues contre-révolutionnaires du futur Charles X. Malgré son serment d'allégeance envers Louis XVIII, il était en butte à l'hostilité des émigrés. Par contre, il avait la faveur des Anglais. On l'accueillait fort bien à la cour du roi George. La princesse Elizabeth avait même un faible pour lui. Il pensait l'épouser et le duc de Kent l'encourageait dans cette voie. Le gouvernement anglais lui accordait une pension confortable. Louis XVIII profita des bonnes relations de Louis-Philippe avec la famille royale pour négocier son installation en Angleterre. Le duc d'Orléans se chargea volontiers de cette démarche délicate, et obtint gain de cause. Louis XVIII s'installa au manoir d'Hartwell. Le duc d'Orléans lui rendait correctement ses devoirs. Il lui faisait même part de ses réflexions sur la situation de la France. Nullement abusé par les victoires de Napoléon, il pronostiquait sa chute, en arguant du fait que l'empire n'étant pas un gouvernement de droit, mais la phase extrême de la Révolution, tomberait aux premiers revers. Cette analyse pénétrante éveilla les soupçons de Louis XVIII : il ne lui plaisait guère que le chef des Orléans fût aussi intelligent que lui !

En 1807, le duc de Montpensier, atteint de phtisie galopante, mourut dans les bras de son frère aîné. Ce fut alors que celui-ci remarqua la mauvaise mine de Beaujolais et prit peur. Il obtint l'autorisation de l'emmener à Malte, espérant que le soleil de la Méditerranée le guérirait. Beaujolais était déjà condamné ; il mourut deux mois après son arrivée. Louis-Philippe se retrouvait seul. Il avait trente-quatre ans et pensa qu'il était temps pour lui de fonder un foyer. Il avait déjà recensé les princesses dont il pourrait demander la main sans craindre d'être évincé et jeta son dévolu sur Marie-Amélie, quatrième enfant de Ferdinand Ier, roi des Deux-Siciles, surnommé Nasone en raison d'un appendice nasal que lui eût envié Cyrano, et de Marie-Caroline d'Autriche, une des sœurs de Marie-Antoinette. Pour l'heure, le royaume de Ferdinand Ier se réduisait à la Sicile. Cependant, il ne fallait pas manquer d'audace quand on s'appelait Orléans, fils de Philippe-Égalité, pour demander la main d'une princesse à la fois Bourbon et Habsbourg ! Mais c'était pour Louis-Philippe un excellent parti, car ce mariage effacerait, croyait-il, la honte du vote d'Égalité à la Convention. Il dut subir l'interrogatoire en règle de la reine Marie-Caroline, donna toutes les explications et les assurances que l'on attendait de lui. Il sut plaire et déjouer les soupçons. Il ne voulait, affirmait-il, que servir le roi légitime et recouvrer la fortune des Orléans. Il n'avait aucune ambition, sinon de mener une vie paisible avec sa femme et ses enfants. La princesse Marie-Amélie s'éprit de lui. Elle désespérait de se marier, car elle avait vingt-six ans. Ce n'était pas une grande beauté, mais elle avait une taille élancée, de superbes épaules, un long col, un port de reine. L'hérédité Habsbourg alourdissait un peu ses traits. Mais elle était instruite et d'humeur égale. Les pourparlers étaient sur le point d'aboutir, quand on apprit que l'Espagne et le Portugal se rebellaient contre Napoléon avec l'aide des Anglais. L'une des filles de Marie-Caroline avait épousé l'Infant d'Espagne. Brûlant de servir sa future belle-famille, Louis-Philippe décida Nasone à intervenir. Abandonnant ses amours naissantes, il s'embarqua pour l'Espagne avec le prince héritier des Deux-Siciles. Cette intervention fut jugée intempestive par les Anglais. A peine débarqués, les deux princes furent renvoyés à Palerme et Louis-Philippe dut aller en Angleterre plaider sa cause. Il y retrouva sa sœur Adélaïde et, dès lors, ces deux êtres qui se complétaient admirablement, se comprenaient à demi-mot, ne se quittèrent plus. Adélaïde devint ce qu'elle restera jusqu'à sa mort, la conseillère et la partisane inconditionnelle de son frère. Ils partirent de compagnie à Minorque où résidait leur mère, afin de l'amener à Palerme en vue du mariage avec Marie-Amélie. Il faut ajouter que, très probablement, Louis-Philippe s'était mis au service des Anglais, dont la flotte protégeait la Sicile, et la contrôlait. La reine Marie-Caroline différa le mariage autant qu'elle le put. Elle faisait espionner son futur gendre. Il lui déplaisait fort qu'il fût un instrument entre les mains des Anglais. On raconte même qu'un soir un coup de fusil fut tiré sur lui. La fiancée s'alarma, car elle connaissait sa mère. Elle menaça de se faire nonne si on ne lui donnait pas son gentil duc. Le mariage fut enfin célébré, le 25 novembre 1809, suivant un cérémonial désuet.

Après quelques semaines de bonheur, Marie-Amélie dut se résigner à laisser partir Louis-Philippe. Les Cortès espagnols lui offraient le commandement d'une armée. Il était impatient de jouer un rôle à sa mesure. Il rallia Cadix assiégée par le maréchal Soult, défendue par les Anglais et par les volontaires espagnols. Les Anglais lui étaient hostiles. La présence d'un prince français les gênait. Ils lui évitèrent pourtant de tomber dans un piège mortel. Soult ne parvenant pas à prendre Cadix proposait une entrevue secrète au duc d'Orléans. Au moment où celui-ci s'apprêtait à partir, l'amiral anglais entra dans sa chambre. Il lui dit que Soult lui tendait un guet-apens, qu'il avait l'ordre de le fusiller sur-le-champ. Louis-Philippe eût été un nouveau duc d'Enghien ! Victor Hugo relate, dans son journal, une conversation tenue en sa présence par Louis-Philippe et le vieux maréchal, au cours d'une soirée aux Tuileries.

— « Là, vraiment, lui demanda le roi en souriant, la main sur la conscience, est-ce que vous vouliez me faire fusiller ? »

Tout embarrassé, Soult demeurait silencieux. Il finit par dire :

— « Non, Sire, je voulais vous compromettre. »

Quand il fut parti, Louis-Philippe s'exclama :

— « Compromettre ! Compromettre ! Cela s'appelle aujourd'hui compromettre. En réalité, c'est qu'il m'aurait fait fusiller ! »

Comme on le verra, il ne lui tint pas rigueur, tout au contraire. Les Bourbons savaient souvent pardonner, en tout cas mettre de côté leurs rancunes personnelles.

La seconde expérience espagnole de Louis-Philippe tourna donc court comme la première. Sous l'influence des Anglais, peut-être à la demande de Louis XVIII, le Conseil de régence invita fermement le duc d'Orléans à regagner Palerme. Marie-Amélie attendait son retour avec impatience. Elle avait mis au monde un fils, le 3 septembre 1810. Il reçut le titre de duc de Chartres, selon la tradition des Orléans, et les prénoms de ses deux grands-pères, Ferdinand et Philippe. Louis-Philippe et sa femme s'installèrent au palais Santa Teresa. Il aménagea cette demeure avec compétence : ne tenait-il pas de Mme de Genlis des notions d'architecture, de menuiserie, de peinture ? C'était un homme universel, d'ailleurs plein d'assurance. Apparemment, il coulait des jours paisibles, jouait au bon époux et au père de famille. Mais il ne pouvait s'empêcher de combattre le despotisme de sa belle-mère facilité par l'insignifiance de Nasone. Avec l'appui de l'ambassadeur britannique, lord Bentinck, il aida discrètement son beau-frère à renverser Ferdinand Ier et Marie-Caroline et à prendre le pouvoir. Il suivait avec non moins d'attention les péripéties de la lutte gigantesque qui opposait Napoléon à l'Europe et guettait les prémices de la catastrophe. Lorsque la nouvelle de l'abdication de Fontainebleau parvint à Palerme, il ne fut pas autrement surpris et résolut de partir sans délai pour la France.

Ici se termine ce qu'on pourrait appeler le « roman » de Louis-Philippe. Il fut fertile en aventures de toutes sortes et jalonné de cruels chagrins. Je l'ai évoqué, certes brièvement, pour ne pas reprendre les développements sur la Révolution et l'émigration que l'on retrouvera dans les biographies que j'ai consacrées à Louis XVIII et à Charles X. Je tiens toutefois à souligner que jamais Louis-Philippe, en dépit de ses déceptions et de son amertume, ne consentit à combattre dans les rangs, ni n'accepta le concours de l'étranger. En revanche, il lui fut reproché à juste raison d'avoir servi les intérêts anglais en Sicile, mais c'était pour combattre l'absolutisme hors de saison de sa belle-mère.

IV

ALTESSE ROYALE

Je serai aussi bref, et pour les mêmes raisons, en ce qui concerne les seize années couvrant les règnes de Louis XVIII et de Charles X. Louis-Philippe n'y tint en effet qu'un rôle secondaire, tout en préparant son avenir, mais un avenir plus qu'incertain, car, jusqu'à la publication des ordonnances de 1830, rien ne laissait supposer que le duc d'Orléans accéderait au trône.

Louis-Philippe fit le voyage de Palerme à Marseille sur le vaisseau « Aboukir » mis à sa disposition par lord Bentinck. Marie-Amélie le rejoindrait plus tard avec ses enfants. Il s'agissait pour le duc d'Orléans de reprendre au plus vite sa place au sein de la famille royale, afin de récupérer ses charges et ses biens. Il redoutait extrêmement l'influence des émigrés et surtout de la coterie entourant le comte d'Artois. La partie semblait difficile à jouer, car personne n'avait oublié le vote d'Égalité. Mais l'heure était à la réconciliation. Apprenant que son cousin était en route pour Paris, Louis XVIII lui octroya le titre de colonel général des hussards qu'avait porté son père (ordonnance du 15 mai 1814). Louis-Philippe arriva dans la capitale le 16 mai. Il passa sa première nuit dans un hôtel situé rue Grange-Batelière. Il visita le Palais-Royal qui était rempli de locataires, de meubles hétéroclites, dans un état de dégradation et de désordre indescriptible. Le lendemain, non sans appréhension peut-être, il se présentait aux Tuileries. Louis XVIII l'accueillit avec bienveillance. Il lui dit :

— « Monsieur, il y a vingt-cinq ans vous étiez lieutenant général. J'ai le plaisir de vous annoncer que vous l'êtes encore. »

— « Sire, répondit Louis-Philippe, ce sera sous cet uniforme que je me présenterai désormais à Votre Majesté. »

Ne sachant comment s'habiller pour cette visite protocolaire, Louis-Philippe avait endossé sa tenue de Jemmapes, mais son chapeau était décoré d'une large cocarde blanche. Ces détails n'avaient pas échappé au vieux roi. Sa cordialité n'avait point de signification réelle. Simplement il accueillait un membre de sa famille après une longue séparation. L'entretien avec le comte d'Artois tourna au persiflage :

— « Ah ! Ah ! mon cousin, qu'est-ce que cette cocarde ? Je croyais que vous ne deviez jamais la porter ? »

— « Je le croyais aussi, Monsieur, et je croyais en outre que vous ne deviez jamais porter l'habit où je vous vois ; je regrette bien que vous n'y ayez pas joint la cocarde qu'il entraîne. »

Le comte d'Artois portait en effet l'uniforme de colonel général de la Garde nationale. Il répondit :

— « Mon cher, ne vous y trompez pas : un habit ne signifie rien. On le prend, on le quitte, et c'est assez égal. Mais une cocarde, c'est différent : c'est un symbole de parti, un signe de ralliement... »

Avec l'autorisation du roi, Louis-Philippe fit un bref séjour en Angleterre, puis retourna à Palerme. Il s'embarqua à nouveau pour la France le 27 juillet avec Marie-Amélie et leurs trois enfants. Le 22 septembre, les Orléans s'installaient au Palais-Royal hâtivement aménagé. Le 23 septembre, Marie-Amélie fut reçue pour la première fois aux Tuileries. Elle était, comme on l'a dit, Bourbon par son père, de surcroît nièce de Marie-Antoinette par sa mère. L'accueil de Louis XVIII et de la duchesse d'Angoulême (Madame Royale, ci-devant Orpheline du Temple) fut chaleureux. Elle était vraiment des leurs, davantage que son mari ! De plus, elle venait de perdre sa mère, la reine Marie-Caroline, morte en exil. Louis-Philippe pouvait se réjouir. Il avait fait le bon choix. Marie-Amélie serait sa meilleure introductrice et, le cas échéant, son bouclier ! Les faveurs royales continuèrent à pleuvoir sur lui. Il fut nommé pair de France, comme membre de la famille royale, et fait chevalier de Saint-Louis. Les biens des Orléans qui n'avaient pas été vendus lui furent restitués. Cependant Louis-Philippe ne put obtenir le titre d'Altesse royale, auquel il avait cependant droit. Louis XVIII lui avait dit, lors de sa première visite :

— « Il a couru bien des bruits sur votre compte et vous avez sagement fait de n'en prendre pas connaissance. J'en ai fait autant de mon côté. Il n'y avait pas autre chose à faire. »

De quels bruits s'agissait-il ? Louis XVIII savait manier l'ambiguïté. Il n'aimait pas le duc d'Orléans. Il se méfiait de lui. Il avait trop de perspicacité pour ne pas comprendre que son ralliement n'était que de façade. Il était d'autant plus résolu à se montrer vigilant. Il lui refusait le titre d'Altesse royale pour ne pas le rapprocher du trône. A cela il avait d'ailleurs une raison supplémentaire. La branche aînée s'étiolait. Il n'avait pas de fils. Le comte d'Artois, son frère et successeur probable, avait eu deux enfants : l'aîné (le duc d'Angoulême) avait épousé Madame Royale et leur union était restée stérile ; le second (le duc de Berry) n'était pas encore marié. Le duc d'Orléans avait deux beaux garçons (le duc de Chartres et le duc de Nemours qui venait de naître) ; il représentait l'avenir de la dynastie ; cette perspective déplaisait fort au vieux monarque.

Les relations entre les Tuileries et le Palais-Royal étaient assez fréquentes et de bonne compagnie, malgré les picoteries dont Louis-Philippe était l'objet. La duchesse d'Angoulême le détestait, bien qu'elle se fût prise d'affection pour Marie-Amélie. Celle-ci se sentait vraiment en famille. Elle s'efforçait d'arrondir les angles. On ne doutait pas de son légitimisme. Pourtant elle admirait, que dis-je, elle révérait son mari ! Elle était en quelque sorte son garant aux Tuileries, mais, par la force des choses, partageait aussi ses opinions. Or si les Orléans dînaient souvent aux Tuileries, ils recevaient au Palais-Royal les anciens soldats de Napoléon : Ney, Augereau, Gouvion-Saint-Cyr et l'ex-architrésorier Lebrun, duc de Plaisance. Ils s'étaient ralliés à la monarchie des lèvres non du cœur. C'étaient des libéraux masqués. Au Palais-Royal, on pouvait s'exprimer librement. Louis-Philippe écoutait. Malgré son prurit de paroles, il savait se taire. Sans se compromettre, il accréditait l'idée que pour lui le passé n'était pas lettre morte et qu'en dépit des apparences il restait un Orléans, c'est-à-dire un prince de tradition libérale. Pour autant il n'oubliait pas qu'il était Bourbon. En fait, il traversait une période d'incertitude, comme la plupart de ses contemporains. L'entourage de Louis XVIII commettait de telles maladresses que beaucoup pronostiquaient la chute prochaine de la monarchie restaurée. Louis-Philippe ne se mêlait de rien. Il aurait pu mettre Louis XVIII en garde, il ne le fit pas, sachant qu'il ne serait pas entendu et même qu'il augmenterait la défiance dont il était l'objet.

Quand le débarquement de Napoléon à Golfe-Juan fut connu (le 5 mars 1815), Louis-Philippe fut convoqué aux Tuileries. Le roi lui ordonna de partir pour Lyon, sous les ordres du comte d'Artois. Fort astucieusement il ne refusait pas de l'employer ; il lui donnait même une mission de confiance, tout en le plaçant sous le contrôle du comte d'Artois et, surtout, en l'éloignant de la capitale. La suite est trop connue pour qu'on y insiste. Le vol de l'Aigle chassa Louis XVIII des Tuileries. Louis-Philippe expédia sa famille en Angleterre et fut envoyé à l'armée du nord. Il retrouva le vieux roi à Lille, mais refusa de le suivre à Gand. Il s'embarqua pour l'Angleterre et s'installa à Twickenham, dans la maison qu'il avait habitée naguère avec Montpensier et Beaujolais. Tout naturellement les excellentes relations qu'il avait eues avec la famille royale d'Angleterre furent renouées. Marie-Amélie fit la connaissance de la princesse Elizabeth qui avait été l'amie de Louis-Philippe, peut-être sa maîtresse. Elles devinrent amies.

LE DUC D'ORLÉANS

L'Europe se coalisait à nouveau contre Napoléon. Tout annonçait la ruine prochaine de l'Usurpateur. Louis XVIII intima l'ordre au duc d'Orléans de venir à Gand. Le comte d'Artois formait un corps de volontaires destiné à combattre dans les rangs des alliés. Il offrit un commandement à Louis-Philippe qui refusa catégoriquement : une fois de plus, il ne voulait pas aider l'ennemi à vaincre sa propre patrie. Après Waterloo, Fouché tenta de persuader les Alliés que la solution orléaniste comblerait les vœux des Français. Louis-Philippe s'abstint de paraître. Il ne quitta pas l'Angleterre pour accompagner le roi vers Paris. Il lui répugnait de rentrer « dans les fourgons de l'étranger ». Ce faisant, il préservait l'avenir. Il évitait aussi de se compromettre dans les règlements de comptes qui marqueraient les débuts de la seconde Restauration. Son patriotisme resterait sans tache. Il ne cautionnerait pas davantage les sanctions qui seraient prises contre les libéraux. Cependant, au mois d'août 1815, il ne put s'empêcher d'aller en France, afin d'examiner la situation. Il prit même place à la Chambre des pairs et prononça un discours qui ne fut pas goûté par Louis XVIII. On lui fit comprendre que sa présence à Paris n'était pas souhaitée et il réintégra Twickenham. Louis XVIII le faisait espionner par son ambassadeur à Londres, le duc de La Châtre. Il n'ignorait point sa popularité dans les milieux bonapartistes et constitutionnels. Orléans ne lui avait pas caché son opinion quant à la stricte application de la Charte. « Il ne remue pas, disait plaisamment le vieux roi, mais je m'aperçois qu'il chemine. » Les ultras haïssaient en Louis-Philippe le fils d'un régicide. « Je frémis, écrivait la marquise de Montcalm, en pensant que les affreux souvenirs qui accompagnent la mémoire de son père serviraient d'appui à sa couronne et de garantie à la durée de son règne... Il a toujours eu une attitude mixte et obscure. » On lui reprochait surtout d'avoir prôné l'indulgence envers les généraux qui s'étaient ralliés à Napoléon. Ce trait de générosité lui sera compté plus tard, mais, dans la conjoncture, il le desservait. Les ultras voulaient fusiller les bonapartistes, les républicains, les régicides, gommer jusqu'au souvenir de 1789. Le marquis d'Osmond succéda à La Châtre. Il négocia la rentrée en grâce des Orléans. Louis-Philippe précéda sa famille, comme à son habitude. Le roi le reçut maussadement. En revanche, le comte d'Artois et ses fils se montrèrent cordiaux. Marie-Amélie et ses enfants arrivèrent en avril (1817). Il n'est que de parcourir le journal de celle-ci pour apprécier le changement des relations entre le Palais-Royal et les Tuileries. Une sorte de malaise pesait sur les rencontres, transformait les dîners en obligations pénibles. A la vérité, Louis-Philippe était abreuvé d'amertume. Louis XVIII lui refusait toujours le titre d'Altesse royale, multipliait les vexations gratuites. Louis-Philippe affectait l'indifférence, mais il lui en coûtait. Marie-Amélie s'efforçait d'apaiser ses colères, de le réconforter. Elle souffrait pourtant d'être exclue de la tribune royale à la chapelle des Tuileries, de la loge royale à l'Opéra, et privée de « carreau » à Notre-Dame. Plus encore de voir pareillement humilié « le meilleur et le plus aimé des maris ». Louis XVIII n'ignorait pas que les libéraux et les bonapartistes affectaient de reconnaître pour chef le duc d'Orléans. Il savait aussi qui l'on recevait au Palais-Royal, sans aucune étiquette, quasi bourgeoisement. La marquise de Montcalm notait alors : « Il paraît ne pas vouloir autoriser par sa conduite les projets dans lesquels on désirerait lui faire jouer un rôle ; néanmoins le peu de force et d'élévation de son caractère, ses rapports connus avec les libéraux, disposent à penser que, si un parti considérable le mettait en avant à la mort du roi, il n'opposerait pas une énergie suffisante aux efforts dont il serait le prétexte et qui l'éloigneraient de la ligne exacte de ses devoirs. » Telles étaient bien les craintes de Louis XVIII, qui ne nourrissait pas une bien grande estime pour le comte d'Artois. De surcroît, il ne partageait certes pas l'opinion de Mme de Montcalm sur la mollesse de caractère de Louis-Philippe ! En tout cas, il ne faisait rien pour empêcher les calomnies répandues sur son compte par les ultras. Peu de jours après la naissance du duc de Bordeaux (fils posthume du duc de Berry assassiné le 13 février 1820), un article parut dans un journal anglais contestant la légitimité de cet enfant. Qui l'avait inspiré, sinon celui dont cette naissance inespérée ruinait les espoirs dynastiques ? Les ultras n'hésitèrent pas à porter cette accusation contre Louis-Philippe. Il est possible qu'il ait eu l'imprudence d'émettre quelque doute sur la légitimité du nouveau-né et que ses propos eussent été entendus par une oreille indiscrète. On relève en effet dans le Journal de Marie-Amélie plusieurs petites phrases assez énigmatiques, dont celle-ci : « Enfin la naissance inopinée du duc de Bordeaux a éveillé en moi toutes sortes de sentiments que j'ai offerts à Dieu. » Et ailleurs elle insiste sur « le louche de cette naissance ».

La mort de Louis XVIII (1824) assainit l'atmosphère. Charles X ne partageait pas les préventions de son frère, ni celles de ses amis les plus proches. Loyal et généreux, il avait un peu trop tendance à juger les autres d'après lui-même. Il crut certainement pouvoir s'attacher le duc d'Orléans en lui rendant ses prérogatives et sa place au sein de la famille royale. Les humiliations cessèrent à l'instant. Louis-Philippe redevint Altesse royale, ainsi que ses enfants. Mme de Boigne : « Il faut être prince et dès longtemps en butte à toutes les petites vexations de la différence de rang, pour pouvoir apprécier la joie qu'on ressentit au Palais-Royal. Malgré toutes les prétentions au libéralisme éclairé, l'Altesse Royale y fut reçue avec autant de bonheur qu'elle eût pu l'être au temps décrit par Saint-Simon. Il y a de vieux instincts qui n'admettent de prescription ni du temps ni des circonstances, tel effort qu'on fasse pour se le persuader à soi-même. Les d'Orléans sont et resteront princes et Bourbons quand même. » Le pronostic était exact, et l'on verra le roi des Français se souvenir, peut-être trop, qu'il était Bourbon et avait pour aïeux des monarques qui ne partageaient pas leur pouvoir. Lors du sacre de Charles X à Reims, Louis-Philippe parut en robe d'hermine et de pourpre, la couronne ducale sur la tête : « en costume de Pharamond », dirent ses enfants. Pharamond, c'était l'ancêtre hypothétique des Mérovingiens ; il figurait encore dans les manuels d'histoire à l'usage des écoliers.

Pour l'heure, Louis-Philippe n'avait d'autres projets que de reconstituer sa fortune. Il tenait à assurer l'avenir de ses enfants. Il avait en outre l'instinct possessif. Les bonnes relations avec Charles X facilitèrent les démarches. Le temps n'était plus où les Orléans passaient pour les princes les plus riches d'Europe. La prodigalité de Philippe-Égalité et les confiscations révolutionnaires avaient eu raison de la gigantesque fortune. Comme je l'ai indiqué, Louis XVIII avait, par ordonnance du 20 mai 1814, rendu à Louis-Philippe les biens qui n'avaient pas été vendus. A la mort de Philippe-Égalité, un grand nombre de créances étaient impayées. Louis-Philippe n'accepta la succession que sous bénéfice d'inventaire. Il connaissait le droit et la procédure, mais prit néanmoins l'avocat Dupin comme conseiller et s'en trouva bien. Chaque créance fut examinée méticuleusement. Louis-Philippe ne paya que les dettes dont la validité était certaine. Il se fit restituer les biens dont les détenteurs étaient sans titres. S'ensuivirent des procès dont la complexité ne le rebutait pas. Au contraire, il prit goût à la paperasserie juridique, rédigea lui-même certains mémoires. Quasi chaque jour, il réunissait une sorte de conseil d'affaires. La netteté et la précision de ses exposés frappaient ses interlocuteurs. Ainsi, tout en mettant ses affaires en ordre, il acquérait une expérience utile, perfectionnait sa connaissance du code et se taillait une réputation propre à séduire la grande bourgeoisie : ce monde de banquiers, d'affairistes qui brûlait de jouer un rôle politique proportionné à sa richesse, sinon à ses mérites ! En 1821, la fortune de Louis-Philippe s'arrondit de l'héritage de sa mère. En 1822, de celui de sa tante, la duchesse de Bourbon. Il jeta alors les yeux sur l'héritage du dernier Condé, le malheureux père du duc d'Enghien. Ce dernier portait le titre de duc de Bourbon. Il vieillissait mal, en compagnie d'une dangereuse aventurière, Sophie Dawes, baronne de Feuchères. L'ambition de cette intrigante était de se faire admettre à la Cour. Ses demandes avaient été rejetées avec hauteur par la duchesse d'Angoulême. Elle ne put supporter cette humiliation et chercha une autre voie. Les Orléans la reçurent au Palais-Royal, fort aimablement. Mme de Feuchères ne pouvait sans risque capter l'héritage de son vieil amant : le testament eût été cassé, et d'autant qu'il avait des héritiers, les princes de Rohan, ses cousins. Par contre, elle se faisait fort de décider le duc de Bourbon à adopter le duc d'Aumale (l'un des fils de Louis-Philippe) à condition qu'on lui laissât une part du gâteau et qu'on obtînt son entrée à la Cour. Louis-Philippe accepta cette combinaison, ce qui ne l'honore certes pas ! Le duc de Bourbon consentit volontiers à cette adoption, mais il renâcla quand il s'agit de matérialiser sa décision par un acte. La belle Sophie l'accablait de scènes de plus en plus violentes, pratiquait le chantage le plus odieux. Le pauvre homme résistait de son mieux. Non qu'il lui déplût d'avantager un Orléans au détriment des Rohan, mais il voulait garder son libre arbitre. Il se plaignait à ses amis, à Louis-Philippe des tourments que Mme de Feuchères lui infligeait. Louis-Philippe répondait doucereusement : « Je tiens infiniment à ce que vos bonnes dispositions à l'égard de mes enfants ne soient la cause d'aucun embarras pour vous, de quelque nature qu'il soit. » Mais il laissait Mme de Feuchères agir à sa guise. De guerre lasse, le duc de Bourbon céda. Il léguait à Mme de Feuchères plusieurs domaines et une somme de deux millions : elle était pour longtemps à l'abri du besoin ! Le reste allait au duc d'Aumale, notamment Chantilly et le Palais-Bourbon.

Pour en finir avec la fortune de Louis-Philippe, il faut ajouter qu'il perçut dix-sept millions sur le prétendu milliard des émigrés. Qu'il profita des bonnes dispositions de Charles X pour obtenir plusieurs indemnités en réparation de biens annexés par l'État (en particulier le canal de l'Ourcq et ses dépendances) ; enfin, la régularisation par une loi de l'apanage des Orléans. Au cours des mêmes années, il agrandit sa résidence de Neuilly, échangée naguère contre les écuries dites de Chartres, rue Saint-Thomas du Louvre. Il s'était pris de passion pour ce domaine de Neuilly, dont le parc finit par jouxter Asnières et Courbevoie. Car Louis-Philippe, avec une obstination de paysan, achetait, échangeait, négociait, faisant feu de tout bois. A bien y regarder, cet appétit de terre avait été celui des premiers Capétiens, édifiant pièce à pièce leur royaume.

La vie que l'on menait au Palais-Royal plaisait aux libéraux. Les vertus les plus authentiquement bourgeoises y fleurissaient : l'ordre, l'économie, une simplicité de bon aloi. Louis-Philippe était fidèle à sa femme et Marie-Amélie au-dessus de tout soupçon. Ils ne cachaient pas la tendresse qu'ils éprouvaient l'un pour l'autre. Un tel comportement contrastait avec les mœurs de l'Ancien régime. On se disait que Louis-Philippe était vraiment un homme nouveau. Qu'il fût dur en affaires, rédigeât lui-même ses baux de location en ne laissant rien au hasard, ne déplaisait pas. Les propriétaires ne se devaient-ils pas de défendre leurs biens ? Par ailleurs, Louis-Philippe avait eu une idée de génie. Ses fils n'avaient pas de précepteurs : ils allaient au lycée Henri IV, comme des fils de bourgeois ! Cette initiative scandalisa la Cour. Mais Louis-Philippe estimait que la vie de collège était le « meilleur apprentissage d'humanité » pour de jeunes princes. Il surveillait étroitement leur éducation et redevenait le professeur Chabos pour leur enseigner l'histoire moderne. Il se souvenait aussi des principes de Mme de Genlis, sans tomber dans ses excès. Il aimait conduire sa famille à Neuilly. Les enfants s'y ébattaient joyeusement. Le prince de Joinville conserva un souvenir attendri de ces séjours. Aux vacances, les petits princes étaient emmenés en Auvergne, au château de Randan qui appartenait à leur tante Adélaïde. Parfois on les conduisait à Trouville pour y prendre des bains de mer, mis à la mode par la duchesse de Berry.

L'atmosphère détendue qui régnait au Palais-Royal attirait les princes de la branche aînée ; ils s'y amusaient franchement. Elle attirait aussi les artistes, les hommes politiques, les glorieux survivants de l'épopée impériale, pour parler clair, les libéraux et les bonapartistes ! Macdonald, Marmont, Molitor, Mortier coudoyaient des journalistes « constitutionnels », de futurs ministres de la monarchie de Juillet, des peintres comme Gérard, Girodet, Horace Vernet, Garneray ou Gudin, des acteurs et des musiciens. On causait librement, par petits groupes. Marie-Amélie savait admirablement recevoir, ménager les susceptibilités, organiser les rencontres. Talleyrand disait qu'elle était la dernière grande dame de l'Europe. Elle ne songeait qu'à l'avenir de sa famille et jouait le jeu. Les années passant, le libéralisme de Louis-Philippe s'accentua. Certains de ses amis tentaient de le compromettre, l'incitaient à prendre parti contre les ministres de Charles X. Il se dérobait adroitement. Pourtant il n'hésita pas à pensionner son vieil ami Dumouriez qui était sans ressources, à secourir la famille du général Foy, à recruter comme bibliothécaire le poète Casimir Delavigne qui venait d'être révoqué.

Il y eut un incident de parcours imprévisible. Les ultras ne désarmaient point. Ils exploitèrent les divagations d'une aventurière italienne, Maria Stella Chiappini. Elle racontait qu'elle était fille du ci-devant Philippe-Égalité, villégiaturant en Toscane en 1773. Le duc et la duchesse eussent échangé leur propre fille contre le fils du concierge de la prison de Modigliana, nommé Laurent Chiappini. Il y avait donc eu substitution d'enfant. Louis-Philippe usurpait son identité et sa fortune. Maria Stella réclamait ses droits. Elle avait même obtenu d'un tribunal ecclésiastique la rectification de son état civil. Louis-Philippe ne s'émut pas outre mesure, et d'autant moins que ses parents ne se trouvaient pas en Italie en 1773. L'avocat Dupin prit l'affaire en main et Maria Stella fut déboutée. Elle revint à la charge, en publiant un mémoire de trois cents pages, dans lequel elle racontait sa rocambolesque histoire. Enhardie par le succès, elle saisit le tribunal de la Seine qui déclara sa requête irrecevable pour non-justification de son ascendance (arrêt du 16 juin 1830).

Cependant la situation politique se dégradait. Lorsque Charles X se donna le prince de Polignac pour principal ministre, Louis-Philippe prévit le pire. Le choix de Polignac, fils de l'ancienne favorite de Marie-Antoinette, était une offense délibérée pour les libéraux, une provocation inutile. Mais Louis-Philippe avait compris qu'à travers Polignac, c'était Charles X lui-même qui gouvernait. Cette perspective lui paraissait extrêmement dangereuse et il ne cachait pas ses inquiétudes. De toute manière, il avait d'ores et déjà résolu de se désolidariser de la branche aînée, de ne point défendre ce roi entêté dans ses convictions, de ne point partir pour un nouvel exil, au besoin en bravant le danger, et de conserver ses biens dût-il renoncer à ses titres et mener la vie d'un simple bourgeois. La faute qu'il prévoyait et dont il mesurait toutes les conséquences resta en suspens pendant quelques mois. Charles X et ses ministres préparaient l'expédition d'Alger. Ils faisaient fond sur une grande victoire pour amadouer l'opinion. Comme on le sait, leurs espoirs furent cruellement déçus. « Le moment décisif approche, ironisait Talleyrand ; je ne vois ni boussole, ni pilote, et rien ne peut empêcher un naufrage ; c'est ce qui inquiète tout le monde, et tout le monde de toutes les classes. » Il mentait. Le pilote était d'ores et déjà choisi. Le diable boiteux retrouvait sa vocation de faiseur de rois et travaillait discrètement pour celui-ci.

Le 14 juin, Louis-Philippe eut un entretien avec Charles X au château de Rosny, qui appartenait à la duchesse de Berry. Il tenta de lui ouvrir les yeux :

— « Hors de la Charte, Sire, il n'y a qu'abîme et perdition. »

A sa grande surprise, Charles X abonda dans son sens.

— « Croyez bien que j'envisage ma position tout à fait comme vous ; hors de la Charte point de salut, j'en suis persuadé et je vous donne ma parole que rien ne me décidera à en sortir. »

Louis-Philippe partit, rasséréné. Il tablait sur la sincérité de Charles X. Ce dernier n'avait point cherché à l'abuser : en interprétant extensivement l'article 14 et en s'arrogeant des pouvoirs d'exception, il ne croyait pas violer la Charte.

Le 20 juillet 1830, les résultats des élections furent publiés. Ils étaient catastrophiques pour le gouvernement. Charles X pouvait encore sauver la situation en congédiant sans délai Polignac. Il le maintint en fonctions contre vents et marées. Les fameuses ordonnances parurent au *Moniteur* du 26 juillet. Louis-Philippe se souvint encore une fois des conseils de Danton. Il décida de ne pas se mêler des événements. Il envoya sa famille à Neuilly et disparut. Charles X jugea inutile de le convoquer à Saint-Cloud. Il pouvait se passer de ses services. Il avait confiance dans les dispositions prises par Polignac. Et ce furent les Trois Glorieuses !

LE ROI QUI ÉTAIT UN FRANC

DEUXIÈME PARTIE

LE ROI DES FRANÇAIS

1830-1840

En 1830, la famille d'Orléans se composait de :

— *Louis-Philippe,* futur roi des Français (1773-1850), de sa sœur *Adélaïde* (1777-1847), de sa femme *Marie-Amélie* (1782-1866) et de huit enfants :

— *Ferdinand, duc de Chartres,* futur *duc d'Orléans* (1810-1842)
— *Louise,* future reine des Belges (1812-1850)
— *Marie,* future duchesse de Wurtemberg (1813-1839)
— *Louis, duc de Nemours* (1814-1896)
— *Clémentine,* future princesse de Saxe-Cobourg (1817-1907)
— *François, prince de Joinville* (1818-1900)
— *Henri, duc d'Aumale* (1822-1897)
— *Antoine, duc de Montpensier* (1824-1890).

Louis-Philippe avait 57 ans et sa femme 48 ans. L'aîné de leurs enfants avait 20 ans et le plus jeune 6 ans. Louis-Philippe s'était marié tardivement. Il était père à l'âge où l'on était habituellement grand-père. Cette situation ne fut pas sans conséquences.

I

LE BAISER DE LA FAYETTE

Dans ses *Vieux souvenirs,* le prince de Joinville déclare : « Je n'ai pas à juger la conduite de mon père en acceptant la couronne en 1830. La révolution de Juillet a sans doute été un grand malheur : elle a porté un nouveau coup au principe monarchique et donné un funeste encouragement aux spéculateurs en insurrections. Mais j'ai l'absolue certitude que mon père ne l'avait jamais souhaitée et que, au contraire, il l'avait vue venir avec une profonde douleur. Quand le trône de Charles X s'est écroulé, sans qu'il pût en aucune sorte le défendre, il a sans doute désiré passionnément échapper à l'exil commun et continuer à mener en France une existence heureuse entre toutes. La lutte terminée et la France soulevée d'un bout à l'autre, il a compris qu'il n'échapperait à l'exil qu'en s'associant au mouvement et il est certain qu'il ne l'a fait au début qu'avec la pensée de ramener Henri V sur le trône. Cet espoir déçu, il a cédé aux instances de tous ceux qui le conjuraient, comme seul en position de le faire, d'arrêter la France sur la pente fatale qui, de la république, la mènerait encore à la dictature, à l'invasion, à l'amoindrissement. Il a reculé de dix-huit ans ce funeste enchaînement, au péril de ses jours sans cesse menacés. Ce sera son honneur dans l'histoire, quelle que soit l'injustice des hommes. »

Tout est à retenir dans ce jugement, à la réserve près que Louis-Philippe ne songeait nullement à défendre Charles X et que sa crainte principale n'était point de voir s'écrouler le trône du vieux roi, mais d'être contraint à un nouvel exil et de perdre une fortune qu'il avait eu tant de peine à reconstituer. Certes il aurait, peut-être, contribué à sauver Charles X, si ce dernier avait accepté ses conseils. Mais Charles X suivait son idée qui était de raffermir le pouvoir royal au détriment de la Chambre des députés. Il n'avait que faire des avis de ce cousin d'Orléans qui restait à ses yeux un « révolutionnaire ». S'il n'avait rien appris depuis 1789, Louis-Philippe avait tout appris, tout retenu ; il savait que les acquis de la Révolution ne pouvaient être remis en cause. Le pays admettait une monarchie constitutionnelle, non un retour à l'Ancien régime, si timide fût-il. Les Bourbons de la branche aînée appliquaient insincèrement la Charte, dont Louis-Philippe disait que la forme gâtait le fond. Elle ne traçait pas un effet de ligne de partage bien nette entre le pouvoir royal et le pouvoir législatif. Charles X prétendait redéfinir l'exécutif à son profit. Il était de bonne foi en interprétant l'article 14. Louis-Philippe était sûr que le peuple ne tolèrerait pas un nouvel empiétement de la royauté. Sur ce point, les résultats des dernières élections ne laissaient aucun doute et la prise d'Alger, pour glorieuse qu'elle fût, ne changeait rien.

La victoire d'Alger eut même deux conséquences funestes pour Charles X. Elle le décida à publier les ordonnances de Juillet et elle le priva de ses meilleures troupes. Ce fut avec une armée fortement réduite qu'il affronta l'insurrection parisienne. Marmont, qui la commandait, était impopulaire et manquait d'énergie. Il était de surcroît inapte à mener un combat de rue. Il crut à une explosion passagère et prit mal ses dispositions. Charles X avait eu l'imprudence de dissoudre la Garde nationale en lui laissant ses armes ! Elle se joignit aux émeutiers. Le mouvement, apparemment spontané, était au contraire savamment orchestré. Le peuple donna la main à la bourgeoisie et, en fin de compte, combattit pour elle. Lorsque Charles X se rendit enfin compte de l'incapacité de Polignac, il était trop tard. Le canon des insurgés menaçait Saint-Cloud. Les royaux étaient démoralisés, car ils ne se sentaient pas commandés et perdaient d'heure en heure les positions clés. Une partie d'entre eux pactisa avec les émeutiers. Marmont ne sut pas défendre les Tuileries, fut rapidement débordé et se replia sur Boulogne et Saint-Cloud.

29 juillet 1830. A Neuilly, Marie-Amélie était en larmes. Elle tremblait pour son mari, pour ses enfants. Adélaïde, sa belle-sœur, ne perdait pas la tête. La jeune princesse Marie (dix-sept ans) était au comble de l'exaltation. Elle se réjouissait de la victoire des insurgés et découpait des cocardes tricolores. Louis-Philippe était au Raincy, seul avec sa conscience. Se souvenait-il de 1789, de la fuite à Varennes, du tragique retour de Louis XVI, des hésitations de son père à revendiquer la couronne ? C'est probable. Il se retrouvait quasi dans la situation de Philippe-Égalité en 1791. Il avait, lui aussi, des partisans qui le poussaient vers le trône, mais était-il souhaité par la majorité du pays ? Et même par la majorité des Parisiens ?

Personne ne mettait en doute son libéralisme : sa conduite en répondait. Cependant, que voulaient en réalité les chefs de l'insurrection, sinon promouvoir une république appuyée sur une nouvelle constitution ? Vis-à-vis de Charles X quel parti adopter ? Était-ce commettre une usurpation que de ramasser une couronne déjà perdue ? Les légitimistes ne pourraient pas lui reprocher d'avoir conspiré contre Charles X. Pourtant son opposition muette à la branche aînée ne constituait-elle pas une manière de protestation, discrète mais insistante, contre la monarchie légitime ? Comme l'écrira plus tard Odilon Barrot : « Par sa position si près du trône, par son opposition de principes, de conduite, avec les principes et la conduite du roi, il avait singulièrement facilité ce naufrage. » Louis-Philippe devait bien admettre que la révolution de Juillet comblait ses vœux et qu'il espérait fermement en profiter pour substituer les Orléans à la branche aînée. Mais qui peut se flatter de canaliser une révolution ? Il avait trop d'expérience pour s'abuser à ce sujet. Il se félicitait donc de son abstention momentanée : l'heure n'était pas encore venue d'agir. Il se refusait à précipiter l'agonie de la branche aînée. Comme il l'avait dit à Semonville, il entendait agir dans la légalité. Il voulait, non s'emparer de la couronne, mais qu'elle lui « arrivât en droit ».

Ses amis, ses partisans, y travaillaient, à leurs risques et périls d'ailleurs, car la partie était loin d'être gagnée. Une trentaine de députés s'étaient réunis chez Jacques Laffitte (banquier des Orléans). Sous le prétexte d'assurer le ravitaillement de Paris, ils nommèrent une commission municipale. Les commissaires s'installèrent à l'Hôtel de Ville, formèrent un gouvernement provisoire dont le premier acte fut de confier le commandement de la Garde nationale au vieux général de La Fayette. Incontinent, le Héros des Deux-Mondes se crut revenu aux plus belles heures de 1789. La commission était quasi prisonnière des insurgés qui réclamaient à grands cris la proclamation de la République. La Fayette se voyait déjà président. Cependant, ni Laffitte, ni Casimir Périer ni leurs amis, Thiers et Mignet, ni la majorité des députés se trouvant à Paris, ne voulaient d'une république. Les excès du comité de Salut public, les crimes de la Terreur hantaient encore les mémoires. Ils prirent les devants. Laffitte et Thiers, qui était encore peu connu, avancèrent le nom du duc d'Orléans. Rémusat proposa de le nommer lieutenant général du royaume. Talleyrand, qui tirait les ficelles, fit savoir à Madame Adélaïde qu'il était urgent que son frère sortît de sa retraite. En même temps, battant le fer quand il était chaud, sans même consulter Louis-Philippe, Thiers et Mignet répandaient ce manifeste :

« Charles X ne peut plus rentrer dans Paris ; il a fait couler le sang du peuple. La République nous exposerait à d'affreuses divisions ; elle nous brouillerait avec l'Europe. Le duc d'Orléans est un prince dévoué à la cause de la Révolution. Le duc d'Orléans ne s'est jamais battu contre nous ; le duc d'Orléans était à Jemmapes ; le duc d'Orléans a porté au feu les couleurs tricolores, le duc d'Orléans peut seul les porter encore ; nous n'en voulons pas d'autres ; le duc d'Orléans ne se prononce pas, il attend notre vœu ; proclamons ce vœu et il acceptera la Charte comme nous l'avons toujours entendue et voulue. »

Le 30 juillet, de bon matin, Thiers se rendit à Neuilly, mandaté par Laffitte. Il s'était fait conduire par le peintre Ary Scheffer qui avait de bons chevaux et qui était surtout familier des Orléans. La duchesse Marie-Amélie commença par reprocher à Scheffer de s'être chargé d'une pareille mission. Madame Adélaïde lui coupa la parole :

— « Qu'on fasse de mon frère un président, un garde national, tout ce que vous voudrez, mais qu'on n'en fasse pas un proscrit. »

Elle ne partageait pas les sentiments de sa belle-sœur à l'égard de la branche aînée. Elle n'était pas non plus nièce de Marie-Antoinette. Thiers avait l'esprit vif. Ce fut avec elle qu'il engagea le dialogue.

— « L'heure du duc d'Orléans est arrivée, dit-il. Qu'il ne la laisse pas sonner ! Tout est possible en ce moment, mais il faut se hâter : qu'il vienne à Paris, qu'il déclare se rallier à la Révolution. Sans doute il y a encore des périls : Charles X est toujours à Saint-Cloud. Mais les trônes s'obtiennent au prix de victoires et de dangers. »

Fort judicieusement, Madame Adélaïde rétorqua qu'il était maladroit de trop se hâter :

— « L'Europe est capable de s'y tromper et de croire qu'une intrigue du duc d'Orléans a renversé Charles X. »

— « Nous voulons une monarchie représentative, reprit le petit homme. Il nous faut une dynastie nouvelle, qui nous doive la couronne et qui, nous la devant, se résigne au rôle que le système représentatif lui assigne. Tout le monde saura bien que vous n'avez pas recherché la couronne, car certes elle est trop périlleuse aujourd'hui pour qu'on l'ambitionne. Il y a table rase. Les trônes sont aux premiers occupants. Décidez-vous. »

— « Si vous croyez que l'adhésion de notre famille puisse être utile à la révolution, nous la donnons volontiers. Une femme n'est rien dans une famille, on peut la compromettre. Je suis prête à me rendre à Paris, j'y ferai ce que Dieu voudra. »

Thiers n'en demandait pas tant. Il voulait écrire à Louis-Philippe et que la lettre lui parvînt à bref délai. Il dit :

— « Madame, vous placez aujourd'hui la couronne dans votre famille ! »

Il repartit aussitôt pour Paris et se fit conduire à la Chambre, où il rendit compte de sa mission. Les députés se contentèrent de l'accord de Madame Adélaïde et déférèrent la lieutenance générale du royaume à Louis-Philippe. En droit, cet accord verbal, au surplus consenti par une personne non mandatée, était nul. En fait, la démarche de Thiers était attendue à Neuilly. Adélaïde savait ce qu'elle avait à répondre au nom de son frère. Pourtant, quand ce dernier arriva à Neuilly, il fallut le convaincre de se rendre le jour même à Paris. A la vérité, il hésitait encore. Les combats de rues avaient pris fin. La révolution était faite, mais le climat insurrectionnel persistait. L'erreur la plus minime pouvait encore tout perdre. Louis-Philippe ne partageait pas l'optimisme de Thiers. De plus, la perspective d'être aux ordres de l'Assemblée ne lui souriait guère. Il décida de différer son départ de quelques heures, pour se donner le temps de réfléchir, d'élaborer un plan d'action. Les objurgations de sa sœur ne changèrent pas sa détermination.

Vêtu en bourgeois, la cocarde au chapeau, il arriva au Palais-Royal vers minuit, fort discrètement. Le lendemain à l'aube (31 juillet), il envoya chercher le duc de Mortemart. Le 29 juillet, Charles X s'était résigné, la mort dans l'âme, à rapporter les fatales ordonnances et à remplacer Polignac par Mortemart qui passait pour libéral. Lorsque la nouvelle en parvint dans la capitale, il était trop tard, le gouvernement provisoire était en place. Mortemart fut introduit auprès de Louis-Philippe avec des précautions infinies. Il le trouva tapi dans un arrière-cabinet, la chemise ouverte, coiffé d'un madras, en proie à une agitation extrême. Duplicité, désarroi? Mortemart affirme que Louis-Philippe lui dit:

— « Duc de Mortemart, je ne sais si jamais nous reverrons le Roi, mais si vous le rencontrez avant moi, dites-lui bien qu'ils me mettront en pièces avant de me placer la couronne sur la tête! »

Il affirme aussi qu'il lui remit une lettre à l'intention de Charles X par laquelle il s'engageait à assumer la régence au nom du petit duc de Bordeaux. Puis, qu'il lui envoya, dans l'après-midi, un émissaire pour reprendre la lettre. Il n'y a pas lieu de suspecter le témoignage de Mortemart, dont la loyauté est connue. Le revirement brutal de Louis-Philippe s'explique aisément. Il reçut au cours de la matinée la visite de ses amis, députés et autres. Ils ne voulaient point d'une simple régence. C'était une nouvelle dynastie qu'ils exigeaient. Louis-Philippe accepta la lieutenance générale, non sans se faire un peu prier. Il consulta ensuite Talleyrand et rédigea cette proclamation:

« Habitants de Paris!

Les députés de la France, en ce moment réunis à Paris, ont exprimé le désir que je me rendisse dans cette capitale pour y exercer les fonctions de lieutenant général du royaume. Je n'ai pas balancé à venir partager vos dangers, à me placer au milieu de cette héroïque population, et à faire tous mes efforts pour vous préserver de la guerre civile et de l'anarchie. En rentrant dans la Ville de Paris, je portais avec orgueil ces couleurs glorieuses que vous avez reprises, et que j'avais moi-même longtemps portées. Les Chambres vont se réunir; elles aviseront aux moyens d'assurer le règne des lois et le maintien des droits de la nation. La Charte sera désormais une vérité. Louis-Philippe d'Orléans. »

Il venait de sauter le pas, mais il était encore loin du but. La teneur comme le style un peu suranné de sa proclamation n'étaient pas de nature à calmer l'effervescence des esprits. Si les députés l'adoptèrent par acclamation, les républicains et les bonapartistes n'avaient que faire de ce duc d'Orléans qui oubliait qu'il était Bourbon et venait soudain partager avec le peuple de Paris des périls inexistants. La commission municipale fit afficher une contre-proclamation. On y lisait : « Charles X a cessé de régner sur la France. Ne pouvant oublier l'origine de son autorité, il s'est toujours considéré comme l'ennemi de notre patrie et de ses libertés qu'il ne pouvait comprendre. Après avoir attaqué sourdement nos institutions par tout ce que l'hypocrisie et la fraude lui prêtaient de moyens, lorsqu'il s'est cru assez fort pour les détruire ouvertement, il avait résolu de les noyer entièrement dans le sang des Français ; grâce à votre héroïsme, les crimes de son pouvoir sont finis... Au lieu d'un pouvoir imposé par les armes étrangères, vous aurez un gouvernement qui vous devra ses origines ; les vertus sont dans toutes les classes ; toutes les classes ont les mêmes droits ; ces droits sont assurés. »

Ce n'était pas, tant s'en fallait, une prise de position en faveur de Louis-Philippe ! Les bonapartistes réclamaient Napoléon II. La majorité des combattants des Trois Glorieuses voulait une république. La Fayette, qui détenait la force armée et par-là même arbitrait la situation, avait donné son accord pour l'appel à Louis-Philippe, mais c'était un esprit versatile, vaniteux, sur lequel on ne pouvait faire fond. Le général Sébastiani prétendait qu'il suffirait à Louis-Philippe de se montrer pour rallier « tous les partis et tous les cœurs ». Le député Bérard se montrait plus réaliste : « Il n'a pour lui, disait-il, que les hommes sages et modérés dont la voix peut bien dominer à la longue, mais n'est pas assez forte pour se faire entendre au milieu de l'effervescence révolutionnaire. Nous sommes dans un moment d'incertitude où une prompte décision peut nous sauver et le prince avec nous ; dans une heure, il ne serait peut-être plus temps. »

La décision de Louis-Philippe fut d'aller à l'Hôtel de Ville, afin de se faire reconnaître par la Commission municipale dont les pouvoirs seraient immédiatement résiliés. Ce fut là son coup de génie, car les commissaires s'apprêtaient bel et bien à proclamer la République. Il partit, accompagné de Laffitte (qui était dans une chaise à porteurs, ayant une cheville foulée) et d'une délégation de la Chambre. Il était en habit de lieutenant général et montait un cheval blanc. Les acclamations saluèrent sa sortie du Palais-Royal. Elles se raréfièrent et s'entremêlèrent de cris hostiles quand le cortège déboucha place de Grève. Louis-Philippe avançait, imperturbable. Il était à la merci d'un coup de fusil. Mais, dans ces instants où le destin balance, l'audace est toujours payante. La Fayette était alors l'idole du peuple. Il importait de l'annuler, de façon ou d'autre. Sans doute y avait-il eu des négociations secrètes entre les deux partis : la franc-maçonnerie exerça-t-elle son influence ? Mais les engagements de La Fayette étaient, je le répète, sujets à caution. D'où l'urgence de devancer ses initiatives. Le Héros des Deux-Mondes ne put moins faire que d'accueillir Louis-Philippe avec courtoisie. On donna lecture de la déclaration de la Chambre. Plus tard, certains prétendirent que La Fayette posa ses conditions, développa un véritable programme que Louis-Philippe eût accepté. Il est beaucoup plus probable qu'il se borna à déclarer :

— « Nous voulons un trône populaire entouré d'institutions républicaines. »

A quoi Louis-Philippe répondit :

— « C'est bien ainsi que je l'entends. »

La Fayette empoigna un drapeau tricolore, entraîna Louis-Philippe à une fenêtre et l'embrassa. Odilon Barrot affirme au contraire que Louis-Philippe avait pris le drapeau, ce qui n'a d'ailleurs pas la moindre importance. Une immense ovation s'éleva de la place de Grève. Ce baiser dans les plis de l'étendard d'Austerlitz suffit à retourner la foule. La Fayette venait de faire un roi, quasi malgré lui, et d'achever sa carrière politique. Le lendemain, 1er août, il eut pourtant la satisfaction de venir au Palais-Royal en grand arroi, afin de remettre officiellement à Louis-Philippe ses pouvoirs de lieutenant général. La révolution couronnait un roi, ou plutôt Louis-Philippe et ses partisans venaient de l'escamoter. Ce fut le plus joli tour de passe-passe de notre Histoire !

Le malheureux Charles X, ayant quitté Saint-Cloud, se replia sur Trianon et, de là, sur Rambouillet. Il tenta de préserver le droit dynastique en confiant lui-même la lieutenance générale du royaume à Louis-Philippe. Ce dernier la récusa ; il ne pouvait en effet tenir son pouvoir à la fois de l'Assemblée et du monarque déchu. Le 2 août, le vieux roi se décidait à abdiquer en faveur d'Henri V, son petit-fils. Le duc d'Angoulême fit de même : il régna quelques minutes sous le nom de Louis XIX. En transmettant ces deux actes à Louis-Philippe, Charles X l'incitait, en sa qualité de lieutenant général du royaume, à proclamer l'avènement du petit Henri V. Ce fut sa dernière illusion ! Louis-Philippe lui répondit qu'il saisirait l'Assemblée de la double abdication ; il ne fit pas la moindre allusion à Henri V. Cependant éprouva-t-il un remords tardif ou voulut-il se donner bonne conscience ? Alors que Charles X s'acheminait vers l'exil avec ses derniers fidèles, il aurait eu un entretien secret avec un certain colonel Caradock. Ce dernier eût été mandaté par Louis-Philippe. Le lieutenant général proposait que l'enfant-roi lui fût confié. Il s'engageait à faire proclamer ses droits et à exercer la régence en son nom. La duchesse de Berry eût alors refusé de se séparer de son fils. Cette anecdote — il faut le dire, assez suspecte — ne corrobore guère les confidences de Chateaubriand. Louis-Philippe l'avait convoqué comme membre influent de la Chambre des pairs. Le « divin vicomte » ayant prêté sa plume aux journaux d'opposition, son ralliement paraissait aisé. A sa grande surprise, Louis-Philippe l'entendit réclamer la reconnaissance des droits d'Henri V.

« Pendant que je parlais, écrit-il dans les *Mémoires d'outre-tombe*, je regardais Philippe. Mon conseil le mettait mal à l'aise ; je lus, écrit sur son front, le désir d'être roi. — Monsieur de Chateaubriand, me dit-il sans me regarder, la chose est plus difficile que vous ne pensez ; cela ne va pas comme cela. Vous ne savez pas dans quels périls nous sommes. Une bande furieuse peut se porter contre les Chambres aux derniers excès et nous n'avons encore rien pour nous défendre. »

Ce fut en vain que la duchesse Marie-Amélie et l'habile Adélaïde tentèrent de chambrer Chateaubriand. Il se rengorgeait sous leurs flatteries, mais ne céda pas d'un pouce. Le soir même, il prononçait à la Chambre des pairs le plus émouvant de ses discours. Je n'en citerai que cet extrait :

« Inutile Cassandre, j'ai assez fatigué le trône et la pairie de mes avertissements dédaignés ; il ne me reste plus qu'à m'asseoir sur les débris d'un naufrage que j'ai tant de fois prédit. Je reconnais au malheur toutes les sortes de puissance, excepté celle de me délier de mes serments de fidélité. Après tout ce que j'ai fait, dit et écrit sur les Bourbons, je serais le dernier des misérables si je les reniais au moment où, pour la troisième et la dernière fois, ils s'acheminent vers l'exil. Si j'avais le droit de disposer d'une couronne, je la mettrais volontiers aux pieds de Monsieur le duc d'Orléans, mais je ne vois de vacant qu'un tombeau à Saint-Denis. »

Il se démit de sa charge de pair de France et fit vendre sa tenue à l'encan.

Le 3 août, Louis-Philippe ouvrit la session parlementaire. Il prononça un discours dont le tact et la modération furent appréciés. Le lendemain, sur une motion de Bérard, les députés décidèrent que l'« intérêt universel et puissant du peuple français appelait au trône Son Altesse Royale Louis-Philippe d'Orléans, lieutenant général du royaume, et ses descendants ». Louis-Philippe fut invité à accepter la Charte modifiée. Il avait été convenu qu'il s'intitulerait « Louis-Philippe 1er, roi des Français », et non roi de France, et moins encore Philippe VII comme il le désirait. Il s'agissait de matérialiser le changement de dynastie et le fait que le nouveau monarque tenait sa couronne de la volonté du peuple, non de la naissance. On avait supprimé douze articles de l'ancienne Charte. Ces suppressions portaient sur les points suivants : la religion catholique cessait d'être la religion d'État ; la censure ne pourrait être établie ; le roi ne pourrait rendre des ordonnances que pour assurer l'exécution des lois ; il ne pourrait ni interpréter ni suspendre celles-ci ; les deux Chambres détiendraient l'initiative des lois, ainsi que le roi ; les séances des deux Chambres seraient publiques ; l'éligibilité était abaissée à 30 ans ; la loi fixerait le cens électoral ; le drapeau tricolore était adopté comme insigne national ; la Charte était placée sous la protection de la Garde nationale et des citoyens ; des lois organiques (sur la presse, l'enseignement, la responsabilité des ministres, etc.) interviendraient à bref délai ; les nominations à la pairie prononcées par Charles X étaient annulées. La Charte n'était plus « octroyée » ; elle émanait de la souveraineté du peuple.

Elle juxtaposait des dispositions constitutionnelles et une sorte de programme législatif assez flou. Finalement, elle se révélait aussi peu précise et sujette à caution que celle de 1814. C'étaient pourtant Guizot et le duc de Broglie qui l'avaient rédigée.

Le 8 août, Louis-Philippe prit une précaution qui lui parut indispensable. Le pouvoir qu'on lui offrait semblait si fragile qu'il importait de se prémunir contre tout événement. Jusqu'ici, quand un roi de France montait sur le trône, ses biens personnels devenaient automatiquement la propriété de l'État. Louis-Philippe n'avait pas envie de faire ce cadeau à la monarchie républicaine, ou à cette république en forme de monarchie. Il légua donc, devant notaire, l'ensemble de ses biens à ses enfants, tout en se réservant l'usufruit. Il agissait donc en simple particulier. Mais il était Altesse royale. Une partie de ses propriétés était incluse dans l'apanage des Orléans. Pouvait-il en disposer ? Il en était persuadé, se fondant sur l'abdication de Charles X et sur la vacance du trône. Cette argumentation semble un peu tirée par les cheveux. Elle atteste en tout cas la subtilité juridique de son auteur. En ce domaine, Louis-Philippe avait réellement une âme d'avoué !

Le lendemain, 9 août, fut la grande journée de sa vie. Devant les deux Chambres assemblées, il prêta serment à la nouvelle Charte. On l'entendit réciter cette formule d'une voix bien timbrée :

« En présence de Dieu, je jure d'observer fidèlement la Charte constitutionnelle avec les modifications exprimées dans la déclaration ; de ne gouverner que par les lois et selon les lois ; de faire rendre bonne et exacte justice à chacun selon son droit et d'agir en toutes choses dans la seule vue de l'intérêt, du bonheur et de la gloire du peuple français. »

Il apposa alors sa signature. Quatre maréchaux lui présentèrent ensuite les insignes de la royauté : Macdonald, la couronne ; Oudinot, le sceptre ; Mortier, le glaive et Molitor, la main de justice. Il était désormais Louis-Philippe 1er, roi des Français. Ce fut là tout son sacre. Mais enfin, il y avait plus d'un siècle que les Orléans attendaient cet instant ! Louis-Philippe achevait ce que son père avait commencé.

II

LA FIÈVRE INSURGEANTE

Louis-Philippe constitua un ministère de transition. A vrai dire, il ne pouvait mieux faire, dans un premier temps, que de récompenser ceux qui l'avaient promu. Cependant les divergences étaient grandes entre ces hommes qui s'étaient momentanément ligués pour abattre Charles X. Pour les uns, la révolution était achevée, puisque la Charte constitutionnelle devenait une réalité intangible. C'était le cas de Guizot, de Périer, de Dupin, du duc de Broglie, de Molé, du baron Louis, du général Sébastiani, de Thiers. Pour les autres, les Trois Glorieuses n'étaient que l'amorce d'un mouvement plus ample, la monarchie constitutionnelle n'était qu'une étape. Tel était l'avis de Laffitte, Dupont de l'Eure, Bignon et Gérard. Les premiers représentaient ce que l'on appelle la « résistance ». Les seconds formaient le parti du « mouvement » ; ils avaient pour appui le préfet de la Seine, Odilon Barrot, et La Fayette, qu'il avait bien fallu maintenir à la tête de la Garde nationale. Ce gouvernement était d'ailleurs l'exact reflet de la situation politique du pays. Les députés, en raison du régime censitaire, ne représentaient que la bourgeoisie. Les bonapartistes et les républicains s'étaient alliés contre Charles X, mais ne poursuivaient pas le même but. Cependant les uns et les autres réclamaient des mesures spectaculaires du gouvernement. Le ministère distribua des secours aux combattants des Trois Glorieuses, décida le rappel des anciens régicides et l'érection d'une colonne sur la place de la Bastille. Il procéda ensuite à une épuration administrative : 76 préfets et 176 sous-préfets furent révoqués. On remplaça la moitié des conseillers d'État et des recteurs d'université, 74 procureurs généraux, 254 procureurs et substituts. On fendit l'oreille à 65 généraux sur 75. La bourgeoisie se ruait littéralement sur les emplois. Son heure était venue d'occuper les places lucratives et honorifiques. Il était impossible de ne pas la satisfaire. D'ailleurs la nouvelle dynastie avait besoin d'hommes nouveaux ; elle manquait par trop d'assise ! Les choix ne furent pas toujours heureux : l'opportunisme recouvre rarement le mérite. La Chambre des députés s'épura elle-même : 68 députés furent invalidés et 52 refusèrent de prêter serment à Louis-Philippe. Des élections complémentaires confortèrent la majorité. L'Église avait constamment soutenu la Restauration, inspiré plusieurs mesures de Charles X, Roi Très Chrétien. Les anticléricaux donnèrent de la voix. On abolit la loi du sacrilège ; on laïcisa le Panthéon ; on supprima 8000 bourses des petits séminaires ; on réduisit à rien les indemnités de représentation de la prélature ; on chassa les évêques de la Chambre des pairs, du Conseil d'État, des conseils de l'Instruction publique. On supprima même les aumôniers militaires. Louis-Philippe acceptait ces mesures ; ses convictions religieuses étaient assez tièdes.

La situation sociale continuait à se dégrader. Les Trois Glorieuses avaient porté un grave dommage au commerce, à l'artisanat, à l'industrie. Elles avaient aggravé les effets d'une crise économique qui frappait l'Europe entière. Le chômage augmentait. Les grèves se multipliaient, ainsi que les manifestations de rues. Les ouvriers s'étaient battus pour défendre leurs idées, mais aussi pour obtenir une amélioration des salaires et des conditions de travail. Les revendications affluaient. Le préfet de police laissait faire ; bien plus, de sa propre initiative, il consentait des prêts aux manufactures afin d'éviter les faillites. L'anarchie s'installait. Quant à Louis-Philippe, il était à l'image de la nef des armoiries de Paris : il « fluctuait » ! Le ministère, divisé en deux tendances, le desservait. Il n'avait pas lui-même fixé sa ligne politique, hésitait entre le parti du « mouvement » et celui de la « résistance ». Il avait de la sympathie pour les ouvriers. Ne leur devait-il pas son trône ? Pour autant il ne comprenait réellement ni leurs aspirations ni leurs besoins. De plus, il n'ignorait pas que la bourgeoisie n'avait aucune envie de réduire ses gains.

Faute de mieux, il faisait son possible pour préserver sa popularité. Le Palais-Royal était un moulin où chacun pouvait entrer à sa guise. Les émeutiers de la veille formaient la garde d'honneur, une garde dérisoire et dangereuse. Louis-Philippe devait accueillir n'importe quel visiteur, des délégations presque continuelles, venues des quartiers de Paris ou des villes de province. Le soir, la foule s'assemblait devant les grilles. Il devait paraître, parfois entonner *La Marseillaise*. Il jouait le jeu, chantait de bon cœur, montrait un visage souriant, répondait aux questions avec une inlassable patience. Il n'avait pas voulu s'installer aux Tuileries. Il se voulait roi-bourgeois dans toute l'acception du terme. Il n'y avait plus de maître des cérémonies, plus de chambellans emperruqués, ni de courtisans au langage suranné. La nouvelle Cour était composée de militaires, de professeurs, de fonctionnaires, de journalistes et de politiciens. Les officiers de la Garde nationale y étaient particulièrement choyés. Marie-Amélie s'accommodait tant bien que mal de son nouvel état. En son for intérieur, elle regrettait les réceptions des Tuileries. Cette couronne qu'elle n'avait point désirée, elle en sentait le poids et la précarité. Il lui était certainement pénible d'agréer les hommages de révolutionnaires, de boutiquiers travestis en capitaines ou en colonels, et de recevoir La Fayette. Pouvait-elle oublier qu'elle était nièce de Marie-Antoinette ? Mais elle était aussi au service de son mari et faisait taire ses aversions. De son côté, Louis-Philippe goûtait-il ces promiscuités, ce sans-gêne, ce mouvement quasi perpétuel ? Quand il se promenait bourgeoisement avec Marie-Amélie, on l'applaudissait. Pourtant sa situation ne différait pas tellement de celle de Louis XVI après les journées d'octobre 1789. Il était quasi prisonnier au Palais-Royal, sans appui véritable et sans vrai gouvernement, jouet d'une Assemblée douteuse, menacé par une émeute soudaine, sans moyens de défense. La Fayette ne manquait même pas au tableau. Quelle serait son attitude si les républicains reprenaient les armes et se portaient en foule au Palais-Royal ? En 1789, il n'avait pas défendu Versailles, sous couleur de protéger la famille royale. La province avait accepté la chute de Charles X quasi sans réagir. Les troubles avaient été insignifiants, sauf à Nantes, et l'on avait arboré joyeusement le drapeau tricolore. Cependant, si les légitimistes avaient perdu la partie, renonçaient-ils à rétablir Henri V dans ses droits ? Ils étaient pour l'heure sous le coup de la défaite, mais ils redresseraient la tête. Chateaubriand et ses amis sauraient les rappeler à leurs devoirs. Déjà l'aristocratie manifestait sa réprobation : les salons étaient fermés, on restait à la campagne, dans le château familial, on semblait abandonner la partie. Louis-Philippe n'était qu'un usurpateur aux yeux de la majorité des nobles. Il ne valait guère mieux pour les républicains, considérant qu'on les avait dupés. Ils voyaient dans l'avènement de Louis-Philippe, non un changement radical, mais le prolongement de l'Ancien régime. Alors se constituèrent des clubs — comme la Société des Amis du Peuple — analogues à ceux de 1789 ; émergèrent de nouveaux venus, comme Cavaignac, fils de conventionnel, Armand Marrast, Blanqui, Raspail, fascinés par les grands ancêtres, rendant un culte idolâtre à la mémoire de Robespierre. Ces jeunes intellectuels entamaient leur travail de sape. Ils s'efforçaient pour l'heure d'entretenir, par leurs écrits et par leurs propos, ce que l'on appelait la « fièvre insurgeante ». Les bonapartistes n'étaient pas en reste. Ils rêvaient d'effacer la honte de 1815, de reconquérir la rive gauche du Rhin. « Nous avons chassé le gouvernement des Bourbons, écrivait Armand Carrel, non parce qu'il nous rendait malheureux, car le peuple ne fut jamais plus heureux que de 1816 à 1829, mais parce qu'il nous avait été imposé par de prétendus vainqueurs, par la force étrangère et les traîtres de l'intérieur. » La légende napoléonienne était en plein essor ; elle faisait son ombre sur le trône de Louis-Philippe. Le roi-bourgeois estimait qu'elle lui serait utile ; il croyait pouvoir l'utiliser à son profit, et il se trompait. Les républicains entendaient aussi se servir du nom de Napoléon pour arriver à leurs fins. Après tout, l'Empereur n'avait-il pas été le fils de la Révolution ? Cette alliance du bonapartisme et du républicanisme serait un jour fatale à Louis-Philippe et rendrait possible l'avènement de Napoléon III. Pour une fois, cette vieille bête de La Fayette flairait le danger. « Les républicains, disait-il, renouvellent la fable du cheval et de l'homme, et croient qu'en se laissant monter sur le corps par le bonapartisme, ils s'en débarrasseront ensuite, ce qui est une grande erreur. »

Le peuple réclamait la tête des ministres de Charles X. Ils étaient quatre, détenus à Vincennes : Polignac, Peyronnet, Chantelauze et Guernon-Ranville. Les autres étaient parvenus à s'échapper. Le 27 septembre, cédant à la pression populaire, les députés votèrent la mise en accusation des prisonniers. Louis-Philippe était hostile à ce procès, ainsi que son gouvernement et la plupart des députés. Mais il fallait lâcher du lest, pour éviter l'épreuve de force. On crut se donner une échappatoire par le dépôt d'un projet de loi abolissant la peine de mort. La presse de gauche se déchaîna. Pamphlets, brochures, affiches incendiaires s'en prirent au gouvernement, au roi, aux députés. Le 17 octobre 1830, une horde manifesta devant le Palais-Royal, en poussant des cris de mort. Le 18, les émeutiers se rendirent à Vincennes, pour se procurer des armes. Ils se heurtèrent au général Daumesnil, vieux soldat de l'empire, qui leur tint tête. Ce jour-là, on peut bien dire que Daumesnil sauva la monarchie de Juillet ! Pourtant, le soir même, la foule fut à deux doigts d'envahir le Palais-Royal. On vociférait : « Mort aux ministres ou la tête de Louis-Philippe ! » Les renforts arrivèrent juste à temps. La motion sur la peine de mort fut retirée, mais l'effervescence persista sous une apparence d'accalmie.

Il devenait évident pour Louis-Philippe que le ministère du 11 août était incapable de faire face à la situation, en raison de son hétérogénéité. Il montra alors son habileté en chargeant Laffitte de former un nouveau gouvernement. Laffitte incarnait le parti du « mouvement ». Il était extrêmement populaire. Fils de ses œuvres, il se vantait en toutes circonstances d'être sorti du peuple[1]. Devenu le plus riche banquier de Paris, il aspirait à jouer dans l'État un rôle à la mesure de ses qualités. Malheureusement pour lui, s'il était un maître dans les jongleries boursières, en politique il ne savait que rêver. Pour autant sa vanité était extrême. Louis-Philippe avait décelé ses points faibles. Il lui paraissait facile de faire endosser les responsabilités à ce fanfaron, tout en usant sa popularité. En le désignant comme premier ministre, il

1. Voir Notices biographiques.

semblait marcher avec l'opinion, donner un coup de barre à gauche. Il gagnait ainsi sur les deux tableaux. C'était une méthode qui avait parfaitement réussi à Louis XVIII et à quelques-uns de ses devanciers. Laffitte était fou de joie. Il tomba dans un premier piège et irrita ses partisans en constituant un gouvernement d'union. Il s'adjugea le ministère des Finances. Dupont de l'Eure, Sébastiani et Gérard conservèrent respectivement les portefeuilles de la Justice, de la Marine et de la Guerre. Le maréchal Maison recevait les Affaires étrangères et Mérilhon, l'Instruction publique. Montalivet, pair de France, remplaçait Casimir Périer à l'Intérieur ; il avait vingt-huit ans ; c'était une créature de Louis-Philippe. Les zizanies commencèrent aussitôt. Gérard et Maison démissionnèrent. Ils furent remplacés par le maréchal Soult et le comte d'Argout. Laffitte se croyait maître du jeu. Les cajoleries du roi lui faisaient perdre la tête. « Le roi, toujours assis à côté de moi, son bras passé sous mon bras, sa joue frisant ma joue pour maints secrets qu'il avait toujours à me dire à l'oreille, écrit-il dans ses Mémoires. Mon avis avant tout et sur tout on le prenait, et toujours, toujours il était suivi. Étais-je présent ? Qu'en dit M. Laffitte ? Étais-je absent ? Il faudra voir ce qu'en pense M. Laffitte. » Ce ton jubilatoire jauge l'homme. Il se croyait maître de la France, comme il avait cru renverser Charles X et promouvoir Louis-Philippe à lui tout seul. En réalité, il n'avait pas de programme arrêté. Il gouvernait à la petite semaine, se flattant de ramener à la raison les républicains et les bonapartistes. De fait, il se laissait conduire et s'en remettait à ses ministres. L'homme fort du gouvernement était Montalivet. Il détenait par bonheur un poste clef. Mieux que Laffitte il connaissait la pensée de Louis-Philippe. Les ministres de Charles X étaient menacés de mort par la populace. Le roi comptait sur Montalivet pour sauver au moins leurs vies.

L'instruction de leur procès fut close le 10 décembre 1830. Les prisonniers furent transférés de Vincennes au Luxembourg. Les débats s'ouvrirent le 15 décembre, sous la présidence de Pasquier. Trois cent soixante-trois pairs étaient présents. Aucun ne voulait réellement la mort des accusés. Polignac, en tant que chef de l'ex-gouvernement, paraissait le plus coupable. Il avait surtout le tort d'être perdant. Peyronnet, Chantelauze et Guernon-Ranville partageaient, certes, ses responsabilités, mais ils avaient surtout agi par solidarité ministérielle, voire par fidélité à Charles X, plus que par conviction. Il apparut tout de suite que Polignac ne croyait nullement perpétrer un coup d'État, car il n'avait pris aucune mesure de sauvegarde en cas d'insurrection. Il n'avait même pas songé à renforcer la garnison de Paris ! Néanmoins le sang du peuple avait coulé, sur son ordre. Le procureur général maintint donc les chefs d'accusation et requit la peine de mort. Polignac fut défendu par son ancien rival, le comte de Martignac. Bien que fort malade, celui-ci prononça une admirable plaidoirie. L'argument qu'il mit en avant décida du sort des accusés. A ces juges improvisés, qui doutaient par surcroît de la légalité du procès, il dit:

— « Le sang que vous verseriez aujourd'hui, pensez-vous qu'il serait le dernier ? En politique comme en religion, le martyre produit le fanatisme et le fanatisme, le martyre. Ces efforts seraient vains sans doute ; ces tentatives viendraient se briser contre une force et une volonté invincibles ; mais n'est-ce donc rien que d'avoir à punir sans cesse et à soutenir des rigueurs par d'autres rigueurs ? N'est-ce donc rien que d'habituer les yeux à l'appareil du supplice et les cœurs au tourment des victimes, au gémissement des familles ? Le coup frappé par vous ouvrirait un abîme et ces quatre têtes ne le combleraient pas. »

Il est certain que la condamnation à mort des quatre ministres eût créé un tragique précédent. Elle eût compromis irrémédiablement la monarchie de Juillet, ouvert la porte à tous les excès, permis une nouvelle Terreur. C'était précisément le but des extrémistes. Crémieux présentait la défense de Guernon-Ranville, quand une immense clameur s'éleva. Le peuple, rameuté par des agitateurs professionnels, se pressait aux grilles du Luxembourg, réclamait la tête des coupables. Le président Pasquier perdit la tête. Montalivet sauva la situation. Il fit sortir les quatre ministres par une porte dérobée et les conduisit à Vincennes dans sa propre voiture. Pour tromper les manifestants, il avait fait avancer rue de l'Observatoire les véhicules qui devaient ramener les condamnés. Le lendemain, la Chambre des pairs rendit son arrêt : détention perpétuelle pour les quatre ministres ; Polignac était de plus frappé de la mort civile. Les ministres en fuite, Capelle, d'Haussez et Montbel, furent condamnés à la même peine par contumace. Ce fut un tonnerre d'imprécations. La Chambre des députés prit peur. Elle mit la force publique à la disposition du gouvernement et abolit le commandement suprême de la Garde nationale, tout en maintenant La Fayette à titre provisoire. La Fayette crut jouer un mauvais tour à Louis-Philippe en démissionnant. Il imaginait que la Garde nationale entrerait en ébullition. Il n'en fut rien, et le roi le laissa partir sans regrets.

Or Laffitte était le pendant de La Fayette. Qu'il s'agît de politique extérieure ou intérieure, il manifestait le même irréalisme. C'était l'homme des déclarations redondantes et creuses. Il croyait à la bonté naturelle de l'humanité, à sa perfectibilité, à la manière de Jean-Jacques Rousseau. Il croyait surtout en lui-même. Malheureusement ses connaissances administratives n'étaient pas à la hauteur de sa science bancaire. Louis-Philippe se méfiait de ses initiatives et le surveillait de près. La fièvre insurgeante ne se limitait d'ailleurs pas à la France. La Saxe, la Suisse, la Belgique, la Pologne, l'Italie entraient en combustion. Un vent de libéralisme soufflait sur l'Europe. L'affaire belge revêtit une particulière gravité. Le traité de 1814 entre les Coalisés avait placé les Belges sous l'autorité du roi de Hollande, qui les exploitait impudemment et méconnaissait leurs droits. Les querelles religieuses et linguistiques envenimaient les choses. Un incident minime mit le feu aux poudres. Le 25 août 1830, on représentait *La Muette* de Portici au Théâtre de la Monnaie à Bruxelles. Quand retentit le chant « Amour de la Patrie », toute la salle se leva et le reprit en chœur. La foule se rassembla ensuite devant le théâtre et s'en fut incendier la résidence de Van Manner, représentant du roi de Hollande et gouverneur de fait. Le roi de Hollande réagit immédiatement, mais, le 27 septembre, ses troupes, trop peu nombreuses, durent évacuer la Belgique. Ce n'était que la première manche d'un combat sans merci. Les Belges se donnèrent un gouvernement provisoire et appelèrent les Français à l'aide. L'opinion française s'enflamma pour la cause belge et réclama une intervention militaire. Louis-Philippe voulait la paix. Il était en butte à l'hostilité à peine déguisée des souverains européens. Seule, l'Angleterre l'avait reconnu sans réticences. Il est vrai qu'il avait envoyé Talleyrand comme ambassadeur à Londres. Une intervention en Belgique eût provoqué une rupture lourde de menaces. Louis-Philippe ne pouvait pas prendre ce risque. De plus, il était imprudent de distraire une partie des troupes, les meilleurs régiments étant affectés en Algérie. Il opposa donc un refus catégorique aux bellicistes. Talleyrand fut assez adroit pour obtenir la réunion d'une conférence internationale (janvier 1831) afin de régler la question belge. C'était un succès diplomatique. Laffitte n'y était pour rien. Tout au contraire, il était partisan d'une aide militaire à nos frères belges. Louis-Philippe usa de toute sa vigilance pour l'empêcher de commettre un impair. Il en fut de même de l'insurrection polonaise contre le tsar Nicolas Ier. Elle suscita même de violentes manifestations dans Paris. Louis-Philippe tint bon. En Italie, les États pontificaux se rebellèrent, au nom de la liberté. Grégoire XVI appela l'Autriche au secours. Louis-Philippe s'abstint à nouveau, au risque d'être accusé de complicité avec les tenants de la Sainte-Alliance, d'être le valet de Metternich. Pour être plus précis, il laissait Laffitte palabrer à la Chambre, mais il avertissait secrètement les Polonais qu'ils ne devaient pas compter sur l'appui de la France. Ce comportement sans grandeur, et même passablement hypocrite, préserva assurément la paix en Europe et évita une destruction plus que probable de notre armée.

La tension sociale était extrême. Laffitte ne mesurait pas la gravité de la situation. Il laissait faire, laissait dire, sourd aux avertissements. Rien ne pouvait ébranler sa confiance. Le 14 février 1831, les légitimistes assistaient à un service funèbre, célébré à Saint-Germain-l'Auxerrois à la mémoire du duc de Berry. L'un d'eux vint déposer un portrait du duc de Bordeaux sur le catafalque. Des émeutiers (rassemblés par qui?) se ruèrent dans l'église, saccagèrent les autels, renversèrent les statues, brisèrent le buffet d'orgue et la plupart des vitraux, volèrent les ciboires et les croix précieuses. Ensuite, ils parodièrent la messe aux applaudissements de la foule. La police ne vit rien. La consigne du préfet était de ne pas intervenir. Le lendemain, la même populace, recrutée dans les bas-fonds de la capitale, envahit l'archevêché, jouxtant Notre-Dame. Tout fut pillé, brisé en un instant. Ce n'était pas assez: la demeure de l'archevêque fut démolie. La police ne fit rien, n'arrêta personne. Odilon Barrot essaya même de négocier avec les chefs de l'émeute. Il ne prit aucune mesure pour rétablir l'ordre. Une autre bande s'en prit à l'Arc de Triomphe du Carrousel et commença à le démolir en toute impunité. Une autre saccagea l'église Bonne-Nouvelle. Une autre s'en fut à Conflans piller la maison de campagne de l'archevêque. Les policiers n'intervinrent qu'au moment où les émeutiers tentaient d'enfoncer les portes de Notre-Dame. Laffitte tolérait ces désordres. Il lui paraissait adroit de détourner ainsi la colère populaire des problèmes essentiels. Le saccage des églises, c'était une soupape de sécurité à ses yeux. Les bourgeois parisiens se reprenaient à trembler pour leurs boutiques. Que faisait le roi ? Allait-il laisser ces misérables assouvir leur haine sur des monuments que l'on aimait ? Laffitte comme La Fayette affirmaient au roi que cette complaisance à l'égard des émeutiers désarmerait l'opposition. Ils le pressaient de supprimer les fleurs de lys du sceau de l'État. N'était-il pas un monarque constitutionnel, un roi-citoyen ? Les fleurs de lys étaient incompatibles, selon eux, avec le nouveau régime. Louis-Philippe y consentit. Le sceau de l'État représenta désormais un livre ouvert avec ces mots : Charte de 1830, surmonté d'une couronne royale. Ce n'était qu'une bassesse de plus, et qu'Armand Carrel ne put s'empêcher de fustiger. « Pour calmer l'émeute, écrivait-il, on s'humilie devant elle. »

La crise financière tournait à la catastrophe. En mars 1831, la rente de 3 % tombait à 52 francs ; le 5 % à 82 francs. Le budget qui était excédentaire sous le règne de Louis XVIII et de Charles X accusait un déficit de 63 millions. Le Trésor ne détenait que 14 millions en caisse ; il en avait 65 à payer. Louis-Philippe déclarait amèrement : « Je ne sais vraiment pas comment je parviendrai à gouverner, et sur quels partis je pourrais m'appuyer. Les légitimistes me sont hostiles, le clergé est légitimiste ; les bonapartistes sont guerroyeurs et je tiens à la paix ; les républicains ont des exigences impossibles et me brouilleraient avec les bourgeois : dans ces conditions sur quoi asseoir ma politique ? » Amertume feinte à demi, car il détenait déjà la solution et, sous des apparences d'échec, venait de remporter un second succès. Après s'être débarrassé de La Fayette, il allait se débarrasser de Laffitte. Il savait que, désormais, la majorité de l'opinion aspirait à l'ordre, était lasse des défilés et manifestations en tous genres. Elle réclamait des mesures énergiques. Les journaux fustigeaient Laffitte, après l'avoir encensé. Girardin déclarait dans *Les Débats* : « Avoir un gouvernement qui ne gouverne pas, mais qui prie humblement d'obéir, demandant pardon de la liberté grande qu'il prend, c'est n'être pas dans l'état social ni dans l'état barbare, c'est être dans l'anarchie et le chaos. »

Laffitte crut rétablir son autorité en proposant la dissolution de la Chambre. Dans son inconcevable candeur, il espérait que de nouvelles élections renforceraient la majorité du « mouvement », et, par là, rendraient confiance aux gens d'affaires. La Chambre, que présidait Casimir Périer, rejeta cette proposition. Il ne restait plus au premier ministre qu'à se retirer. Louis-Philippe eut quelque difficulté à obtenir sa démission. Laffitte s'accrochait à son fauteuil. On peut se demander quel dessein recouvrait sa politique de laxisme, s'il n'était pas au fond partisan d'une république. « Monsieur Laffitte, disait Armand Carrel, a fait l'essai non pas d'un système, mais de l'absence de tout système de gouvernement par abandon. » Ce fut Casimir Périer que Louis-Philippe chargea de former le gouvernement. On ne peut pas dire qu'il le portait dans son cœur, mais il le jugeait à sa valeur, tout en redoutant son autorité. Il est équitable de signaler que Laffitte sortait du gouvernement à peu près ruiné. Il avait laissé ses affaires péricliter. Louis-Philippe eut l'élégance de lui éviter la faillite en rachetant — fort cher — sa forêt de Montmorency. Une souscription lui rendit le château de Maisons. Laffitte avait perdu ses partisans, mais les gens du peuple s'apitoyaient sur son infortune. La mode commençait en France de brûler ce qu'on avait adoré, et d'adorer ce qu'on venait de brûler.

Le règne avait huit mois. Il est intéressant d'en tracer le bilan. Le passif l'emportait largement sur l'actif. La « fièvre insurgeante » suscitait un climat d'inquiétude peu propice à la reprise des affaires. Les étrangers désertaient Paris. Les riches bourgeois envoyaient leurs femmes et leurs enfants à la campagne. L'or restait dans les coffres, car on ne faisait plus confiance au gouvernement. La virulence des pamphlets, des journaux, la fréquence des manifestations de rues et des débuts d'émeutes, le comportement incertain de la Garde nationale dont certains éléments fraternisaient avec les émeutiers, la carence des ministres et du préfet de police, tout laissait prévoir un bouleversement. La popularité du roi déclinait rapidement. La mort, très suspecte, du duc de Bourbon à Chantilly acheva de lui aliéner les légitimistes. Ses tractations avec Sophie de Feuchères étaient connues. Or, en novembre 1831, le vieux duc fut trouvé pendu à une espagnolette. Était-ce un assassinat déguisé en suicide? Le juge instructeur conclut à l'assassinat. Il s'apprêtait à déférer la baronne de Feuchères à la cour d'assises quand il fut remplacé par un juge plus docile. Le duc d'Aumale et la jolie baronne se partagèrent l'héritage du dernier Condé. Les Rohan protestèrent; ils perdirent leurs procès. Cela ne grandit certes pas le personnage de Louis-Philippe. Les légitimistes ne lui imputèrent tout de même pas la mort du duc de Bourbon. Mais ils insinuèrent que ce dernier avait l'intention de se retirer en Angleterre, où, assurément, il eût refait son testament. Ils ignoraient, ou feignaient d'ignorer, que le vieux duc ne songeait nullement à s'expatrier. Il s'était même rallié, officiellement, à Louis-Philippe. Le 8 août 1830, il lui avait envoyé ce billet: « Je vous écris, Monsieur, comme Lieutenant Général du Royaume ; demain, je serai de cœur avec vous et vous trouverez toujours en moi un sujet aussi fidèle que dévoué. » Quoi qu'il en soit, cette affaire éclaboussa le trône. Elle était pour le moins inopportune.

Au crédit du gouvernement Laffitte il faut en revanche inscrire trois importantes lois : la loi municipale, la loi sur la Garde nationale et la loi électorale. La première était plus spécialement l'œuvre de Montalivet qui avait repris le projet Martignac[1]. Les députés la votèrent le 18 février 1831 et les pairs le 3 mars. Elle démocratisait la gestion des municipalités. Chaque commune aurait désormais un conseil municipal élu à la fois par les censitaires (ceux qui payaient un impôt élevé) et par les capacitaires (ceux qui, moins imposés, exerçaient des fonctions publiques ou possédaient des diplômes). Les maires et leurs adjoints seraient nommés par le roi, mais obligatoirement choisis parmi les conseillers municipaux. Les conseils municipaux avaient obligation de tenir quatre sessions par an. Le roi avait le droit de les dissoudre. La Ville de Paris, les arrondissements de Sceaux et de Saint-Denis, étaient exclus de ce dispositif. La loi les concernant n'interviendra qu'en 1833.

La loi sur la Garde nationale ne fut promulguée que le 22 mars 1831. Cependant elle fut élaborée par le ministère Laffitte. Pendant les Trois Glorieuses, le gouvernement provisoire avait rétabli la Garde nationale dissoute par Charles X en 1827. Il s'agissait de la redéfinir et de lui donner un statut. Dans l'esprit des législateurs, elle devait être le pilier du régime tout en s'abstenant d'activités politiques. La loi comprenait 162 articles, dont le premier recelait une contradiction lourde de conséquences : « La Garde nationale est instituée pour défendre la royauté constitutionnelle, la charte et les droits qu'elle a consacrés ; pour maintenir l'obéissance aux lois, conserver ou rétablir l'ordre et la paix publiques, seconder l'armée de ligne dans la défense des frontières et des côtes, assurer l'indépendance de la France et l'intégrité de son territoire. Toute délibération prise par la Garde nationale sur les affaires de l'État, du département et de la commune, est une atteinte à la liberté publique et un délit contre la chose publique et la Constitution. » Cette force supplétive était placée sous l'autorité du ministre de l'Intérieur, des préfets, des sous-préfets et des maires. En revanche, elle élisait ses officiers et ses sous-officiers. Seuls les officiers généraux étaient nommés par le roi, sur une liste de candidats élus. Chaque commune avait sa garde composée d'hommes âgés de vingt à soixante ans. Cette armée de soldats-citoyens devait obéir aveuglément ; elle n'avait pas le droit d'avoir une opinion ni de se concerter à peine de commettre un délit sanctionné par la loi. Un tel système constituait, par sa nature même, une menace pour le régime. Il tombait sous le sens qu'on ne pourrait contraindre les soldats-citoyens à défendre ce qu'ils rejetaient. Mais il faut reconnaître que Louis-Philippe et ses ministres n'avaient pas le choix. Il leur fallait embrigader d'urgence les hommes de bonne volonté pour lutter contre les factieux. C'était finalement la classe moyenne qui avait porté Louis-Philippe au pouvoir. Il lui revenait de défendre le roi-citoyen. Louis-Philippe liait donc sa fortune à celle des boutiquiers et des artisans de Paris. Le calcul était adroit et, dans un premier temps, s'avéra positif. Les bourgeois, petits et grands,

---

1. Ministre de Charles X, et prédécesseur du prince de Polignac.

craignaient par-dessus tout une nouvelle révolution. Louis-Philippe était leur garant.

La loi électorale, également préparée par Montalivet et Laffitte, ne fut promulguée que le 19 avril 1831. Elle suscita des débats sordides. Votée par les députés, elle fut transmise à la Chambre des pairs, qui la modifia par esprit de surenchère. Les députés rejetèrent l'amendement des pairs et les discussions reprirent. Le résultat fut pitoyable. La gauche réclamait le suffrage universel, et sinon un élargissement sensible du corps électoral. La loi de 1831 se contentait d'abaisser le cens à 200 francs pour les électeurs et à 500 francs pour les éligibles. Elle admettait les « capacitaires », mais en restreignant considérablement leur nombre, car on redoutait les intellectuels. La Chambre devait comporter 459 membres. Les députés étaient élus au scrutin secret, uninominal, majoritaire à trois tours. Ils pouvaient faire acte de candidature dans plusieurs arrondissements, mais, s'ils bénéficiaient de plusieurs élections, ils devaient opter pour l'une d'entre elles. Les préfets, les sous-préfets, les receveurs des finances ne pouvaient être candidats. Enfin, les députés ne recevaient ni traitement ni indemnités, ce qui impliquait une certaine fortune. Louis-Philippe venait de renouveler l'erreur de Louis XVIII et de Charles X, avec moins d'excuses ! La réforme de 1831 n'était pas de nature à satisfaire l'opinion. Elle restreignait le corps électoral, c'est-à-dire le pays légal, à 250 000 individus. Les pauvres, les plus modestes étaient exclus ; ils n'existaient pas politiquement ; ils payaient néanmoins une large partie de l'impôt. La plupart des fonctionnaires, des officiers, des professeurs et des intellectuels étaient pareillement exclus. La grande bourgeoisie se réservait les mandats de députés. Or le suffrage universel, contrairement aux pronostics, eût procuré au trône l'assise qui lui manquait, et l'eût probablement sauvé en 1848. Mais la classe dirigeante entendait que le roi tînt son pouvoir d'elle-même, non du peuple. Si Louis-Philippe avait bénéficié d'un large consensus, son autorité personnelle eût démesurément grandi ! C'était une hypothèse que l'on récusait. Il ne s'agissait pas de rétablir un régime proche de l'absolutisme. On acceptait à la rigueur qu'il fût respecté, non qu'il fût aimé.

Restait à régler la question de la Chambre des pairs. On avait révoqué ceux que Charles X avait nommés. L'opinion exigeait davantage. La Chambre des pairs était un anachronisme aux yeux des républicains, une survivance de l'Ancien régime. Laffitte partageait cet avis. Il n'eut pas le temps de préparer le projet de loi tendant à l'abolir.

III

CASIMIR PÉRIER

Et voici l'homme providentiel ! Il est probable que, sans lui, le trône eût été emporté par la subversion, malgré l'adresse de Louis-Philippe. Laffitte et le parti du « mouvement » étaient discrédités, mais au profit de l'opposition. La Société des droits de l'homme et du citoyen s'organisait en « sections » et en « séries », avec des chefs, des sous-chefs, et des « quinturions », à la façon des Ventes carbonariennes, mais ouvertement. Ses membres distribuaient le texte de la *Déclaration* des Conventionnels, le *Chant du Départ* d'André Chénier, et des libelles menaçants signés de pseudonymes divers. On y lisait, par exemple : « Le temps est passé où le seul mot de république, employé comme un talisman redoutable, ne présentait que terreur, que meurtres, que sang, qu'échafauds aux yeux d'un peuple affaibli par son ignorance sous l'influence de la féodalité, et qui n'osait lever les chaînes que lui imposait le fanatisme de dix siècles. Une génération nouvelle s'est levée ; les mots de gloire et de liberté ont salué son enfance ; pendant vingt années, la gloire brilla du plus grand éclat, mais la liberté fut enchaînée, foulée aux pieds : un despote prit la place de la nation et profita de notre gloire, à laquelle il s'était associé... »

Après cette allusion à Napoléon, Louis XVIII et Charles X servaient de cibles : « A son règne succéda celui d'une fausse liberté ; de fausses lois, une fausse représentation nationale nous furent données ; c'était encore trop aux yeux de la vieille aristocratie ; elle eut l'impudence de vouloir ressusciter les jours de son triomphe, et une ordonnance fut le signal de sa chute ; le peuple se leva et dispersa les tyrans, comme le soleil fait fondre la neige. »

Puis cette volée de bois vert pour la monarchie de Juillet : « Et moi aussi je suis républicain ! s'est écrié un homme au milieu des débris de nos barricades ; nous chantions *La Marseillaise*, il chanta *La Marseillaise* avec nous ; — Vous aurez un roi, nous dit un autre, mais vous aurez des institutions républicaines ; — Voilà la meilleure des républiques, nous dit un troisième : ces paroles nous étourdirent, nous subjuguèrent un moment, et encore tout occupés du soin d'ensevelir nos morts et de panser nos blessures, trois hommes nous annoncèrent que nous avions choisi un roi. Le trône de juillet fut élevé et construit avec les débris de celui de 1814 ; les noms changèrent, le principe resta le même ; la vieille aristocratie perdit sa puissance, une aristocratie nouvelle, plus nombreuse, plus étendue, plus oppressive, lui succéda : nous avons les mêmes lois, la même représentation nationale, la même liberté. »

Que demandaient les républicains ? La liberté de la presse illimitée, l'instruction gratuite, une sorte d'impôt sur la fortune, le suffrage universel pour les civils et les militaires, la défense des prolétaires, la liberté des cultes, des fonctionnaires qui fussent au service du peuple souverain et non les agents des intérêts privés. Ils se déclaraient prêts à imiter les martyrs de la liberté, à braver « les persécutions, les cachots, les tortures, afin d'achever "ce que le Christ a commencé" » ; à savoir l'émancipation des peuples. Louis-Philippe était un obstacle à la réalisation de ces projets. On se préparait à l'abattre. Or Laffitte ne s'était pas inquiété du noyautage des sociétés secrètes, de ces appels à la subversion. Peut-être, au fond de lui-même, les approuvait-il.

Tel n'était pas le cas de Casimir Périer. Il était lui aussi banquier ; c'était son unique point commun avec Laffitte. Leurs origines différaient radicalement. Périer n'était pas fils de ses œuvres, mais fils de famille. Il descendait de notables dauphinois, dont l'influence et la richesse croissaient à chaque génération et qui, si l'Ancien régime avait duré, eussent accédé à la noblesse. Au XVIIIᵉ siècle, ils possédaient déjà le château de Vizille, assez vaste pour accueillir les États du Dauphiné en 1788. Ce fut même dans ce château que furent fixés pour la première fois les principes de 1789. Casimir Périer était alors adolescent. Sous le Directoire, il devint officier d'état-major, mais abandonna la carrière des armes quand il hérita de son père. Il fonda alors une banque. En quinze ans, il édifia l'une des plus grosses fortunes de Paris. Ses activités bancaires et industrielles ne l'empêchèrent point de prendre part à la vie politique. A trente ans (âge minimum requis pour l'éligibilité), il fut élu député de la Seine et le resta de 1817 à 1832. Il siégea parmi les modérés ; c'était un libéral mais partisan de l'ordre. Il s'était maintes fois signalé par sa compétence et par son pragmatisme. Il aimait à dire : « Nous devons discuter les lois de finances d'après des raisonnements et des calculs et non d'après des prophéties. Nous devons raisonner d'après Barême et non d'après Nostradamus. » Charles X l'appréciait et, n'eût été sa coterie d'ultras, il l'eût appelé aux affaires. Périer eût-il pu faire entendre raison au vieux roi, éviter les Trois Glorieuses ?

En 1831, il avait cinquante-quatre ans. C'était un homme de haute taille, sec et d'allure distinguée, impeccablement vêtu, d'aspect imposant. Il avait la bouche mince, un visage énergique et fin, avec des yeux immenses, sous un front agrandi par un début de calvitie. Son regard insistant, scrutateur, impérieux, retenait l'attention. Périer n'avait pas le sourire facile, les mimiques complaisantes des phraseurs et des démagogues. Le mépris perçait sous sa courtoisie. Il avait un tempérament autoritaire, une volonté inflexible, l'habitude du commandement et le goût de l'entreprise. L'argent n'était entre ses mains qu'un instrument de pouvoir, de puissance. La charge de premier ministre ne le grisa pas : il n'en voyait que la servitude, et s'usa à la tâche. Son seul point faible était une santé chancelante.

Lorsque Louis-Philippe le fit pressentir pour succéder à Laffitte, Périer posa ses conditions. Elles étaient fort sévères pour le roi et dérangeaient ses plans. Mais la situation intérieure, politique, économique et sociale, était telle qu'il dut s'incliner. Périer exigeait de réunir le conseil des ministres à son gré, de prendre connaissance des dépêches avant le roi, de saisir ce dernier des affaires non pas avant, mais après qu'elles eussent été examinées par les ministres. Il voulut contrôler personnellement *Le Moniteur*. Il invita, en outre, Louis-Philippe à quitter le Palais-Royal et à s'installer aux Tuileries, car il entendait restaurer son autorité et le mettre à l'abri d'un coup de main. Il voulut aussi que le duc Ferdinand d'Orléans, prince héritier, cessât d'assister au conseil. N'osant pas le nommer dauphin (pour ne pas rappeler l'Ancien régime), Louis-Philippe lui avait cédé son propre titre de duc d'Orléans et conféré la dignité de prince royal. Ferdinand était connu pour ses opinions avancées, pour le soutien qu'il avait apporté au parti du « mouvement ». Périer estimait que c'était un dangereux esprit et l'écartait des affaires, en attendant qu'il se fût assagi. Louis-Philippe résista de son mieux, puis céda sur tous les points, y compris le Palais-Royal qu'il lui répugnait de quitter : il attachait à cette demeure une valeur superstitieuse. Périer devint donc premier ministre. Il ne bouleversa point le ministère composé par Laffitte. Il lui adjoignit simplement le baron Louis (aux Finances) et l'amiral de Rigny (à la Marine). Cependant la première réunion du conseil s'assortit d'une véritable mise au pas. Laffitte raconte : « Figurez-vous la morgue et l'insolence d'un intendant qui va prendre possession d'un château acheté par un grand seigneur. M. Périer fit souffler ses naseaux. Il interrogea ensuite chaque ministre sur la situation de son département et chacun lui répondit en baissant sa voix d'une octave. » Ils avaient compris qu'ils venaient de trouver leur maître. Seul, le maréchal Soult regimba. Il était friand d'honneurs et convoitait la place de premier ministre. Périer lui mit le marché en main : se soumettre ou se démettre. Soult préféra garder son portefeuille. Dans la conception de Périer, le ministère devait former un bloc, ses membres étant solidaires du chef du gouvernement. Le 18 mars (1831), il monta à la tribune de la Chambre. Les députés étaient accoutumés à entendre le ronronnement de Laffitte, maître en l'art de débiter des propos lénifiants et des généralités sans consistance. L'éloquence mordante de Périer les surprit.

— « Le principe de la révolution de juillet, ce n'est pas l'insurrection, c'est la résistance à l'oppression du pouvoir, déclara-t-il. Elle a fondé un gouvernement et non pas inauguré l'anarchie ; elle n'a pas bouleversé l'ordre social, elle n'a touché que l'ordre politique... C'est d'ordre légal et de pouvoir que la société a besoin... Les partis sont faibles, le mal est dans les esprits. Inquiets et divisés, ils accueillent toutes les craintes et tous les soupçons. L'habileté des factions accroît et exploite cette sorte de terreur artificielle. Notre ambition est de rétablir la confiance : nous adjurons les bons citoyens de ne pas s'abandonner eux-mêmes... Toute sédition est un crime, quelque drapeau qu'elle porte. Toute violence est un commencement d'anarchie. Nous vous proposons des lois propres à réprimer la violence et la sédition... L'exigence bruyante des factions ne saurait dicter nos déterminations ; nous ne reconnaissons pas plus aux émeutes le droit de nous faire la guerre que celui de nous pousser dans la voie des innovations politiques. »

C'était le langage d'un véritable homme d'État. La doctrine de Périer tenait en une phrase : « Pour garder la paix au-dehors comme pour la conserver au-dedans, il ne faut peut-être qu'une chose, c'est que la France soit gouvernée ! » Il entendait bien la gouverner lui-même, cependant que Louis-Philippe se contenterait de régner. Pour ménager sa susceptibilité, il lui suggéra de se montrer en province, estimant d'ailleurs que cette tournée de propagande serait utile au régime. Au cours du mois de juin 1831, Louis-Philippe parcourut triomphalement la Normandie. Ensuite, il visita le champ de bataille de Valmy (où il décora un vétéran), traversa la Lorraine et l'Alsace. A Metz, ville républicaine, il y eut un incident avec la municipalité, mais le roi s'en tira avec honneur et finalement les habitants l'acclamèrent. Il n'avait point le charme souverain de Charles X ; néanmoins, il plaisait par sa simplicité et son esprit d'à-propos. Et puis « la magie du roi à cheval et toujours au trot, ou au galop » produisait encore ses effets !

Le premier ministre agissait. S'il n'était pas aimé par les Parisiens, si la famille royale le snobait quelque peu et si bonapartistes et républicains le haïssaient et ne lui ménageaient pas leurs sarcasmes, il avait incontestablement l'appui des gens raisonnables et d'une très grande partie de la bourgeoisie. Sa fermeté, ainsi que sa volonté clairement exprimée de maintenir la paix mais en préservant l'honneur de la

France, rassuraient les cours étrangères, notamment Metternich, et lui valurent l'aide immédiate des Rothschild, banquiers internationaux. Les Rothschild renflouèrent les caisses de l'État, permirent au baron Louis de constituer un fonds de soutien de la rente française. Rôle souterrain, déjà tout-puissant de l'argent ! Nerf de la guerre, il pouvait être, le cas échéant, nerf de la paix.

Le parti républicain agissait en contrepoint. Il continuait son travail souterrain, pour faire pièce à l'autorité de Périer. En mars 1831, une Association dite « nationale » avait été fondée à Metz. Curieusement, elle était cautionnée par les ténors de Paris : l'inévitable La Fayette toujours en mal de conspiration, le général Lamarque, Barrot, préfet de la Seine, Dupont de l'Eure. Elle eut un succès rapide ; bientôt ses tentacules embrassèrent soixante-quatre départements, outre la capitale. Tous les grands noms de l'opposition, hommes politiques et journalistes, quantité de fonctionnaires et d'officiers de tous grades avaient donné leur adhésion. Quel était le but de ce mouvement ? Non pas attaquer le roi et le gouvernement, mais les « aider », c'est-à-dire les contraindre à suivre une ligne politique. S'ils résistaient, l'Association pallierait leur défaillance en les renversant. En clair, ses chefs ourdissaient la chute de Louis-Philippe, tout en proclamant leur indépendance à l'égard des partis. Le premier ministre démantela rapidement ce réseau. Il menaça les fonctionnaires, officiers et magistrats de sanctions sévères et frappa quelques responsables : le maire, le procureur général de Metz, le préfet Barrot furent révoqués ; le général Lamarque fut mis en disponibilité. Exemples qui furent salutaires, car chacun tenait à garder son emploi. A La Fayette qui venait plaider la cause de l'Association, Périer objecta qu'il ne tolérerait pas « un gouvernement contre le gouvernement ». Les préfets rentrèrent dans le rang, avec les conséquences que cela impliquait. Une partie de l'opinion approuvait Périer, mais ses adversaires ne désarmaient point. Tout était prétexte à manifestations et celles-ci dégénéraient fréquemment en émeutes. En avril, les artilleurs de la Garde nationale qui s'étaient mutinés, à l'instigation de Godefroy Cavaignac, passèrent en jugement. Le tribunal eut peur et les acquitta. Cet arrêt fut célébré comme une victoire des républicains ; l'enthousiasme engendra l'émeute. La création d'une médaille commémorative des Trois Glorieuses (portant l'inscription : Donnée par le Roi) suscita de nouveaux troubles. Les bonapartistes vinrent fleurir la base de la colonne Vendôme ; le rassemblement tourna à l'émeute. Le maréchal Lobau fit disperser les manifestants avec des pompes à incendie. Une gravure satirique le représenta en barbier avec un clystère ! Le 9 mai, de jeunes républicains banquetèrent aux « Vendanges de Suresnes ». L'un des assistants leva son verre et brandit en même temps un couteau, en criant : « A Louis-Philippe ! » C'était Évariste Galois, un génie des mathématiques. Le 14 juillet faillit être fatal au gouvernement, mais Périer fit donner la troupe. Il n'y eut pas d'effusion de sang, mais force resta à l'autorité. Périer luttait pied à pied, sans jamais se départir de son calme. D'un échec à l'autre, l'opposition perdait du terrain. Mais que la situation restait précaire ! Louis-Philippe, quoi qu'il en eût, se prenait de sympathie pour cet homme qui représentait son ultime chance. Il lui témoignait même une sorte d'affection, dont l'hypocrisie n'était pas tout à fait exclue.

Cependant, malgré son autoritarisme et son indiscutable supériorité, Périer n'avait pas les mains entièrement libres. Il avait une majorité incertaine à la Chambre. De plus, les amis de Laffitte réclamaient la dissolution. Périer prit le risque. La Chambre fut dissoute et les élections eurent lieu en juillet. 222 députés furent réélus. Il y avait 195 nouveaux et 7 qui étaient issus des Chambres antérieures. Quand il s'agit d'élire un président, une majorité se dessina en faveur de Laffitte dont on plaignait l'infortune. Périer avait son propre candidat : Girod de l'Ain, personnage anodin qui serait son féal. Ce dernier fut élu de justesse et Périer menaça de démissionner. Louis-Philippe s'efforça de le retenir. Déjà la rente baissait ! Les républicains relevaient la tête. Une crise paraissait inévitable. Ce fut alors que l'Affaire belge rebondit. Le gouvernement provisoire de Bruxelles avait décidé de se donner un roi constitutionnel. La couronne avait été offerte au jeune duc de Nemours. Louis-Philippe avait refusé, au nom de son fils, pour éviter un conflit avec l'Angleterre. Après bien des atermoiements, les Belges, qui hésitaient entre le prince de Ligne et le prince Léopold de Saxe-Cobourg, élirent le second, le 4 juin 1831. Le roi de Hollande, Guillaume d'Orange, n'accepta pas cet état de fait. Il envahit la Belgique et marcha sur Bruxelles. Saxe-Cobourg n'avait pas les moyens de se défendre ; il appela les Français à son secours. L'opinion s'exalta. Périer retira sa démission. Le maréchal Gérard reçut l'ordre de marcher vers la Belgique avec 50 000 hommes. Guillaume d'Orange se replia précipitamment. On applaudit l'initiative du premier ministre. Elle était aussi celle de Louis-Philippe. Rasséréné, Périer se crut en mesure de mater la nouvelle Chambre. La discussion de l'Adresse au Roi était inscrite à l'ordre du jour. Ce fut l'occasion pour Périer de rappeler clairement son programme : la stricte application de la Charte par l'étroite cohésion des pouvoirs exécutif et législatif, le renforcement de l'autorité pour répondre aux vœux de la nation avide de tranquillité et de paix. Ces paroles claquèrent comme des coups de fouet :

— « C'est la peur qui scrt les partis, qui les grandit, qui les crée ; c'est elle qui fait croire à leur pouvoir ; et ce pouvoir imaginaire ne réside que dans les souvenirs d'époques détestables, d'époques réprouvées, dans la faiblesse des majorités, qui livrent sans cesse le monde aux minorités, dans la mollesse de la raison tremblant devant la passion, dans la lâcheté, disons le mot, des citoyens. »

Imagine-t-on un premier ministre de notre temps proférer des paroles semblables à la tribune du Palais-Bourbon ? Il serait hué. On notera toutefois que le problème des majorités gouvernées par des minorités, grâce à la complaisance des uns et la lâcheté des autres, n'est pas nouveau! Périer ne fut même pas interrompu. Pourtant la discussion de l'Adresse provoqua une altercation violente. La gauche exigea que l'on prît nettement position en faveur des insurgés polonais. Périer demanda en vain la parole. Un député l'empoigna par le revers de sa veste. Girod de l'Ain dut lever la séance. La voix de Périer retentit, couvrant les vociférations:

— « Une assemblée où il y a une aussi grande quantité d'imbéciles est une calamité! »

Le lendemain (16 août), l'effervescence s'était calmée. Périer changea de tactique. Il expliqua posément pourquoi, en tant que premier ministre, il avait droit de réponse, souligna le discrédit, en France et à l'étranger, dans lequel la Chambre risquait de tomber si les incidents de la veille se renouvelaient. Puis il dévoila brusquement ses batteries. Il consentait à modifier le passage touchant aux Polonais, et mit les députés en demeure de choisir entre l'application de la Charte (et le maintien de la paix en Europe) et l'anarchie génératrice de guerre civile et probablement de conflit international. Il obtint 282 voix contre 73. Ce vote surprise décida de l'avenir. Le parti de la « résistance » allait rester au pouvoir jusqu'en 1848, en appliquant à peu de chose près les principes et les méthodes de Casimir Périer.

En septembre, il y eut une nouvelle alerte. On apprit que les Russes avaient écrasé l'armée polonaise et pris Varsovie après l'avoir bombardée. Que le tsar Nicolas avait ordonné la déportation en Sibérie de 5000 patriciens et prononcé l'annexion du malheureux État. Les journaux entrèrent en lice. L'agitation devint rapidement paroxystique. Le 17, la foule brisa les vitres de l'ambassade de Russie, puis se rassembla sous les fenêtres du ministère des Affaires étrangères. On vociférait: « Vive la Pologne! Guerre à la Russie! Vengeance! Mort aux ministres! » Ce n'était point le peuple de Paris, mais un ramas d'émeutiers professionnels dont les chefs obéissaient aux consignes de La Fayette et de ses amis. Cette cohue se porta au Palais-Royal pour conspuer Louis-Philippe: il n'habitait pas encore les Tuileries. Le palais était gardé par des soldats en armes, prêts à tirer. Périer avait pris ses précautions. La rue ne se soulevait pas au passage des manifestants. Au contraire, les boutiques se fermaient; l'inquiétude se changeait en angoisse. Le 18 septembre, les manifestants s'assemblèrent autour du Palais-Bourbon. Ils voulaient renouveler l'exploit des Sans-Culottes en 1793, envahir l'Assemblée, accabler les députés de menaces de mort, les contraindre à voter la guerre ou la république. Les députés tremblaient comme feuilles dans le vent; ils voyaient leurs têtes plantées au bout d'une pique. Périer arriva, au moment où le général Sébastiani avait eu la sottise d'annoncer:

— « Aux dernières nouvelles, la tranquillité règne à Varsovie. »

La tranquillité des morts! Périer fut abasourdi, puis il se ressaisit, se redressa, clama avec une force extraordinaire:

— « On a parlé de dangers pour vos délibérations, n'y croyez pas. Nous sommes chargés de vous protéger. Vous êtes sous la protection de l'armée et de la Garde nationale. »

Il donna aussitôt l'ordre de charger aux carabiniers. Ce leur fut un jeu de déblayer la place. Les émeutiers se replièrent sur la Concorde, les cavaliers aux trousses, et se dispersèrent. L'heure n'était pas venue pour eux de mourir pour la liberté. Les députés ne surent aucun gré au premier ministre de leur avoir sauvé la vie. Ils n'osaient pas secouer ouvertement le joug, car ils avaient besoin de lui, mais ils s'attachèrent à lui créer des difficultés. C'est ainsi qu'ils réduisirent de 6 millions la liste civile du roi. Louis-Philippe accusa le coup, car il aimait l'argent, mais il ne fit aucun reproche à son premier ministre. Ils crurent alors embarrasser ce dernier en demandant un débat sur l'hérédité des pairs de France. Depuis l'exécution du maréchal Ney en 1815, la Chambre des pairs était suspecte aux yeux de l'opinion. Elle comptait dans ses rangs trop d'aristocrates, dont beaucoup étaient ultras. Elle n'avait joué qu'un rôle assez effacé pendant les règnes de Louis XVIII et de Charles X. Elle avait cependant refréné, et plus d'une fois, le zèle intempestif des députés. En 1830, elle avait hébergé dans ses bureaux Mortemart, l'éphémère et dernier premier ministre de Charles X puis s'était empressée de reconnaître Louis-Philippe. Le Sénat de l'Empire, dont elle avait pris la suite, ne s'était pas comporté autrement, lâchant Napoléon pour se rallier à Louis XVIII ! Des pairs avaient démissionné, à l'exemple de Chateaubriand. Ceux qui avaient été nommés par Charles X furent destitués et Louis-Philippe les remplaça à sa guise. Cette assemblée n'était donc guère redoutable ; elle pouvait même s'avérer utile. Telle quelle, elle portait cependant ombrage aux députés, car ses membres jouissaient d'un privilège inacceptable après la révolution de Juillet : celui de l'hérédité. S'en prendre à ce principe, c'était, indirectement, s'en prendre à la royauté. Les députés invoquèrent l'article 23 de la Charte modifiée. Ils étaient conséquents avec eux-mêmes ; en proposant l'abolition de l'hérédité, ils travaillaient pour la bourgeoisie au détriment de la noblesse. On ne verrait plus de jeunes nobles succéder à la charge de leur père, parce qu'ils étaient « nés ». Périer était hostile à cette suppression, non parce qu'il avait un faible pour l'aristocratie, mais parce que la Chambre des pairs formait contrepoids, jouait le rôle de la Chambre des lords vis-à-vis des Communes. Privée de ce droit imprescriptible, la pairie était encore plus vulnérable ; elle devenait une sorte de distinction honorifique, une récompense, et perdait sa signification. Casimir Périer avait trop d'intelligence politique pour ne pas voir que l'abolition de l'hérédité entraînerait, à plus ou moins bref délai, celle de la monarchie. Des hommes tels que Royer-Collard et Odilon Barrot partageaient son avis. La loi fut néanmoins votée par 206 voix contre 89. Périer s'inclina devant cette écrasante majorité. Restait à obtenir le vote de la Chambre des pairs, ce qui ressemblait fort à un sabordage. On tourna la difficulté en nommant une fournée de pairs. Désormais, la pairie fut l'objet d'une véritable curée de la part de la grande bourgeoisie et du haut fonctionnariat. C'était une victoire pour les républicains, une victoire à terme. Louis-Philippe paraît avoir interprété les choses différemment. Il n'était pas fâché de régler ses comptes avec les grands seigneurs qui ne s'étaient ralliés à la nouvelle dynastie que du bout des lèvres, et continuaient à snober le palais.

IV

LE CHOLÉRA-MORBUS

Le « règne » de Casimir Périer approchait de sa fin. Sa santé se dégradait. Il s'épuisait à la tâche. Cependant rien ne lui fut épargné, et cela jusqu'à ses derniers jours, y compris la calomnie. Il y eut d'abord l'insurrection lyonnaise, en novembre et décembre 1831. Elle commença petitement, sous un prétexte auquel le gouvernement aurait dû prêter plus d'attention. L'industrie de la soie occupait environ 50 000 personnes. Les canuts qui gagnaient naguère cinq francs par jour, n'avaient plus désormais que vingt-cinq sous pour quinze heures de travail quotidien. Cette baisse des salaires était imputable au marasme économique et à la concurrence étrangère. Les soyeux diminuaient les salaires pour consentir des prix plus avantageux aux marchands, sans réduire leur marge de bénéfice. Les canuts traversaient une période de misère noire. Ils créèrent une société de secours mutuel — c'était une sorte de syndicat — pour défendre leurs droits. Les contacts entre les délégués de cette société et les patrons n'aboutirent pas. Le mécontentement grandissait. Ce fut alors que le préfet du Rhône, Bouvier-Dumolard, s'entremit. Il parvint à mettre sur pied une réunion bilatérale. Un salaire minimum fut fixé. Le préfet l'approuva et rendit compte au gouvernement. Je souligne à cet égard la hardiesse de cette mesure: il s'agissait, en effet, du premier contrat collectif entre employeurs et salariés. Périer fit savoir au préfet que ce tarif ne pouvait être obligatoire. Il l'invitait à laisser le patronat décider librement de

78

son application et, en tout état de cause, à maintenir l'ordre. La plupart des patrons refusèrent d'appliquer le tarif. Les canuts arrêtèrent leurs métiers à tisser, descendirent de la Croix-Rousse et investirent la ville. La Garde nationale se crut menacée et tira. Huit ouvriers tombèrent. En un moment, la ville se couvrit de barricades. La préfecture, la mairie, furent occupées. La Garde nationale se joignit soudain à l'émeute. La troupe de ligne dut s'ouvrir un chemin à coups de canon. Les autorités prirent la fuite, à l'exception du préfet, surnommé le « Père des ouvriers ». Les canuts étaient maîtres de Lyon. Ils arboraient, non les trois couleurs, mais le drapeau noir, en signe de deuil. Ils avaient adopté pour devise : « Vivre en travaillant ou mourir en combattant ». Mais ils n'avaient pas de chefs. Leur révolte n'avait aucun caractère politique ; elle était celle de la misère, du désespoir. Cela, Périer le comprit immédiatement. La bourgeoisie parisienne s'affola : l'exemple de Lyon risquait de faire tache d'huile. Elle récusait tout entière le principe d'un salaire minimum : ce n'était pas la générosité qui l'étouffait ! Périer exposa franchement la situation aux députés. Ce fut un beau tapage. Les élus de la bourgeoisie, bourgeois eux-mêmes, souhaitaient le rétablissement de l'ordre, mais, par démagogie, préféraient se défausser sur le premier ministre. Le 2 décembre, 20 000 hommes furent envoyés à Lyon, avec le maréchal Soult et le duc d'Orléans. 6000 cavaliers, 60 canons et 20 obusiers renforçaient le corps expéditionnaire. L'anarchie lyonnaise avait peu de chances de s'étendre ! Soult et Orléans firent leur entrée dans la ville. Le spectacle de cette armée, de cette artillerie, découragea les canuts. Le préfet fut destitué, le tarif aboli. On construisit un fort à la Croix-Rousse. L'ordre régnait à Lyon. Toutefois une erreur capitale venait d'être commise. Les canuts n'avaient pas de parti. On les jeta dans les bras de l'opposition républicaine. Ce fut en vain que, dans un discours fameux, Périer tenta d'expliquer aux députés les causes réelles de l'insurrection, et qu'il les exhorta à se pencher sur le problème du prolétariat. Les députés se moquaient bien de la misère des canuts. Ils votèrent la confiance au premier ministre qui venait de leur tirer cette épine du pied.

Les légitimistes (ou carlistes) prirent la relève au début de 1832. Le 4 janvier, une abondante fumée s'échappa d'une des tours de Notre-Dame, cependant que le tocsin se mettait à sonner. La police intervint, éteignit le début d'incendie et arrêta un homme sur la plate-forme de la cathédrale. Il déclara se nommer Considère et exercer la profession d'émeutier. Le tribunal le condamna à cinq ans de prison. Considère injuria le président. Qui l'avait payé pour commettre cet attentat ridicule, les légitimistes ou les républicains ? On ne le sut jamais. L'opposition insinua que l'affaire avait été montée par la police. Mais, en février, celle-ci découvrit un complot d'une autre envergure. D'anciens officiers de la Garde royale et des régiments suisses s'étaient associés pour recruter 1500 volontaires. Il était convenu que, dans la nuit du 2 au 3 février, les conjurés, divisés en quatre colonnes, investiraient les Tuileries, où l'on donnait un bal. Ils devaient profiter du tumulte pour assassiner la famille royale et le premier ministre. Ce complot — qui avait des chances sérieuses de réussir — était en liaison avec le débarquement de la duchesse de Berry à Marseille. Il fut éventé et les principaux chefs, réunis rue des Prouvaires, se laissèrent cueillir par les policiers.

Un mois à peine s'était écoulé, lorsque Périer éprouva une nouvelle déconvenue. Le 12 mars, de jeunes Grenoblois donnèrent une mascarade tournant Louis-Philippe et le gouvernement en ridicule. Le préfet, Maurice Duval (nous le retrouverons bientôt à Nantes), était partisan de la manière forte. Il donna l'ordre au 35e de ligne de disperser les manifestants. Il y eut une dizaine de blessés. Le maire s'entremit auprès du général qui commandait la place. Le régiment sortit de la ville sous les quolibets. Ce fut ce qu'on appela la « conduite de Grenoble ». Périer réagit brutalement. Il s'agissait de sa ville natale, l'injure lui était d'autant plus sensible. Le général fut destitué et le 35e entra à Grenoble musique en tête. On cria à la tyrannie.

Par moments, Périer cédait au découragement. Il se souvenait du mythe de Sisyphe transportant un rocher qui lui échappait toujours.

— « Personne ne fait tout son devoir, disait-il ; personne ne vient en aide au gouvernement dans les moments difficiles. Je ne puis pas tout faire. Je ne sortirai pas de l'ornière à moi tout seul. Je suis pourtant bon cheval. Je me tuerai, s'il le faut, à la peine ; mais que tout le monde s'y mette franchement et donne avec moi le coup de collier, sans cela la France est perdue. »

Tout de même il eut droit à une accalmie, connut même une brève popularité. En juillet 1831, il avait contraint l'Autriche à évacuer Bologne. C'était un appréciable succès et qui, à défaut de mieux, sauvait l'honneur de la France. Six mois après, le pape Grégoire XVI appela Metternich à l'aide : il redoutait la subversion totale de ses États par les libéraux. Les troupes autrichiennes réoccupèrent Bologne. La riposte de Périer fut immédiate. Le 7 février 1832, une escadre française appareilla en direction d'Ancône. Le 23, la ville et la citadelle furent occupées. Grégoire XVI protesta contre cet « attentat digne des Sarrasins ». L'Europe entière s'ébroua. Le corps diplomatique se rendit au ministère en corps constitué. On demanda à Périer s'il reconnaissait un droit des gens européen, ou s'il estimait que ce droit était à son usage exclusif. Il répondit :

— « Le droit public européen, c'est moi qui le défends. Croyez-vous qu'il soit facile de maintenir les traités et la paix ? Il faut que l'honneur de la France aussi soit maintenu ; il commandait ce que je viens de faire. J'ai droit à la confiance de l'Europe, et j'y ai compté. »

Il fit savoir à Metternich qu'il était prêt à évacuer Ancône, si les Autrichiens évacuaient Bologne. Les Rothschild, qui désiraient la paix, intervinrent auprès du chancelier. Grégoire XVI autorisa soudain l'occupation d'Ancône par les Français. On couvrit le premier ministre d'éloges. Les bonapartistes et les républicains baissèrent la garde, pour un temps.

Le 26 mars 1832, le choléra-morbus fit son apparition. Ce fut un marmiton du maréchal Lobau qui mourut le premier. En quelques jours, l'épidémie fit des progrès foudroyants. Paris était une ville insalubre. Les maisons étaient hautes, la plupart des rues étroites et fangeuses. Le centre fut particulièrement touché, mais le mal n'épargna personne. On compta bientôt deux cents morts par jour, et cela dura jusqu'en juillet. Les pompes funèbres ne purent faire face. On entassait les morts dans des charrettes, dans des fiacres, « gerbés comme des futailles ». La médecine était impuissante. Sur l'ordre du gouvernement, on plaça dans les endroits publics des récipients d'eau chlorurée. Les Parisiens se prémunissaient contre le mal à l'aide d'aromates et de sachets de camphre bientôt vendus au « marché noir » par les pharmaciens. L'opposition s'en mêla. Les agitateurs professionnels désignaient les maisons des riches aux fenêtres closes : ceux qui le pouvaient avaient fui la capitale, s'étaient installés à la campagne. La presse toucha dans cette période le fond de l'ignominie. Elle rendit le gouvernement responsable du choléra. Elle accusa Périer de faire empoisonner les malades dans les hôpitaux. « Parisiens ! Il serait beau pour vous de faire sortir la liberté du fléau qui désole l'Europe. Ah ! peuple, si tu voulais ! » Au désespoir, à la panique, succéda la psychose du poison. On vit partout des empoisonneurs. Des malheureux furent pendus ou mis en pièces par une meute en fureur. Un journal proposa ce remède contre le choléra : « Prenez deux cents têtes à la Chambre des pairs, cent cinquante de celle des députés qu'on vous désignera, celles de Périer, de Sébastiani... celles de Philippe et de son fils, faites-les rouler sur la place de la Révolution et l'atmosphère de la France sera purifiée. » Les prisonniers politiques s'évadèrent, vinrent grossir les hordes des bas quartiers. Les pillages, les vols, les crimes passaient presque inaperçus. La police était débordée. Le 1er avril, Périer et le duc d'Orléans se rendirent à l'Hôtel-Dieu et visitèrent les cholériques. Le lendemain, la presse d'opposition fit savoir qu'ils n'étaient venus que « pour voir de plus près la misère du peuple ». Mais, le 6 avril, il leur fallut bien annoncer que le premier ministre était atteint. Les républicains exultèrent. On reste confondu par la violence des passions politiques de cette époque. Tout était prétexte à assouvir les haines, à répandre la calomnie, à salir. Pourtant nul n'était assuré d'échapper à la contagion. Chacun avait la mort pour voisine. Dans les église tendues de noir, on célébrait des offices continuels. Les cercueils vinrent à manquer ; on mettait les morts dans des sacs et ils s'empilaient devant les portes. Cependant la politique gardait ses droits et les journalistes répandaient leur venin.

Périer était déjà malade, quand il reçut la visite de l'ambassadeur de Russie, Pozzo di Borgo.

— « L'empereur, mon maître, ne veut pas... »

— « Allez dire à votre maître, répliqua Périer, que la France n'a pas d'ordres à recevoir et que, Casimir Périer vivant, elle ne prendra conseil pour agir que d'elle-même ! »

Il ne se faisait pas d'illusions sur son état, déclarait à Montalivet qu'il sortirait du ministère « les pieds devant ». Il lutta pendant quarante jours, avec des périodes de rémission laissant espérer la guérison. Il regrettait moins de perdre la vie que de laisser son œuvre inachevée.

— « J'ai les ailes coupées, disait-il à ses amis. Je suis bien malade, mais le pays est encore plus malade que moi. »

Il vécut assez pour apprendre le débarquement de la duchesse de Berry, et prévoir les tumultes qui s'ensuivraient. Il mourut le 16 mai 1832, laissant un vide difficile à combler. La monarchie de Juillet perdait avec lui sa meilleure chance. Il était probablement le plus grand homme d'État du XIXe siècle. Il y avait en lui du Richelieu et du Clemenceau, mais il ne put donner toute sa mesure. Il avait redressé une situation désespérée ; dans un deuxième temps, il eût régénéré la royauté. Le sort en avait décidé autrement. Toutefois, il continua longtemps de faire son ombre sur l'Assemblée, de servir de référence. Louis-Philippe avait déclaré, avec un cynisme qui ne l'honore pas :

— « Périer est mort ; est-ce un bien, est-ce un mal ?... J'avais beau faire, tout ce qui se faisait de bien lui était attribué et les incidents malheureux retombaient toujours à ma charge. »

Et il ajouta, non sans aigreur :

— « Aujourd'hui, on verra que c'est moi qui règne tout seul. »

Il rendit pourtant hommage à Périer, mais à sa manière. Ce furent très exactement ses méthodes qu'il appliqua. Il ne nomma point de premier ministre, pour en tenir le rôle. La riposte ne se fit pas attendre ! Dès le 18 mai, ce vieux trublion de La Fayette présida un grand banquet à Neuilly. On cria Vive la République ! jusqu'à en perdre le souffle. Les journalistes jetèrent de l'huile sur le feu. Tout laissait prévoir que le « torrent révolutionnaire allait couler de nouveau ». Périer n'étant plus là pour le comprimer, on avait la partie belle. Marie-Caroline s'apprêtait à soulever la Vendée au nom d'Henri V. Le gouvernement ne pourrait faire face, croyait-on, à l'insurrection parisienne et au soulèvement de l'Ouest. C'était une singulière complicité que celle des légitimistes avec les républicains. Mais, enragés de haine contre l'« usurpateur », ils préféraient une république à la monarchie républicaine. Leur seul objectif était au bout du compte de chasser Louis-Philippe. Ce dernier se trouvait donc coincé entre deux adversaires et, dans son propre parti, entre les tenants de la Résistance et ceux du Mouvement. L'inconfort d'une telle situation se passe de commentaires.

V

LES JOURNÉES DE JUIN

Les obsèques d'Évariste Galois, le 2 juin 1832, servirent en quelque sorte de répétition. Elles permirent aux républicains de se compter. Le jeune mathématicien avait été tué en duel, dans des circonstances pitoyables. La police prévoyait des troubles. Il ne se passa rien. La manifestation fut massive, mais silencieuse. Les meneurs se réservaient ; ils venaient en effet d'apprendre la mort du général Lamarque. Certes Évariste Galois s'était montré bon républicain ; il avait pris part aux Trois Glorieuses et à de nombreux défilés, mais sa popularité n'atteignait pas celle de Lamarque. Ce dernier était devenu un symbole. Depuis Waterloo, il n'avait cessé de combattre la royauté, soutenant la Chambre contre le pacifisme du gouvernement, confondant dans son action, dans ses harangues, bonapartisme et républicanisme, et avec cela excellent publiciste ! Terrassé par le choléra, il aurait dit : « Je meurs avec le regret de n'avoir pas vengé les infâmes traités de 1815. » Cet ultime message fut répété, répandu à profusion. En d'autres milieux, on distribuait des portraits de Robespierre. Il en fallait pour tous les goûts ! Le 4 juin, à Ménilmontant, on se promena en bonnet phrygien en brandissant des drapeaux rouges. Dans la capitale, les meneurs tenaient des réunions à demi clandestines. Ailleurs, les chefs arrêtaient un plan d'insurrection. Or le préfet Gisquet se montrait exagérément optimiste. On peut même se demander, en lisant les Mémoires de Canler, si les policiers manifestaient autant de zèle à l'égard des bonapartistes et de leurs amis républicains qu'ils l'avaient fait rue des Prouvaires à l'égard des légitimistes. Peut-être Gisquet tablait-il sur les assurances que lui avaient données certains responsables de l'opposition hostiles à l'insurrection. Le roi et sa famille étaient partis pour le château de Saint-Cloud, preuve qu'ils ne se doutaient de rien. On croyait que les funérailles de Lamarque se dérouleraient dans le calme, comme celles d'Évariste Galois.

À l'aube du 5 juin, le ciel était menaçant, il tombait même quelques gouttes de pluie. Néanmoins, dès huit heures du matin, la circulation fut bloquée entre la rue Neuve-du-Luxembourg (où se trouvait la maison mortuaire) et la rue de Castiglione. A onze heures et demie, le convoi s'ébranla. La Fayette, Laffitte, le général Clauzel, le député Mauguin (adversaire acharné de Périer) tenaient les cordons du poêle. Plus de cent mille personnes suivaient : gardes nationaux, bourgeois de gauche, ouvriers groupés par métiers, carbonari et autres membres d'associations secrètes, délégations d'étrangers, émeutiers professionnels au milieu d'individus aux mines patibulaires. Des drapeaux, des rameaux de feuillages émergeaient du cortège. Les tambours voilés de crêpe battaient. Des cris de « Honneur au général Lamarque ! » fusaient ici et là. L'immense catafalque, hérissé d'étendards, avançait comme un navire aux voiles déployées. Il s'arrêta sur le pont d'Austerlitz. C'était le signal convenu. On criait : « Lamarque au Panthéon ! » La Fayette, Clauzel tentèrent de haranguer la foule. Pendant ce temps, des émeutiers emmenaient le cercueil au Panthéon. Ils essuyèrent une fusillade qui marqua le début de l'insurrection. Ce vieux fou de La Fayette croyait présider une manifestation populaire. Son éloquence était périmée. Il n'eut que le temps de fuir et de rentrer chez lui. Des meneurs projetaient de le tuer pour mettre le feu aux poudres ! Trois heures après, la moitié de Paris était aux mains des insurgés. L'émeute, préparée avec soin, dégénérait en révolution. Au ministère, le maréchal Soult tergiversait. Cependant rien n'était encore perdu. Le gouvernement disposait de 40 000 hommes casernés à Paris, de 30 000 en banlieue. Les troupes tenaient encore les positions stratégiques. On suspecta le ministre de la Guerre de pactiser avec l'opposition. Il avait cru que Louis-Philippe le nommerait premier ministre après la mort de Casimir Périer. Il se peut aussi que Soult se refusât à jouer le triste rôle de Marmont en 1830. Vers huit heures du soir, le général Heymès, aide de camp du roi, se rendit à Saint-Cloud, déguisé en bourgeois. Il rendit compte de la situation. Non seulement les insurgés tenaient la moitié de Paris, mais les boutiques des armuriers avaient été pillées et des officiers avaient été abattus à coups de pistolet, bien que la troupe n'eût pas reçu l'ordre de tirer. Des désertions étaient à craindre. On ne pouvait faire fond sur la Garde nationale.

— « Sire, il faut venir à Paris ! »

Louis-Philippe ne renouvela pas l'erreur de Charles X. Il passa dans le salon voisin, où la reine, les princesses, les dames d'honneur tiraient l'aiguille en devisant paisiblement.

— « Amélie, fit-il, il y a du bruit à Paris. Je m'y rends. Veux-tu venir ? »

— « Assurément », répondit-elle aussi calmement que s'il s'était agi d'une promenade.

— « Eh bien, prépare-toi, les voitures sont commandées. »

Une heure après, les Orléans étaient aux Tuileries. Le palais semblait étrangement vide. Ses hôtes habituels l'avaient déserté : à tout hasard ! Mais Louis-Philippe connaissait les hommes ; il ne marqua même pas de surprise. Il descendit ensuite dans la cour du Carrousel et passa en revue les bataillons de ligne et les légions de la Garde nationale. Son visage souriant, son calme rassurèrent les troupiers. Les gardes nationaux eux-mêmes l'acclamèrent. Louis-Philippe confia la direction des opérations au maréchal Lobau. L'armée réoccupa méthodiquement et sans tirer un coup de feu les quartiers excentriques, isolant ainsi le noyau de l'insurrection. Le lendemain (6 juin), la situation se modifia du tout. La Garde nationale — dont, la veille, une large partie avait pactisé avec les émeutiers, — prit position en faveur du roi. On avait appris la revue du Carrousel et l'arrivée de renforts. Vers midi, les boulevards étaient déblayés. Louis-Philippe monta à cheval. Il traversa Paris, de la Concorde à la Bastille, revint par la rue Saint-Antoine. Ici et là, des fusils pointaient aux fenêtres et le couchaient en joue. Il dédaignait de les voir et personne n'osa tirer. Il s'arrêtait afin de parler aux officiers, de serrer la main des soldats, indifférent au danger. On admira sa bravoure. Il était si différent de ce bourgeois couronné que présentaient les caricatures. Les gardes nationaux, qui avaient été si près de trahir, l'applaudissaient frénétiquement. Cette journée du 6 juin 1832 fut sans doute son véritable avènement ; les Français retrouvaient un roi ! Les émeutiers commençaient à déserter, à se disperser en toute hâte, maudissant les meneurs et tâchant de sauver leur peau. Cependant, le quartier Saint-Merry tenait encore. Louis-Philippe entra aux Tuileries en triomphateur.

Pendant ce temps, les chefs de l'opposition tenaient une réunion chez Laffitte. Puisque le coup était manqué, au moins fallait-il amenuiser ses conséquences ! Ils décidèrent d'envoyer une délégation aux Tuileries. Elle était composée du même Laffitte, du savant Arago et d'Odilon Barrot. Ancien premier ministre, Laffitte se flattait de faire entendre raison au roi, c'est-à-dire de le tromper. Ces apôtres du pardon furent reçus par Louis-Philippe vers quatre heures de l'après-midi.

— « Sire, commença Barrot, vous allez triompher de la rébellion au nom de la loi, et toutefois ce triomphe sera cruel, car il est acheté du sang français ! »

— « A qui la faute ? Qui doit répondre de ce sang ? Quelques misérables ont profité des obsèques du général Lamarque pour attaquer à force ouverte mon gouvernement, pour fusiller la Garde nationale et la troupe de ligne. Mon devoir n'était-il pas tracé ? Durant la promenade que je viens de faire dans Paris, j'ai souvent entendu crier : "Sire, une prompte justice" ! »

— « Le mécontentement est grand, Sire ; la jeunesse est désaffectionnée, la Garde nationale est bien refroidie, et ce serait se faire une grande illusion que de croire que la perturbation actuelle puisse cesser promptement. »

— « Vous ignorez sans doute que tout est fini en ce moment. Je descends de cheval à l'instant même, je viens de parcourir Paris, et je crois pouvoir vous affirmer que l'ordre est entièrement rétabli, que force est restée à la loi, que le mouvement insurrectionnel est réprimé partout, que partout la Garde nationale a rivalisé de zèle avec les troupes de ligne. »

— « Nous ne devons pas dissimuler à Votre Majesté les reproches qui sont adressés à son gouvernement. On se plaint que sa marche n'a point répondu à ce que la révolution de juillet donnait le droit d'en attendre. »

Louis-Philippe affirma péremptoirement :

— « La révolution de juillet a eu pour but de résister à la violation de la Charte ; et non seulement la Charte a été maintenue dans son intégrité, mais elle a été amendée, et monsieur Laffitte qui est là, peut vous dire comment et par qui ces amendements ont été suggérés, et que le travail préparatoire a été fait en deux heures dans mon cabinet au Palais-Royal. La Charte de 1830 est donc devenue ma boussole, car c'est là ce que j'ai promis, ce que j'ai juré de maintenir. »

L'un d'eux évoqua le programme de l'Hôtel de Ville, cher à La Fayette. Louis-Philippe rétorqua :

— « La publicité de mes engagements et la fidélité avec laquelle je les ai observés auraient dû me préserver de tous les contes qu'on a faits sur le prétendu programme de l'Hôtel de Ville. Je l'ai dit plus d'une fois à monsieur de La Fayette, et je suis bien aise de vous déclarer de nouveau que ce prétendu programme est une invention complète et un absurde mensonge. »

Barrot revint à la charge :

— « Il faut vous le dire, ces malheureuses dissidences, ces défiances qui peuvent être injustes, proviennent toutes de la même cause qui est la marche et le système de votre gouvernement. »

Louis-Philippe répondit qu'il était devenu roi, non par ambition, mais par dévouement, pour sauver la France du despotisme et de l'anarchie. Laffitte, toujours suffisant, déclara qu'il était préférable de vaincre par la force morale que par la force armée. Arago se contenta de demander un gouvernement plus libéral et fit part de son intention de retourner à ses chères études. Barrot dit que la jeunesse était avide de gloire et que la prudence, sinon la complaisance du gouvernement envers l'étranger, la décevait cruellement. Louis-Philippe observa avec finesse :

— « Je crains, monsieur Barrot, que les têtes exaltées dont vous me parlez, ne voulussent avant tout que la France allumât un incendie général en Europe, et que ce soit pour l'avoir empêché que j'ai encouru sa disgrâce. »

La canonnade de Saint-Merry servait de fond sonore à ce dialogue. Louis-Philippe aurait pu éconduire les trois délégués. Il pouvait se passer de leurs conseils. Mais il aimait parler, ayant l'élocution facile. En outre, il ne lui déplaisait pas de voir les trois compères s'empêtrer dans leurs raisonnements et leurs considérations humanitaires. Il savait que, s'il avait perdu la partie, les mêmes hommes l'eussent mis en jugement ou laissé massacrer avec sa famille. Il ne leur céda rien et ils se retirèrent penauds. Ils venaient de comprendre qu'il était moins facile de manipuler le roi que le duc d'Orléans.

L'artillerie éventrait les maisons du quartier Saint-Merry. Louis-Philippe épargnait ses soldats ; il estimait leur vie plus précieuse que celle des insurgés. Ces derniers, sous le commandement d'un certain Jeanne, avaient transformé cet îlot de vieilles maisons en bastion inexpugnable. Les boulets eurent raison de leur résistance. La plupart se firent tuer sur place plutôt que de se rendre. Les rues étaient jonchées de débris, de cadavres, de flaques de sang. La Garde nationale et les soldats de la ligne fraternisaient en criant : « Vive le roi ! Vive la Charte ! »

On dénombra environ huit cents morts. Les meneurs, les chefs occultes, les glorieux inspirateurs de ces deux journées avaient disparu. Le Héros des Deux-Mondes, ses amis et complices se terraient. Les Parisiens respiraient enfin. Ils se vengeaient de leur panique en réclamant le châtiment des fauteurs de troubles. La Garde nationale, qui avait à se faire pardonner ses hésitations du 5 juin, se montrait la plus implacable. Louis-Philippe signa l'ordonnance mettant Paris en état de siège. L'autorité militaire se substituait à l'autorité civile et ce serait la cour martiale qui jugerait les coupables, non la cour d'assises. On se défiait de l'indulgence des jurys et l'on se trompait. La victoire de Louis-Philippe était aussi celle de la bourgeoisie. Les tribunaux militaires firent preuve d'une surprenante indulgence. Ils ne prononcèrent qu'une condamnation à la peine capitale, à l'encontre d'un peintre nommé Geoffroy. Bien conseillé, celui-ci se pourvut en cassation. Le jugement fut annulé et l'accusé renvoyé en cour d'assises. C'était un camouflet pour le gouvernement. Louis-Philippe, qui était bon juriste, s'inclina. Il rapporta l'ordonnance. Les accusés comparurent donc devant les juridictions civiles. On eut la surprise de constater que les jurys montrèrent infiniment plus de sévérité que les militaires. Il fallait en finir avec les trublions et les pillards !

La victoire des forces de l'ordre avait une signification politique dont on n'apercevait peut-être pas encore la portée. Elle achevait de discréditer le parti du Mouvement. Elle scellait l'union entre la classe moyenne et Louis-Philippe. Tant de caricatures, d'articles venimeux et injustes s'en étaient pris à sa personne que l'on avait fini par douter de ses capacités. On venait de voir ce dont il était capable. En descendant dans la cour du Carrousel le 5 juin, en montant à cheval le lendemain, il avait rétabli son autorité et, d'une certaine façon, achevé ce qu'avait commencé Casimir Périer. En ce tragique printemps de 1832, la monarchie avait joué son existence. Il restait à régler le compte des légitimistes, mais la romanesque Marie-Caroline était moins dangereuse que les insurgés de Saint-Merry.

VI

L'ÉPOPÉE DE LA DUCHESSE DE BERRY

Les légitimistes — ou carlistes[1] — n'acceptaient pas la monarchie de Juillet. Louis-Philippe n'était à leurs yeux qu'un usurpateur. Les carlistes de Paris étaient pour la plupart des « frondeurs de salon ». Ils avaient commandité le complot de la rue des Prouvaires, puis s'étaient tenus tranquilles, tout en se réjouissant des difficultés de Louis-Philippe. Il n'en était pas de même des carlistes des départements de l'Ouest. En octobre 1831, des députés vendéens écrivaient au ministre de l'Intérieur que la guerre civile était imminente: « Depuis quinze jours, les assassinats se multiplient. Près de Montaigu, au Bois-Corbeau et à La Lande, chez M. de Cornulier, les nobles se réunissent fréquemment. Un personnage de marque, étranger au pays, expédie et reçoit continuellement des ordres. Les maires, menacés des rigueurs du parti carliste, donnent leur démission. La terreur règne au centre de la Vendée, et les paysans se réfugient, en toute hâte, à Nantes. Il n'y a pas un instant à perdre si l'on veut prévenir les malheurs épouvantables dont nous sommes menacés. » Ils demandaient au ministre d'établir à Cholet le quartier général des troupes casernées dans les départements limitrophes de la Vendée. Il y avait certes beaucoup d'exagération dans le rapport des députés. Ils tremblaient à la vérité pour eux-mêmes ; on chercherait en vain dans les archives les traces des assassinats politiques auxquels ils faisaient allusion. Il était en revanche exact que des

1. Partisans de Charles X.

conciliabules se tenaient fréquemment dans les manoirs. Une rumeur d'insurrection était dans l'air. Les souvenirs de 93 restaient dans les mémoires et l'on comprend que les « louis-philippards » se sentissent mal à l'aise. Quant aux descendants des chefs vendéens, et à leurs amis, ils ne croyaient pas que la monarchie de Juillet pourrait se maintenir et ils espéraient, à la faveur des troubles, rendre son trône à Henri V. Pour autant préparaient-ils déjà le soulèvement de la Vendée ? Il est difficile de répondre, car, en dépit d'études minutieuses, cette histoire demeure passablement obscure. En tout cas, le ministre Montalivet prit au sérieux la requête des députés. La Vendée et l'ancien territoire de la chouannerie bretonne furent placés en haute surveillance. On multiplia les patrouilles et les visites domiciliaires, d'ailleurs sans résultats. Le comité carliste de Paris évitait de se compromettre, depuis l'échec de la rue des Prouvaires. Il modérait le zèle des comités provinciaux, plus qu'il ne l'excitait, mais il était en rapport avec la duchesse de Berry. L'un de ses membres les plus actifs et les plus belliqueux, Bertier, faisait la navette entre Londres et Paris. Il était de ces gens qui, prenant leurs désirs pour des réalités, croient aisé de jouer le sort. Son caractère exalté s'accordait à celui de Marie-Caroline. Il présentait la situation sous un jour inexact. Il affirmait qu'il suffirait à la mère d'Henri V de paraître pour soulever le Midi et l'Ouest, et renverser un régime déjà agonisant.

Marie-Caroline ne demandait qu'à se laisser convaincre. Elle avait la tête farcie de romans de Walter Scott et rêvait d'aventures exaltantes. L'exil lui pesait. Elle n'avait pu supporter l'atmosphère du château d'Holyrood où la famille et les derniers fidèles de Charles X menaient une morne existence. Elle avait loué une maison à Canongate, un des faubourgs de Londres, pour vivre à sa guise. Mais les divertissements qu'elle s'offrait — et que Charles X feignait d'ignorer — ne la satisfaisaient qu'à demi. Elle souffrait de sa déchéance, de son inaction, et songeait douloureusement à l'avenir de son fils. Elle vit dans les émeutes de Paris les signes précurseurs d'un changement de régime. Il fallut bien informer Charles X du projet de soulèvement. Marie-Caroline se déclarait prête à tenter l'aventure. Elle réclamait toutefois le titre de régente, ce qui lui permettrait de faire proclamer, légalement, Henri V. Le vieux roi connaissait cette tête folle et se méfiait des initiatives du comité carliste. Il estimait à juste raison que le projet de soulèvement était prématuré, donc dangereux : son échec affaiblirait le parti légitimiste. Il commença par refuser, puis céda. Le 27 janvier 1831, il autorisa la duchesse de Berry à prendre le titre de régente, mais « à son arrivée en France », avec Blacas comme premier ministre. La réserve était d'importance ! Blacas était l'homme de confiance de Charles X. Il mettrait un frein aux extravagances possibles de Marie-Caroline. Autrement dit, elle serait régente sans pouvoirs effectifs... Elle exulta pourtant et, ne doutant pas de la réussite, s'embarqua le 17 juin 1831 pour Rotterdam, avec le comte de Mesnard comme chevalier d'honneur et Blacas. Elle traversa joyeusement l'Allemagne, le Tyrol, la Lombardie, le Piémont et arriva à Gênes le 8 juillet. Un ordre d'expulsion l'y attendait. Le voyage de Marie-Caroline était un secret de Polichinelle! Le ministre des Affaires étrangères de Louis-Philippe avait déjà fait le nécessaire. Marie-Caroline — qui avait pris le nom de comtesse de Sagana — crut qu'elle serait mieux accueillie par le roi des Deux-Siciles, son frère. Ce dernier la pria de déguerpir. Elle finit par trouver asile chez le duc de Modène. Plus exactement ce tyranneau lui permit de prendre gîte dans une auberge à Massa. Elle y passa l'hiver de 1831, au milieu d'une petite cour qui l'abreuvait d'hommages et d'illusions. Il y avait le comte de Kersabiec, délégué par Charette, le maréchal de Bourmont, le comte de Sesmaisons, le duc d'Escars[1], le comte de Brissac, le comte de Kergorlay, le comte et la comtesse de Bouillé, La Roche-Fontenille, Rosambo et l'avocat Guibourg, « commissaire civil près des provinces de l'Ouest ». On se montait la tête, au cours de discussions où l'ambition le disputait à la naïveté. Certains des courtisans de Massa ne pensaient qu'aux honneurs et aux charges lucratives qui leur écherraient à l'avènement d'Henri V. Tous restaient cependant convaincus du succès, tant leur irréalisme était grand. Quant à Marie-Caroline, elle se souvenait un peu trop de ses voyages triomphaux en Provence et en Vendée. Les lettres affluaient à Massa. Les comités pressaient « Madame » (c'était le titre de la duchesse de Berry) de débarquer en France : ses innombrables partisans l'y attendaient, fourbissant leurs armes. Ces lettres pressantes, qui les envoyait? Ces promesses fallacieuses, qui les inspirait? Marie-Caroline dira plus tard qu'elle en avait reçu plus de six cents. On lui laissait aussi croire que les souverains étrangers la soutiendraient au besoin, car ils méprisaient l'usurpateur. Elle se récriait : la pauvrette ne voulait pas d'une aide étrangère! Bourmont débarqua clandestinement en Provence, sonda l'opinion, rencontra les responsables. Un plan fut mis sur pied : Marie-Caroline entrerait clandestinement en Provence, soulèverait le Midi; la Vendée suivrait, cependant que le comité légitimiste de Paris exploiterait de son mieux les troubles de la capitale, en appuyant éventuellement les républicains. Personne n'imaginait à Massa que la France repousserait une princesse venant réclamer l'héritage de son fils au nom de quarante rois et de huit siècles de gloire! On réunissait des fonds. Marie-Caroline signait des billets sans se soucier le moins du monde de l'issue de son entreprise. Elle était persuadée de réaliser un second Retour de l'île d'Elbe. Blacas traversait autant que possible ses projets. Ses mises en garde, ses conseils ne servirent à rien. Poussée par son entourage, excipant de sa qualité de régente, Marie-Caroline le congédia. Le Comité de Paris la pressait de venir en France. Des événements graves se préparaient, dont il serait aisé de tirer parti, écrivait Berryer. Le 24 avril 1832, Marie-Caroline quitta Massa et se dirigea vers Florence, pour déjouer les probables

1. Ou des Cars.

espions de Louis-Philippe. Elle fit ensuite demi-tour et profita de la nuit pour monter à bord du « Carlo Alberto » : c'était un navire à vapeur nolisé par Saint-Priest. Mesnard, Bourmont, Brissac, Kergorlay et la femme de chambre appelée Mlle Le Beschu l'accompagnaient. On avait oublié de prendre assez de charbon. Il fallut relâcher à Nice, le 27 avril. Louis-Philippe avait été prévenu. La corvette « Le Sphinx » appareilla pour la côte italienne. Le « Carlo Alberto » ne la rencontra pas. Il arriva le 30 avril en vue de Marseille et mouilla au large du phare du Planier. La mer était assez creuse. Marie-Caroline n'hésita pas à sauter dans une méchante barque qui devait la conduire à la côte. Elle toucha terre à Sainte-Croix, près de Carry-le-Rouet, dans une crique. Elle escalada joyeusement les rochers. Un homme l'attendait, qui la conduisit dans une maison isolée. Il était convenu qu'à l'aube 2000 volontaires marseillais se rassembleraient à proximité, sous les ordres du duc d'Escars, « gouverneur général du Midi ». Il en vint une soixantaine. D'Escars tenta néanmoins de s'emparer de l'Hôtel de Ville, se heurta au poste de garde et n'eut que le temps de fuir. La population ne bougea pas. Fort penaud, le duc rejoignit Marie-Caroline qui commençait tout de même à s'inquiéter. Elle décida sur-le-champ de se rendre en Vendée. C'était une folie, mais d'Escars ne put l'en dissuader. Elle se souvenait de l'accueil délirant des Vendéens en 1828, des chants royalistes entonnés par les habitants des villages, des reconstitutions historiques, de l'attitude martiale des descendants des généraux de 93, des capitaines de paroisses, des survivants de Saumur et de Torfou. Ceux-là ne refuseraient pas de servir Henri V ! D'Escars lui fournit un guide et un asile momentané mais sûr. Elle partit à pied, avec son chapeau de paille et son manteau rayé. Au château de Bonrecueil, vers Salon-de-Provence, elle put enfin se reposer. Bourmont, d'Escars, de Lorges, Mesnard l'y rejoignirent. On se concerta. Bourmont qui devait commander en chef les provinces de l'Ouest, partit pour Lyon. Marie-Caroline suivit un autre itinéraire, avec Lorges et Mesnard. Elle monta en calèche avec Mesnard, le marquis de Lorges s'étant déguisé en laquais. A Toulouse, on apprit que « Le Sphinx » avait arraisonné le « Carlo Alberto » et que le capitaine avait pris Mlle Le Beschu pour la duchesse de Berry. Marie-Caroline éclata de rire. Mais la supercherie fut vite découverte et toutes les polices du royaume s'élancèrent à ses trousses. Il en fallait plus pour refroidir son enthousiasme ! Son esprit romanesque s'accommodait fort bien du danger, quand il n'allait pas au-devant. Par Agen, Castillon, Saint-André-de-Cubzac et Blaye, elle arriva le 7 mai au château de Plassac appartenant au marquis de Dampierre. Les domestiques n'étaient pas sûrs. Mesnard s'intitula Lur-Saluces, Lorges et Marie-Caroline devinrent M. et Mme de La Myre. Ces pseudonymes, ces changements de rôles ravissaient la duchesse. A vrai dire, rien n'altérait sa bonne humeur. Ce fut à Plassac que l'ordre de prise d'armes des Vendéens pour le 24 mai fut décidé. La visite de l'avocat Guibourg était pour quelque chose dans cette décision. Le 16 mai, Marie-Caroline prit congé du marquis de Dampierre. Le lendemain, elle était au château de La Preuille, chez le colonel de Nacquart. Là, elle troqua sa robe contre un habit de paysan : veste verte à boutons de métal, gilet jaune, culottes de coutil bleu, le tout passablement usagé. Elle dissimula sa chevelure sous une méchante perruque et charbonna ses sourcils. Elle était devenue « Petit-Pierre » : c'est sous cet aspect qu'elle entrera dans la légende. Le plus difficile restait cependant à faire : gagner le territoire vendéen. Les soldats de la ligne, les gendarmes à cheval sillonnaient la campagne. Marie-Caroline avait été, ici et là, reconnue malgré ses déguisements. Elle avait bénéficié de complicités nombreuses, parfois de la complaisance des autorités. Néanmoins, depuis la bévue du capitaine du « Sphinx », le gouvernement savait qu'elle était en France. La surveillance fut renforcée. Marie-Caroline se tira de tous les mauvais pas. En traversant la Maine, elle faillit se noyer. Elle manqua d'être surprise dans une ferme : l'ingéniosité d'un paysan la sauva. Elle montrait, dans ces péripéties, un sang-froid, un courage hors pair. Le 21 mai, elle atteignit enfin Les Mesliers, un manoir perdu au fond des bois, isolé par des marais, appartenant à M. de Saint-André.

Ce fut aux Mesliers qu'elle tint un grand conseil de guerre avec les chefs vendéens. Il faut préciser que chacun d'eux avait reçu un commandement (fictif) et que la Vendée avait été divisée en dix corps d'armée. Ces chefs, dont la plupart descendaient des généraux et des officiers de 93, avaient bien accepté ces commandements, mais ils n'attendaient pas la duchesse de si tôt. Ils furent éberlués de se trouver en sa présence. Ils le furent plus encore quand elle leur annonça fièrement que la Vendée devait se soulever le 24 mai. C'étaient des gens d'honneur, de nobles caractères et la bravoure ne leur manquait pas. Ils objectèrent que le soulèvement était prématuré ; qu'il devait suivre et conforter le soulèvement des provinces du Midi et non le précéder ; que son échec desservirait la cause d'Henri V. Il y avait là Goulaine, Goyon, Tinguy, etc. Ils parlaient au nom de leurs pairs. La duchesse se cabra. Elle dit qu'à Massa elle avait reçu des centaines de lettres la suppliant de venir en France, la menaçant même, si elle tardait trop, de faire le soulèvement sans elle. Elle dit que, si la Vendée la rejetait, il lui restait la Bretagne, où le neveu du grand Cadoudal avait recruté 50 000 volontaires. Ils répliquèrent en affirmant qu'on l'avait trompée sur la Bretagne comme sur la Vendée. Ils dirent que les paysans de 1832 n'étaient pas dans les mêmes dispositions que ceux de 1793 ; qu'ils ne broncheraient pas tant que le gouvernement respecterait leurs prêtres et leurs églises. Marie-Caroline refusa d'entendre raison ; elle maintint l'ordre de prise d'armes pour le 24 mai. Les délégués vendéens se retirèrent déconfits, mais plus résolus que jamais à empêcher le soulèvement. Sans perdre un instant, ils rejoignirent les autres chefs de division. Une déclaration commune fut portée à Marie-Caroline. Elle n'en tint aucun compte. Le soir même, l'avocat Berryer arrivait aux

Mesliers. Il était envoyé par le comité de Paris composé du maréchal Victor, de Chateaubriand, Hyde de Neuville, Pastoret (ex-chancelier) et Fitz-James. Il était passé par Nantes, y avait rencontré Bourmont qui venait d'arriver dans cette ville, et l'avait convaincu de différer le soulèvement. Marie-Caroline discuta pied à pied avec l'avocat, mais, quand elle vit le contrordre signé par Bourmont, elle capitula. Berryer lui proposa de s'embarquer à Nantes. Il se faisait fort d'organiser le voyage. Renonçant enfin à ses chimères, au bord des larmes, elle accepta de quitter la décevante Vendée !

Mais, le 23 mai, nouveau coup de théâtre ! On remit à Marie-Caroline une lettre anonyme, datée de Toulon et contenant un message écrit à l'encre sympathique. Détail troublant, cette lettre avait été adressée à Clemenceau, avoué à Nantes, dont la famille ne passait pas pour être carliste ! Elle annonçait à Marie-Caroline que le Midi était en feu. A l'instant même, elle renonça à partir, envoya de nouveaux ordres à Berryer, à Bourmont, à Charette. Elle en appelait aux gens de cœur, annonçait triomphalement l'embrasement du Midi, se déclarant prête à braver tous les périls plutôt que de connaître la morne fin des Stuart ! Des chefs démissionnèrent. Ils se virent attribuer le sobriquet de « pancaliers » (ce sont des choux sans cœur), se vengèrent en appelant « bustes » (sans tête) ceux qui s'obstinaient contre tout espoir. Les troupes « d'occupation » avaient reçu des renforts ; elles étaient en mesure de faire face à un soulèvement de plusieurs milliers d'hommes. Or, en dépit de leur autorité personnelle, de leur influence considérable, des liens d'amitié qui les unissaient alors aux paysans, les chefs de division ne purent réunir qu'une poignée de volontaires. Quelques bandes se manifestaient, sporadiquement, limitant leur action à de brefs coups de main. La Vendée militaire avait aligné cent mille combattants en 93. Elle en était réduite en 1832 à quelques milliers de volontaires. Ceux qui consentirent à suivre la duchesse de Berry agissaient pour l'honneur, au nom de leur fidélité monarchique et de leurs traditions familiales. Ce qu'ils avaient à espérer, c'était la mort, non la victoire. Mais ils ne se donnaient pas le droit d'abandonner Marie-Caroline à ses ennemis. Ils ressentaient même pour cette femme courageuse une affection admirative. Ils allèrent ainsi au sacrifice, le cœur vendéen cousu sur la poitrine, l'épée ou le fusil au poing, la plume blanche au chapeau. C'étaient des chevaliers venus du fond des âges, de vieilles âmes aussi folles et généreuses que celle de Marie-Caroline, leur patronne !

Le soulèvement avait été reporté au 4 juin. Cette date était connue des « louis-philippards ». Le général Dermoncourt avait perquisitionné au château de La Chapelle-sur-Erdre, saisi la correspondance de Marie-Caroline, la liste complète des officiers. Il lui fut aisé de prendre ses dispositions. Aux Mesliers, Madame ne perdait pas une minute ; elle délivrait des brevets pour remplacer les « pancaliers », formait son futur gouvernement. Elle était aidée dans cette tâche par un jeune compagnon appelé Petit-Paul. Ce dernier n'était autre qu'Eulalie de Kersabiec, royaliste exaltée. Il fallut bientôt quitter Les Mesliers, s'enfoncer dans la nuit, chevaucher en croupe d'un marchand vers le lac de Grandlieu. L'étau des « culottes rouges » se resserrait. On était en plein roman... Madame fut avertie de la perquisition de La Chapelle-sur-Erdre. Elle ne perdit pas courage, ne songea même pas à rapporter l'ordre de soulèvement. Elle passa la nuit du 2 juin à la belle étoile, dans une genêtière. Le ululement des chouettes ne l'effrayait pas : n'était-ce pas le cri de ralliement des chouans? Un homme sorti de l'ombre lui apportait un message. Elle ne se souciait que des bonnes nouvelles, non des avertissements. Berryer lui avait fait savoir que tout était perdu ; il la suppliait de renoncer, de s'embarquer : un navire attendait à La Rochelle. Elle chiffonna le billet. Enfin, vint la nuit du 3 au 4 juin, tant attendue! Les cloches, sonnant le tocsin, se répondirent de clocher en clocher. C'était le signal convenu. Dans les villages, les officiers blancs rameutaient les volontaires et se mettaient en marche. La plus forte bande — environ 1500 hommes — se laissa surprendre à Maisdon par trois colonnes mobiles et se dispersa, en abandonnant douze morts et de nombreux prisonniers. A Pont-James et à Varades, les « culottes rouges » lâchèrent pied. Les heurts continuèrent le 5 et le 6 juin, sporadiques mais sanglants. Il y eut des familles entières massacrées dans quelques manoirs, comme à La Robrie, avec les chouans qui les défendaient. A La Caraterie, on dénombra quarante morts. Le 7 juin, une troupe de six cents chouans, commandée par un La Rochejacquelein, mit en fuite les gardes nationaux de Cholet, mais se fit battre par la troupe de ligne à Chalain-la-Poterie. Le même jour, Charette avec huit cents chouans se heurta au 44e de ligne, renforcé de gardes nationaux, entre le village du Chêne et les landes de la Bouaine. Les chouans eurent d'abord le dessus, mais une fusillade éclata sur leurs arrières, ils se crurent tournés et se débandèrent. Le même jour, deux compagnies du 29e accoururent de Clisson et cernèrent une cinquantaine de chouans retranchés dans le manoir de La Pénissière. Ce fut un siège mémorable et qui « sauva l'honneur des Vendéens », si tant est qu'on puisse parler d'honneur à propos d'une guerre civile. Les « louis-philippards », enragés par la résistance des défenseurs, mirent le feu au château. Aveuglés par la fumée, menacés d'être brûlés vifs, les chouans tentèrent une sortie, furent fauchés par la fusillade: trois ou quatre d'entre eux parvinrent à s'échapper. Il ne restait plus que huit défenseurs, réfugiés dans un réduit étroit, à l'abri des flammes. Ils épuisèrent leurs munitions. A la tombée de la nuit, un grenadier fut envoyé en reconnaissance. Il aperçut les huit hommes dans leur réduit, revint en déclarant qu'ils étaient tous morts. Il ne restait du manoir que des pans de murs. Les « louis-philippards » rentrèrent triomphalement à Clisson, cependant que les huit survivants s'égaillaient dans les ténèbres. Ce que l'on avait appelé la Vendée militaire expira au combat de La Pénissière. Dès le lendemain, Charette licencia ses hommes. Les autres chefs firent de même. Quelques bandes d'irréductibles continuèrent à courir le pays, mais en évitant les « culottes rouges ». Elles se firent capturer les jours suivants ou se rendirent. Où était la duchesse de Berry ? Certains prétendirent qu'elle avait assisté au combat du Chêne. Le bruit courut qu'elle avait péri à La Pénissière. Le gouvernement donna l'ordre aux gendarmes de fouiller les décombres et d'exhumer les morts. On ne trouva point les restes de Marie-Caroline. Si la mère d'Henri V avait péri les armes à la main, quelles pages Chateaubriand n'eût-il pas écrites ! Et quelle infamie pour Louis-Philippe ! On l'eût accusé d'avoir fait brûler une nouvelle Jeanne d'Arc ! Sa mort eût du même coup rédimé le parti carliste. Une bonne partie de la France eût pleuré Marie-Caroline comme une martyre. A la vérité, pendant ces journées tragiques, Madame avait erré dans les parages du lac de Grandlieu. Ses compagnons, Mesnard, Brissac et Mlle de Kersabiec, l'avaient tenue, non sans peine, éloignée des combats. Ils la savaient capable de faire le coup de feu aux côtés de Charette ! Elle faillit être prise au moins deux fois. Le 9 juin, tout espoir étant perdu, elle décida de se réfugier à Nantes. Elle emprunta le bonnet et la robe d'une paysanne, chaussa de gros sabots et, un panier d'œufs à la main, parvint à s'introduire dans la ville en compagnie de Petit-Paul. Elle gagna sans encombre la maison des Kersabiec, d'où on la conduisit chez les demoiselles du Guiny, dans la même rue. Elle y retrouva Mesnard et Brissac qui avaient traversé la Loire en bateau. Pauline et Marie-Louise du Guiny étaient d'ardentes légitimistes. Elles avaient accepté avec joie de cacher la mère d'Henri V. Au temps de la grande Révolution, une cache avait été aménagée au fond d'une cheminée, au troisième étage de leur maison. Cette cache avait sauvé la vie à des prêtres réfractaires pendant le sinistre proconsulat de Carrier. Nantes était en état de siège. Le signalement de Marie-Caroline avait été placardé dans toutes les rues. Berryer avait été surpris à Angoulême. Sa capture avait entraîné l'arrestation des membres du comité de Paris, dont Chateaubriand, qui put dès lors ajouter quelques jours de prison à son palmarès ! Les chefs vendéens étaient morts, prisonniers ou en fuite. Marie-Caroline continuait d'espérer. Elle croyait encore intéresser les souverains étrangers, ne doutait pas qu'ils intercèderaient en sa faveur. Loin de déplorer son échec, elle se persuadait d'avoir bien servi la cause de son fils. Ses compagnons l'entretenaient dans ces chimères, faisaient fond sur un retournement de l'opinion, sur d'hypothétiques événements.

Louis-Philippe venait d'écraser le soulèvement républicain des 5 et 6 juin. La prise d'armes vendéenne était intervenue le 4 juin. La simultanéité des deux mouvements trahissait la collusion entre les légitimistes et les opposants de gauche. Le comité de Paris était donc moins pusillanime que les rapports de police ne l'avaient laissé entendre ! En tout cas, le rôle de Berryer avait été déterminant. Bien que l'insurrection vendéenne eût tourné court, le feu couvait encore sous la cendre et Marie-Caroline était introuvable ! Louis-Philippe voulait en finir. Les autorités militaires reçurent l'ordre de multiplier les perquisitions, d'arrêter les suspects, de saisir les armes et les munitions. Quelques officiers généraux, suspectés de légitimisme, furent remplacés. Les fouilles systématiques permirent de découvrir de nombreux dépôts de munitions: barils de poudre et caisses de cartouches. On voit ici combien il est difficile de se faire une opinion sur ces événements. Il paraît plausible que les chefs vendéens aient songé à provoquer un soulèvement et se fussent préparés en conséquence; qu'ils projetaient de soutenir, et non de devancer un mouvement général; que l'arrivée de la duchesse de Berry les avait pris au dépourvu. Ils se refusèrent à tromper les paysans en leur affirmant que le Midi était en feu et se sacrifièrent, comme je l'ai dit, pour l'honneur.

Cependant les soldats de Louis-Philippe, enhardis par leur trop facile victoire, manifestèrent un zèle excessif. Trop de perquisitions donnèrent lieu à des pillages réglés. Trop d'arrestations injustifiées s'ajoutèrent aux vexations inutiles. Quelques Vendéens enragés de colère reprirent les armes. Des bandes se reformèrent. Les caches de 1793 furent dégagées, abritèrent des fugitifs. La guérilla recommença. Des patrouilles furent attaquées. Des maires, des pancaliers accusés de trahison furent assassinés. La chouannerie périclitait en brigandage, suscitant les représailles. Les derniers chouans étaient traqués comme des bêtes fauves, périssaient un à un.

A Nantes, chez les demoiselles du Guiny, Marie-Caroline s'activait. Usant de plusieurs chiffres, elle trouvait moyen de correspondre avec son fils, avec Charles X, avec le tsar Nicolas, le roi de Portugal, le roi de Prusse, le roi de Hollande, le chancelier Metternich. Elle avait ses émissaires, ses relais, bénéficiait de complicités nombreuses. Il va sans dire que les réponses des souverains étrangers n'allaient pas au-delà de vagues promesses et de formules de courtoisie. Cependant Louis-Philippe devenait la risée des chancelleries, de la France entière! On ne pouvait s'empêcher d'admirer l'audace de Marie-Caroline, en oubliant un peu les morts qu'elle avait provoquées. Les rumeurs les plus extravagantes circulaient sur son compte. On disait qu'elle était restée en Vendée et qu'elle errait de ferme en ferme déguisée en paysanne. On racontait qu'elle était à Barcelone et s'apprêtait à revenir avec l'argent que le roi d'Espagne lui avait avancé. On prétendait aussi qu'elle cherchait à partir pour l'Angleterre. Louis-Philippe eût accepté de faciliter son départ pour être enfin débarrassé d'elle. Il persistait à la croire dangereuse, se défiait de ses initiatives. Le commissaire Joly — policier célèbre depuis l'arrestation de Louvel[1] et qui connaissait bien la duchesse — fut expédié à Nantes. On avait appris que Marie-Caroline s'y trouvait. Joly se heurta au mutisme des habitants. Ses recherches furent infructueuses. Les mois passèrent ainsi. Les Nantais n'étaient guère légitimistes. Ils savaient que Madame se cachait dans leur ville. Ils se firent un devoir de la protéger et supportèrent vaillamment les

1. Meurtrier du duc de Berry.

perquisitions, les contrôles, les humiliations, la présence d'une troupe nombreuse et hostile. Personne ne dénonça les demoiselles du Guiny.

Le 11 octobre, le nouveau ministère (voir chapitre suivant) prit ses fonctions. Thiers succéda à Montalivet comme ministre de l'Intérieur. Il destitua le préfet de Nantes et le remplaça par Maurice Duval qui s'était signalé par son énergie lors de la « conduite de Grenoble ». Duval ne fut pas plus heureux que son prédécesseur, mais la fortune servit le nouveau ministre. Le diable de petit homme reçut une lettre anonyme lui donnant rendez-vous aux Champs-Élysées, dans la soirée du même jour. Il se rendit au lieu désigné, pistolet dans la poche... Eugène Sue et Dumas n'eussent pas trouvé mieux ! L'homme était au rendez-vous. Il se nommait Deutz. Il raconta à Thiers qu'en février 1832 il avait accompagné la maréchale de Bourmont à Massa et qu'il avait été présenté à la duchesse de Berry. Il avait gagné la confiance de celle-ci qui l'eût envoyé en mission au Portugal et en Espagne. Cependant il lui répugnait d'avoir été associé contre son gré à une conspiration contre le roi. Bref, il offrait de livrer Marie-Caroline contre 500 000 francs. Le 19 octobre, Deutz partait pour Nantes en compagnie de Joly. Il entra en rapport avec des légitimistes influents, affirma qu'il apportait d'importantes dépêches de Don Miguel du Portugal. A Massa, la duchesse lui avait remis la moitié d'une carte. Le frère des demoiselles du Guiny vint avec l'autre moitié. Les deux morceaux de carte se raccordant parfaitement, M. du Guiny fut pleinement rassuré et conduisit Deutz chez ses sœurs. Marie-Caroline l'accueillit chaleureusement. Il eut avec elle deux entretiens. Je passe sur des détails aussi rocambolesques que pénibles. La maison des demoiselles du Guiny fut cernée par douze cents hommes, envahie par les gendarmes et les policiers. C'était l'heure du dîner. On trouva une table de huit couverts, à nappe fleurdelisée. Il manquait quatre convives ! La cache ne fut découverte que le lendemain. De guerre lasse, Joly avait abandonné les recherches, renvoyé les soldats mais laissé des gendarmes dans la maison. Deux d'entre eux occupaient la mansarde du troisième étage. La fraîcheur de l'aube les éveilla. Ils dressèrent un bon feu dans la cheminée. La taque s'entrouvrit. Madame, dont la robe commençait à brûler, cria qu'elle se rendait. Les gendarmes éteignirent le brasier. Quelle ne fut pas leur stupéfaction en voyant Son Altesse Royale échevelée, noire de suie, sortir à quatre pattes. Stylite de Kersabiec, Mesnard et l'avocat Guibourg suivirent.

Madame déclara fièrement qu'elle ne se rendrait qu'au général Dermoncourt, non pas au préfet Duval ni au policier Joly. Le général la traita moins en prisonnière qu'en princesse. Il la conduisit lui-même au château. Les soldats faisaient la haie. La foule saluait respectueusement. Il y eut même quelques cris de « Vive le Roi ! Vive Henri V ! ». Marie-Caroline retrouva son sourire. Arrivée au château, elle était de si bonne humeur qu'elle plaisantait avec Dermoncourt et l'invita à souper. Ce dernier n'oublia jamais cette soirée avec l'auguste prison-

nière ; il écrivit plus tard : « Qui l'a vue une heure connaît son cœur. »
Le charme de Marie-Caroline avait joué !

Le gouvernement informa tous les préfets de l'arrestation de la pseudo-régente, en les invitant à donner la plus grande publicité à cet événement. Thiers se flattait de mettre ainsi un terme aux troubles des départements de l'Ouest et de ruiner les espérances du parti légitimiste. Louis-Philippe ne partageait pas l'optimisme de ses ministres, mais il laissait faire en attendant les réactions de l'opinion. Elles accrurent son embarras. L'opposition de gauche réclamait à grands cris la comparution de Marie-Caroline devant un tribunal. La duchesse était passible de la peine de mort pour atteinte à la sûreté intérieure de l'État. Que cette peine fût prononcée, et la presse légitimiste traiterait Louis-Philippe de bourreau. Mais quel jury oserait condamner une faible femme, coupable d'avoir trop aimé son fils ? Si elle était acquittée, Louis-Philippe serait accusé de complaisance par la gauche ! Il prit le parti de la garder en prison, sans jugement, ce qui était un abus caractérisé. Certains journalistes insinuèrent que le monarque républicain ressuscitait les lettres de cachet abolies par la Révolution. Louis-Philippe fit la sourde oreille. L'essentiel était à ses yeux de gagner du temps, de laisser les esprits se calmer. Il fut décidé d'incarcérer Marie-Caroline au château de Saumur. Mais cette ville était légitimiste, proche par surcroît des territoires insurgés. La citadelle de Blaye ne présentait pas les mêmes inconvénients. On y transporta la prisonnière, non par la route (car on redoutait un enlèvement), mais sur un navire de guerre. Elle fut placée sous la garde du colonel Chausserie, galant homme mais soldat discipliné. Il demanda des renforts et fit mettre une soixantaine de canons de divers calibres en batterie. Ses rapports avec Marie-Caroline furent empreints de la plus grande courtoisie, mais sa vigilance ne se relâcha pas une minute. Elle était d'ailleurs justifiée, car les hôtels bordelais hébergeaient quantité de légitimistes et d'étranges barques croisaient dans les parages de la citadelle. Des hommes furent même surpris escaladant la muraille à l'aide du câble du paratonnerre. Chausserie attira pourtant les soupçons du gouvernement. Il fut remplacé par le général Bugeaud, partisan convaincu de la monarchie de Juillet, comme tel haïssant les carlistes et condamnant sans réserve l'équipée de la duchesse de Berry. Ses débuts avec Marie-Caroline furent difficiles. Elle regrettait fort le colonel Chausserie qui avait été aux petits soins pour elle, mais elle n'était pas rancunière. Les difficultés s'aplanirent et elle eut tôt fait d'agréer les visites de Bugeaud. Outre ses fonctions de geôlier, il était chargé d'une mission fort délicate pour un soldat. Marie-Caroline se plaignait de malaises, se nourrissait mal, cependant que ses formes prenaient une ampleur bizarre au niveau de l'abdomen. Chausserie s'en était inquiété. Il avait mandé des médecins de Bordeaux. Ces bons docteurs examinèrent la malade, ne voulurent rien voir et prescrivirent un traitement bénin. Les sommités médicales envoyées de Paris montrèrent la même circonspection.

Bugeaud, avec son gros bon sens et son coup d'œil de gentilhomme campagnard, ne fut pas dupe un instant. Il informa le ministre que la duchesse avait « la tournure exacte d'une femme enceinte de six à sept mois ». Marie-Caroline ayant séjourné sans interruption dans la maison du Guiny de juin à octobre 1832, il n'était pas difficile de savoir où l'enfant avait été conçu. Louis-Philippe était ravi. Cette grossesse apportait à l'entreprise légitimiste une conclusion inespérée. Elle terminait en tout cas la carrière politique de Marie-Caroline, à condition de recevoir la publicité désirable. Malgré les pleurs de la reine Marie-Amélie, il décida d'exploiter ce scandale au maximum. Les instructions les plus minutieuses furent adressées à Bugeaud pour que la naissance fût constatée par de nombreux témoins. Passons encore sur les péripéties. La duchesse finit par accepter d'accoucher en public. On la laissa correspondre avec ses affidés. Ils lui procurèrent un mari postiche en la personne du comte Lucchesi-Palli, noble napolitain, amateur de beautés quelque peu flétries. Madame déclara brusquement ce mariage clandestin, en inventant une histoire à dormir debout. Mais qu'importait ! On tenait sa déclaration écrite ; elle n'était plus duchesse de Berry se prétendant régente de France, mais la petite comtesse Lucchesi, épouse d'un complaisant attaché d'ambassade. Les légitimistes furent pris de panique, essayèrent de sauver la face en démontrant que le comte Lucchesi appartenait à une famille princière, issue d'un des compagnons de l'illustre Tancrède. D'autres nièrent l'état de Marie-Caroline, et d'autres soutinrent qu'on avait substitué une aventurière à la princesse captive. Le 10 mai 1833, Marie-Caroline accoucha d'une fille qui reçut les prénoms d'Anne-Marie-Rosalie. Bugeaud fit dresser un procès-verbal que signèrent toutes les autorités présentes. Après quoi, le gouvernement de Louis-Philippe tint ses promesses. Bugeaud fut chargé de conduire Marie-Caroline et sa fille à Palerme. Il rechigna un peu, car il détestait la mer, puis céda pour ne pas décevoir le roi selon son cœur. Marie-Caroline embarqua le 9 juin à bord de la frégate « L'Agathe ». Elle se montra fort aimable envers l'état-major et les marins, ce qui suscita l'acrimonie de Bugeaud ! « L'Agathe » arriva à Palerme le 5 juillet. Un amiral sicilien et le comte Lucchesi montèrent à bord. Ce dernier ne jeta pas un regard sur sa prétendue fille et ne manifesta pas une grande émotion en retrouvant « sa femme ». Quand Marie-Caroline quitta le navire, les officiers sabre au clair et les matelots lui rendirent les honneurs : elle avait fait don de vingt jours de solde à l'équipage.

Une nouvelle existence commença pour elle. J'ai relaté, dans le tome consacré à Charles X, ses démarches pour obtenir le pardon de Charles X et pour revoir ses enfants, les missions inutiles de Chateaubriand qui s'était fait son champion. Je ne reviendrai pas sur cette période de sa vie.

La petite fille née dans la citadelle ne vécut pas. Nul ne se souciait d'elle, hormis les esprits malicieux qui s'évertuaient à découvrir son véritable père. Ils accusèrent le pauvre Mesnard, qui était un vieillard, puis le bel avocat Guibourg. Marie-Caroline avait un faible pour sa fringante personne. Il avait tout de même cohabité avec elle dans la maison de Nantes et les soirées étaient si longues pendant l'automne de 1832 ! La capture et l'emprisonnement de Marie-Caroline avaient ému l'opinion dans toute l'Europe. Son accouchement changea la compassion en rire, car personne ne crut à son mariage clandestin avec Lucchesi-Palli. Elle s'obstina pourtant à porter le titre de duchesse de Berry. Après la mort de Charles X et de Louis XIX (le duc d'Angoulême), Henri V proclama son « avènement ». Marie-Caroline renonça à jouer un rôle quelconque. Elle se consacra à l'éducation des enfants que le comte Lucchesi avait eu la complaisance de lui donner. Elle vivait souvent à Venise, au palais Vendramin, où elle donnait des fêtes magnifiques. Henri V paya scrupuleusement ses dettes. Elle mourut en 1870, à soixante et onze ans, conservant, en dépit des outrages du temps, un peu de ce charme qui avait fait battre tant de cœurs et pour lequel tant de Vendéens moururent.

VII

LE DUC DE BROGLIE

Il nous faut revenir de quelques mois en arrière, précisément en juillet 1832. Les émeutes républicaines avaient été noyées dans le sang, la rébellion vendéenne venait d'être écrasée, lorsqu'on apprit la mort du duc de Reichstadt survenue le 22 juillet. La disparition de Napoléon II ruinait les espoirs des bonapartistes. L'héritier du grand empereur était désormais le prince Louis-Napoléon. Rien ne laissait alors supposer que ce prince alors peu connu, même par les bonapartistes, deviendrait Napoléon III. Louis-Philippe ne se souciait nullement de lui. Il tentait de réaliser ce qui était son vœu le plus cher et son objectif véritable : gouverner par lui-même, avec un ministère de complaisance. Ce but, il le poursuivra avec obstination et il finira par y trouver sa perte. Preuve qu'il restait Bourbon sous le masque d'Orléans, et plus proche de Charles X qu'il ne se l'avouait à lui-même ! Il crut avoir trouvé son homme de paille dans le maréchal Soult, vieillard assoiffé d'honneurs. Il ne se trompait guère. Par malheur, il lui adjoignit Thiers dont la souplesse d'échine et l'ambition étaient cependant de bon augure. Pour rafraîchir un peu le ministère, il offrit le portefeuille des Affaires étrangères au duc de Broglie, lequel accepta sous réserve que son ami Guizot fût associé au gouvernement. Guizot devint ministre de l'Instruction publique. Aux Finances, le baron Humann remplaça le baron Louis ; c'était un spéculateur avisé. Les autres ministres restèrent en fonctions. Louis-Philippe ne tarda pas à déchanter. Il avait peu de sympathie pour le duc de Broglie, bien que leurs opinions se rejoignissent sur de nombreux points. Il croyait plus facile de manœuvrer Thiers et Guizot en raison de leurs origines modestes ! Le duc de Broglie était un grand seigneur, au comportement hautain, voire méprisant. Libéral sous la Restauration, il s'était rangé parmi les doctrinaires, et depuis lors n'avait pas varié d'une ligne. C'était un monarchiste constitutionnel, résolu à appliquer intégralement la Charte, c'est-à-dire à gouverner, cependant que Louis-Philippe régnerait. Or, on le sait, il répugnait à Louis-Philippe d'être roi-président ; il voulait conduire les affaires, non se laisser conduire. Guizot, autre doctrinaire, épousait étroitement les vues du duc de Broglie. Thiers, toujours incertain et fluctuant, s'associa aux deux compères. Cela forma un triumvirat. Le véritable président du Conseil était désormais Broglie. Louis-Philippe constatait, avec un humour non exempt d'amertume :

— « Quand ces trois messieurs sont d'accord, je ne peux plus faire prévaloir mon avis. C'est Casimir Périer reconstitué en trois personnes. »

La presse d'opposition insinuait que la « camarilla des Tuileries », enfin délivrée de Casimir Périer, venait de rencontrer des ministres « assez rampants pour expédier, et dans la législature un parlement assez servile pour enregistrer ses édits ». Ce fut, très précisément, la politique et les méthodes inaugurées par Casimir Périer que suivit le triumvirat aussi bien à l'extérieur qu'à l'intérieur. Bon analyste, bien qu'enclin à un certain pessimisme, Broglie ne s'illusionnait pas sur les stériles victoires remportées à l'encontre des carlistes et des républicains. Il les jugeait momentanément rassurantes, mais restait convaincu qu'elles n'apporteraient pas la paix sociale. Il prévoyait même que les carlistes comme ceux qu'il appelait les « anarchistes » poursuivraient la lutte, mais en changeant de tactique. Il voyait les prodromes de ce changement dans deux incidents qui auraient pu tourner à la tragédie. Le 17 février 1832, Albert de Bertier, traversant la place du Carrousel en cabriolet, fonça brutalement sur le roi qui se promenait à pied avec la reine Marie-Amélie. Les chevaux s'abattirent opportunément. Louis-Philippe fut néanmoins bousculé. Bertier fut envoyé en cour d'assises. Son défenseur était Berryer. Il plaida l'accident. Faute de preuves, le jury acquitta Bertier. Le 19 novembre 1832, comme Louis-Philippe se rendait à cheval au Palais-Bourbon et traversait le Pont-Royal, il essuya un coup de pistolet, baissa la tête et salua pour montrer qu'il était indemne. On arrêta un certain Bergeron qui semblait répondre au signalement de l'assassin et dont les opinions républicaines étaient connues. Il comparut devant la cour d'assises, nia les faits et fut acquitté, également faute de preuves suffisantes. L'opinion fut indignée par l'indulgence du tribunal. Elle tremblait à la pensée de perdre ce roi qui l'avait sauvée de la révolution. Elle était prête à accueillir les mesures susceptibles de maintenir l'ordre et de mettre les « anarchistes » hors d'état de nuire, qu'ils fussent de gauche ou de droite. Le parti du Juste Milieu, tant souhaité par Louis-Philippe, commençait son existence. Broglie et Guizot y adhéraient à leur insu. Thiers leur emboîtait le pas, malgré ses sympathies pour le parti du Mouvement ; mais il était homme à mettre la sourdine à ses convictions quand elles desservaient sa carrière.

Cette période marque peut-être l'apogée de la monarchie de Juillet. La collaboration enfin sereine du ministère et de la Chambre des députés portait ses fruits. Des lois d'une importance capitale furent élaborées, discutées et votées dans le calme, dans l'unique souci de l'intérêt des citoyens, sans la moindre surenchère démagogique. Je ne citerai que les principales : loi départementale, loi sur l'expropriation publique, et surtout loi sur l'enseignement primaire. La loi départementale complétait celle qui avait réglé le fonctionnement des conseils municipaux et la gestion communale ; elle définissait le mode d'élection des conseils généraux, leurs pouvoirs, leurs rapports avec les préfets. Ainsi le pays se trouvait-il doté d'une armature administrative certes placée sous la tutelle des représentants de l'État, mais dont les membres étaient élus démocratiquement. La loi sur l'expropriation pour cause d'utilité publique définissait la procédure qui permettrait, à brève échéance, de faciliter l'expansion des chemins de fer et la réalisation d'autres grands travaux. La loi sur l'enseignement primaire était plus spécialement l'œuvre de Guizot. Elle astreignait toutes les communes à créer et à entretenir une école primaire, les communes les plus pauvres pouvant se grouper en une sorte de « syndicat intercommunal ». Les villes de 6 000 habitants, et plus, étaient en outre tenues d'ouvrir des cours complémentaires. Les maîtres pouvaient être indifféremment des laïcs ou des ecclésiastiques. L'État n'entendait pas exercer un monopole. Cette innovation ne fut pas appréciée par les paysans. Les enfants gardaient les troupeaux, participaient aux travaux des champs. Mais il en fallait plus pour fléchir l'obstination de Guizot ! La loi fut maintenue en dépit des critiques et des récriminations. Maintenue et fermement appliquée, car le Parlement de 1832, s'il légiférait avec pondération, recherchait l'efficacité !

A l'extérieur, le gouvernement pratiquait la même politique ; c'est assez dire qu'il s'accordait sur ce point avec la prudence de Louis-Philippe. Cependant le duc de Broglie tenait à recevoir lui-même les ambassadeurs, à prendre connaissance des dépêches avant le roi, au risque de l'irriter. Pour autant, Louis-Philippe exerçait une influence indéniable sur la marche des affaires. La Belgique continuait à poser un problème. Léopold de Saxe-Cobourg avait demandé la main de la princesse Louise, fille aînée de Louis-Philippe. En parfait homme du monde et en politique averti, il ménagerait ainsi les susceptibilités françaises. On reprochait au roi d'avoir refusé la couronne offerte au duc de Nemours. Sa fille deviendrait reine des Belges. C'était en somme un dédommagement consenti aux Français, mais aussi un moyen d'établir des rapports privilégiés avec Bruxelles. Le mariage eut lieu en août 1832, avec toute la solennité désirable. Louise d'Orléans pleura d'abondance en quittant sa famille. Elle devint finalement la plus heureuse des femmes. Le roi de Hollande vit ce mariage d'un mauvais œil. Il s'était engagé à évacuer Anvers, qu'il occupait depuis l'intervention française. L'Angleterre et la France le sommèrent de libérer cette ville avant le 2 novembre, faute de quoi il y serait contraint par la force. Le roi de Prusse s'inquiéta. Les Anglais se rétractèrent en partie, afin de ne pas s'aliéner définitivement Guillaume d'Orange. D'accord avec Broglie, Louis-Philippe envoya le maréchal Gérard en Belgique avec 50 000 hommes et une forte artillerie de siège. Gérard bombarda Anvers, qui capitula le 1er janvier 1833. La ville fut remise au roi Léopold. Les Français rentrèrent ensuite en France. Personne n'était intervenu en faveur des Hollandais. A aucun moment la paix n'avait été sérieusement menacée. La neutralité de l'État belge reconnue par l'Europe démantelait en partie les traités de 1815. Elle améliorait la position stratégique de la France, tout en ne nuisant en rien aux intérêts de l'Angleterre. C'était un grand succès pour Louis-Philippe. Les préventions des souverains étrangers à son égard s'atténuèrent. L'affaire belge conférait une sorte de légitimité soudaine à l'« usurpateur ». Les rapports avec Metternich s'amélioraient. Le vieil aigle autrichien essayait même d'orienter la politique du gouvernement français vers le conservatisme. L'écrasement des émeutes parisiennes le rassurait.

La question d'Orient menaça à nouveau la paix européenne. L'Empire ottoman était alors un immense conglomérat s'étendant du Maroc jusqu'aux extrêmes limites de l'Arabie, du Soudan à la mer Noire, de l'Adriatique au golfe Persique. Toutefois le sultan, qui siégeait à Constantinople, n'exerçait qu'une suzeraineté chancelante, théorique et lointaine sur la plupart des États composant cet empire. Elle était particulièrement menacée par le pacha d'Égypte, Méhémet Ali, personnage belliqueux, grand admirateur de Bonaparte. Lors de la campagne de Grèce, sous le règne de Charles X, il avait combattu au nom du sultan, qui lui avait promis la Syrie en récompense. Mais le sultan Mahmoud redoutait l'ambition de Méhémet Ali et ne tint pas ses promesses. Ce dernier bénéficiait de l'appui discret de la France. On notera au passage que l'opinion française, après avoir été philhellène, s'enthousiasmait désormais pour le pacha d'Égypte, souverain prétendument moderne, résolu à moderniser son vieux pays. Méhémet Ali attaqua soudain le sultan, battit les Turcs à Konieh en décembre 1832 et s'avança jusqu'à la mer de Marmara. L'Europe s'agita. Les Anglais redoutaient l'intervention du tsar en Turquie ; ils ne pouvaient tolérer l'installation des Russes à Constantinople. Avec l'accord de la France, ils intercédèrent auprès du sultan qui, se voyant abandonné par toutes les puissances, céda la Syrie à Méhémet Ali. Le tsar Nicolas parut accepter cet état de fait, mais ses diplomates entrèrent en lice. Mahmoud signa avec les Russes le traité d'Unkiar-Skelessi, par lequel il se plaçait sous la protection du tsar ; il croyait ainsi empêcher le dépeçage de son trop vaste empire. Le tsar s'engageait à lui fournir les troupes nécessaires pour assurer la défense de son territoire. En contrepartie, Mahmoud acceptait de fermer le détroit des Dardanelles à tous les vaisseaux de guerre étrangers, à l'exception des vaisseaux russes. Ainsi la mer Noire passait sous le contrôle exclusif de Nicolas. C'était un grand succès pour lui, mais aussi le prodrome d'une mainmise russe sur la Turquie. Quand le traité d'Unkiar fut connu, en juillet 1833, la France et l'Angleterre protestèrent avec vigueur. L'Autriche et le reste de l'Europe n'appuyèrent pas cette protestation. Il fallut accepter le fait accompli, remettre à plus tard le règlement du différend. L'opinion anglaise ne réagit pas. Quant à l'opinion française, pourtant si belliciste, elle n'eût pas admis que l'on fît une guerre, alors que Méhémet Ali avait gain de cause. Non sans naïveté, elle croyait voir en ce dernier un souverain libéral ! Or, si Méhémet Ali feignait de s'européaniser, il pratiquait en Égypte les méthodes expéditives d'un tyran. Mais enfin la paix était une fois de plus préservée.

Le calme régnait alors à Paris. Il était même de bon ton de célébrer les mérites de Louis-Philippe. Talleyrand écrivait: « Le fait est que nous avons, à grande distance, le roi le plus éclairé de l'Europe, que le duc de Broglie gagne tous les jours dans l'opinion et donne à notre cabinet un caractère de droiture et de loyauté inappréciable quand on sort de révolution. » Et il qualifiait le roi de « plus habile homme de France », ce qui n'était pas un mince compliment venant d'un tel personnage ! A vrai dire, la monarchie de Juillet s'installait. Elle avait surmonté, pensait-on, les crises les plus graves. Sa durée semblait désormais assurée. On restaurait Versailles et Fontainebleau. La Cour s'organisait aux Tuileries, retrouvait sa tenue, sinon son ancienne splendeur. Les réceptions de Saint-Cloud rappelaient celles du règne de Charles X. Les observateurs étrangers étaient stupéfaits du changement qui s'était opéré en si peu de temps. Ils admiraient la tenue impeccable de la Garde nationale, pilier du régime. Ils recueillaient des témoignages non douteux sur la popularité de Louis-Philippe. En réalité, les commerçants parisiens, les patrons d'ateliers, les industriels et les affairistes, lui rendaient grâces d'avoir anéanti les extrémistes des deux bords et rétabli l'ordre: ils pouvaient enfin travailler et thésauriser en toute quiétude ! La politique du Juste Milieu comblait les vœux de la classe moyenne. Les esprits avisés louaient l'intelligence de Louis-Philippe, sa simplicité et son énergie. Ils partageaient l'avis de Metternich qui déclarait pour sa part: « Je l'ai cru un intrigant, mais je vois bien que c'est un roi. » Louis-Philippe l'était encore plus que ne l'imaginait Metternich. Souverain par la volonté du peuple, soumis aux diktats du triumvirat, régnant mais ne gouvernant guère, obligé de flatter les députés, il ne se souvenait que trop des anciens rois et rêvait toujours de prendre les rênes. Le sang Bourbon coulait dans ses veines, encore qu'il se prétendît Orléans. C'était pourtant un homme de progrès, à certains égards, et un libéral sincère: ambivalence des créatures!

L'opposition légitimiste et républicaine changea de tactique. Ne pouvant vaincre dans la rue, elle s'en prit à la personne de Louis-Philippe, à sa famille, à ses ministres. Ce fut la belle époque du *Charivari* fondé par Phlipor, de *La Caricature* à laquelle le génial Daumier collaborait, de *La Mode* que commanditaient les carlistes. D'innombrables brochures, imprimées sur du papier à chandelle et se vendant un sou, répandaient de stupides calomnies, tournaient en dérision la personne du roi, passaient au crible les moindres de ses gestes et de ses paroles, mais portaient parfois de redoutables accusations. Veut-on quelques exemples de cette littérature? J'en ai une collection qui forme deux volumes, bien qu'elle soit incomplète. L'auteur des *Petits cancans* égrenait ces aphorismes: « Le peuple français a reconnu que les coqs du juste milieu ne sont que des chapons engraissés à ses dépens. D'un jour à l'autre, il doit les mettre à la broche. — Singulière folie! il est des gens qui prennent encore le toupet d'Égalité II pour la couronne de France. On va bientôt ouvrir pour eux de nouvelles maisons de santé. — En 1793, on avait honte de passer pour orléaniste; aujourd'hui encore on s'avoue franchement légitimiste ou républicain; mais les gens du juste milieu ne sont partisans que de la tranquillité publique; tous reculent devant l'épithète d'orléaniste. Preuve de moralité! » On colportait une chanson parodiant le *Roi d'Yvetot* de Béranger; en voici le premier couplet:

« *Nous l'entendîmes autrefois,*
Sortant de nos tavernes,
Sans pudeur éleva la voix,
Demandant des lanternes;
D'Égalité, digne rejeton,
De son père il a pris leçon,
Dit-on,
Oh! oh! oh! oh! ah! ah! ah! ah!
Quel beau petit roi qu'ça fait là
Là là. »

D'autres fustigeaient sa cupidité, le montraient ramassant une pièce de cent sous au cours d'une promenade à Neuilly. Les caricaturistes le montraient en geôlier devant des cages où Marie-Caroline et des républicains étaient enchaînés; en joueur de gobelet escamotant la liberté; en bourreau de la République et bien entendu en Poire. On s'en prenait à la vie privée du duc d'Orléans surnommé Grand Poulot. On accusait la princesse Adélaïde, sœur du roi, d'aimer la bouteille et d'être la maîtresse du général Atthalin. On brocardait ses éruptions cutanées. « Madame Atthalin disait hier: "Ah! dans ma position, je n'ai pas que des roses. — C'est bien vrai, mademoiselle, car je ne vous ai jamais vu que des boutons". » Cette campagne d'irrespect se doublait d'une propagande républicaine plus discrète, non moins efficace : on répandait des Déclarations, des Doctrines, et jusqu'à des Catéchismes républicains. En même temps circulaient des complaintes en faveur d'Henri V. Ici et là, on relevait de véritables appels au meurtre ; on insinuait doucement que l'exécution de Louis-Philippe serait une œuvre d'utilité publique. On avait pris la défense de Bertier. On encensa Bergeron. Le régicide était un sujet de plaisanterie, avant de devenir une menace continuelle pour Louis-Philippe. Ces brocards insipides, ces caricatures haineuses, ces accusations incessantes produisaient à la longue un effet délétère. Il ne suffisait pas à leurs auteurs de saper un régime qu'ils n'espéraient plus renverser par la force. Certains d'entre eux familiarisaient l'opinion avec l'idée que Louis-Philippe serait assassiné. Les membres d'une société secrète arboraient comme insigne une réduction du couteau de Louvel. Ailleurs, de pseudo-carbonari s'exerçaient à tirer au pistolet sur une cible représentant le roi. Le préfet de police Gisquet ne prenait pas ces divertissements au sérieux.

VIII

LA RUE TRANSNONAIN

La propagande républicaine était alors le fait d'idéologues exaltés, de théoriciens qui n'étaient pas en prise directe avec les réalités. Elle exploitait la misère ouvrière et masquait les vrais problèmes. Louis-Philippe, ses ministres, les députés eux-mêmes manquèrent de sagacité. Il eût fallu dissocier le problème ouvrier de l'idéologie républicaine. Louis-Philippe s'appuyait sur la classe possédante. On oublie parfois que, s'il ne manquait pas d'ouverture d'esprit, il était né sous Louis XV. Les mutations sociales qui s'étaient opérées depuis les progrès de l'industrialisation, il n'en mesurait pas toute l'importance. Le monde débonnaire des « compagnons » dégénérait en prolétariat, avec ce que cet état comporte d'aigreur et d'envie bien compréhensible. En 1832, une grève ouvrière tourna court. Celle du 4 septembre 1833 fut plus grave. Elle intéressait essentiellement les charpentiers. Ils distribuèrent un tract justifiant leurs revendications. « En 1822, déclaraient-ils, il fut convenu, entre les entrepreneurs et les ouvriers charpentiers, que la journée de dix heures de travail serait portée à 4 francs, et l'administration des travaux publics reconnut ce tarif. Cet ordre de choses dura quatre ans environ, après lesquels ce prix fut diminué, et devint tellement minime qu'il fut insuffisant pour pourvoir à notre existence et à l'entretien de nos familles. Plusieurs fois, nous réclamâmes. Nous demandons donc que le prix de notre journée soit rétabli à 4 francs, et pour éviter à l'avenir toute contestation, entre les entrepreneurs et nous, nous les invitons à reconnaître notre tarif, en signant leur adhésion. »

Il s'agissait donc de revendications professionnelles, sans la moindre implication politique, qui plus est d'un conflit entre les ouvriers et leurs employeurs, non pas d'un conflit entre les ouvriers et l'État. Par la suite, diverses brochures furent publiées, dont les auteurs soulignaient l'utilité des associations ouvrières comme moyen d'améliorer les conditions de travail et les salaires : ils ne s'en prenaient nullement au gouvernement. La propagande républicaine se greffa sur ces revendications et faussa le jeu. Elle versait des larmes sur la misère des ouvriers et prônait une vaste réforme sociale « par la République ». Quelle fut la réaction du gouvernement ? Il poursuivit les crieurs publics (que Louis Blanc surnommait, il est vrai, les « hérauts d'armes de l'émeute »). Les journaux étaient soumis au droit de timbre, non les brochures, les caricatures et les livres. Le préfet Gisquet eut l'idée ingénieuse d'étendre le droit de timbre à toutes les publications. Ordre fut en conséquence donné aux commissaires de police d'arrêter les crieurs vendant des brochures non conformes. Gisquet croyait ainsi lutter contre la propagande républicaine. Il avait agi sans droit et le tribunal lui donna tort : simple contretemps. Dès l'ouverture de la session de 1834, le 16 février, les députés votèrent une loi soumettant les crieurs publics à une autorisation préalable de la préfecture pour la vente de tout imprimé. Désormais les commissaires de Gisquet agissaient légalement. Les députés avaient donc aggravé la mesure prise par le préfet de police. Il y eut quelque résistance, mais sporadique et limitée. La situation des crieurs n'intéressait pas les Parisiens. Dans le même temps, la Chambre fut saisie d'un projet de loi soumettant à l'autorisation du gouvernement toute association, même divisée en sections de moins de vingt membres. L'article premier était ainsi conçu : « Les dispositions de l'article 291 du Code pénal sont applicables aux associations de plus de vingt personnes, alors même que ces associations seraient partagées en sections d'un nombre moindre, et qu'elles ne se réuniraient pas tous les jours ou à des jours marqués. L'autorisation donnée par le gouvernement est toujours révocable. » La loi fut votée le 10 avril 1834, par 246 voix contre 154. Ainsi le ministère et la majorité de la Chambre confondaient les associations purement politiques, comme la redoutable Société des Droits de l'Homme, avec les mutuelles ouvrières. Les protestations des députés de gauche ne servirent à rien, sinon à donner le ton à la presse d'opposition. Thiers n'avait point caché à ses collègues qu'il s'agissait d'une loi d'exception, d'un instrument de combat. Les députés ne refusèrent point d'aider le gouvernement à combattre les « anarchistes » et les « terroristes ».

Avant même que la loi fût promulguée, l'Association « mutuelliste », la Société des Droits de l'Homme de Lyon, d'autres associations moins influentes, élevèrent une protestation solennelle. L'Association « mutuelliste », précisément divisée en loges de vingt personnes, avait pris une importance considérable depuis la répression de 1831. A vrai dire, elle était devenue républicaine et travaillait de conserve avec la Société des Droits de l'Homme. Six responsables furent arrêtés. Les canuts descendirent dans la rue. Cette fois, ce n'était plus un troupeau désarmé, mais une armée divisée en compagnies, bien encadrée, dotée d'armes et de munitions. L'insurrection avait été préparée avec soin. Ses chefs agissaient en liaison avec le comité de Paris. Ils voulaient proclamer la République, entraîner par leur exemple leurs frères des autres villes et de la capitale. Mais ils ne prenaient pas le gouvernement au dépourvu. Un plan contre-révolutionnaire avait été étudié dans ses moindres détails. Les autorités civiles et militaires de Lyon n'eurent qu'à l'appliquer. Il n'y eut même pas d'entrevue avec les délégués des rebelles. La bataille commença dès que le dispositif prévu eut été mis en place. Elle fit rage pendant cinq jours. Les canuts n'avaient d'ailleurs aucune chance de vaincre. Ils étaient sous le feu de la citadelle érigée après les troubles de 1831. Les derniers rebelles se retirèrent dans l'église des Cordeliers. L'artillerie éventra l'église, dont les défenseurs furent ensevelis sous les décombres. L'ordre régnait à Lyon ! On dénombra trois cents morts, dont cent trente soldats.

Le 13 avril 1834, les émeutiers parisiens, croyant appuyer l'action des canuts lyonnais, élevèrent des barricades dans les quartier du Marais, rues Beaubourg, Saint-Martin et du Temple. Le dispositif anti-émeutes était prêt à fonctionner. Les troupes de ligne, la Garde nationale, les gardes municipaux firent mouvement. Les barricades tombèrent les unes après les autres. Les insurgés, n'étant pas appuyés par la population, n'opposaient qu'une résistance assez faible. Ils tentèrent ensuite de se disperser pour éviter les représailles immédiates ou les arrestations. Mais les habitants leur refusaient asile, sauf exceptions. Le 14 avril, vers cinq heures du matin, le 35e de ligne balaya la barricade de la rue Transnonain. Deux coups de feu furent ensuite tirés d'une maison. Ils l'investirent, de la cave au grenier, et massacrèrent sauvagement tout ce qui s'y trouvait : hommes, vieillards, malades, femmes, enfants. Ce fut une boucherie abominable dont Bugeaud, qui commandait le secteur, fut tenu pour responsable. Il est superflu de préciser qu'il n'ordonna point ce massacre et, probablement, le déplora. Mais les républicains avaient besoin d'un coupable. D'ailleurs, ils ne pardonnaient pas à Bugeaud de les avoir vaincus. Daumier immortalisa le massacre de la rue Transnonain dans une lithographie qui figure dans tous les manuels. Ce cadavre coiffé d'un bonnet de coton, arraché de son lit et percé de coups, contribua largement au discrédit de la monarchie de Juillet.

Des émeutes éclatèrent simultanément à Marseille, à Grenoble, à Clermont-Ferrand, à Saint-Étienne. Elles furent pareillement réprimées. Ces échecs sanglants mettaient le parti républicain au ban de la nation. Ils fournissaient un prétexte au gouvernement pour resserrer l'étau. La Chambre se fit un devoir de lui accorder un crédit de

14 millions pour maintenir les effectifs de l'armée à 360 000 hommes. Elle vota une loi contre les détenteurs d'armes. L'opinion réclamait un châtiment sévère à l'encontre des émeutiers et de leurs chefs. On avait arrêté 2 000 suspects. Une ordonnance royale les déféra devant la Cour de Paris. Il était imprudent d'organiser un aussi gigantesque procès, et d'autant que l'instruction serait longue. On eût parfaitement admis des mesures d'exception tels que le bannissement ou la déportation dans les colonies. Mais Louis-Philippe tenait à rester dans la légalité.

Un mois après ces événements, la situation était si paisible que les obsèques de La Fayette, le 20 mai 1834, ne suscitèrent pas la moindre perturbation. La vieille idole des républicains dut se retourner dans son cercueil ! Un grand mouvement de foule suivi d'une émeute eût dignement terminé sa carrière. Il n'en fut rien. D'ailleurs le Héros des Deux-Mondes n'était plus qu'un mythe, un étendard élimé que l'on ressortait dans les grandes occasions. Sa longue vie, traversée d'aventures, n'avait été qu'une suite de velléités. Deux révolutions lui avaient offert sa chance à quarante ans de distance, puis l'avaient rejeté. Il n'était déjà plus qu'un souvenir. Quelques républicains de bonne compagnie le pleurèrent. « Ce n'est que ce matin, soupirait Odilon Barrot, que j'ai appris l'affreuse nouvelle de la perte que nous venons de faire. » Et il ajoutait sans rire : « Quelle perte surtout pour notre malheureux pays ! »

Louis-Philippe avait quelque sympathie pour La Fayette, mais il ne le regrettait guère. Il avait d'ailleurs d'autres soucis. Depuis le 6 avril, il « menait le fiacre » (c'était son expression) ; entendez par là qu'il gouvernait par lui-même. Le duc de Broglie avait été mis en minorité à la Chambre sur une affaire de contentieux maritime avec les États-Unis. Il interpréta ce vote comme une offense personnelle et démissionna. Louis-Philippe ne fit rien pour le retenir. Il était las du triumvirat et crut le moment venu de conduire les affaires avec un ministère de complaisance. Ce fut le début d'une crise qui dura onze mois, record qui ne fut jamais battu, semble-t-il. Toutes les combinaisons échafaudées par Louis-Philippe s'écroulaient comme châteaux de cartes et les présidents du Conseil se succédaient : le maréchal Soult au duc de Broglie, le maréchal Gérard à Soult, le duc de Bassano à Gérard, le maréchal Mortier à Bassano. On suggérait au roi de rappeler Broglie. Il n'en voulait à aucun prix, répétait à qui voulait l'entendre qu'il se ferait plutôt hacher dans un mortier, fortes paroles, mais qui masquaient un embarras évident. Avec son accord, Roederer (un survivant de 89) publia une brochure intitulée « Adresse d'un constitutionnel aux constitutionnels ». Il y démontrait que la monarchie de Juillet ne pouvait s'affirmer si le roi restait à l'écart des affaires. « Administrer, écrivait-il, est le fait des ministres, gouverner est le fait du Roi avec un ou plusieurs de ses ministres ; régner est le fait du Roi et comprend les relations avec les puissances étrangères et le fait d'ajouter aux lois le modèle des vertus civiques et privées. » Telle était en effet la pensée de

Louis-Philippe récusant le rôle de roi-soliveau. Personne ne fut dupe et le vieux Roederer fut accusé de s'être laissé acheter. La querelle s'envenima, savamment entretenue par l'opposition ! Il était malsain et périlleux que la Chambre disputât sur les pouvoirs du roi. Restait-il dans les limites de la Charte ou l'interprétait-il abusivement ? La Chambre renversait à plaisir les ministères qu'il désignait. Elle voulait un vrai président du Conseil, non un fantoche si glorieux et respectable fût-il. Le roi se résigna à rappeler le duc de Broglie et la crise se dénoua : il n'était que temps ! Broglie exigea que le Conseil délibérât en dehors de la présence du roi. Il voulait être le maître. Louis-Philippe avala cette couleuvre. Il remit à plus tard ses projets de règne personnel. Dans la réalité, ses méthodes coïncidaient presque toujours avec celles de Broglie. Mais la raideur et le ton sentencieux de celui-ci l'agaçaient.

Broglie revint aux affaires, le 12 mars 1835. Le procès des insurgés s'ouvrit le 5 mai suivant. La Chambre des pairs avait retenu 164 inculpés et désigné 43 contumaces. Il y avait plus de 500 témoins à charge, 260 témoins à décharge, 300 avocats. Le dossier comprenait 17 000 documents. La Chambre commença par récuser les avocats non inscrits au barreau, ce qui provoqua un désordre indescriptible. Le pli était pris. Chaque séance fut marquée d'incidents, suscita le même tumulte. Les accusés, loin d'afficher un repentir quelconque, se vantaient de leurs exploits, injuriaient le roi, les ministres, les juges, se répandaient en menaces. Les pairs n'étaient pas accoutumés à ce langage. Pasquier, qui présidait, laissait les inculpés discourir à perdre le souffle. Le 11 mai, un journal publia une lettre signée de plusieurs avocats, où figurait cette phrase : « L'infamie du juge fait la gloire de l'accusé. » La cour ne pouvait tolérer cette insulte. Les signataires furent menacés de poursuites. Ils désavouèrent presque tous la lettre. C'était un premier recul. Il suscita la raillerie et le dégoût. On se prenait à dire que le courage n'était pas le fait des conseillers de la révolution. Ce fut pire lorsque, le 12 juillet, 28 accusés s'échappèrent de la prison de Sainte-Pélagie par un souterrain. C'était l'état-major du parti, les vrais responsables des émeutes de Lyon et de Paris. Il y avait parmi eux Marrast, Guinard, Cavaignac. On cessa de les révérer. Il est vrai que leur fuite ressemblait à une désertion. Le procès continua. Les peines furent modérées : elles allaient de la résidence surveillée au bannissement ; aucune condamnation à la peine capitale ne fut prononcée. Ce procès, qui pouvait être fatal au gouvernement, déconsidéra au contraire le parti républicain pour dix ans. Les bourgeois de Paris pouvaient enfin dormir tranquilles.

IX

L'ATTENTAT DE FIESCHI

« Nous ne pouvions plus craindre l'insurrection générale, écrivait le préfet Gisquet ; le temps des émeutes, celui des batailles, était passé ; mais nous entrions dans une troisième période, celle des crimes isolés. » A vrai dire, les attentats ratés de Bertier et de Bergeron en avaient été les prémices. Le régicide devint une véritable psychose, savamment entretenue par la presse, par les brochures, voire par la caricature, comme on l'a signalé précédemment. Des feuilles étaient distribuées, énumérant les « crimes » de Louis-Philippe, donnant la liste des victimes de la police et de la Garde nationale. Les sociétés secrètes préparaient ouvertement le meurtre du roi. « Le roi, déclarait énergiquement Cavaignac, ne vivra qu'aussi longtemps que nous le voudrons bien ; nous avons dans la Société des Droits de l'Homme une centaine de séides dont l'aveugle dévouement n'a besoin que d'être contenu. » Louis-Philippe, dans un souci d'apaisement, avait amnistié les détenus politiques incarcérés au Mont-Saint-Michel. Quand ces derniers reçurent leur grâce, ils entonnèrent des chansons féroces et jurèrent d'assassiner le roi. Une certaine Laura Grevelle, fille d'un ancien secrétaire du pouvoir exécutif pendant la Révolution, s'était improvisée l'Égérie d'un groupuscule de jeunes bourgeois gauchisants. Cette angélique créature prêchait ardemment l'assassinat de Louis-Philippe. Son charme entretenait le feu sacré. Elle s'était vouée au célibat pour renverser la monarchie. Car l'objectif réel, avoué, de ces assassins potentiels et de leurs inspirateurs était de proclamer la République dès que le roi serait abattu. Ils ne doutaient pas que sa mort provoquerait un tel désarroi qu'il serait facile d'instaurer un gouvernement provisoire, d'éliminer la « camarilla des Tuileries ». Les rieurs — il y en a toujours — échangeaient des paris sur l'instrument que choisirait l'assassin : le poignard, la bombe, une machine infernale, analogue à celle de la rue Saint-Nicaise ? Les carbonari de Giuseppe Mazzini avaient été prévenus de l'imminence du crime, invités à se tenir prêts. On parlait beaucoup, un peu trop sans doute. La capitale était truffée d'agents secrets ; les indicateurs ne manquaient pas ; pourtant la police était aux abois. Or, le 28 juillet 1835, le roi devait passer la Garde nationale en revue, afin de célébrer l'anniversaire des Trois Glorieuses. On redoutait extrêmement cette cérémonie populaire. Il paraissait en effet impossible d'assurer la protection du roi : un coup de feu pouvait partir de la foule, voire de la Garde nationale dont certains éléments étaient douteux. La famille royale, le conseil des ministres, les familiers des Tuileries incitèrent Louis-Philippe à annuler la revue. Il eut le courage de la maintenir. L'itinéraire ne fut même pas modifié. Dans la soirée du 27 juillet, un marchand de bronze nommé Joseph Suireau, domicilié boulevard Montmartre, se présenta au commissaire de police de son quartier. Il déclara qu'un ancien forçat, ouvrier fort habile, avait fabriqué une machine infernale et que cet engin se trouvait dans une maison proche du théâtre de l'Ambigu. Il affirmait tenir ces renseignements de son fils, lequel les avait appris d'un certain Victor Boireau, ferblantier-lampiste rue Quincampoix. Les policiers de Gisquet n'eurent pas l'idée d'arrêter Boireau pour l'interroger. Ils se ruèrent dans le quartier de l'Ambigu, perquisitionnèrent dans les maisons qui jouxtaient ce théâtre, rentrèrent bredouilles, et pour cause ! Il y avait alors deux théâtres de l'Ambigu ; l'un était situé boulevard Saint-Martin, l'autre, boulevard du Temple. Ni le préfet Gisquet, ni le commissaire Joly, ni l'habile Canler ne se demandèrent s'il s'agissait du théâtre du boulevard Saint-Martin ou de celui du boulevard du Temple. Le délateur ne l'avait pas précisé.

Dans la matinée du 28 juillet, les princes, les maréchaux, les généraux et leurs aides de camp se préparaient à partir pour le défilé. Ils n'attendaient plus que le roi. Thiers « entra comme un ouragan », raconte le prince de Joinville dans ses *Vieux souvenirs*. On était habitué à ses manières brusques et personne ne s'émut. Il fit signe à Joinville et à ses frères, les attira dans l'embrasure d'une fenêtre et leur dit, les regardant par-dessus ses lunettes :

— « Mes chers Princes, il est plus que probable qu'on va attenter à la vie du Roi votre père, aujourd'hui. Il nous est revenu des avis de plusieurs côtés. Il est question d'une machine infernale du côté de l'Ambigu. C'est très vague, mais il doit y avoir quelque chose de fondé. Nous avons fait visiter ce matin toutes les maisons dans le voisinage de l'Ambigu. Rien ! Faut-il prévenir le Roi ? Faut-il décommander la revue ? »

On prévint le roi, mais il accepta le risque : il ne voulait pas donner l'impression qu'il craignait les balles, qu'elles fussent républicaines ou légitimistes. Thiers recommanda aux princes de veiller sur leur père. Le petit homme manquait souvent de discernement et son optimisme lui joua plus d'un tour. Il était cependant dévoué à Louis-Philippe et il assumait les lourdes responsabilités de ministre de l'Intérieur. La sécurité du roi était donc dans ses attributions. Le fait qu'il ait prévenu les princes quelques instants avant le départ du cortège, révèle les lenteurs et l'incompétence de la police, sinon même un laxisme des plus suspects. Le ministre venait lui-même de recevoir l'information, d'où son irruption soudaine dans le salon.

Le cortège sortit des Tuileries à neuf heures. Louis-Philippe caracolait en tête, entouré de ses fils. Le prince de Joinville était à sa droite ; le duc d'Orléans et le duc de Nemours, à sa gauche. Suivaient le maréchal Mortier, le duc de Broglie et Adolphe Thiers, puis l'état-major et les aides de camp. Le maréchal Mortier était souffrant. Il s'était cependant fait un devoir d'assister au défilé :

— « Je suis grand, plaisanta-t-il, peut-être couvrirais-je le Roi. »

Il ne croyait pas si bien dire ! Sur son cheval de parade, Thiers ressemblait à un clown, mais personne n'avait le cœur à rire. Au début, les acclamations furent peu nourries. On avait l'impression que la peur refroidissait les enthousiasmes. Puis l'atmosphère se dégela et les applaudissements crépitèrent. Joinville : « La revue marcha assez bien, avec cette seule remarque, que nous fîmes tous, de la présence de nombreux individus à visages insolents, portant tous un œillet rouge à la boutonnière ; évidemment le personnel des sociétés secrètes, non prévenu de ce qui allait se passer mais prêt à tout événement. Nous n'avions pu prendre d'autres précautions que de nous partager, mes frères et moi, ainsi que les aides de camp de service, la surveillance de la personne du Roi. A tour de rôle, un de nous et un aide de camp devaient se tenir immédiatement derrière son cheval, l'œil fixé sur la troupe et la foule, afin de s'interposer devant tout geste suspect. »

Vers midi, le cortège atteignit l'extrémité du boulevard Saint-Martin. Il était passé devant le théâtre de l'Ambigu. La zone dangereuse était franchie et l'on commençait à respirer. C'étaient les maisons voisines de ce théâtre que la police avait fouillées ! Le cortège s'engagea dans le boulevard du Temple, approcha de l'ancien Ambigu (qui avait brûlé en 1827). Une légion de la Garde nationale faisait la haie. Son commandant, le lieutenant-colonel de Rieussec, se joignit au cortège. Il se plaça à la gauche du prince de Joinville. Soudain, à la hauteur de l'ancien Ambigu, en face du café du Jardin turc, « une espèce de feu de peloton, comme la décharge d'une mitrailleuse », jaillit d'une fenêtre à demi fermée par une persienne. Joinville n'eut pas le temps de voir qu'à ses côtés Rieussec venait d'être tué ; que le général Heymes, son aide de camp, n'avait plus de nez ; que son cheval était blessé. Il se précipita vers son père qui se tenait le bras gauche et disait : « Je suis touché. »

Joinville saisit la bride de son cheval et, avec ses deux frères, l'entraîna « à travers l'immense désordre qui se produisait : chevaux sans cavaliers ou emportant les blessés vacillants, rangs rompus, gens en blouse se précipitant sur mon père, pour toucher lui ou son cheval, avec des Vive le Roi ! frénétiques. Une balle avait éraflé le front de Louis-Philippe, une autre avait contusionné son coude gauche, une troisième traversé l'encolure de son cheval. Étourdi par le choc, il se ressaisit avec la promptitude d'un jeune homme, agita son bicorne pour montrer qu'il était indemne et commanda d'une voix de tonnerre :

« Allons ! Il faut continuer. Marchons ! »

Ce qui restait de son escorte, un instant avant si brillante, emboîta le pas. La foule était en délire. Les gardes nationaux criaient : « A la vie ! à la mort ! » Parvenu au square Beaumarchais, le cortège fit volte-face, repassa devant l'Ambigu. « La chaussée n'était qu'une mare de sang à l'endroit où avait porté le coup ; les blessés et presque tous les morts étaient déjà enlevés et je ne vis qu'un cadavre à plat ventre dans la boue, au milieu des chevaux morts, mais tout ce sang répandu effraya nos montures, que nous eûmes de la peine à faire avancer » (Joinville). Il y avait quarante-deux victimes, morts ou blessés, parmi lesquelles des femmes et des enfants. Le maréchal Mortier avait été tué, ainsi que le général de Verigny. Plusieurs généraux avaient été plus ou moins grièvement touchés. Le duc de Broglie eût été frappé d'une balle en plein cœur, mais qui s'aplatit sur sa plaque de la Légion d'Honneur. On apprit que l'assassin avait été arrêté et se nommait Gérard ; qu'il avait utilisé une machine de son invention. Aussitôt après l'attentat, les aides de camp et les policiers s'étaient précipités dans la maison du crime et dans les maisons voisines. Gérard ne pouvait leur échapper ; il avait été lui-même grièvement blessé par l'explosion de la machine.

Quand la nouvelle de l'attentat parvint aux Tuileries, la reine s'écria : « Nous sommes entourés d'assassins ! Quel horrible peuple ! quel affreux pays ! Ils m'ont tué mon mari, mes enfants, les infâmes, les monstres ! » Cependant la revue devait être suivie d'un défilé place Vendôme. Le roi, ses fils et leur suite s'arrêtèrent aux Tuileries. Leurs uniformes étaient tachés de sang. La reine, ses filles, se jetèrent au cou de Louis-Philippe et des princes. C'était miracle qu'ils fussent indemnes. Des dames en tenue de gala couraient de-ci de-là, à la recherche de leurs époux ; il y avait beaucoup d'absents. Le roi et ses fils remontèrent à cheval, pour assister au défilé, qui dura deux heures sous un soleil torride. On admira son courage. Cette journée tragique lui valut un regain de popularité, et presque l'affection de son peuple. Ce qui n'empêcha pas les légitimistes de persifler. Dans ses Mémoires, la duchesse de Maillé insiste lourdement sur le fait que, pendant un instant, Louis-Philippe perdit son sang-froid et que ses fils durent l'entraîner presque de force hors de portée de l'hypothétique tireur. « Chez le Roi, susurre-t-elle, ce n'est pas de la lâcheté, il a d'ailleurs fait ses preuves, c'est la nature surprise à l'improviste dans un guet-apens.

Ceux qui racontent qu'il n'a pas sourcillé et qu'il a continué la revue sans émotion disent d'abord ce qui n'est pas vrai et ce qui ne peut pas l'être ; c'est en faire un fier-à-bras, ce qui ne lui ressemble pas, surtout n'ayant jamais eu l'occasion de prendre une grande habitude du feu. » Elle dit ensuite qu'apprenant l'attentat, une cuisinière s'était écriée : « Oh ! Monsieur, c'est horrible, un pauvre homme qui vient d'être tué pour le Roi ! » Elle voulait dire, ajoute Mme de Maillé : « Le Roi reçoit douze millions par an pour risquer sa vie, mais il est affreux pour ce pauvre homme qui ne recevait rien pour l'exposer d'être victime, dans une occasion qui ne le regarde pas et pour la politique qui ne lui a jamais rien apporté. »

Les obsèques des victimes eurent lieu le 5 août, aux Invalides. Les cercueils avaient été déposés sous le dôme, qui n'abritait pas encore le mausolée de Napoléon. Ce fut une cérémonie grandiose. Lorsque Louis-Philippe s'approcha de la dépouille de Mortier, il ne put retenir ses larmes. Devant le catafalque recouvrant le corps d'une jeune fille, il faillit se trouver mal, car il pensait à ses propres filles, guettées par un semblable destin. La Garde nationale assemblée sur l'esplanade lui fit un accueil triomphal.

A la préfecture, on diligentait l'enquête avec d'autant plus de zèle que l'on se sentait fautif. Thiers n'avait pas lieu d'être fier de ses limiers. Gisquet faisait le gros dos. On découvrit d'abord que l'auteur de l'attentat s'appelait Fieschi, et non Gérard. Il était né en Corse en 1790. On écréma les dossiers judiciaires et l'on constata que ce Fieschi, inculpé d'escroquerie aux dépens du Trésor, faisait l'objet d'un mandat d'amener ; bien plus : que ce mandat avait été remis pour exécution à l'inspecteur Canler ! Ce dernier était l'un des meilleurs agents de la préfecture. Heureusement pour sa carrière, il put prouver qu'il avait sérieusement recherché Fieschi, sans pouvoir découvrir sa retraite.

La machine de Fieschi était constituée par un fort châssis de bois dans lequel s'encastraient vingt-cinq canons de fusil, dont les détentes fonctionnaient simultanément : on peut la voir au musée des Archives nationales. Un indicateur fit savoir à Canler que les canons de fusil avaient été placés dans une malle qu'un commissionnaire avait transportée dans la chambre de Nina Lassave, maîtresse de Fieschi. Canler mit la main sur le commissionnaire qui, non sans mal, finit par reconnaître la maison. Nina Lassave haïssait Fieschi, qui l'avait prise de force. Lui, l'adorait. On confronta les amants et, désespéré, Fieschi passa aux aveux ; il dénonça même ses complices : Morey et Pépin. Le ministre Thiers tenait surtout à connaître l'appartenance politique des coupables. S'agissait-il de carlistes, comme on l'avait d'abord supposé, ou de républicains ? A cet égard Fieschi posait une énigme. Il avait été légitimiste, puis bonapartiste, puis républicain, au total un aventurier dénué de scrupules et de conviction, un homme de main de la plus basse espèce. Tel n'était pas le cas de ses complices, qui apparaissaient comme les véritables auteurs de l'attentat. Morey, bourrelier de son état, était un ancien combattant de Juillet. Il avait cru renverser Charles X pour instaurer la République. Il ne pardonnait pas à Louis-Philippe d'avoir escamoté la révolution. Il avait adhéré à la Société des Droits de l'Homme et son zèle l'avait fait nommer commissaire-délégué du XIIe arrondissement. Au cours d'une réunion, il avait rencontré un commerçant aisé, l'épicier-liquoriste Pépin. Ce dernier l'éblouit par sa faconde. Il oubliait de dire qu'il avait émargé à la préfecture sous le règne de Charles X. Mais, depuis les Trois Glorieuses, il était devenu un vrai « bouzingot[1] » : il espérait jouer un grand rôle dans la future république. En somme, le seul obstacle à son ambition était ce roi pour lequel Morey nourrissait une haine recuite. Le bourrelier fit la connaissance de Fieschi qui lui montra les plans d'une machine de son invention. Les plans furent soumis à Pépin qui accepta de commanditer l'opération. Son argent servit à acheter le matériel et à louer une chambre boulevard du Temple, près de l'ancien Ambigu. Morey contrôlait les opérations. Le ferblantier Boireau et l'ouvrier Bescher aidèrent à ajuster la machine et à pointer les fusils. Ce fut Morey qui plaça les charges, de telle façon que deux ou trois fusils devaient éclater au lieu de lancer leurs projectiles. Les deux complices croyaient ainsi se débarrasser de Fieschi. Celui-ci fut grièvement blessé, mais les médecins le guérirent et le procès put s'ouvrir le 30 janvier 1836. Fieschi insulta ses juges, proclama ses regrets de n'avoir pas abattu le tyran. Morey s'enferma dans un mutisme où l'on voulut voir le mépris du spartiate. Pépin se prétendait innocent. Victor Hugo nota dans son Journal, à propos de Fieschi : « C'est un bravo, un condottiere, rien autre chose. Il avait servi et mêlait à son crime je ne sais quelles idées militaires. » Il fallait un héros aux républicains. Ils choisirent Morey et la presse d'opposition exalta son courage. Le tribunal rendit son verdict : Bescher était acquitté, Boireau condamné à vingt ans de prison, Morey et Pépin à la peine capitale, Fieschi à la peine des parricides. L'exécution eut lieu le lendemain, 16 février. Laure Grevelle acheta la tête de Morey et s'en revint en portant ce trophée.

Le gouvernement n'avait pas attendu l'issue du procès pour agir. Mettant à profit l'indignation populaire contre Fieschi, le duc de Broglie avait présenté à la Chambre trois projets de lois répressives. Les députés avaient été convoqués en session extraordinaire, en raison de l'urgence. Il s'agissait de mettre fin à l'anarchie et au terrorisme. Un journaliste avait osé écrire, peu de jours après le massacre du boulevard du Temple : « Cette fois la République n'a manqué son avènement que d'une demi-seconde ; une cause si puissante, qui ne se trouve en retard que de si peu, ne nous paraît pas être en situation désespérée. » Le duc de Broglie ouvrit la séance en ces termes : « Inquiète pour son Roi, pour ses institutions, la France élève la voix et réclame la protection qu'elle a le droit d'en attendre. » Le premier projet modifiait la procédure des cours d'assises : elles pourraient juger hors la présence des inculpés s'ils

1. Surnom des républicains.

entravaient la marche de la justice ; les jurys voteraient à bulletins secrets, à la majorité simple. Le second projet tendait à accélérer le jugement des fauteurs de troubles ; il autorisait le gouvernement à former autant de cours d'assises qu'il serait nécessaire pour juger simultanément les coupables. Le troisième, de loin le plus lourd de conséquences, restreignait la liberté de la presse : il prévoyait des délits nouveaux, tels que l'offense à la personne du roi, la critique des actes du gouvernement, la contestation des principes énoncés par la Charte, l'adhésion manifeste à un autre régime, légitimiste, bonapartiste ou républicain. Le taux des amendes était augmenté, pouvait atteindre 200 000 francs. Enfin, la Cour des pairs était compétente pour statuer sur les incitations à la haine et à la révolte. Ces lois furent promulguées en septembre à la suite de débats passablement houleux. D'où leur dénomination commune de Lois de Septembre. Elles venaient renforcer l'arsenal du gouvernement.

C'est en ce sens que l'attentat de Fieschi revêt une importance exceptionnelle. Il marque un tournant du règne. Son seul résultat fut en effet de clore une période d'incertitude, d'élargir les assises du trône et de favoriser l'évolution de Louis-Philippe vers l'absolutisme masqué des dix dernières années. En revanche, les Lois de Septembre durcirent la position des républicains. Les bourgeois qui avaient inspiré l'attentat se résignèrent à attendre ; ils ne renoncèrent à rien, ne se rallièrent pas à un régime dont pourtant ils n'avaient guère à se plaindre. Ils continuèrent à comploter dans l'ombre, tout en excitant des écervelés au meurtre. Les uns agissaient par conviction, car ils estimaient que la République apporterait enfin l'égalité et le bonheur. Les autres convoitaient les places et les honneurs. La masse ouvrière suivait, aspirant à un changement radical pour sortir du marasme où elle se débattait. La police, redoutant d'être prise en défaut, houspillée par le préfet Gisquet, redoublait de zèle. Les rapports alarmistes, les dénonciations affluaient sur le bureau de Thiers. Le petit homme vivait en perpétuelle alerte et commençait à se lasser du métier de ministre de l'Intérieur. Il en arrivait à douter de lui-même ! Le temps n'était plus où le roi-citoyen se promenait, sa journée finie, dans les jardins ou dans les parages des Tuileries, le haut-de-forme sur la tête et le parapluie sous le bras, saluant les passants, devisant avec des boutiquiers. Thiers lui interdisait ces promenades. Il le tenait enfermé dans le palais, dont la garde avait été doublée. Il réglementait ses sorties, modifiant les itinéraires. En décembre 1835, on eut la surprise de voir Louis-Philippe descendre de la « Saverne ». C'était une berline blindée qui avait été construite pour Bonaparte après l'attentat de la rue Saint-Nicaise. Elle était par surcroît peinte en jaune serin et faisait un bruit infernal. Thiers l'avait ressortie pour la circonstance, sans craindre le ridicule. Louis-Philippe se pliait aux exigences de Thiers pour rassurer la reine. Depuis l'attentat de Fieschi, la bonne Marie-Amélie avait perdu sa sérénité ; elle ne cessait de trembler pour son mari, pour ses fils. Elle voyait des assassins partout. Chaque sortie du roi était un calvaire pour elle.

LE ROI DES FRANÇAIS

L'année 1835 s'achevait. Louis-Philippe était las du triumvirat, mais principalement du duc de Broglie. Ce dernier ne voulait pas comprendre que Louis-Philippe, à la façon des rois ses aïeux, prétendait incarner la France, par là même être juge de ses intérêts, maître de ses orientations politiques. Il s'obstinait à le cantonner dans le rôle de roi-président. Leur désaccord s'aggrava à propos de l'alliance avec l'Angleterre. Louis-Philippe estimait, avec Talleyrand, que cette alliance avait fait son temps et qu'il convenait de se rapprocher des monarchies traditionnelles, notamment de l'Autriche. Au contraire, Broglie croyait indispensable de resserrer les liens avec l'Angleterre. Louis-Philippe passa outre et négocia directement avec Metternich, cependant que Talleyrand quittait son ambassade de Londres. Ce ne fut pourtant pas cet incident qui provoqua la chute de Broglie.

Le 14 janvier 1836, Humann, ministre des Finances, présentait à la Chambre le budget de 1837. Il déclara qu'il avait prévu une conversion de la rente. Or il avait oublié d'en informer Broglie et ses collègues. Ils protestèrent avec tant de véhémence que Humann démissionna. Le 18, le projet de conversion revint à l'examen. Broglie fut invité à préciser la position du gouvernement. Il répondit d'un ton cassant qu'il y était défavorable. Un député, nommé Gouin, déposa aussitôt un projet de conversion. Broglie en demanda l'ajournement. Motion rejetée par 194 voix contre 192. Gouin avait-il agi de son propre chef ? Était-ce une machination du roi, comme beaucoup le supposèrent ? Broglie ne chercha pas à savoir et démissionna.

X

ADOLPHE THIERS

Le choix de Louis-Philippe se porta sur Thiers. Il tablait malicieuse-ment sur sa souplesse, sa versatilité et son ambition. L'homme lui plaisait par sa pétulance et son enthousiasme quasi juvéniles, sans doute aussi par sa roublardise enveloppée de candeur. Cela le changeait du ton rogue et tranchant de Broglie et de Guizot, de leur suffisance parfois insupportable. Louis-Philippe, en chargeant Thiers de former le ministère, feignait d'abandonner le parti de la Résistance au profit du parti du Mouvement et par conséquent de donner un coup de barre à gauche. C'était de la poudre aux yeux! Il savait que Thiers ferait les mêmes choses que Broglie, avec moins de présomption, des formes plus douces, et surtout qu'il lui imposerait ses volontés.

Thiers était né à Marseille en 1797. Il avait donc trente-neuf ans, l'âge de la maturité. Son père était archiviste municipal et grand abatteur de bois. Il était marié, quand Mlle Amic, sa maîtresse en titre, lui donna le petit Adolphe. Devenu veuf, il régularisa et reconnut son fils. Boursier au lycée de Marseille, Adolphe fut un brillant élève. On l'envoya faire son droit à Aix-en-Provence, où il se lia d'amitié avec Mignet. Son diplôme en poche, il monta à Paris. Il avait pour viatique une lettre pour le député Manuel. En 1821, ce n'était pas une bien fameuse recommandation, mais il ne doutait pas de son avenir. Il commença par être secrétaire du duc de La Rochefoucauld-Liancourt, l'illustre philanthrope. Pendant cette période obscure de son existence, il s'affilia probablement au carbonarisme, ce qui était alors bien porté dans les milieux intellectuels. En fait, il cherchait sa voie. En attendant de la trouver et pour assurer la matérielle, il devint l'amant d'une femme riche, dont il épousera plus tard la fille. Bref, c'était une sorte de Rastignac, et l'on peut se demander s'il n'inspira pas Balzac. Son *Histoire de la Révolution* le rendit célèbre et le classa parmi les hommes de gauche. En même temps, il faisait sa cour à Talleyrand qui lui accorda son appui. Sous le ministère Polignac, il dirigea *Le National*. Son rôle fut décisif pendant les Trois Glorieuses. Il avait alors Laffitte pour ami. Il l'abandonna pour Casimir Périer. Il servit avec le même cœur sous la houlette du duc de Broglie. Ce fut sans hésiter qu'il accepta d'être premier ministre et même de sacrifier Guizot. Il n'était en fait ni de droite ni de gauche, n'ayant pour parti que lui-même. Le choix de Louis-Philippe comblait son ambition. Il se voyait le maître de la France et se sentait prêt à réaliser de grandes choses. Il n'apercevait point le piège que lui tendait le roi, étant de ces astronomes qui, regardant les étoiles, ne voient plus ce qui est à leurs pieds.

Le 22 février 1836, le ministère était formé. Hormis Montalivet, il ne comprenait que des inconnus. Thiers ne voulait pas de compétiteurs. Il annonçait glorieusement que son arrivée au pouvoir marquerait une ère nouvelle, qu'il restaurerait la paix sociale, remettrait de l'ordre dans toutes les parties du gouvernement, régénérerait la société et la monarchie. Sa faconde donnait à sourire. Elle divertissait Louis-Philippe qui savait que ce nouveau messie n'avait en réalité aucun programme. Tout en se réclamant de 89, le petit homme était devenu conservateur et monarchiste convaincu. Pour un peu, il se fût montré plus royaliste que le roi.

Sur le plan intérieur, sa politique se solda par un échec presque total. Il parvint à faire voter quelques lois importantes (par exemple, la loi sur les chemins vicinaux) et à obtenir l'autorisation de construire une voie ferrée entre Paris et Versailles. En matière de maintien de l'ordre, les résultats furent pitoyables, en dépit des engagements qu'il avait pris. Toutes les mesures s'avérèrent inopérantes pour empêcher les fanatiques de préparer leurs attentats contre le roi. Le 25 juin 1836, à six heures du soir, Louis-Philippe sortait des Tuileries. Un jeune homme se précipita, et tira à bout portant sur la voiture. Les balles effleurèrent la tête du roi. Sa femme et sa sœur étaient indemnes. Le criminel n'essaya pas de fuir. Il s'appelait Louis Alibaud. Il avait vingt-six ans. Quand on lui demanda pourquoi il avait commis cet attentat, il répondit qu'il était républicain. Condamné à mort, il refusa sa grâce et fut exécuté le 11 juillet.

Cinq jours avant cette exécution, Thiers recevait ce rapport de police : « Les ennemis du Roi ont de nouveau juré de l'assassiner ; des paris sont faits dans Paris que Sa Majesté Louis-Philippe ne passera pas la revue de juillet ; des élèves en droit surtout le disent hautement. On a inventé des boules à artifices. Ces boules ont l'avantage de ne jamais éclater dans la main de celui qui les dirige ; elles n'éclatent qu'en tombant et fracassent tout ce qu'elles rencontrent, de sorte que trois à quatre de ces boules lancées au même instant dans les jambes des chevaux et sous la voiture du Roi, voiture, hommes et chevaux, seraient fracassés, et il n'en faut qu'une pour tuer le Roi, si elle est lancée directement dans la voiture. »

Thiers s'affola et convainquit Louis-Philippe d'annuler la revue du 28 juillet. Cette décision fut insérée dans *Le Moniteur* et interprétée comme une reculade du pouvoir par les opposants. Commentaire de Mme de Maillé : « On a assuré qu'Alibaud a dit qu'ils étaient deux cents ayant fait le serment de la mort contre Louis-Philippe. Aussi, rien n'égale les terreurs de la famille d'Orléans. A peine le Roi ose-t-il se promener dans ses jardins. La Reine tressaille au moindre bruit ; le rideau agité par le vent leur fait croire à l'apparition d'un assassin ; une voix qui appelle leur semble crier au secours. C'est tout ce que l'on raconte des tyrans de la Grèce ; le même fait existe pour la même raison. Je l'ai dit ailleurs, un souverain placé au milieu d'une démocratie est en butte à toutes les attaques. Il est sans cesse menacé comme un seul arbre planté au milieu d'une plaine est le jouet de tous les vents. » Guizot prétendait qu'il suffisait d'imprimer la conviction que le succès même d'un attentat ne renverserait pas le régime, et que c'était là « le meilleur bouclier de la vie du Roi ». La reine aimait son mari. Elle ne goûtait guère le remède de Guizot. Elle ne comprenait pas que, donnant l'exemple des vertus domestiques, le roi fût un tel objet de haine. En attendant, le gouvernement français offrait à l'Europe le spectacle de son impuissance. Après six années, la monarchie de Juillet paraissait aussi menacée qu'aux premiers jours. Elle n'était acceptée que par une partie de l'opinion. Dès lors, Louis-Philippe ne pouvait être considéré comme le fondateur d'une dynastie. Ce n'était aux yeux des autres souverains qu'un roi de fortune, un simple gérant, ou, au yeux des plus indulgents, un trait d'union entre deux régimes.

L'Autriche lui en administra clairement la preuve. Thiers avait pris le contre-pied de Broglie en politique extérieure. Il s'éloigna de l'Angleterre pour se rapprocher de Vienne. Agissant de la sorte, il se conformait à son insu à la pensée de Louis-Philippe pour ne pas dire qu'il subissait sa volonté. Mais il suffisait de lui laisser croire que les idées étaient de son cru. Les souverains absolus snobaient le roi des Français. Certes, entraînés par l'Angleterre, ils s'étaient résignés à le reconnaître, mais en somme, à titre viager. Aucun d'eux n'admettait qu'avec lui commençât une nouvelle dynastie. Bref, on le considérait toujours comme un usurpateur et l'on suivait avec attention les initiatives de son gouvernement. On redoutait en effet le bellicisme des Français mal consolés de n'être plus les maîtres de l'Europe. Cependant le pacifisme de Louis-Philippe, sa fermeté à l'encontre de l'opposition républicaine amélioraient son image de marque. Thiers résolut de frapper un grand coup et de faire entrer les Orléans dans le cercle des rois européens. Pour atteindre ce but, il fallait que les fils de Louis-Philippe contractassent de brillants mariages. Thiers se souvenait que jadis une politique matrimoniale bien conduite avait, plus d'une fois, avantagé le royaume et accru l'influence de ses rois. Il se lança donc à corps perdu dans des négociations périlleuses pour sa réputation, et visa un peu trop haut. Ce diable de petit homme se dit que, pour conforter la position de Louis-Philippe, il fallait que le duc d'Orléans, prince royal, héritier présomptif du trône, épousât une archiduchesse. Bien qu'il eût écrit son *Histoire de la Révolution* et disserté sur le rôle néfaste de Marie-Antoinette, il oubliait que les Français avaient peu de goût pour les archiduchesses. L'attitude de l'impératrice Marie-Louise après l'abdication de Fontainebleau n'était pas de nature à modifier leur opinion. De plus, Thiers ne connaissait pas les Habsbourg et négligeait l'hostilité de Metternich. Cependant le choix d'une archiduchesse plaisait à la reine Marie-Amélie; et pour cause! Quant à Louis-Philippe, cette perspective lui convenait d'autant mieux qu'il avait d'ores et déjà chargé Saint-Aulaire, ambassadeur à Vienne, d'entamer des négociations secrètes. Mais, fidèle à ses habitudes, il laissait le premier ministre endosser les responsabilités. Thiers ne douta pas un instant qu'il réussirait à amadouer Metternich. Il tablait aussi sur le charme personnel du duc d'Orléans. Ce dernier entreprit donc un grand voyage matrimonial, dont les étapes principales furent Berlin et Vienne. Il était accompagné du duc de Nemours, son frère. Les deux princes étaient instruits, séduisants, et parfaitement élevés. Le roi Frédéric-Guillaume de Prusse leur réserva un accueil presque chaleureux. Partout, ils obtinrent un succès personnel et plus d'une princesse rêvèrent de les avoir pour époux. On ne pouvait oublier toutefois qu'ils étaient fils d'un usurpateur et petits-fils d'un régicide. A Vienne, l'accueil ne fut pas moins flatteur et le succès qu'ils remportèrent autorisa les meilleurs espoirs. On avait tant vitupéré sur Louis-Philippe que l'on était déconcerté en présence de ces princes dont la distinction, la courtoisie, l'attitude aisée attestaient l'origine royale. Il était convenu que le duc d'Orléans demanderait la main de l'archiduchesse Thérèse. Son père, l'archiduc Charles, se montrait favorable au projet. L'archiduchesse Thérèse était de petite taille et manquait de prestance, mais elle avait un visage agréable et de superbes cheveux bruns. Elle partageait les goûts de son père pour les idées libérales et la perspective d'habiter Paris ne l'effrayait pas. Le duc d'Orléans sut lui plaire. L'archiduchesse ne lui déplaisait pas, et puis il connaissait ses devoirs de prince héritier : ce mariage, s'il se réalisait, faciliterait l'alliance avec l'Autriche et par là rendrait à notre pays son importance dans les relations internationales. L'archiduc ne refusa pas la main de sa fille ; mais il subordonna sa réponse définitive à l'accord de l'empereur, chef de la Maison de Habsbourg. Or celui-ci était hostile au mariage et Metternich, maître tout-puissant de la politique autrichienne, n'en voulait à aucun prix. On couvrit les deux princes de louanges, d'ailleurs méritées. On laissa des espérances au duc d'Orléans, pour ne pas l'irriter par un refus brutal. Nanti de vagues promesses, Orléans prit congé et partit pour Milan, toujours flanqué de Nemours. Ce fut là qu'ils apprirent l'attentat manqué d'Alibaud (25 juin 1836). Metternich tenait le prétexte qui lui manquait.

— « Ma fille, déclara docilement l'archiduc Charles à notre ambassadeur, ne se sent pas la force d'affronter les dangers auxquels la famille royale reste malheureusement exposée. »

Metternich rejeta la responsabilité du refus sur la craintive archiduchesse. Il crut apaiser la colère de Louis-Philippe en lui écrivant une belle lettre : « Je me permets en mon nom particulier de vous féliciter, Sire, d'avoir un fils tel que Monseigneur le duc d'Orléans... Je ne sais pas flatter les grands de la terre ; c'est peut-être pour cela que j'ai su acquérir la confiance de ceux qui méprisent les flatteurs. » Les légitimistes exultaient. Ils disaient ironiquement que les Orléans étaient « reçus et non admis » ; que cette race de régicides était déchue de la famille des rois. C'était pour Thiers un échec cuisant, pour Louis-Philippe une humiliation. Il fallait absolument rompre ce blocus matrimonial, à peine de perdre la face.

Thiers était furieux contre Metternich. Il se mit en tête de lui donner une leçon. La guerre civile qui désolait l'Espagne lui en fournit l'occasion. Ferdinand VII, le triste sire stigmatisé par Chateaubriand, n'avait pour héritière qu'une fille, l'infante Isabelle. En 1830, il exhuma une vieille loi selon laquelle, à défaut d'héritier mâle, les femmes pouvaient régner sur l'Espagne. En 1833, à la mort de son père, l'infante Isabelle fut proclamée reine. Elle avait trois ans ; la régence fut assumée par sa mère, Christine. Don Carlos, frère du défunt roi, s'estima lésé ; il revendiqua le trône et rassembla de nombreux partisans : les carlistes. Ce fut une guerre sans merci. En 1834, Louis-Philippe avait refusé d'intervenir, malgré l'opposition de ses ministres, et les clameurs de l'opinion. En 1836, la situation de la régente Christine et de la reine Isabelle paraissait désespérée. Thiers s'enflamma pour elles et réclama l'intervention de la France :

— « On ne peut, déclarait-il au conseil des ministres, souffrir en Espagne le rétablissement du pouvoir absolu, et rien qui ressemble à une restauration sans ébranler le gouvernement né de juillet, et c'est à la France de protéger le gouvernement constitutionnel en Espagne. »

Don Carlos prétendait en effet rétablir l'absolutisme. Thiers s'en fût accommodé, mais il voulait faire pièce à Metternich, d'où son brusque revirement et son prurit de libéralisme. Louis-Philippe n'était pas dupe ; au surplus, il désirait la paix et ne tenait nullement à s'aliéner l'Autriche. Cependant, pour tâter le terrain, il autorisa la levée de 4 000 hommes. Thiers tenait enfin sa vengeance ! Il offrit le commandement de cette légion à Bugeaud, qui accepta.

L'Autriche protesta avec véhémence contre l'intervention française. Il n'était bruit que de guerre et les bellicistes encensaient le gouvernement. Ils ignoraient que Louis-Philippe rencontrait en secret les ambassadeurs étrangers et leur donnait tous apaisements. Il avait en effet une piètre opinion des Espagnols. Il se souvenait de Cadix, des fallacieuses promesses des Cortès, mais aussi de l'intervention française en 1823. Il se disait que les Espagnols n'étaient bons qu'à réclamer des hommes et des millions, sans aucune contrepartie. A supposer que l'envoi de la légion de Bugeaud créât une diversion opportune dans l'opinion, la situation budgétaire ne permettait pas une aventure aussi coûteuse. Thiers s'agitait et plastronnait. Le roi flattait sa manie. Tout à coup, il exigea le licenciement des volontaires. Furieux, Thiers offrit sa démission, qui fut acceptée. Son ministère avait duré six mois (février-août 1836).

La chute de Thiers fit moins de bruit que la disparition tragique du journaliste Armand Carrel. Rallié à la République, il ne cessait d'attaquer la monarchie de Juillet, non tellement dans son principe que dans ses méthodes. Il dénonçait l'embourgeoisement, la servilité des hommes au pouvoir, le retour progressif du régime à une pseudo-Restauration. Aristocrate de tempérament, les excès de la populace lui répugnaient. Il n'appelait ni aux manifestations de rues, ni à l'émeute, estimant qu'elles étaient nuisibles à la société et n'avaient pour résultat que de raffermir le pouvoir. Ses critiques, parfois virulentes, étaient empreintes de probité, d'honnêteté intellectuelle. Son journal (*Le National*) exerçait une influence redoutable, d'autant plus grande qu'il contrastait avec les libelles infâmes que l'on répandait. Armand Carrel ne calomniait pas ; il dénonçait les erreurs, dévoilait ce qu'il croyait être des vérités. Il avait une plume acérée, un courage égal à son talent. Chateaubriand l'admirait, bien qu'ils ne fussent pas du même bord. Le 1er juillet 1836, Émile de Girardin, époux de la célèbre et mièvre poétesse Delphine Gay, révolutionna la presse. Il lança un journal à gros tirage, dont l'abonnement coûtait la moitié du tarif alors pratiqué. Panique chez les journalistes ! Carrel était leur chef de file. Ils lui demandèrent de prendre position contre Girardin. Carrel écrivit un article condamnant non point l'initiative de Girardin, mais le caractère méprisant de ses attaques contre les autres journaux. Girardin répliqua en faisant allusion à l'hypothétique loyauté de son confrère. Polémique dont se divertit l'opinion. L'affaire aurait pu s'arranger à l'amiable, mais Girardin menaça de dévoiler la liaison de Carrel avec une femme mariée. Le duel était inévitable. Il eut lieu le 22 juillet dans le bois de Vincennes. Les deux adversaires furent touchés, mais Carrel mourut de sa blessure, après une agonie de deux jours. Sa mort eut un retentissement extraordinaire, fit oublier un instant les luttes politiques. Ses funérailles se déroulèrent pourtant dans le calme. Chateaubriand marchait auprès du père d'Armand Carrel. Il donnait le bras à Arago. Béranger suivait. Le divin vicomte avait été l'ami de Carrel. Ils avaient en commun la noblesse des sentiments, la générosité de cœur, le désintéressement. Chateaubriand visita sa sépulture à Saint-Mandé, paya même de ses deniers l'entretien de la tombe. Les *Mémoires d'outre-tombe* s'achèvent sur l'éloge de Carrel. Éloge mérité, car il laissait un vide que rien ne comblera. C'était une manière d'être, de penser, d'écrire qu'il emportait avec lui ; c'étaient aussi l'ardeur juvénile, l'enthousiasme, l'audace et le patriotisme d'une génération. Ne restaient qu'une haine aveugle, la cupidité et la ruse. Girardin, devenu industriel du journalisme, servira désormais de modèle. C'est ce que pressentait le vieil Enchanteur quand il traçait ces lignes : « Carrel, qui se souvient de vous ? Les médiocres et les poltrons que votre mort a délivrés de votre supériorité et de leur frayeur, et moi qui n'étais pas dans vos doctrines. Qui pense à vous ? Qui se souvient de vous ? Je vous félicite d'avoir d'un seul pas achevé un voyage dont le trajet prolongé devient si dégoûtant et si désert. »

Dans l'immédiat, la disparition de Carrel avantageait le gouvernement. Les hommes en place redoutaient ses articles. Cependant, quand viendront les heures critiques, les conseils, les avertissements de Carrel leur feront défaut. Car rien n'est plus utile à une majorité que le porte-parole de l'opposition, s'il est assez probe et sagace pour rester mesuré. Rien n'est plus constructif qu'une juste critique si elle est acceptée.

XI

LE MINISTÈRE MOLÉ

Le roi chargea le comte Molé de former le ministère. Le problème était pour celui-ci de s'assurer une majorité à la Chambre. Guizot, qui avait évolué vers le conservatisme, représentait les voix de droite ; il obtint le portefeuille de l'Instruction publique. Duchâtel devint ministre des Finances. Gasparin et Rémusat se partagèrent l'Intérieur dont le champ d'activités fut scindé. Molé n'avait pas lui-même d'opinions politiques tranchées. C'était dans toute l'acception du terme un modéré, et surtout un orléaniste inconditionnel. Il fut certainement le premier ministre que préféra Louis-Philippe. Il est même probable que cette formation serait demeurée longtemps au pouvoir si Guizot, mécontent de n'occuper que le second rang, ne s'était pas ligué avec Thiers et la gauche de l'Assemblée.

La personnalité de Molé mérite qu'on s'y arrête, car il fut en quelque sorte le prototype des orléanistes. Ce n'était pas un nouveau venu sur la scène politique et son pedigree ne pouvait que plaire à Louis-Philippe. Il appartenait en effet à une famille de hauts magistrats, dont plusieurs s'étaient illustrés au service de la Couronne. Édouard Molé (1558-1614), procureur général au Parlement de Paris pendant la Ligue, était resté fidèle à Henri III. Ce fut lui qui négocia la difficile abjuration d'Henri IV. Son fils, Matthieu Molé (1584-1656), devenu premier président du Parlement, joua pendant la Fronde un rôle modérateur, au péril de sa vie. Il négocia la paix de Rueil (1649) et devint garde des

Sceaux. Louis-Matthieu Molé (1781-1855) était digne de sa lignée. Son père, le président Molé de Champlâtreux, avait été guillotiné en 1794. Louis-Matthieu, polytechnicien et juriste, entra dans l'administration impériale avec l'appui de Fontanes. Successivement conseiller d'État, préfet, directeur des Ponts et Chaussées, il remplaça Massa comme ministre de la Justice. En 1815, il se rallia aux Bourbons ; Louis XVIII le nomma ministre de la Marine. Il passa ensuite à l'opposition et devint ministre des Affaires étrangères en 1830. Dans cette fonction, il proclama le principe de non-intervention cher à Louis-Philippe et obtint, par voie de conséquence, la reconnaissance du gouvernement de juillet par les chancelleries étrangères. On l'aura compris, Molé n'avait pas le virus politique ; il se rangeait simplement parmi les grands commis de l'État ; c'était ce qui plaisait à Louis-Philippe. Molé se préoccupait davantage des intérêts de la nation que de ceux d'un parti. L'homme était séduisant et fin, brillant causeur, laborieux quoique mondain. Il recevait superbement dans son château patrimonial de Champlâtreux, sans ostentation toutefois. Il n'avait point le ton tranchant de Guizot, ni l'avidité déguisée en faconde de Thiers. Il ne semblait pas ambitieux, car ses ancêtres avaient occupé de si hautes charges que celles-ci lui revenaient quasi de droit. Esprit universel et très conscient de sa valeur, plein d'expérience, mais discret, il avait l'art de n'irriter personne, tout en suivant sa ligne. Héritier des beaux esprits du XVIIIe siècle, son scepticisme aimable s'accordait à celui du roi. L'un et l'autre avaient beaucoup vu, beaucoup appris depuis la Révolution et n'avaient pas grande opinion des hommes. Le seul point faible de Molé était son manque de talent oratoire : la tribune de l'Assemblée lui enlevait une partie de ses moyens. Préférant les actes aux paroles, il dédaignait un peu l'opinion des députés. Homme lige du roi, il se croyait sûr de son appui.

Son gouvernement entra en fonctions le 6 septembre 1836. Thiers lui laissait un héritage difficile, tant à l'extérieur qu'à l'intérieur. Il avait fait une politique de droite, bien qu'il se dît « jacobin » : les temps modernes nous ont familiarisés avec cette pratique ! Après son éviction du gouvernement, il redevint « jacobin » et chef de file de la gauche. Guizot, effrayé par les émeutes et les attentats du parti républicain, avait fait la démarche contraire, mais il convoitait la place de Molé, en sorte qu'à la Chambre les votes de la droite étaient incertains. Entre ces deux extrêmes, la « Plaine » flottait, comme il est de règle. Les difficultés ne manquaient donc pas, et il fallait un certain courage pour se montrer néanmoins optimiste comme le faisait Molé.

Il se fixa pour premier objectif de calmer les passions. Sa première initiative fut de gracier les ministres de Charles X détenus au fort de Ham. Peyronnet, Chantelauze et Guernon-Ranville furent libérés. La peine de Polignac fut commuée en vingt ans de bannissement. L'opinion ne broncha pas. Sur ces entrefaites, Charles X mourut (le 6 novembre 1836, à Goritz, près de Trieste). Sa mort passa inaperçue,

sauf auprès des légitimistes, mais ils s'abstinrent de toute manifestation. Un usage immémorial voulait qu'en pareil cas, la Cour prît le
deuil. Molé demanda au roi quelles étaient ses intentions. Louis-
Philippe répondit : « Je n'entends pas la distinction entre la Cour et la
famille, surtout dans les miennes, car tout ce qui est cour chez moi, fera
nécessairement ce que fera ce qui est famille... Beaucoup de visiteurs,
encore imbus des anciens égards, s'écrieront en nous voyant en deuil :
"Le Roi est en deuil", et le lendemain, tous les journaux diront : "Le
Roi a pris le deuil pour Charles X". » La reine, « encore imbue des
anciens égards », eût volontiers pris le deuil, à titre privé, de celui
qu'elle considérait toujours, dans son for intérieur, comme le chef de la
Maison de Bourbon. Elle versa quelques larmes amères, car elle se
souvenait de la gentillesse du vieux roi, de sa bienveillance affectueuse
envers les Orléans. Mais Louis-Philippe savait que les carlistes eussent
raillé son hypocrisie et que l'opposition l'eût fustigé. Hormis dans
quelques feuilles légitimistes, la disparition de Charles X ne fut même
pas mentionnée. La branche aînée des Bourbons devenait obsolète.

Il en allait autrement de la descendance de Napoléon. Depuis la mort
du duc de Reichstadt (Napoléon II) le 22 juillet 1832, le prétendant
était le prince Louis-Napoléon Bonaparte. Il était fils de l'ancien roi de
Hollande et d'Hortense de Beauharnais. En 1831, il était revenu en
France avec sa mère qui portait le titre de duchesse de Saint-Leu.
Louis-Philippe, qui faisait alors feu de tout bois, lui avait offert la
pairie. Louis-Napoléon voulait davantage. Il était d'ailleurs entré en
contact avec les bonapartistes qui manifestèrent en sa faveur place
Vendôme. Il avait alors dû quitter Paris et s'était retiré à Arenenberg,
résidence habituelle de l'ex-reine Hortense. Il prenait son rôle de
prétendant très au sérieux, correspondait avec Talleyrand, La Fayette,
les généraux déçus par la monarchie de Juillet. Il essayait ainsi
d'étendre son influence. Il croyait que les bonapartistes et les républicains avaient des intérêts communs, ce qui était exact, à cela près que
les républicains voulaient se servir du nom de Napoléon. Toute une
littérature célébrait désormais la mémoire du grand homme. La publication du *Mémorial de Sainte-Hélène* avait ravivé les souvenirs, présenté
une image poignante de l'Empereur enchaîné sur son rocher, tel un
nouveau Prométhée. Balzac prêtait sa plume à un grognard de la Garde
pour raconter l'épopée du Petit Caporal. Victor Hugo, qui était reçu
aux Tuileries mais qui savait humer le vent, accordait sa lyre pour
chanter la gloire de l'Aigle et conforter la sienne. Bref, Napoléon
devenait une espèce de divinité ; il incarnait surtout les aspirations
belliqueuses des Français. Louis-Philippe ne contraria pas ce mouvement. Il fit même replacer en grande pompe la statue de l'idole au
sommet de la colonne Vendôme. Étrange destin que celui de cette
statue, descendue de sa colonne, remontée, abattue et réduite en pièces,
puis reconstituée, selon les fluctuations de la politique ! Louis-Philippe
ne se souciait nullement des prétentions de Louis-Napoléon

Bonaparte ; il le tenait même pour quantité négligeable. Cependant, en 1834, le prétendant avait eu des velléités de se rendre à Lyon et de se poser en médiateur. On ne sait quel accueil lui auraient réservé les canuts enragés de colère contre le gouvernement. Il était grand lecteur de manuels de stratégie, mais aussi d'ouvrages de philosophie politique. Il se tenait informé des événements de Paris et n'ignorait rien des difficultés de Louis-Philippe. Il se persuadait ainsi de l'impopularité du régime et croyait que les Français souhaitaient le retour d'un Bonaparte. En 1836, après la chute de Thiers, il crut opportun de se manifester. Il estimait que Molé ne pourrait se maintenir au pouvoir faute de majorité. Dès lors, il prépara fiévreusement un complot. Il faut dire qu'à la fois chimérique et méticuleux, il avait véritablement l'âme d'un conspirateur. Il jeta son dévolu sur l'Alsace et s'aboucha avec le colonel Vaudroy, commandant le 4e régiment d'artillerie : c'était dans ce corps que le lieutenant Bonaparte, frais émoulu de Brienne, avait fait ses débuts. Le 30 octobre 1836, à Strasbourg, Louis-Napoléon se présenta à la caserne du 4e et se fit acclamer d'autant plus facilement que le colonel était son complice. Il comptait soulever pareillement les autres régiments de la ville. Son plan était celui-ci : la garnison lui étant acquise, il se ferait reconnaître par la population : les Strasbourgeois détestaient Louis-Philippe. Fort d'une division soutenue par un corps d'artillerie, le prétendant marcherait sur Metz et sur Nancy. Maître des départements de l'Est, appuyé par 50 000 soldats, il foncerait sur la capitale. On a souvent traité ce plan d'enfantillage. Il n'était pourtant pas plus hasardeux que le Retour de l'île d'Elbe.

Voici donc Louis-Napoléon qui marche glorieusement vers la caserne du 46e d'infanterie. Il a endossé un uniforme de colonel d'artillerie et coiffé un bicorne de général, curieux mélange ! Par malheur, le cortège s'égare dans une rue étroite. Vaudroy perd la tête. Pendant ce temps, le général Voiron, gouverneur de la place, a réagi. La caserne du 46e reste fermée. Trois heures après, Louis-Napoléon et ses complices étaient sous les verrous. La dépêche du général Voiron, rendant compte de l'incident, parvint tardivement à Paris par suite du brouillard. Le gouvernement avait déjà appris que des troubles analogues, mais vite réprimés, s'étaient produits dans les casernes de Vendôme et de quelques autres villes. Un mot d'ordre avait donc circulé. En cette circonstance, Louis-Philippe manœuvra supérieurement. La loi lui permettait de déférer Louis-Napoléon devant la cour d'assises pour atteinte à la sûreté de l'État. Il estima plus adroit de le faire conduire à Lorient. Là, muni de 15 000 francs, Louis-Napoléon fut embarqué pour l'Amérique. En revanche, ses complices restèrent en prison. Ils comparurent, en janvier 1837, devant la cour d'assises de Strasbourg qui les acquitta. La joie des républicains fut au moins égale à celle des bonapartistes. Cependant Louis-Napoléon ne sortait pas grandi de cette aventure que le gouvernement feignait de ne prendre pas au sérieux.

Tout semblait tranquille à Paris, mais ce calme était aussi trompeur que l'eau dormante. On savait que les sociétés secrètes préparaient de nouveaux attentats. La police avait découvert une fabrique de poudre rue de Lourcine. Cette découverte lui permit de remonter la filière jusqu'à une société secrète, portant le nom anodin de Société des Familles. Elle comprenait plus d'un millier de membres, dont beaucoup appartenaient à l'armée. Son organisation rappelait celle des Ventes carbonariennes... C'était une Société des Droits de l'Homme radicalisée, et dont les doctrines se rapprochaient du communisme. Son but déclaré visait à exterminer Louis-Philippe et la camarilla des Tuileries, afin de régénérer la société. Elle répandait le culte de la Terreur, se réclamait de Robespierre et de Marat, et proposait en exemple le sacrifice d'Alibaud. Elle entretenait chez ses jeunes adeptes une émulation sinistre. La police notait la visite des « Alibouriens » au cimetière du Montparnasse, les réunions nocturnes autour de son tombeau, les déclamations vengeresses de Laure Grevelle toujours passionnée contre le roi. Alibaud était son nouveau dieu. La Société des Familles, où Blanqui tenait le premier rôle, supportait ces extravagances, parce qu'elles servaient indirectement la cause. En même temps la rumeur d'un projet d'attentat se répandait dans Paris. On répétait de bouche à oreille que Louis-Philippe ne passerait pas l'année. Ces contes bleus n'impressionnaient guère le roi, mais la famille royale vivait en transes continuelles. Le moindre bruit jetait l'alarme. La reine Marie-Amélie répétait que la couronne des Orléans ressemblait fort à une couronne d'épines.

Louis-Philippe avait horreur de la claustration, des mesures de sécurité, lesquelles se révélaient immanquablement sans efficacité. Il était homme de grand air, de contact. Il aimait voir et être vu et, surtout, il ne voulait pas être taxé de lâcheté. Le 28 octobre 1836, il inaugura l'obélisque de Louxor, offert à la France par le pacha Méhémet Ali, transporté à grands frais d'Égypte et installé place de la Concorde. La famille royale assista à la cérémonie. C'était la première fois qu'elle reparaissait en public depuis l'attentat de Fieschi. Le roi fut ovationné : on lui savait gré de son courage. Il ne se passa rien pendant deux mois. La reine était presque rassérénée. Mais, le 27 décembre, alors que Louis-Philippe et ses fils se rendaient à la Chambre pour l'ouverture de la session parlementaire, un homme se précipita sur leur voiture et tira un coup de pistolet. La balle brisa la vitre et rasa la poitrine du roi. L'homme fut arrêté. Il déclara se nommer Meunier, être âgé de vingt-six ans et avoir agi sur les ordres d'une société secrète. La cour d'assises le condamna à mort. La guillotine l'effraya. Au contraire d'Alibaud, il manifesta son repentir et implora sa grâce. Louis-Philippe commua sa peine en bannissement perpétuel et le fit conduire aux États-Unis. Peu de temps après, les policiers mirent la main sur une machine infernale qu'un nommé Champin était en train de terminer. Champin se pendit dans sa prison, pour ne pas parler.

Cette série d'attentats, Alibaud après Fieschi, Meunier après Alibaud, la découverte de la fabrique de poudre, celle de la machine de Champin, finissaient par créer un courant de sympathie envers Louis-Philippe et sa famille. Par ailleurs, la bourgeoisie avait lieu de se montrer satisfaite. Les affaires reprenaient. Le coût de la vie diminuait, ce qui modérait les récriminations ouvrières. Le budget était excédentaire, malgré les opérations d'Algérie. L'État entreprenait de grands travaux sans augmenter la pression fiscale. La rente se portait bien. Cette situation provoquait un regain d'enthousiasme pour le roi-citoyen. Le vent soufflait à l'optimisme. Cependant le petit Thiers, chef du « centre gauche », brûlait de revenir au gouvernement. Molé eut le tort de céder aux instances de Louis-Philippe en présentant ensemble un projet de loi répressive et un projet sur les dotations des princes royaux. L'effet produit à la Chambre fut déplorable et Dupin l'exploita au maximum. La loi répressive trouvait sa justification dans le complot militaire de Louis-Napoléon. Son dispositif principal visait à disjoindre les militaires et les civils inculpés d'atteinte à la sûreté de l'État ; elle renvoyait les militaires devant une cour martiale, ce qui était logique. Mais les ambitieux qui dominaient la Chambre se souciaient fort peu de la logique : ils voulaient perdre Molé. Le projet fut rejeté par 221 voix contre 209. Molé le retira, mais, sur les instances du roi et contrairement aux usages, ne démissionna pas. Bien plus, il présenta le projet sur les dotations princières, belle occasion pour la presse de dénoncer la cupidité de Louis-Philippe. Ce dernier pressentit, très secrètement, Guizot pour former le gouvernement. En même temps, il suggérait à Molé de remanier le ministère. Molé proposa d'offrir un portefeuille à Dupin. Le roi refusa catégoriquement, parce que Dupin avait torpillé le projet de dotation. Quant à Guizot, il ne proposait rien d'autre que l'éviction de Molé, son adversaire. Or Louis-Philippe préférait Molé à Guizot. Molé présenta un gouvernement susceptible de plaire à tous les partis, tant il était peu marqué. A part Montalivet qui revenait à l'Intérieur, les autres ministres n'étaient que des potiches, presque des inconnus. On pouvait faire fond sur leur docilité. Ainsi, après avoir été mis en minorité, Molé restait premier ministre. Il s'était débarrassé de Guizot. Jamais il n'avait eu autant d'autorité. C'était une situation paradoxale, mais qui s'explique par l'incohérence des formations politiques et par la rivalité de leurs chefs.

Le 18 avril 1837, Molé se présenta devant la Chambre. Il annonça tout bonnement le mariage du duc d'Orléans avec la princesse de Mecklembourg. Après cette heureuse nouvelle, on ne pouvait lui refuser la confiance !

XII

LE MARIAGE DU DUC D'ORLÉANS

Ce mariage, Molé voulut en faire un triomphe et un symbole. En effet, on pouvait espérer que le jeune couple aurait des enfants qui perpétueraient la dynastie des Orléans. Cet événement revêtait donc un caractère national. Après le cuisant échec des négociations matrimoniales avec l'Autriche, Thiers s'était mis à la recherche d'une autre princesse. Dans sa hâte de laver l'affront autrichien, il s'était adressé au roi de Prusse. Frédéric-Guillaume avait de la sympathie pour le duc d'Orléans. Il désigna la princesse Hélène de Mecklembourg-Schwerin. Pour l'héritier du trône de France ce n'était pas une liaison flatteuse, bien que la Maison de Mecklembourg fût l'une des plus anciennes et illustres d'Europe. En outre, la princesse Hélène était protestante. Mais quand on était fils de Louis-Philippe et petit-fils d'Égalité, on ne pouvait prétendre à une princesse royale, fût-elle idiote ou laide ! La reine Marie-Amélie, fervente catholique, s'offusquait d'avoir une bru de la religion réformée. Louis-Philippe n'avait pas de préoccupations théologiques et chargea Molé de négocier promptement le mariage. N'espérant pas mourir dans son lit (c'était son expression), il lui tardait de voir son fils aîné marié et père de famille. Molé fit diligence, obtint les dispenses du pape Grégoire XVI et la date du mariage fut fixée au 30 mai 1837.

Le 8 mai, Louis-Philippe avait fait un geste spectaculaire en amnistiant les condamnés politiques. A dire vrai, Molé et ses ministres étaient opposés à cette mesure qu'ils jugeaient excessive et imprudente. Elle impliquait en effet la libération de 300 condamnés et d'une centaine de bannis, individus pour la plupart dangereux, en tout cas férocement opposés au régime. Louis-Philippe ne tint pas compte de leur avis et signa l'ordonnance. Cet acte spontané lui paraissait susceptible d'apaiser les haines. C'était sa réponse aux adeptes du régicide et à ceux qui les manipulaient. Elle ne pouvait être interprétée comme une faiblesse et pour lui, c'était l'essentiel. Pour cette fois, l'opposition encensa la clémence royale : elle ne pouvait faire autrement. Quelques jours après, une autre ordonnance rouvrait au culte l'église Saint-Germain-l'Auxerrois saccagée en 1831 ; c'était un clin d'œil à l'intention des catholiques. On lui en sut gré. Bien qu'il n'y eût pas d'institut de sondage, on peut affirmer que sa cote de popularité remonta brusquement : à vrai dire, elle était aussi capricieuse et incompréhensible qu'à notre époque !

Le mariage du duc d'Orléans fut célébré à Fontainebleau avec une magnificence telle qu'elle rappelait les fastes de l'Ancien régime. Pour la circonstance, on avait exhumé l'étiquette immuablement pratiquée depuis Louis XIV. C'est la raison pour laquelle la rencontre entre les futurs époux eut lieu à Fontainebleau. De même, quand la princesse Hélène arriva à Melun, on la déshabilla pour la « franciser », c'est-à-dire pour l'habiller à la française : le piquant de l'affaire fut qu'il n'existait pas de différences entre la mode prussienne et celle de Paris, mais le rite exigeait ce changement de robe ! La princesse monta dans la première berline avec le duc de Broglie, Orléans et Nemours dans la seconde. Les convenances étaient sauves ! Pendant le parcours de Melun à Fontainebleau, le cortège fut copieusement ovationné, selon la tradition. Les futurs époux durent écouter les harangues des magistrats municipaux, pour lesquels c'était une journée historique. Il était huit heures quand ils arrivèrent au palais : on les attendait à quatre. Les présentations devaient avoir lieu dans le hall. Mais, quand la princesse Hélène gravit d'un pas rapide les marches du perron, Louis-Philippe oublia le protocole et se précipita avec toute sa famille.

— « Ma fille ! Ma chère fille ! », s'écria-t-il.

Et il la serra contre sa vaste poitrine. Cette embrassade émut l'assistance. Quelques crocodiles y furent de leur larme de circonstance. Il en était plus d'un qui se souvenaient de l'accueil de la duchesse de Berry par Louis XVIII. Par chance pour nous, la comtesse de Boigne figurait parmi les nombreux invités et n'en perdait pas une ! Son grand homme, je veux dire son ami Pasquier, venait d'être promu chancelier de France. Il aurait l'honneur de célébrer le mariage civil. La princesse Hélène lui fit grande impression :

« Je remarquai, dit-elle, la dignité et la grâce de son maintien, l'élégance de sa taille si flexible, que la marche de son premier passage déguisait complètement. Son visage était bien mieux de face que de profil, sa bouche s'embellissait en parlant ; la vivacité de son regard, lorsque le sourire l'animait, faisait oublier l'absence des cils. Elle n'a rien de l'Allemande. Sa taille souple, son col long et arqué, portant noblement une tête petite et arrondie, ses membres fins, ses mouvements calmes, doux, gracieux, pleins d'ensemble, un peu lents, semblables à ceux d'un cygne sur l'eau, rappellent bien plutôt le sang polonais ; il est évident que la race slave domine complètement en elle la race germanique. Mais ce qu'il faut surtout admirer, c'est son attitude et son incomparable maintien. Tendre avec le Roi et la Reine, amicale avec ses frères et sœurs, dignement gracieuse vis-à-vis du prince son époux, elle semblait déjà identifiée à sa famille d'un jour. Et ses façons, pleines d'obligeance et d'affabilité envers les personnes qui lui étaient présentées, montraient qu'elle avait deviné le rôle que la Providence lui assignait et le besoin, que tout ce qui tient à une nouvelle dynastie doit se faire, de plaire au public. Elle remarquait le luxe et les magnificences personnelles dont elle était entourée suffisamment pour témoigner sa reconnaissance aux soins qui les lui avaient préparés, comme en étant flattée, mais non point étonnée. Bien différente en cela de Marie-Louise, qui, toute fille des Césars qu'elle était, avait accueilli les splendeurs impériales des cadeaux de Napoléon avec une joie de parvenue... La Maison de Mecklembourg est accoutumée à donner des souveraines aux plus puissants trônes de l'Europe, et notre princesse ne l'avait pas oublié. »

Le mariage civil fut célébré le lendemain de l'arrivée de la princesse Hélène, dans la galerie Henri II du château. Il fut suivi du mariage protestant et du mariage catholique. Le soir, il y eut un grand dîner dans la salle Louis XIII suivi d'un spectacle. On nota que la princesse Hélène, désormais duchesse d'Orléans, avait reconnu et désigné par leur nom toutes les personnes qui lui avaient été présentées la veille : assurément elle était faite pour régner ! Le dimanche suivant, le jeune couple fit son Entrée à Paris. Le soleil brillait. Les marronniers des Tuileries étaient en fleurs ; les lilas embaumaient. La foule des anciens jours de la royauté saluait le cortège par des acclamations. On ne signala point de porteurs d'œillets rouges. L'heure était à la trêve, à l'euphorie. Leur inquiétante présence eût paru inconvenante. Les Français sont toujours friands de grands spectacles, ce qui est leur manière de rêver, de s'identifier pour un instant aux personnages historiques. Les festivités s'achevèrent par ce que Mme de Boigne appelle l'« inauguration de Versailles ». Rénové par l'architecte Fontaine, aux frais de Louis-Philippe, le palais des rois rouvrait ses portes. Il était fermé depuis les journées d'octobre 1789 ! Les invités de marque se rassemblèrent dans le Salon de l'Œil-de-Bœuf, autour de la famille royale. Des tables de vingt couverts avaient été dressées sur deux rangs dans la Galerie des Glaces et dans les salons adjacents. Toutes les célébrités de la politique, des arts, des lettres, de l'armée, avaient été conviées : quelque quatorze cents personnes, y compris les « médias » de service aiguisant leurs plumes ! La table royale se trouvait au milieu de la galerie et Louis-Philippe se trouvait assis sous un tableau dont le cartouche portait cette

inscription en lettres dorées : « Le roi gouverne par lui-même. »
Mme de Boigne nota soigneusement cette coïncidence qui, par bonheur, passa inaperçue des journalistes. Après le café, Louis-Philippe
convia ses hôtes à la visite du musée dédié « A toutes les gloires de la
France ». C'était un merveilleux cicérone. Le soleil se couchait. On
admira les jardins, la perspective du grand canal. Les jets d'eau
projetaient leurs gerbes étincelantes. On se croyait revenu au temps du
Roi-Soleil. La journée se termina par la représentation du *Misanthrope*
donnée par les Comédiens Français et par un ballet de l'Opéra. Le
palais ressuscité pour un soir brillait de mille feux. Louis-Philippe était
un parfait metteur en scène. Mais, à bien des égards, cette fête de
Versailles trahissait, à n'en pas douter, sa nostalgie de l'Ancien régime.
Elle était un hommage discret à celui qui avait construit ce palais, à
ceux qui l'avaient habité, à celui et à celle que Louis-Philippe avait
connus dans sa jeunesse : Louis XVI, Marie-Antoinette, le dauphin et
sa sœur, Mesdames Royales. Certes, il était roi des Français mais le
faste de l'ancienne Cour lui manquait. On ne sait ce qu'il pensait
réellement de ces bourgeois, de ces officiers de la Garde nationale qui
tenaient désormais la place de Saint-Simon et de ses pairs. Il vivait avec
son temps, affectait par nécessité d'être un roi-bourgeois, mais il portait
en lui les cendres encore chaudes d'un monde perdu. La Fronde avait
chassé Louis XIV de Paris. Louis-Philippe, bien qu'il eût à affronter
une Fronde quasi perpétuelle, n'osait habiter Versailles. Le musée qu'il
avait fait bâtir, n'était qu'un prétexte pour sauver le château qui avait
vu naître et croître la grandeur de la France. C'était aussi, sur le plan
politique, un moyen de rattacher la nouvelle dynastie à l'ancienne,
d'établir un lien de continuité. « Sire, s'était écrié Victor Hugo,
Louis XIV avait écrit un beau livre, vous venez de lui donner une belle
reliure ! » Un mot d'écrivain, et qui ne rendait compte que de l'apparence des choses. L'intelligence du « relieur » était autrement profonde
et complexe.

Ce mariage et ces fêtes avaient fait diversion, procuré un répit au
gouvernement. Cependant Molé ne s'illusionnait pas sur la durée de
son ministère. N'ayant pas de majorité réelle, il était à la merci de la
moindre collusion, du plus petit incident. Il prit les devants et convainquit Louis-Philippe de dissoudre la Chambre. Il croyait que de nouvelles élections permettraient de dégager une majorité plus consistante.
Il faisait fond sur la croissance économique, sur l'état des finances et sur
le regain de popularité dont bénéficiait le roi. C'était juger la situation
en gestionnaire, non pas en politique. Il eut néanmoins raison du
scepticisme de Louis-Philippe. Simultanément, et pour s'assurer au
moins la majorité à la Chambre haute, il obtint du roi la nomination de
54 pairs. La campagne électorale fut vive, mais dans l'ensemble
décevante pour les chefs de partis : la personnalité des candidats y eut
plus de poids que les consignes de vote. Les élections eurent lieu le
4 novembre 1837. Les nouveaux députés étaient 152. Il était difficile de

savoir sous quelle bannière ils se rangeraient. Apparemment ils semblaient appartenir à la majorité, mais celle-ci se divisait en plusieurs tendances qui l'affaiblissaient dangereusement. Finalement, la Chambre, qui comptait 459 députés, se décomposait comme suit : 19 radicaux, 56 gauche dynastique, 142 centre gauche, 163 centre ministériel, 64 centre droit et doctrinaires, 15 légitimistes. Situation confuse et aléatoire, car le cloisonnement entre les partis était perméable ! « Cette Chambre, écrivait un député, est dans un état d'éparpillement dont on peut s'affliger et s'inquiéter. Aucune opinion ne la rallie, aucun nom propre n'agit sur elle, hormis en méfiance. Chacun vote et parle à sa fantaisie, sans nulle déférence pour qui que ce soit, ni quoi que ce soit. On ne veut ni de M. Thiers ni de M. Guizot ; M. Dupin est devenu odieux à presque tous ; il n'est pas question de M. Barrot ; mais M. Molé, quoiqu'il convienne autant qu'il est possible, n'aura, pour chaque question, qu'une majorité nécessaire, sans dévouement, sans tenue. » Pénétrante analyse, et qui donne de l'opinion française une image qui nous est hélas ! familière. Les centres droits, anciens doctrinaires, étaient peu nombreux, mais la personnalité de leur chef, Guizot, leur donnait une grande influence. Le centre ministériel, un tiers parti, avait pour chef Dupin, président de la Chambre ; il représentait le Juste Milieu cher à Louis-Philippe et disposait du *Journal des Débats* des frères Bertin et de *La Presse* dirigé par Émile de Girardin, journal à gros tirage. Le centre gauche obéissait à Adolphe Thiers et s'appuyait sur *Le Constitutionnel*. La gauche appelée « dynastique » suivait Laffitte et surtout Odilon Barrot, considéré dès lors comme chef de l'opposition. Le journal *Le Siècle* diffusait ses idées. Les radicaux voulaient une république, mais divergeaient sur sa nature. Leur porte-parole était Garnier-Pagès, en l'absence de Cavaignac, Marrast et Cabet toujours exilés en Angleterre. Ils avaient pour journal *Le National*, qui s'était maintenu, non sans d'extrêmes difficultés par suite des lois de 1835 sur la presse. Quant aux légitimistes, malgré *La Quotidienne* et *La Gazette de France*, et le talent d'orateur de Berryer, ils ne comptaient guère : l'équipée de la duchesse de Berry avait ruiné leurs espoirs et singulièrement réduit leur électorat. Ainsi, aucun des partis ne parvenait à prédominer, en dépit d'orateurs souvent talentueux, voire brillants, et d'une presse à leur dévotion. Cet éparpillement traduisait l'ambition forcenée et égoïste de certains hommes. La France était au centre : c'est là une de ses constantes ; elle repoussait également les extrémistes de gauche et de droite, et cela n'a guère changé. En définitive, la Chambre n'était rien et son premier ministre ne représentait en réalité que la volonté de Louis-Philippe. De plus, il était à craindre que Thiers se rapprochât de Barrot, gangrenât Dupin dont la loyauté n'était pas la qualité majeure. Parviendrait-il à convaincre Guizot, le plus constant de ses adversaires ? Le mérite de Molé fut d'aller de l'avant, de paraître ignorer la menace qui pesait sur lui. Il expédiait les affaires courantes, se contentait de gérer supérieurement la France (la rente était à

119 francs!), évitait de proposer des réformes susceptibles d'agiter les passions. On guettait le moindre de ses faux pas. Pour accepter une situation aussi inconfortable, il fallait avoir envie de servir! Il fallait aussi avoir des nerfs d'acier. Molé, ne prenant conseil que de sa conscience, restait imperturbable.

Les mois passèrent ainsi, jalonnés d'événements soigneusement montés en épingle: la prise de Constantine en octobre 1837; la naissance, en 1838, de Philippe, comte de Paris, fils aîné du duc et de la duchesse d'Orléans; à la fin de la même année, le bombardement de Saint-Jean d'Ulloa et la prise de Vera Cruz, assurant l'indépendance du Mexique. Le duc de Nemours s'était vaillamment conduit à la prise de Constantine. Les journaux à la solde du gouvernement, l'imagerie populaire le firent savoir. Il en fut de même des exploits du prince de Joinville à Vera Cruz. Le roi n'épargnait pas ses fils. Il voulait que les Orléans fussent au premier rang. La naissance du comte de Paris fut pareillement célébrée: cet enfant représentait désormais l'avenir de la dynastie; au berceau, il commençait lui aussi à servir la propagande des orléanistes. Il ne fut pas jusqu'à la mort du vieux Talleyrand qui ne donnât lieu à des manifestations officielles. Louis-Philippe, insigne honneur, lui avait rendu visite pendant sa dernière maladie. Il oubliait que, pendant les fêtes du mariage du duc d'Orléans, le vieux diable avait déclaré à Joinville redoutant un attentat:

« Ce ne sera ni le couteau ni le pistolet, mais une pluie de pavés qui vous écrasera tous! » A l'article de la mort, il avait voulu mourir en gentilhomme et en chrétien; et l'évêque apostat s'était réconcilié avec la religion. « J'ignore, écrit Guizot, quelle fut, à l'heure suprême et dans le frémissement solitaire de l'âme près de se séparer du monde, la disposition religieuse de M. de Talleyrand; la mort a des coups d'autorité bien inattendus. » Ce qui signifie que le roide calviniste doutait de la sincérité du défunt. Quoi qu'il en soit, ses funérailles suscitèrent d'« admirables » discours dont l'hypocrisie était la Muse.

Au printemps de 1838, la coalition contre Molé aiguisait ses armes. Guizot avait fini par céder, c'est-à-dire par trahir. Les promesses de Thiers avaient eu raison de ses répugnances. Il écrira dans ses *Mémoires*: « La personnalité est habile à se glisser au sein du patriotisme le plus sincère; et je n'affirmerai pas que le souvenir de ma rupture avec M. Molé en 1837 et le secret désir de prendre une revanche personnelle, tout en soutenant une bonne cause générale, aient été sans influence sur mon adhésion à la coalition de 1839 et sur l'ardeur que j'y ai portée. » C'est plus qu'un aveu, c'est le portrait d'un caractère! Une première bataille s'engagea en mars sur l'octroi des fonds secrets. Guizot estima l'affaire mal engagée. Son parti vota avec la majorité. Ce n'était que partie remise, et pour le premier ministre un nouveau sursis. Dès l'ouverture de la session, le 7 décembre 1838, il comprit que la partie était perdue. Ayant évincé Guizot de son gouvernement, il ne pouvait espérer le détacher de la coalition. En outre, ne voulant pas de lui comme ministre, il n'avait strictement rien à lui offrir. Louis-Philippe, selon son habitude, semblait se désintéresser d'une crise que tout annonçait. Il restait en dehors des débats. Molé était vraiment seul en face de l'Assemblée. Le 9 janvier 1839, commença la discussion de l'Adresse (en réponse au discours du roi). La coalition se déchaîna, chacun des partis déléguant un de ses ténors à la tribune. Quels reproches pouvaient-ils faire à Molé, sinon d'être lui-même ? La paix et l'ordre régnaient, les affaires allaient bien. On railla la pusillanimité de sa politique extérieure, parce que nos troupes avaient quitté Ancône : mais les Autrichiens avaient eux-mêmes quitté Bologne, et cette double évacuation résultait d'un traité en bonne et due forme. N'importe ! On l'accusa de complaisance envers l'Autriche, puissance réactionnaire. On fustigea sa servilité et celle de ses ministres envers Louis-Philippe et l'on insinua qu'il encourageait les progrès du pouvoir personnel. Qui veut noyer son chien l'accuse de la rage ! Molé fit front, car on outrageait son honneur. Il eut même l'habileté de disjoindre les paragraphes de l'Adresse et de faire voter sur chacun d'eux, ce qui mettait la coalition dans l'embarras. D'ailleurs, un revirement s'opérait progressivement dans l'Assemblée et dans l'opinion. La collusion de Thiers et de Guizot avec les extrêmes, dans le seul objectif d'abattre Molé, paraissait monstrueuse et « impie ». Les Parisiens commençaient à se dire que les députés étaient des fauteurs de troubles. L'Adresse fut finalement votée par 221 voix contre 208, grâce à l'intervention inattendue d'un débutant qui s'appelait Alphonse de Lamartine !

Peu satisfait de cette victoire quasi due au hasard, et appréhendant l'avenir, Molé offrit sa démission au roi, qui la refusa. Ils convinrent de dissoudre à nouveau la Chambre, croyant ainsi mettre fin à la coalition. Pour sa part, Louis-Philippe n'avait guère apprécié les allusions de certains orateurs aux progrès du pouvoir personnel. Il se sentait visé à travers son premier ministre, et l'était en effet. La discussion de l'Adresse n'était qu'une des phases du conflit sur les pouvoirs du roi, les uns soutenant qu'il devait régner et non gouverner, les autres qu'il devait régner et gouverner.

Contrairement aux pronostics, la coalition survécut à la dissolution. Elle domina la campagne électorale. Molé y fut présenté comme l'émule de Polignac. Le gouvernement perdit une trentaine de sièges. Le 8 mars, Molé renouvela sa démission, qui fut acceptée. Louis-Philippe chargea le maréchal Soult de former un gouvernement avec l'indésirable Thiers.

On ignore ce que la duchesse d'Orléans pensait de sa nouvelle patrie. Elle était assez intelligente pour comprendre que la destinée de son fils était moins assurée que ne l'affirmait la bonne reine Marie-Amélie. Le duc d'Orléans n'était pas toujours d'accord avec le roi, son père. Le cygne du Mecklembourg voguait sur des eaux agitées.

XIII

L'ÉMEUTE DES SAISONS

La Chambre de 1839 était aussi hétérogène que la précédente. Aucun des chefs de parti ne se trouvait assez fort pour imposer un gouvernement. Le groupe de Guizot s'était amenuisé. Thiers ne pouvait s'allier avec lui, à peine de renoncer à ses ambitions. Odilon Barrot acceptait de l'aider, contre dédommagement : il voulait présider la Chambre. Thiers ne parvint pas à le faire élire. Flegmatique, Louis-Philippe regardait la coalition se désagréger. Il ne se hâtait pas d'intervenir. Il refusait même d'arbitrer le conflit entre les compétiteurs qui le pressaient de choisir. Puisqu'on ne voulait pas de pouvoir personnel, il était logique d'attendre que ceux qui avaient provoqué la crise la dénouassent. Ils en étaient bien incapables, car ils se défiaient les uns des autres. Le brave Soult échoua à constituer un ministère. Broglie ne réussit pas mieux. La session parlementaire allait s'ouvrir. Louis-Philippe nomma un gouvernement provisoire, sans président, pour expédier les affaires courantes. Il avait cependant demandé à Soult de reprendre ses consultations. A force de tirer sur la ficelle, elle cassa.

Barbès et Blanqui avaient bénéficié de l'amnistie de 1837. Depuis lors, ils n'avaient pas perdu leur temps. Avec les débris de la Société des Familles, ils avaient créé la Société des Saisons. L'expérience leur montrait qu'il fallait se méfier des étudiants et des militaires. Leur effort de recrutement s'était porté sur les ouvriers. L'organisation de la nouvelle société répondait aux mêmes critères que la Société des

Familles et s'enveloppait du même secret. Chaque cellule constituait une semaine commandée par un « dimanche ». Quatre semaines formaient un mois placé sous les ordres d'un « juillet »; trois mois obéissaient à un « printemps ». Cette hiérarchie poétique dissimulait une intention précise: non point seulement de renverser le gouvernement de Louis-Philippe, mais de promouvoir une révolution sociale. Barbès et Blanqui, auxquels s'adjoignit bientôt Martin Bernard, ouvrier typographe, disposaient d'environ 15 000 recrues. Ils attendaient une occasion favorable. Le plan des opérations avait été minutieusement étudié. La date du coup de force, fixée au 5 mai 1839, fut reportée au 12 mai. Ce jour-là, il y avait des courses au Champ-de-Mars et, surtout, des régiments avaient quitté leurs casernes pour une nouvelle affectation. Les émeutiers se rassemblèrent rue Saint-Martin, vers deux heures et demie. Les armureries furent rapidement pillées. Blanqui et son groupe s'emparèrent du palais de Justice. Puis ils rejoignirent les colonnes de Barbès et de Bernard. L'Hôtel de Ville fut rapidement enlevé. Barbès se mit au balcon et lut une proclamation que Babeuf n'eût point désavouée. Cependant les gardes nationaux, les gardes municipaux, les troupes disponibles se rassemblaient. Une fois de plus le dispositif anti-émeute entrait en action. Le palais de Justice et l'Hôtel de Ville furent repris en moins d'une heure. Les insurgés se replièrent dans le quartier Saint-Denis. Toute résistance cessa dans la soirée. Il y avait trois cents morts et blessés dans les rangs des insurgés; cent cinquante dans les forces de l'ordre. La lutte avait été violente, mais si brève que la plupart des Parisiens, attablés aux terrasses des cafés ou se promenant sur les boulevards, ne l'apprirent que le lendemain. Barbès, blessé à la tête, avait été arrêté. Il fut condamné à mort. L'intelligentsia, Victor Hugo en tête, intervint en sa faveur. Louis-Philippe commua la peine en travaux forcés à perpétuité; puis en détention. Peu de jours après, ce fut le tour de Bernard, qui subit la même sentence. Blanqui ne fut arrêté qu'en octobre. Il fut pareillement condamné à mort et gracié. Les trois chefs des « Saisons » furent conduits au Mont-Saint-Michel.

L'émeute du 12 mai avait eu une conséquence inattendue. Alors que les troupes enlevaient les barricades de la rue Saint-Denis, Soult parvenait à constituer un ministère... sous l'effet de la peur et sous le contrôle du roi. Thiers et Guizot en furent écartés. Toutefois, l'ambassade de Londres fut donnée au second. Le petit homme se consola en postulant la présidence de la Chambre. Il fut battu et consacra sa « traversée du désert » à rédiger son *Histoire du Consulat et de l'Empire*. Le roi restait maître du jeu, avec un ministère de façade en face d'une coalition désarticulée. Thiers comprit la leçon. Il passa par les fourches caudines et fit ses offres de service à Louis-Philippe. Elle ne furent pas repoussées et cette attitude du roi demeure une énigme. Il s'était débarrassé élégamment de Guizot. Croyait-il pouvoir manipuler aisément le petit homme? Il y eut, à coup sûr, des entretiens qui n'ont pas laissé de traces. Thiers, dévoré d'ambition, était prêt à toutes les concessions. Soult n'était pas de taille à lui résister. Sur ces entrefaites, les fiançailles du duc de Nemours avec une princesse de Saxe-Cobourg-Gotha furent décidées. Soult déposa un projet de loi lui allouant une dotation annuelle de 500 000 francs. Thiers saisit l'occasion. Le projet fut rejeté. Soult démissionna et, le 1er mars 1840, Thiers était appelé au gouvernement.

S'il se rédima au cours de sa longue carrière politique, ce second ministère donne une piètre idée de sa personne. L'arrivisme poussé à ce point déconcerte. Rien ne l'arrêtait pour satisfaire ses appétits. Il est vrai que ses « femmes » le poussaient dans cette voie : son ex-maîtresse Sophie Dosne (Eurydice pour l'état civil, mais elle avait changé son prénom), Élise, la fille de celle-ci, qu'il avait épousée bien qu'il fût son aîné de vingt ans, et la sœur d'Élise, Félicie Dosne. Dans son bel hôtel de la rue Saint-Georges, il était comme un coq en pâte. Ses trois Égéries travaillaient à sa gloire et défendaient sa réputation. Mme Thiers voulait être duchesse ; elle n'était pas reçue par le Faubourg Saint-Germain : une erreur de plus des légitimistes ! Quant au petit homme, il aimait le pouvoir pour le pouvoir et modelait ses opinions en conséquence. Grisé par ses nouvelles fonctions, il s'imaginait qu'il dominerait Louis-Philippe, parce qu'il avait renversé Molé et, par la suite, rendu tout gouvernement impossible, hormis le sien. C'était un grossier contresens, car non seulement le roi ne sortait pas vaincu de cette crise, mais, sous des apparences fallacieuses, restait le maître occulte. Thiers se flattait de le réduire à régner ; il oubliait un détail : en dix ans, le roi-citoyen avait usé seize ministères et, pendant deux ans, il avait réussi le tour de force d'imposer un premier ministre qui n'avait pas l'agrément de la Chambre, mais était son homme lige ! Les résultats des dernières élections montraient que les idéologies avaient infiniment moins de poids que les intérêts personnels : le parlementarisme n'avait pas progressé d'un pouce.

Thiers s'était réservé les Affaires étrangères. Hormis Rémusat qui s'était vu confier l'Intérieur, les autres ministres manquaient de personnalité. Le petit homme ne voulait pas être gêné. S'appuyant sur la gauche, il obtint une majorité de 246 voix contre 160. Un de ses premiers actes fut d'étendre l'amnistie de 1837. Ses amis le pressaient d'étendre aussi le droit de suffrage et de prononcer l'incompatibilité entre le mandat de député et le fonctionnariat. C'étaient là les deux revendications essentielles de l'opposition. Devenu premier ministre, Thiers y était opposé. Il crut s'en tirer en distribuant ses faveurs à droite comme à gauche, surtout à gauche. Il se répandait en bonnes paroles. Selon lui, ces deux réformes étaient prématurées. L'extension de l'électorat risquait de modifier l'échiquier politique, et Thiers voulait rester premier ministre. L'incompatibilité entre le fonctionnariat et le mandat de député eût provoqué l'éviction de 150 élus : or ces députés-fonctionnaires étaient gouvernementaux par obligation, donc faciles à manipuler. Thiers n'eut pas grand mal à convaincre ses amis de remettre à plus tard le projet de réforme : ils redoutaient eux-mêmes de n'être pas réélus ! Il lui fallut pourtant céder sur la réforme parlementaire, mais il s'arrangea pour torpiller le projet. Le pot aux roses fut découvert. Malgré sa faconde et son astuce, le petit homme se trouvait dans une posture fâcheuse. Il s'en tira par ce qu'il croyait être une idée de génie et, d'un coup, rétablit sa popularité. Il proposa de ramener de Sainte-Hélène les cendres de l'Empereur. Louis-Philippe acquiesça, malgré les réticences de sa « bonne reine » ; il croyait sans doute annexer la légende napoléonienne, attirer à lui les bonapartistes et les dissocier des républicains. L'opinion se passionna. Le Retour des cendres effacerait la honte de 1815, clamaient les journalistes en mal de nouveautés. L'Aigle plana dès lors sur l'Assemblée, dont les joutes oratoires et les palinodies perdaient tout intérêt : des disputes de pygmées ! Thiers était au sommet de sa gloire, bien que les caricaturistes le représentassent en Petit Caporal, les lunettes sous le bicorne et la main dans l'échancrure du gilet ! Guizot, ambassadeur à Londres, fut chargé d'obtenir les autorisations nécessaires. Palmerston dirigeait alors la politique anglaise. La démarche de Guizot le surprit. « Voilà une démarche bien française ! » déclara-t-il. Cependant il donna rapidement son accord. L'Angleterre n'avait aucune raison de garder la dépouille du « général Bonaparte » à Sainte-Hélène. En la restituant aux Français, elle se créditait d'un beau geste. Il fut décidé que les cendres de l'Empereur seraient ramenées en France par la frégate « La Belle Poule », placée sous le commandement du prince de Joinville. Rémusat demanda un crédit exceptionnel d'un million. La Chambre vota le crédit par acclamations. Elle ne pouvait faire moins, à peine de se déconsidérer. Journalistes, poètes, historiens rivalisèrent alors de zèle. Le *Mémorial de Sainte-Hélène* redevint à la mode. Les fabricants de statuettes prospérèrent. Quelques bons esprits ne partageaient pas l'engouement général ; ils n'oubliaient pas que le bonapartisme formait un parti sans doute informel, mais plus enraciné qu'on ne voulait le croire. Molé était de ceux-là.

La gauche revint à l'attaque. Laffitte et Dupont de l'Eure proposèrent d'étendre le droit de suffrage aux membres de la Garde nationale sans conditions de cens. C'était une mesure équitable et habile. Ses protagonistes n'en voyaient point clairement les conséquences ; ils ne voulaient qu'embarrasser le premier ministre. Accorder le droit de vote aux gardes nationaux, c'était élargir l'assise du régime, doter le pouvoir d'un bouclier solide. Arago défendit le projet, prononça un véritable discours-programme d'une rare sagacité.

— « On a parlé de capacité, déclara-t-il ; on a dit que les citoyens pour lesquels on demande le droit de suffrage n'ont pas la capacité suffisante. La capacité qu'un électeur doit posséder, c'est celle de distinguer l'honnête homme du malhonnête, de distinguer l'ambitieux de celui qui ne l'est pas. Les électeurs qui nommèrent la Convention n'en avaient pas d'autre. La question n'est pas de celles que l'on puisse toujours ajourner ; les pétitions d'aujourd'hui portent plus de 240 000 signatures ; l'année prochaine, les pétitionnaires seront un million. C'est qu'il y a dans le pays une classe qui souffre de la misère ; il faut organiser le travail, modifier les règlements de l'industrie et notamment réglementer le travail des enfants. Les ouvriers écoutent des empiriques audacieux. »

Ce discours empreint de sagesse ne fut pas entendu. Arago avait le tort d'être partisan de la république. On l'avait vu trop souvent « dans la rue ». Son rappel de la Convention était fâcheux, moins cependant que ses allusions à la misère des ouvriers et au travail des enfants. Les problèmes qu'il avait évoqués donnaient mauvaise conscience à ces députés-bourgeois mandatés par la bourgeoisie. Et surtout, il tenait un langage « révolutionnaire » ! Thiers se dressa sur ses ergots et répliqua :

— « La souveraineté nationale, je n'en connais pas d'autre que celle du Roi et des deux Chambres ! Quiconque, à la porte de cette Assemblée, dit : "J'ai un droit", ment ; il n'y a de droits que ceux que la loi a reconnus. Je tiens pour très dangereux les hommes qui persuaderaient à ce peuple que ce n'est pas en travaillant mais en se donnant certaines institutions qu'il sera meilleur et plus heureux. Dites au peuple qu'en changeant les institutions politiques il aura le bien-être, vous le rendrez anarchiste et pas autre chose !... »

C'était la classe possédante tout entière qui s'exprimait par sa bouche. Il lui fut aisé de renvoyer l'examen du projet à la session suivante. C'est ici l'erreur capitale de la monarchie de Juillet, le germe de la Révolution de 1848. Ni Thiers, ni Louis-Philippe ne comprirent cela. Ils étaient obsédés par la question du pouvoir personnel, l'un cherchant à l'accroître, l'autre à le restreindre.

La session parlementaire s'acheva le 15 juillet 1840. Jamais le petit homme ne s'était senti aussi fort. Mais la Roche Tarpéienne est proche du Capitole, il aurait dû s'en souvenir ! Il aurait dû aussi se défier de ce monarque qu'il prétendait dominer. La chance servit Louis-Philippe. La question d'Orient restait en suspens. On se souvient que le pacha d'Égypte, Méhémet Ali, notre allié, avait écrasé l'armée turque à Konieh en 1832 et mis la main sur la Syrie. L'année suivante, le tsar Nicolas Ier s'était engagé à protéger l'Empire ottoman par le traité d'Unkiar-Skelessi. Fort de cet appui et ayant reconstitué l'armée turque, le sultan Mahmoud rouvrit les hostilités, se fit battre à Nezib (24 juin 1839) et mourut de chagrin. Il laissait le trône à Abdul-Medjik, âgé de seize ans. Pour empêcher le dépeçage de l'Empire ottoman, l'Autriche, l'Angleterre, la Prusse, la Russie et la France s'engagèrent à liquider la question d'Orient. C'était une initiative de Metternich qui redoutait la convoitise du tsar. Le protocole, signé à Vienne le 27 juillet 1839, ne précisait pas si l'Égypte et la Syrie étaient incluses dans l'Empire turc ou d'ores et déjà indépendantes. En outre, la position française était en porte à faux, puisque Méhémet Ali bénéficiait de notre soutien. Le tsar, qui méprisait Louis-Philippe, exploita cette ambiguïté auprès de Palmerston, francophobe notoire. En supposant que Méhémet Ali s'emparât de Constantinople, la France, qui possédait déjà l'Algérie, eût contrôlé la Méditerranée. Cela, l'Angleterre ne pouvait le tolérer. Palmerston amusa Guizot de belles paroles et poursuivit ses négociations. Le 15 juillet 1840, l'Angleterre, l'Autriche, la Prusse et la Russie signèrent une convention par laquelle ces quatre puissances garantissaient l'intégrité de l'Empire ottoman et limitaient les possessions de Méhémet Ali à l'Égypte (à titre héréditaire) et à la Syrie (à titre viager). Méhémet Ali était mis en demeure d'accepter ces conditions dans un délai de dix jours. En cas de refus, il perdrait la Syrie et l'Égypte. Palmerston notifia cette convention à Guizot, en exprimant ses regrets de n'avoir pu consulter la France en raison de l'urgence. Il formait au surplus le vœu que Louis-Philippe s'associât à la décision des quatre puissances.

A Paris, la nouvelle fit l'effet d'une bombe. L'indignation fut générale et l'esprit revanchard se réveilla. Les journalistes aboyèrent, fustigèrent la trahison de la perfide Albion, réclamèrent qu'on lui déclarât la guerre. Laisserait-on écraser par la flotte anglaise notre allié Méhémet Ali, ce « nouvel Alexandre le Grand » ? La France n'accepterait pas ce déshonneur. Elle vengerait enfin 1815 !... Louis-Philippe éleva une protestation symbolique auprès des ambassadeurs des quatre puissances. Il avait ressenti l'affront de Palmerston, mais il gardait la tête froide et n'éprouvait aucune envie de provoquer une conflagration générale pour soutenir Méhémet Ali. Très précisément il ne voulait pas renouveler le désastre de 1815, sachant la France incapable de résister à une coalition. Il décelait en outre la perfidie du tsar qui ne craignait rien tant qu'une alliance entre la France et l'Angleterre. Il va sans dire que Thiers prêchait la guerre et tenait des propos inacceptables de la part d'un ministre des Affaires étrangères. Ses déclamations cocardières augmentaient sa popularité et nuisaient à la réputation de Louis-Philippe dont on condamnait la mollesse. Double profit pour le petit homme !

Pendant ce temps, une escadre anglaise bombardait Beyrouth. Méhémet Ali accepta le Convention des Quatre Puissances. Le jeune sultan exigea davantage : la dépossession totale du pacha rebelle. La France ne pouvait abandonner entièrement ce dernier, à moins de perdre la face et d'être ravalée au rang de puissance secondaire. Thiers arracha à Louis-Philippe l'autorisation de porter les effectifs de l'armée à 500 000 hommes. Le budget de 1840 accusa un déficit de 138 millions. Thiers n'en avait cure ; c'était un médiocre financier. Les banquiers s'inquiétèrent et la rente baissa. Les Rothschild connaissaient la modération de Louis-Philippe. Ils intervinrent auprès de Metternich qui comprit le danger de trop rabaisser la France. La propagande prussienne agissait dans toute l'Allemagne, attisait la haine contre les Français. Ceux-ci clamaient leur intention de reprendre la rive gauche du Rhin. Le 8 octobre, Louis-Philippe se contenta d'envoyer un mémorandum dans lequel il déclarait que la France ne tolérerait pas la dépossession totale de Méhémet Ali. Il ne parlait pas de la Syrie. Palmerston comprit ce que cette omission signifiait. Il fit machine arrière et se montra disposé à reconnaître Méhémet Ali comme pacha héréditaire d'Égypte. La guerre semblait évitée. Thiers sentait le sol se dérober sous ses pas. Il continuait ses rodomontades pour ne pas déchoir aux yeux d'une opinion qu'il avait déchaînée.

Ce fut le moment que choisit l'anarchiste Darmès pour attenter à la vie du roi. Le 15 octobre 1840, à six heures du soir, il tira un coup de carabine sur la voiture royale. L'arme trop chargée explosa. Arrêté, Darmès se qualifia lui-même d'« exterminateur des tyrans ». C'était un ex-domestique, probablement affilié à une société secrète. Condamné à mort, il fut exécuté le 31 mai 1841. Cet attentat venait à point pour relever la popularité de Louis-Philippe. En outre, il donna, si l'on peut dire, le coup de grâce au premier ministre. Depuis le début d'août et la seconde tentative de Louis-Napoléon Bonaparte (voir le chapitre suivant), le roi était fermement résolu à se débarrasser de Thiers à la première occasion. Elle se présenta quasi fortuitement et par la faute de celui qui en serait victime. L'ouverture de la session parlementaire avait été fixée au 28 octobre. Le roi, selon l'usage, devait prononcer un discours, auquel les députés répondraient par une Adresse. Thiers, qui se mêlait de tout et prétendait tout contrôler, soumit un projet à Louis-Philippe. On y lisait ce passage lourd de menaces :

« La France est fortement attachée à la paix, mais elle ne l'achèterait pas à un prix indigne d'elle et son Roi, qui a mis sa gloire à la conserver au monde, veut laisser intact à son fils ce dépôt sacré d'indépendance et d'honneur national que la Révolution française a mis dans ses mains. »

Louis-Philippe détestait les provocations inutiles. Il barra le passage et le récrivit en l'atténuant au point qu'il devenait une profession de foi pacifiste. Thiers se rebiffa et, pour impressionner le roi, offrit sa démission. Elle fut acceptée sur-le-champ. Louis-Philippe rappela Guizot de son ambassade de Londres. Le nouveau ministère fut promptement formé. Thiers ignorait que, pendant l'été, Guizot avait eu des entretiens secrets avec le roi, au château d'Eu.

XIV

LE RETOUR DES CENDRES

On se souvient qu'après l'affaire de Strasbourg, en 1836, Louis-Philippe avait fait conduire le prince Louis-Napoléon Bonaparte en Amérique. Le prétendant revint l'année suivante en Europe pour assister aux derniers moments de la reine Hortense, sa mère. Il était ensuite resté à Arenenberg et avait pris du service comme officier dans l'armée helvétique. Il continuait à publier des brochures politiques qui étaient distribuées en France. En 1838, Molé demanda aux autorités suisses de l'expulser. Le prince préféra s'installer à Londres. Il y menait une vie mondaine, tout en se livrant à une enquête minutieuse sur la condition ouvrière, d'où sortira plus tard son ouvrage sur *L'Extinction du paupérisme*. Il gardait bien entendu le contact avec les milieux bonapartistes et s'efforçait de gagner quelques personnalités à sa cause. La ténuité et la discrétion de ces activités n'inquiétaient pas le gouvernement de Louis-Philippe. C'était d'ailleurs une idée reçue que le prince Louis-Napoléon, cervelle chimérique, ne méritait pas d'être pris au sérieux. Cependant il suivait avec attention les événements de Paris. L'initiative de Thiers de ramener les cendres de l'Empereur l'intéressa au plus haut point. La vague de bonapartisme qui s'ensuivit, dépassa même ses espérances. Quand il apprit que les Français voulaient se battre pour le pacha d'Égypte, il crut le moment venu de se manifester. Qui mieux qu'un Bonaparte pouvait effacer l'humiliation de Waterloo, la honte des traités de 1815 ? Son entourage lui monta la tête. Il y avait là Persigny, l'organisateur du complot de Strasbourg, et le général de Montholon, celui-là même qui avait suivi l'empereur à Sainte-Hélène. On se mit à préparer un nouveau complot. Il va sans dire que Louis-Philippe était informé. Le ministre de l'Intérieur chargea Guizot de demander au gouvernement anglais de surveiller les conspirateurs. Malgré la tension régnant alors entre la France et l'Angleterre, Palmerston ne pouvait refuser ce petit service à Guizot. Parmi la cinquantaine de recrues de Persigny, il y avait quelques agents doubles. Les journaux français annoncèrent l'appareillage de « La Belle Poule » à destination de Sainte-Hélène. On songea alors à attaquer cette frégate pendant son voyage de retour et à s'emparer du cercueil de Napoléon : le prince serait entré en France avec la dépouille du grand empereur, son oncle ! Le romantisme d'un pareil exploit séduisit Louis-Napoléon. Mais une frégate de guerre n'était pas un quelconque navire de commerce ; elle portait cinquante canons de fort calibre et un équipage entraîné. Il fallait noliser un bâtiment de même tonnage et bien armé. On ne pouvait tout de même pas dérober une unité de la Royal Navy ! On se rabattit donc sur un projet plus modeste, mais ayant de bonnes chances d'aboutir. Le prince fréta un bateau à vapeur, « L'Edinburgh-Castle ». Les conjurés embarquèrent par petits groupes pour ne pas attirer l'attention. A l'aube du 6 août (1840), on était en vue de Wimereux. Les conjurés débarquèrent sans encombre et se dirigèrent vers Boulogne. Ils y arrivèrent à cinq heures du matin. Ils portaient des uniformes français. Leur plan ressemblait fort à celui de Strasbourg. Ils comptaient s'emparer de la citadelle de Boulogne avec l'appui du 42ᵉ de ligne, rallier la garnison de Saint-Omer et de Lille, et marcher hardiment sur Paris. Encore fallait-il rallier le 42ᵉ. Le prince s'était assuré la complicité d'un lieutenant. Il parvint à entrer dans la cour de la caserne et commençait à lire une proclamation, quand survint un capitaine qui ordonna de fermer les portes. Les conjurés étaient pris au piège. Ils réussirent cependant à s'enfuir. Le prince les rameuta. Il voulait mourir au pied de la Colonne de la Grande Armée marquant l'emplacement du Camp de Boulogne, d'illustre mémoire. C'était une idée sublime, mais il n'eut pas le temps de la mettre à exécution. L'alerte avait été donnée. La troupe pourchassait allégrement les conspirateurs. Ils galopèrent vers la plage pour tenter de rejoindre leur navire. On les tirait à la cible, une vraie chasse aux canards ! D'ailleurs « L'Edinburgh-Castle » venait d'être arraisonné. On arrêta le prétendant trempé jusqu'aux os. Il fut conduit au fort de Ham et, de là, on le transféra à Paris. Le complot sombrait dans le ridicule. Les journaux taxèrent Louis-Napoléon d'imbécillité et de faux héroïsme. Si encore il avait eu le geste de se faire tuer au pied de la Colonne, on ne lui refuserait pas le respect dû aux morts ! Cet échec discrédita ses rares partisans. Cependant Louis-Philippe ne prenait pas cet incident à la légère. Il témoignait au moins de l'obstination du prince. Le roi le considéra dès lors comme un récidiviste et le déféra devant la Haute Cour que présidait le chancelier Pasquier.

Tout d'abord l'aspect médiocre du prince indisposa les juges. Ce petit homme au regard inexpressif, à l'accent tudesque, pouvait-il être réellement le neveu du grand empereur ? Cependant ses réponses incisives, percutantes, insultantes même, changèrent cette première impression. L'accusé répondait dans le plus pur style napoléonien. Sans doute avait-il appris certaines formules par cœur, mais elles avaient l'air d'être improvisées et claquaient comme des fouets.

— « Quelle est votre profession ? »

— « Prince français en exil. »

— « Quels sont vos complices ? »

— « Les Pairs eux-mêmes, si j'avais réussi. »

— « De quel droit portez-vous la Légion d'Honneur ? »

— « Je l'ai trouvée dans mon berceau. »

Ce vieux renard de Pasquier se sentait mal à l'aise. Il avait été préfet de police sous l'empire et se souvenait des répliques à l'emporte-pièce de son ancien maître. Ce fut pis lorsque le prince déclara :

— « Je représente devant vous un principe, une cause, une défaite. Le principe, c'est la souveraineté du peuple ; la cause, celle de l'Empereur ; la défaite, celle de Waterloo. Le principe, vous l'avez reconnu ; la cause vous l'avez servie ; la défaite, vous avez voulu la venger. Vos formes n'abusent personne. Dans la lutte qui s'ouvre, il n'y a qu'un vainqueur et un vaincu. Si vous êtes les hommes du vainqueur, je n'ai pas de justice à attendre de vous et je ne veux pas de votre générosité. »

Sa défense fut assurée par le républicain Marie et par le légitimiste Berryer. Ce dernier fit le procès de la monarchie de Juillet, démontrant qu'elle n'avait été proclamée que par une poignée de députés et, comme telle, n'avait pas d'assise légale. De ce fait, elle ne pouvait prétendre juger un Bonaparte. Les juges n'osèrent envoyer Louis-Napoléon à l'échafaud. Le 6 octobre 1840, ils le condamnèrent à la détention perpétuelle au château de Ham. Cette fois, Louis-Philippe n'usa pas de son droit de grâce.

« La Belle Poule » venait d'arriver à Sainte-Hélène. Elle avait appareillé de Toulon, le 7 juillet 1840, sous les ordres du prince de Joinville. Elle avait à son bord presque tous les compagnons de Napoléon à Sainte-Hélène : Las Cases, l'auteur du *Mémorial*, les généraux Gourgaud et Bertrand. Ce dernier avait emmené son fils qui, né dans la petite île, avait connu l'Empereur. Il y avait aussi Philippe de Rohan-Chabot, un jeune diplomate chargé de rédiger le protocole avec les Anglais. La mission qui lui avait été confiée ne ravissait guère le commandant de « La Belle Poule ». Il sortait d'une violente rougeole, quand son père entra dans sa chambre, flanqué du ministre de l'Intérieur :

— « Joinville, tu vas partir pour Sainte-Hélène et en rapporter le cercueil de Napoléon. »

Il raconte dans ses *Vieux souvenirs* : « Si je n'avais été au lit, je serais tombé de mon haut et au premier moment je ne fus nullement flatté de

151

la comparaison que je fis entre la campagne de guerre entreprise par mes frères en Algérie et le métier de croque-mort que l'on m'envoyait exercer dans un autre hémisphère. Mais j'étais soldat et je n'avais pas à discuter un ordre. La question se présentait d'ailleurs sous deux faces : au-dessus, de Napoléon, ennemi de ma race, assassin du duc d'Enghien, qui en tombant avait légué à la France ruinée, démembrée, ce redoutable jeu de hasard où les foules naïves sont si souvent dupes du croupier politique, le suffrage universel, il y avait l'homme de guerre incomparable, dont le génie avait jeté, même dans la défaite, un éclat immortel sur nos armées. En allant chercher ses cendres à Sainte-Hélène, c'était comme le drapeau de la France vaincue que nous relevions, du moins, nous l'espérions, et à ce point de vue je me réconciliai avec ma mission. »

« La Belle Poule », la corvette et le brick qui l'escortaient relâchèrent à Cadix. A peine fut-on sorti de ce port que Rohan-Chabot communiqua au prince une lettre de Thiers. C'était une instruction secrète, dont le contenu ne devait être révélé à Joinville qu'au large de Cadix. Elle subordonnait le prince à l'autorité de Rohan-Chabot pendant la durée du voyage. C'était un mauvais tour joué par le premier ministre au fils du roi et un coup de pied d'âne à celui-ci. C'était aussi un geste d'une rare mesquinerie, mais qui manqua son but. Joinville et Chabot étaient amis d'enfance ; ils s'entendaient parfaitement. Bien entendu, Joinville garda le commandement de l'expédition, mais Thiers s'était fait un ennemi de plus. Après avoir fait de l'eau à Ténériffe, « La Belle Poule » atteignit enfin Sainte-Hélène : « Un gros rocher noir, une île volcanique déchiquetée, comme la Martinique, mais sans sa superbe végétation, un morceau de l'Écosse planté au milieu de l'Océan et toujours balayé par l'alizé qui souffle avec une fatigante continuité et le couvre en permanence d'un chapeau de nuages épais. Sombre, la vue du large, sombre, l'impression à l'arrivée. »

« La Belle Poule » mouilla en rade de Jamestown. Le général Middlemore, gouverneur de l'île, avait reçu des instructions de son gouvernement. Il se chargeait de l'exhumation et de la translation du corps de Napoléon. Il accueillit Joinville avec une extrême courtoisie et lui donna toutes facilités pour accomplir sa mission. Les détails de la cérémonie furent promptement mis au point. Il fut convenu que l'exhumation de Napoléon aurait lieu dans la nuit du 14 octobre, à minuit, en présence de Rohan-Chabot, de Las Cases, de Bertrand, de Gourgaud, de Marchand qui était l'exécuteur testamentaire du défunt empereur, de l'abbé Coquereau et de plusieurs officiers de « La Belle Poule », dont le médecin du bord, le docteur Gaillard. Le gouverneur Middlemore était souffrant, mais il s'était fait représenter. Un détachement de soldats anglais empêchait les curieux d'approcher. La dépouille de l'Empereur était enfermée dans six cercueils. Ils furent successivement ouverts. Le corps de Napoléon apparut dans un état de conservation parfaite. Ce fut un moment d'intense émotion pour ses anciens compagnons. Puis les cinq cercueils intérieurs furent placés dans le sarcophage apporté de France et le cortège se dirigea vers le port, précédé par l'abbé Coquereau, aumônier de « La Belle Poule ». Les quatre coins du drap mortuaire étaient tenus par Bertrand, Gourgaud, Las Cases et Marchand. Un détachement britannique en grande tenue fermait la marche. Le prince de Joinville et son état-major attendaient sur le quai d'embarquement. Le sarcophage fut descendu dans une chaloupe. Lorsque celle-ci quitta la terre, les forts de Sainte-Hélène tirèrent une salve de leur artillerie, à laquelle répondirent les canons de la frégate. Napoléon quittait enfin cette terre où il était prisonnier depuis vingt-cinq ans. Les habitants groupés sur l'embarcadère assistaient à ce spectacle grandiose. Le sarcophage fut hissé à bord de « La Belle Poule ». Le prince de Joinville avait fait disposer sur le pont une chapelle ornée de faisceaux d'armes et de drapeaux. Porté par des matelots, le sarcophage passa entre deux haies d'officiers l'épée nue. Il fut placé sur les panneaux du gaillard d'arrière. Après l'absoute, on le descendit dans l'entrepont, où une autre chapelle avait été aménagée entre les batteries sur leurs affûts. L'attitude simple et noble de Joinville pendant la cérémonie, le respect qu'il montra en recevant la dépouille de l'Empereur et son recueillement, furent notés par Bertrand et ses compagnons.

« La Belle Poule » appareilla de Sainte-Hélène le 18 octobre. On avait appris que la guerre menaçait à propos de la question d'Orient. Le prince de Joinville était soucieux. Il fit prendre toutes les précautions usitées en cas de conflit. La frégate essuya plusieurs grosses tempêtes. Elle arriva néanmoins à Cherbourg le 30 novembre. Joinville croyait sa mission terminée. L'ordre l'attendait de conduire le cercueil de Cherbourg à Paris, avec son équipage, et celui de la corvette. Napoléon fut transbordé sur « La Normandie », aviso à roues. A La Bouille, nouveau transbordement sur « La Dorade », dont le tirant d'eau était plus faible. « Ce fut surtout un spectacle, écrit Joinville, où, comme toujours chez nous, bien des gens voulurent jouer un rôle déplacé, quelquefois ridicule. » La foule se pressait sur les rives de la Seine, maires avec leur écharpe tricolore, prêtres bénissant le convoi, gendarmes et cavaliers, braves gens ayant revêtu leurs habits du dimanche pour saluer l'Empereur qui s'en allait au fil de l'eau sous un drap de velours violet. Le voyage s'acheva à Courbevoie. Quarante marins de « La Belle Poule » portèrent le sarcophage jusqu'au char funèbre qui stationnait sous une sorte de temple grec ouvert à tous les vents. Or il gelait à pierre fendre et des flocons de neige voletaient entre les fausses colonnes. Le cortège se forma lentement, puis s'achemina vers l'Arc de Triomphe. Une foule immense, contenue par des haies de soldats, se pressait sur les Champs-Élysées. L'avenue avait été décorée de statues représentant des victoires, alternant avec des colonnes surmontées de l'aigle impérial. Sur l'esplanade des Invalides, elle aussi décorée de statues de plâtre et de colonnes, plusieurs milliers d'invités avaient pris place sur des estrades. Ils tapaient des pieds pour se réchauffer, car le thermomètre accusait huit degrés en dessous de zéro : Victor Hugo dit quatorze degrés !

De quart d'heure en quart d'heure, les canons des Invalides tiraient une salve. Il était midi et demi lorsque parurent les grenadiers ouvrant le gigantesque cortège. Les cuirassiers, les régiments de ligne, la Garde nationale, les artilleurs, le préfet de la Seine, les maires et le conseil municipal de Paris, les carabiniers en cuirasses jaunes, les élèves des grandes écoles, les survivants de la Grande Armée, les généraux, les 86 sous-officiers portant les drapeaux des départements, se succédèrent, au bruit des tambours. Parurent ensuite la calèche de l'aumônier de « La Belle Poule », celle des commissaires de Sainte-Hélène, les chevaux des maréchaux qui tenaient les cordons du poêle, le cheval de bataille de l'Empereur, avec sa selle de velours rouge. Enfin, ce fut le char triomphal, précédé par le prince de Joinville et son état-major, escorté par 500 marins de « La Belle Poule ». Ce char était, comme l'écrit Hugo, « une espèce de montagne d'or ». Quatre grandes roues dorées soutenaient un socle entouré de victoires dorées, d'aigles dorés, sur lequel reposait un simulacre de sarcophage que les insignes de Napoléon cimaient. Le vrai sarcophage avait été placé dans le support. Quatre quadriges de superbes chevaux, menés par des piqueurs à la livrée de l'Empereur, tiraient cette énorme machine. A l'entrée des Invalides, vingt-quatre sous-officiers se présentèrent pour porter le sarcophage. Ils ne purent le soulever. Les marins s'en chargèrent. On était convenu que Joinville prononcerait un petit discours, auquel Louis-Philippe répondrait. Mais on avait oublié d'en informer le prince. Il se contenta de saluer de l'épée. Le roi dit quelques mots. *Le Moniteur* fit le reste.

Quoi qu'en dise Victor Hugo, la majesté de cette cérémonie toucha le cœur des Parisiens. Lorsque Napoléon entra aux Invalides, salué par les voix de bronze des canons, l'émotion fut à son comble, un frisson quasi sacré parcourut l'assistance. Joinville note cependant qu'au cours de la descente des Champs-Élysées, des cris de « A bas les traîtres ! » se mêlaient aux acclamations. Il était en mer depuis huit mois et ne comprenait pas à qui ces cris étaient destinés. On lui expliqua qu'ils s'adressaient à son père, parce qu'il avait empêché la guerre, et à ses ministres.

Le futur Napoléon III se morfondait alors dans la forteresse de Ham. On lui avait donné le cachot du prince de Polignac. Les gardes avaient reçu la consigne de lui brûler la cervelle s'il essayait de s'évader.

XV

LE DOUBLE VISAGE DE LOUIS-PHILIPPE

Les Romains représentaient Janus, premier roi du Latium, déifié par la suite, avec deux visages, en raison, paraît-il, de son omniscience. Louis-Philippe était à son image. Il y avait le roi-citoyen habillé en bourgeois, affectant de vivre bourgeoisement, loquace, bonhomme et familier. Son visage en forme de poire et son « toupet » faisaient le bonheur des caricaturistes. Cela, mettons que ce fût l'aspect Orléans de sa personne. Mais il y avait aussi l'aspect Bourbon, le masque de l'autocrate. Lors du mariage du duc d'Orléans, les Comédiens Français avaient joué *Le Misanthrope*. Louis-Philippe leur avait offert de magnifiques costumes. Le matin de la représentation, il s'amusa à en revêtir un et à se coiffer d'une grande perruque. Sa famille s'exclama. Il semblait que Louis XIV venait de sortir de son portrait par Rigaud. A la vérité, la ressemblance de Louis-Philippe avec le Roi-Soleil était frappante. Je prie le lecteur de se reporter à l'esquisse brossée par le baron Gros. Le regard impérieux, les plis dédaigneux qui descendent du nez bourbonien, le contour ferme de la bouche, sont ceux de Louis XIV dans sa maturité. Il y a dans le visage de Louis-Philippe la même solidité, la même hautainerie, la même autorité naturelle. Le secret du roi-citoyen est ici, dans son évidence, je veux dire le secret de sa politique. Louis-Philippe était d'abord un Bourbon et ne l'oubliait jamais, encore qu'il prétendît fonder une nouvelle dynastie.

En 1840, il avait soixante-sept ans. L'âge l'avait empâté, sans lui enlever sa stature ni sa résistance. C'est qu'il suivait un régime très strict, menait une existence spartiate. Il se conformait encore aux principes que Mme de Genlis lui avait inculqués. Été comme hiver, il était debout à sept heures. Enveloppé dans une houppelande grise qui lui servait de robe de chambre, il quittait la chambre conjugale et se rendait à la salle de bains. Il allumait lui-même le feu dans la cheminée et faisait une toilette méticuleuse. Il soignait particulièrement ses dents qui étaient superbes. Son premier visiteur était Richard, son coiffeur. Il disposait le fameux « toupet », qui dissimulait un début de calvitie, allongeait le visage et le rendait ainsi conforme à l'image que le roi voulait donner de lui. Ce toupet qui excitait la verve des gamins et des caricaturistes, était en somme marque de bourgeoisie, accessoire politique. Rasé avec soin, décoré de son toupet, vêtu bourgeoisement d'un habit marron sans aucun ornement, Louis-Philippe commençait sa journée. Qu'on n'imagine pas qu'il se moquât de sa tenue. Il aimait le linge fin, avait horreur des taches, de la moindre déchirure. Il ne se crottait que pour le public, pour « faire peuple ». Richard cédait la place au baron Fain, le secrétaire. Ce dernier apportait les journaux. Louis-Philippe préférait ceux d'outre-Manche.

— « Je sais mieux, disait-il, les événements que les journalistes. Les uns blâment à outrance mon gouvernement, les autres le louent à l'excès, je n'ai donc rien à apprendre et je perdrais mon temps à lire leurs plus ou moins récréatives élucubrations. »

Sur les dix heures, il prenait son déjeuner composé invariablement de riz cuit à l'eau, d'un échaudé et d'un verre d'eau. Il s'entretenait ensuite avec sa famille, puis s'en allait volontiers sur ses chantiers, en compagnie de Fontaine. Cet architecte avait servi tour à tour la Convention, le Directoire, l'Empire, Louis XVIII et Charles X. C'était un conteur intarissable. Louis-Philippe aimait deviser avec lui. Grand bâtisseur, quasi maniaque de la truelle, ses visites étaient en réalité des inspections. Il bavardait avec les ouvriers, croyant n'être pas reconnu, disputait avec les entrepreneurs, car il n'ignorait rien du bâtiment et connaissait le prix des matériaux.

Il rentrait aux Tuileries à midi, afin de présider le conseil des ministres. Il avait une régularité d'horloge et ne prisait rien tant que la ponctualité. Il écoutait les ministres faire leurs exposés, tout en dessinant sur des feuilles de papier pour se donner une contenance. On le croyait distrait, absent. En réalité, il ne perdait pas un mot, scrutait les regards, les expressions, notait le moindre geste. Il donnait ensuite son avis, avec tant de pertinence, une telle conviction qu'il emportait généralement la décision. S'il percevait une résistance, il passait à une autre question ou levait la séance. Il entretenait ensuite quelques ministres en particulier, et s'efforçait de les convaincre. Il y montrait une habileté extrême, prenait chacun d'eux par son point faible : l'ambition ou la vanité. Il manifestait à l'égard de ses premiers ministres une sollicitude qui ne laissait pas de les égarer. Laffitte et Thiers avaient été victimes de sa séduction, de son apparente débonnaireté. Quand bien même les nécessités de la politique l'incitaient à lâcher la bride, il ne cessait d'être vigilant. Il les jugeait d'ailleurs sans complaisance. Il confiait à Victor Hugo :

— « Monsieur de Talleyrand me disait un jour : "Vous ne ferez jamais rien de Thiers, qui serait pourtant un excellent instrument. Mais c'est un de ces hommes dont on ne peut se servir qu'à la condition de les satisfaire. Or il ne sera jamais satisfait. Le malheur, pour lui comme pour vous, c'est qu'il ne puisse être cardinal." Guizot vaut mieux : c'est un esprit solide, un point d'appui, espèce rare et que j'estime. Il est supérieur à Casimir Périer qui avait l'esprit étroit, âme de banquier scellée à la terre comme un coffre-fort. Le comte Molé est plus subtil ; il a une certaine manière de me céder et de me résister tout à la fois : "Je suis de l'avis du Roi quant au fond, disait-il, je n'en suis pas quant à l'opportunité." Oh ! que c'est rare, un vrai ministre ! »

Ces confidences étaient l'une des faiblesses de Louis-Philippe. Il lui arrivait aussi de se confier à des ambassadeurs. C'était à la vérité un bavard impénitent.

Les audiences succédaient au conseil des ministres. Elles étaient pour Louis-Philippe l'occasion de déployer ses talents : perspicacité, convivialité, extraordinaire faculté d'adaptation. Son universalité lui permettait de parler tous les langages et sa mémoire ne le trompait jamais. Au début de son règne, quand il habitait encore le Palais-Royal, tout le monde voulait le voir, prétendait s'entretenir avec lui : combattants de Juillet, délégations venues des départements afin de présenter leurs doléances, envoyés des partis politiques ou des sociétés secrètes, quémandeurs de toutes sortes. C'était une véritable cohue, où les bourgeois tirés à quatre épingles côtoyaient les ouvriers en blouse et en casquette. Il devait répondre, expliquer, promettre, feindre de n'entendre pas les reproches, voire les menaces. N'était-il pas un citoyen couronné par la volonté du peuple, un roi révolutionnaire ? Il en jouait le rôle à la perfection, non sans arrière-pensées. L'installation aux Tuileries avait mis fin à cette anarchie. Depuis les tentatives d'attentat, les visiteurs étaient soigneusement filtrés.

Après les petites et les grandes audiences, il partait pour Neuilly ou pour Saint-Cloud, avec une escorte et à vive allure. Il ne pouvait plus se promener à pied dans Paris. On lui permettait à peine de sortir dans le jardin des Tuileries, en raison des menaces qui pesaient sur lui. L'ambassadeur d'Autriche notait à la fin de 1831 : « Louis-Philippe, l'autre jour, revenait à pied de Neuilly avec un de ses commensaux, sale et crotté jusqu'à l'échine. Ils ont traversé le jardin des Tuileries dans ce brillant costume, saluant pour se faire remarquer des passants qui ne leur rendaient pas, entendant les moqueries sur cette ridicule promenade, ayant tout à fait manqué le but de ce bel acte de popularité. » Le diplomate voyait juste. Les Parisiens n'étaient pas dupes du manège. Ils préféraient la majesté royale à la bonhomie du démagogue.

Depuis cette époque heureuse, Louis-Philippe vivait en haute surveillance, quasi en reclus. Il en souffrait extrêmement car il aimait
réellement la marche. Il n'avait même pas la ressource de partir pour la
chasse, fût-ce en grand équipage : il détestait ce sport. Quand il n'allait
pas à Neuilly ou à Saint-Cloud, il faisait donc traîner les audiences ou
s'entretenait avec la princesse Adélaïde, sa sœur, qui était sa conseillère
politique. Le dîner était à six heures précises. Le roi s'habillait,
rejoignait sa famille et ses invités. On lui apportait cinq potages qu'il
mélangeait à sa façon. Il mangeait une tranche de viande rôtie, prenait
un peu de ragoût et de légumes, terminait par un plat de macaroni (la
reine en raffolait) et buvait un seul verre de vin d'Espagne. Les dîners
de gala étaient tout de même un peu plus soignés. Il ne s'y départissait
pas de la même frugalité, de la même sobriété. L'heure venait enfin
pour lui de la récréation. Il pouvait enfin s'adonner à ce qui était son
plus grand plaisir : la conversation. Il parlait aisément, s'exprimait avec
bonheur, savait captiver l'attention de ses auditeurs. Il avait tant
voyagé, tant observé, vécu tant d'événements, connu tant de personnages illustres et lu tant de livres depuis sa jeunesse ! Il avait l'art de
conter un épisode, le goût d'instruire, de faire partager son expérience.
Quelque chose persistait en lui du professeur de Reichenau. La plupart
du temps, la conversation se limitait à un monologue. Pourtant il ne
lassait jamais son auditoire ; là-dessus les témoignages sont unanimes.
C'était, à la façon des gentilshommes du XVIIIe siècle, un causeur
étincelant, mais dont une vraie supériorité intellectuelle soutenait le
discours. Il ne lui déplaisait pas non plus de débattre de politique. Plus
de vingt fois, il expliqua pourquoi il avait accepté la couronne en 1830.
La reine, ses filles et les dames d'honneur, assises à une grande table,
travaillaient à des broderies. Elles se permettaient à peine un murmure
pour ne pas interrompre « le Père ». Il n'est pas indifférent de connaître
l'impression qu'il donnait aux étrangers. Un jeune attaché d'ambassade
russe, invité à l'une de ces soirées, écrivait : « Le Roi s'avance vers nous
de l'air le plus affable du monde. Aucun signe extérieur ne le distingue
de son entourage. Rien dans son port n'indique le monarque ; en vain
chercheriez-vous dans sa démarche, dans ses manières, dans sa tournure, majesté, noblesse et sentiment extérieur de sa puissance. Cependant cette impression, peu favorable d'abord, ne tarde pas à se modifier
lorsque le Roi vous adresse la parole et que vous distinguez, sous ses
traits peu avantageux, une physionomie des plus remarquables par le
mélange de haute intelligence, d'esprit, de finesse et de bonhomie que
vous y découvrez. »

Vers dix heures, il se retirait dans son bureau et commençait une
seconde journée. Il prenait connaissance du rapport de police rédigé par
Oudard, son autre secrétaire. Il étudiait méticuleusement les dossiers
que lui avaient remis ses ministres. Les projets de lois qu'ils lui
soumettaient, les ordonnances et le courrier proposés à sa signature
étaient relus avec soin. Il ne signait rien à la légère. Aussi prudent qu'un

homme de loi, il se défiait de tous et de tout, barrait le haut et le bas des pages pour qu'on ne pût rien ajouter qu'il ignorât. Il prenait des notes. C'était un écrivassier intarissable : Mme de Genlis était ainsi. Mais c'était l'heure aussi où il examinait les recours en grâce. Il ne pouvait se résoudre à envoyer à la guillotine de jeunes hommes, dont il savait bien qu'ils ne portaient pas la vraie responsabilité de leurs actes. Il inscrivait dans un carnet les noms de ceux qu'il n'avait pas graciés, les circonstances de leur crime et les raisons qui l'avaient empêché de commuer leur peine.

— « Je veux, dit-il à Montalivet, que mes fils sachent ce que j'ai fait de la vie des hommes. »

Car ce souverain qui fut le plus vilipendé, le plus tourné en dérision et le plus menacé dans sa vie, de tous les rois de France, avait en réalité ce fond de bonté, ce sens de l'humain, ce sérieux, ce goût du travail bien fait. C'est la partie cachée de l'iceberg. D'ailleurs, on voulait ignorer qu'il accomplît ponctuellement sa tâche de roi[1], fût humain et laborieux, et même qu'il aimât son pays. Aucun règne ne fut plus difficile que le sien. Par bonheur, il trouvait un grand réconfort auprès des siens. Il est peu de dire que la famille royale était unie. Elle était alors la concorde même. « Il n'est, disait la reine des Belges (Louise d'Orléans), au pouvoir d'aucune vicissitude de nous enlever ce bien-là. » La parenté de Louis XVIII se déchirait courtoisement. La duchesse d'Angoulême et la duchesse de Berry se détestaient et tourmentaient Charles X de leurs récriminations. Les Orléans s'aimaient. La reine Marie-Amélie maintenait la bonne entente, veillait sur chacun et chérissait son mari. Elle aurait préféré rester duchesse d'Orléans, n'avoir à s'occuper que de sa famille. Il lui fallait pourtant se résigner à remplir les devoirs de sa charge. Elle ne se mêlait point de politique, mais exerçait sur Louis-Philippe une influence qui, pour être discrète, n'en produisait pas moins de bons effets. Elle le modérait parfois et parfois l'aidait à reprendre courage. Depuis le premier attentat, elle vivait dans une angoisse continuelle, tremblait à chaque sortie, mais n'en laissait rien paraître.

Au contraire, Madame Adélaïde avait la tête politique. Elle était toujours à la disposition de son frère pour discuter une affaire, l'aider à dépouiller un dossier, à relire « la signature ». Elle n'avait point la douceur de la reine, ni son indulgence. Elle haïssait les légitimistes et ne s'en cachait point. Elle préférait la manière forte, les positions sans nuances. Vieille fille, elle arborait d'invraisemblables tenues et la calomnie ne l'épargnait pas. Elle avait pourtant le cœur charitable, mais on ne lui pardonnait pas de vouer à Louis-Philippe une admiration sans limites et de le défendre en toute circonstance.

Le duc d'Orléans avait alors trente ans. Son épouse, Hélène de Mecklembourg, s'était intégrée à sa nouvelle famille. On lui savait gré

---

1. Il achevait sa journée de roi à deux ou trois heures du matin et souvent la reine était obligée de venir le chercher.

d'avoir donné le jour au comte de Paris. Louis-Philippe continuait à appeler Chartres son fils aîné. Il s'était inquiété pendant un temps de sa connivence avec les républicains, de ses idées gauchisantes. Mais, en prenant de l'âge, et en se rapprochant du trône, Orléans comprenait mieux la politique de son père et partageait quasi toutes ses opinions. Toutefois, il restait belliciste. N'avait-il pas dit, lorsque la guerre menaçait d'éclater en Europe, qu'il préférait mourir sur le Rhin à périr dans le ruisseau ! Louis-Philippe le jugeait assez intelligent pour comprendre qu'un roi ne doit pas céder à ses impulsions, mais considérer le bonheur de son peuple. Il était confiant dans l'avenir.

— « Mais savez-vous, dit-il à Thiers, que Chartres me remplacera admirablement. Il parle à merveille. »

Orléans avait été élevé pour régner. Il était au courant des affaires et participait souvent au conseil. Il avait en outre une expérience militaire. Son père avait fait en sorte qu'il fût un prince accompli.

Le duc de Nemours avait vingt-six ans. Il venait d'épouser Victoire de Saxe-Cobourg-Gotha, après avoir affiché sa liaison avec l'actrice Alice Ozy, au grand scandale de la reine. C'était d'abord un soldat et la politique ne le préoccupait guère. Il n'était pas né pour régner. Le prince de Joinville faisait carrière dans la marine et s'y conduisait brillamment. Sa jovialité contrastait avec le caractère taciturne de Nemours. On ne recommandera jamais assez la lecture de ses *Vieux souvenirs*. Joinville était français jusqu'au bout des ongles, et gentilhomme dans ce que ce qualificatif a de plus élevé: tout en finesse, profond sous son apparente désinvolture, un peu frondeur mais droit et loyal. C'était pourtant Nemours qui avait les préférences de Louis-Philippe. Le duc d'Aumale n'avait alors que dix-huit ans, mais brûlait de se distinguer. Quant à Montpensier, il avait seize ans et la famille avait quelque faiblesse à son égard.

L'aînée des filles, Louise, était comme on sait reine des Belges. Elle n'avait pas coupé le cordon ombilical, restait de cœur avec les siens, correspondait assidûment avec sa mère et ses sœurs. Quand on relit ses lettres, on est frappé de sa clairvoyance politique. Il est vrai qu'elle avait dans la personne de Léopold de Belgique un informateur et un analyste de premier ordre. Marie, sa cadette, venait de mourir de consomption. Elle était l'artiste de la famille, dévorait les livres et sculptait avec talent. On l'avait mariée avec le duc Alexandre de Würtemberg. Clémentine avait vingt-trois ans et se préparait au mariage. Comme le dit la comtesse de Boigne, les soins constants de la reine tendaient à faire de ses filles « de bonnes mères et de bonnes femmes ». Ceux de Louis-Philippe, à faire de ses fils des princes modernes, ouverts à tous les courants d'idées, tolérants, et utiles à la patrie: c'était dans ce but qu'il les avait envoyés au lycée Henri IV et leur avait donné des maîtres dont le libéralisme était connu.

Les Français avaient naguère condamné le désordre qui régnait au sein de la branche aînée, la prodigalité des rois, la toute-puissance des

Le duc de Chartres,
futur Louis-Philippe,
à seize ans.

Louis-Philippe
par *A. Deveria (B.N.)*

Louis-Philippe
Esquisse de Gros

Laffitte

Casimir Périer

Guizot

Thiers

Insurrection de Lyon – *Gravure de l'époque (B.N.)*

Translation des cendres de l'Empereur Napoléon à bord de
la frégate La Belle Poule (en rade de Sainte-Hélène). *(Gravure du XIXe siècle)*

Louis-Philippe et ses fils : de gauche à droite, le prince de Joinville, le duc de Montpensier, le duc d'Orléans, le roi, le duc de Nemours et le duc d'Aumale.

Conseil des ministres (1842) : assis, Louis-Philippe – au centre, le maréchal Soult – à l'extrême gauche, Guizot.

Arrivée de la Reine Victoria au château d'Eu

La reine Victoria, accompagnée du prince consort,
visite l'escadre française (13 octobre 1844).

Incendie au Château d'Eau (24 février 1848)

J'abdique cette couronne
que la voix nationale m'avait
appellée à porter, en faveur
de mon petit fils le Comte de
Paris. Puisse t'il réussir
dans la grande tâche qui lui
échoir aujourd'hui.

Louis Philippe

24 Fev.r 1848.

Acte d'abdication
de Louis-Philippe
24 février 1848
Archives Nationales

favorites. La famille de Louis-Philippe était l'ordre même et Louis-Philippe n'avait point de maîtresse. On ne lui en savait aucun gré. Faute de mieux, on l'accusait d'être un Harpagon. On ne perdait pas une occasion de souligner sa rapacité. Certes, il était près de ses intérêts. La vie lui avait appris à compter. L'avenir de ses enfants le préoccupait, car il connaissait l'instabilité des choses. Il s'indignait lorsque la Chambre se montrait rétive à voter la dotation de ses fils. Il lui échappa de dire : « Mes enfants n'auront pas de pain ! » Il exagérait un peu, car sa fortune privée restait énorme en dépit des spoliations révolutionnaires. Cependant, il dépensait des sommes considérables pour satisfaire sa manie de la bâtisse. Il avait agrandi le cher Neuilly, réparé Versailles, Fontainebleau, réaménagé Saint-Cloud et le château d'Eu. Il avait une vocation d'architecte et de décorateur, bien que ses goûts artistiques fussent contestables : mais c'étaient ceux de son époque. On lui a reproché avec raison d'avoir massacré des œuvres d'art (par exemple, la chambre de la reine à Versailles), mais il aurait pu faire pis, si l'on en juge par le remodelage néo-gothique de certains châteaux ! Il aimait faire visiter. « On ne peut imaginer, dit Mme de Boigne, un cicérone plus instructif, plus amusant et plus amusé que le Roi Louis-Philippe quand il montre et explique les travaux qui font sa seule récréation depuis qu'il est monté sur le trône. Son admirable mémoire lui fournit, à chaque instant, quelque anecdote historique ou artistique très piquante qui donne la vie aux lieux que l'on parcourt, et quoiqu'il ne nous fît pas grâce d'un clou, et qu'il nous retînt plus de deux heures et demie sur nos jambes, personne ne s'aperçut de sa fatigue. » Jadis, le Roi-Soleil montrait aussi ses jardins ; il avait même écrit de son auguste main *La Manière de montrer les jardins de Versailles* qui reste de nos jours le meilleur guide. Pour sa part, Louis-Philippe gardait des souvenirs si précis de ce palais qu'il était capable d'indiquer la place des tableaux, des meubles, des tapisseries, des objets avant 1789. Il est dommage qu'il n'ait pas couché ses souvenirs sur le papier. S'il l'a fait, le carnet a disparu dans le pillage imbécile des Tuileries en 1848, où tant de documents irremplaçables ont été détruits ou dispersés.

La Maison du roi se réduisait à cinq aides de camp, à deux officiers d'ordonnance et à deux secrétaires. Celle de la reine, à un chevalier d'honneur, le comte de Montesquiou, et à une dame d'honneur, la marquise de Dolomieu. Celle de la princesse Adélaïde, à une dame d'honneur, la comtesse de Montjoie. En revanche, la Maison du duc d'Orléans était plus étoffée et mieux réglée. Le prince héritier ne pouvait comprendre que les aides de camp entrassent chez son père sans être appelés et que la reine reçût n'importe qui. Et, certes, le roi se montrait par trop débonnaire et les dames que la reine accueillait n'avaient pas toutes une éducation exquise. Mais le moyen de faire autrement quand on est un roi élu ? On observera toutefois que Louis-Philippe en rajoutait un peu et qu'en donnant ainsi une fausse image de lui-même il se desservait. On lui reprochait parfois de se souvenir un peu trop qu'il était « petit-fils d'Henri IV ». Les républicains humaient un parfum d'Ancien régime dans les réceptions des Tuileries. Elles étaient cependant modestes. A part les dîners à caractère officiel, il y avait quatre grands bals et les deux petits bals de la reine. L'assistance y était fort mêlée, principalement bourgeoise. On y paraissait en costume habillé, non point en tenue de Cour. Le roi, la reine, leurs enfants allaient de groupe en groupe. Il n'y avait point de protocole. Le Faubourg Saint-Germain raillait ce manque de tenue, cette promiscuité, colportait des anecdotes sur la balourdise de tel ou tel, mais crevait de jalousie et regrettait surtout qu'il n'y eût plus de courtisans ni de service à la Cour. En fait, il n'y avait plus de Cour, mais un cercle de familiers. Louis-Philippe le regrettait, encore qu'il détestât l'étiquette, et la reine peut-être davantage, bien que la couronne lui pesât. Il se plaignit à plusieurs reprises de ce que le peuple de France ne respectait plus rien. Il confiait à Odilon Barrot : « Je tenais aux fleurs de lys, parce qu'elles étaient miennes, parce qu'elles n'étaient pas plutôt la propriété de la branche aînée que celle des Orléans, parce que, de temps immémorial, elles ornaient de père en fils nos écussons. Le public a voulu qu'elles fussent supprimées. Après une longue résistance, j'ai cédé, mais l'exigence était pure folie. » Il est également singulier que ce roi démagogue se soit rendu 398 fois à Versailles de 1833 à 1847 ! Ce n'était pas seulement pour en inspecter les travaux. Qu'allait-il donc chercher dans ce palais, dans ces jardins ?

Ce qu'il était lui-même, profondément, un prince fier de sa race, le continuateur des rois, ses aïeux. Le masque qu'il avait adopté, n'était que de circonstance.

TROISIÈME PARTIE

LE JUSTE MILIEU

(1840-1846)

I

MONSIEUR GUIZOT

Il avait une attitude si raide, une telle condescendante révérence, il restait si cérémonieux que Louis-Philippe ne l'appela jamais autrement que « Monsieur Guizot ». Il ne l'aimait peut-être pas, mais l'estimait infiniment, car il retrouvait en lui sa propre constance, sa solidité. Il disait parfois : « Guizot, c'est ma bouche. » Cette petite phrase attestait leur identité de vues. Elle suggérait aussi malicieusement que, si M. Guizot était la bouche, Louis-Philippe était le cerveau. Et c'est bien ainsi qu'il faut considérer leurs rapports.

Hormis un bref incident de parcours, le cursus politique de Guizot rassurait le roi. Il n'avait pas à craindre avec lui les revirements brusques et les chausse-trapes de Thiers, ni les collusions de Laffitte avec les républicains, non plus que les états d'âme du duc de Broglie. Il regrettait cependant le tact et l'élégance de Molé. Fils de guillotiné, Guizot avait horreur de la populace, des manifestations de rue dégénérant en émeutes, des barricades et des agitateurs professionnels. La monarchie lui paraissait être le meilleur des régimes, à condition qu'elle fût constitutionnelle, car l'évolution de la société française l'exigeait. Il était partisan convaincu de la Charte. On lui reprochait d'avoir suivi Louis XVIII à Gand, alors qu'il n'était encore que maître des requêtes au Conseil d'État et n'avait point à prendre parti contre Napoléon. Élu député, il avait adhéré au groupe des doctrinaires. Opposé à Polignac, il avait en partie provoqué la révolution de 1830 et contribué à la proclamation de Louis-Philippe. Brillant ministre de l'Instruction publique, il avait à son actif la loi sur l'enseignement primaire. Devenu chef du mouvement de la Résistance, il ne cacha pas son hostilité aux réformes que réclamait la gauche et aux incertitudes de la politique libérale. Cependant, mettant de côté ses scrupules et ses convictions, il était entré dans la coalition de Thiers pour abattre Molé. Envoyé à Londres comme ambassadeur, il avait suivi ponctuellement les instructions de Louis-Philippe, non celles de Thiers qui était chef du gouvernement et ministre des Affaires étrangères ! Ce fut pendant cette ambassade, loin des turbulences de la Chambre, que son évolution s'acheva. Il devint alors serviteur inconditionnel de Louis-Philippe, roi selon la Charte, et se rangea définitivement à droite. Ce choix — sur lequel il ne revint jamais — était l'aboutissement d'une lente maturation. Il y entrait plus de réflexion que d'ambition, malgré les apparences. Comme je l'ai indiqué précédemment, le roi l'avait fait venir au château d'Eu, où les Orléans étaient en vacances. Sans doute voulait-il parler avec lui de la question d'Orient et de nos rapports difficiles avec lord Palmerston. Au cours de ces conversations, Guizot s'était révélé un autre homme ; le sagace Louis-Philippe aperçut le parti qu'il pourrait tirer de sa « complaisance raisonnée ». Il avait un don merveilleux pour mettre son interlocuteur à l'aise, gagner sa confiance et le percer à jour, sans qu'il y parût. Il découvrit ainsi un premier ministre selon son cœur, ou plutôt selon ses besoins. Il eût préféré Matthieu Molé, mais les députés n'en voulaient plus. Guizot ferait l'affaire. Sa réputation de Doctrinaire rassurerait l'opposition sur d'éventuels empiétements du pouvoir royal. Cependant Guizot l'agaçait un peu par son rigorisme. Il y avait en lui du professeur et du clergyman et surtout une conviction de supériorité intellectuelle confinant au ridicule. Guizot avait la certitude d'avoir toujours raison et sur toute chose. Ce travers, Louis-Philippe se faisait fort de l'exploiter.

L'opinion jugeait diversement Guizot. La duchesse de Dino (nièce de Talleyrand) disait : « Il a une hypocrisie dégagée qui me paraît un charlatanisme nouveau. » L'actrice Rachel, qui atteignait alors les sommets de la gloire : « J'aimerais jouer la tragédie avec cet homme-là. » Béranger le voyait ainsi : « Il a un œil bleu d'une profondeur et d'une limpidité merveilleuses. Il a la tête d'un poète, la parole d'un docteur, le style d'un géomètre. Il n'a pas su mettre dans son style la poésie de sa figure. Son style est décoloré, terne et triste. Il est bigarré comme une vitre rayée en tous sens par le silex. Mais, à la tribune, sa phrase brusque et hachée devient flexible et acquiert dans le débat l'élasticité et le nombre oratoire. Savez-vous qu'alors il grandit terriblement ? Lui seul a des topiques sur tout. Dupont quittait un jour son banc pendant qu'il parlait : "Je m'en vais, il parle trop bien." Quant au petit Thiers, lorsque Guizot rentra de Londres appelé par le Roi pour former le ministère, il lui dit : « A votre tour, il n'y a que deux hommes en France, vous et moi ; je suis le ministre de la Révolution, vous êtes celui de la Conservation ; quand ce n'est pas l'un, c'est l'autre. » Ce qui n'était pas mal vu, sauf que Guizot garda le pouvoir pendant huit ans : l'alternance était relative !

Le nouveau ministère fut constitué le 29 octobre 1840. Le maréchal Soult en avait la présidence. Guizot était ministre des Affaires étrangères ; Duchâtel, ministre de l'Intérieur ; Humann, ministre des Finances ; Villemain, ministre de l'Instruction publique. Teste eut les Travaux publics et Cunin-Gridaine, le Commerce. La présidence de Soult n'était qu'un trompe-l'œil. Guizot dirigeait en réalité le gouvernement. Guizot perdura jusqu'à la fin de la monarchie de Juillet, pour le meilleur et pour le pire. Il n'y eut pas de remaniements ministériels, si quelques portefeuilles changèrent de titulaires au fil des ans. A la Marine, ce furent des amiraux, Roussin puis Mackau qui succédèrent à Duperré. Humann mourut en poste et fut remplacé par Lacave-Laplagne. Salvandy devint ministre de l'Instruction publique lorsque Villemain se retira en 1845 par suite de maladie. Le bloc gouvernemental demeura sans fissures, en dépit des aléas. Cet immobilisme n'était pas sans risques. Il donnait une illusion de confort. Mais c'était exclusivement la classe possédante qu'il représentait.

De prime abord, le ministère Guizot fut assez mal accueilli par les députés et par l'opinion. Il obtint cependant la confiance : les députés crurent qu'il s'agissait d'un gouvernement de transition. « L'humiliation extérieure à laquelle le cabinet Guizot vient présider, pèsera sur lui de manière à l'écraser », déclarait Salvandy. L'adversaire le plus acharné de Guizot n'était pas son prédécesseur, mais Matthieu Molé. Plus subtil que Salvandy et ses collègues, il apercevait que Guizot était le nouvel homme lige de Louis-Philippe et tenait la place dont on l'avait évincé. Il savait que le roi soutiendrait Guizot, comme il l'avait soutenu lui-même avant la coalition. De plus, il connaissait la ténacité de son rival et redoutait son talent oratoire.

La question d'Orient restait pendante. Lord Palmerston continuait d'humilier la France. La flotte anglaise bloquait Alexandrie. Son chef, l'amiral Napier, exerçait sur Méhémet Ali d'intolérables pressions. Sous couleur de le protéger contre le sultan, l'Angleterre manœuvrait pour le déposséder. Le but de Palmerston était évidemment d'enlever un allié à la France et d'affaiblir la position de celle-ci dans le bassin méditerranéen. Certes, par sa sagesse et par sa patience, Louis-Philippe avait évité un conflit. Il ne pouvait toutefois abandonner Méhémet Ali. Tout risque de guerre franco-anglaise n'était donc pas réellement écarté. Dans le discours du Trône qu'il prononça le 5 novembre, Louis-Philippe se montra conciliant, mais ferme. Il affirma qu'il ne transigerait pas sur les droits internationaux du royaume. La Chambre s'agita, encore qu'elle inclinât insensiblement vers la paix. Thiers essaya de défendre sa politique ; son bellicisme trouvait moins d'écho. Le talent de Guizot fit le reste. Les députés se contentèrent d'insérer dans l'Adresse une déclaration sur l'honneur de la France. Ce n'était qu'une victoire verbale, mais les démagogues sont peu regardants en ce domaine ; ils se paient volontiers de mots. Toutefois cette première passe d'armes augurait mal de l'avenir. « Guizot, écrivait alors un journaliste, est loin d'avoir gagné tout ce que Thiers a perdu : talent, force d'âme dans la tempête, don d'imposer à toutes les révoltes hostiles dans l'assemblée, art d'élever son auditoire en élevant la question à un point de vue général, voilà ses avantages. Il se grandit, mais sans se fortifier. Il pèse sur la majorité, sans s'y établir. Le sol est rebelle. »

Le discours du Trône obligeait le roi et Guizot à maintenir l'armée sur le pied de guerre pour satisfaire l'opinion. La chance les servit. Palmerston se trouva soudain en butte aux attaques du Parlement anglais. Il dut lâcher du lest, consentir à ce que la situation de Méhémet Ali fût réglée par une conférence internationale. Les Quatre Puissances reconnurent Méhémet Ali comme souverain héréditaire de l'Égypte (Londres, 31 janvier 1841). Guizot demanda et obtint que la France fût associée à cette décision. Il proposait de compléter le traité de 1841, pour en finir avec la question d'Orient. La France fut invitée à une nouvelle conférence. Le 13 juillet 1841 fut signée la Convention des Détroits. Elle plaçait la Turquie sous le protectorat de fait des puissances signataires. Elle édictait en outre la fermeture des Dardanelles et du Bosphore à tout bâtiment de guerre. Elle annulait donc le traité d'Unkiar-Skelessi entre le tsar et le sultan et, surtout, fermait l'accès de la Méditerranée à la flotte russe. L'Angleterre triomphait sur tous les points, mais la France sauvait la face et restait l'alliée de Méhémet Ali. Le vrai perdant n'était pas le pacha d'Égypte, mais Nicolas Ier. Il lui fallait renoncer à dépecer l'Empire ottoman sous prétexte de le protéger. Ses escadres limiteraient désormais leurs évolutions à la mer Noire. Il avait essayé de brouiller la France et l'Angleterre pour avoir les mains libres, et pour enfermer Louis-Philippe dans une impasse, dont il croyait qu'elle lui serait fatale. Louis-Philippe avait évité le piège. Il disait à l'ambassadeur d'Autriche : « C'est la Russie qui a tout gâché. Nicolas me hait d'une haine personnelle ; en cherchant bien, il a trouvé que le meilleur moyen de me renverser serait de rompre notre alliance avec l'Angleterre. Il a eu pour complice Palmerston. Vous, Autrichiens et Prussiens, vous avez suivi la Russie. Un autre se serait vengé aux applaudissements de la France. Je ne l'ai pas fait. Vous savez ma devise à l'égard des mauvais procédés de l'empereur Nicolas : Ignoramus ! »

Il ne s'était pas « vengé » parce que la France n'aurait pas résisté à une coalition et qu'il ne voulait pas réitérer Waterloo. Grâce à son habileté et à la collaboration de Guizot, la France avait retrouvé sa place dans le concert des grandes puissances. Pourtant l'alerte avait été sérieuse. Louis-Philippe ne pouvait oublier avec quelle célérité l'Angleterre, l'Autriche, la Prusse et la Russie s'étaient unies contre la France, de même qu'en 1814 et en 1815. La Sainte-Alliance ressuscitait soudain. L'Europe entière considérait la monarchie de Juillet comme un gouvernement révolutionnaire et Louis-Philippe comme un usurpateur. Il portait au front cette tache indélébile d'avoir ramassé dans le ruisseau la couronne échappée des mains de Charles X. Son règne constituait un précédent détestable. Nicolas n'était pas le seul à haïr le roi des Français. Les obséquiosités de Metternich étaient autant de perfidies. L'hostilité systématique de Palmerston promettait d'autres difficultés. Par bonheur, la signature de la Convention des Détroits fut son dernier acte politique. En août 1841, la victoire électorale des tories ramena lord Aberdeen au Foreign Office. Il était francophile et partisan de la paix. Guizot sut exploiter ses bonnes dispositions.

A l'intérieur, tout paraissait calme. Cependant la situation demeurait préoccupante. Thiers s'était engagé à ne point s'opposer à Guizot. Mais il se rapprochait de la gauche et muguetait avec les légitimistes. Ceux-ci préparaient un brûlot de leur façon. Soudain, deux de leurs journaux publièrent des lettres écrites par Louis-Philippe pendant l'Empire : il y souhaitait la défaite de Napoléon. D'autres lettres se rapportaient à des événements plus récents. Louis-Philippe s'y déclarait partisan d'évacuer l'Algérie. Il se vantait d'avoir contribué, par son immobilisme, à l'écrasement de l'insurrection polonaise. Il se félicitait que l'on fortifiât Paris, ce qui mettrait les émeutiers éventuels à la merci des forces de l'ordre. Il s'avéra que ces lettres avaient été vendues par une aventurière nommée Éselina Vanay, se faisant appeler Ida de Saint-Elme. Les lettres étaient apocryphes. Il n'empêche que leur publication occasionna un beau scandale et noircit la réputation de Louis-Philippe. Les carlistes ne s'arrêtèrent pas en si bon chemin. Ils publièrent les pseudo-mémoires de la baronne de Feuchères, naguère maîtresse du dernier Condé, peut-être sa meurtrière. Elle y dévoilait les machinations de Louis-Philippe pour capter l'héritage de son cousin au profit du duc d'Aumale. Guizot crut devoir protester contre ces procédés ignobles. Il n'obtint qu'un succès mitigé.

Les républicains n'étaient pas en reste. Les obsèques de Garnier-Pagès (en juin 1841) servirent de prétexte à une grande manifestation. Des discours hostiles au gouvernement furent prononcés. Le lendemain, on put lire dans *Le Peuple* : « Nous te portons nos regrets, mais cela ne suffit pas, nous te portons aussi nos promesses. » Garnier-Pagès était député du Mans. Ses électeurs le remplacèrent par le jeune avocat Ledru-Rollin. Il déclarait dans sa profession de foi : « Le peuple, c'est un troupeau conduit par quelques privilégiés comme vous, comme moi, qu'on nomme électeurs et, si le peuple se lève pour revendiquer ses droits, on le jette dans les cachots. Le peuple-roi ! Que faire pour le ressusciter : la réforme, condition première de tout progrès pacifique, une réforme radicale. Que tout citoyen soit électeur !... »

Louis-Philippe et Guizot n'aperçurent pas la portée de ce texte. Tout au contraire, Ledru-Rollin fut déféré devant un tribunal, condamné à quatre mois de prison et à 3 000 francs d'amende. Il fit appel et le jugement fut cassé. Ni le roi ni son ministre ne voulaient admettre le caractère inéluctable du suffrage universel.

Diverses mesures accrurent leur impopularité. Le budget de 1840 était en déficit de 138 millions. Le déficit atteignit 165 millions en 1841 et l'on prévoyait 115 millions en 1842. Les dépenses résultant de la guerre d'Algérie, de la quasi-mobilisation de 1840 et de la construction des fortifications de Paris expliquaient ce déséquilibre. Le gouvernement n'osa pas recourir à l'augmentation des impôts. Il lança un emprunt de 350 millions. Malgré l'appui de Rothschild et des autres banquiers, il ne réalisa que 150 millions à des conditions désastreuses. L'Ancien régime sur son déclin n'avait pas fait pis ! Le ministre des Finances Humann décida d'accroître le rendement des impôts, sans créer de taxes nouvelles et sans modifier les quanta. Il prescrivit une révision générale des cadastres. Elle révéla que 500 000 contribuables échappaient à l'impôt foncier, pour tout ou partie de leurs propriétés. Cette mesure, somme toute équitable, provoqua des émeutes locales contre les agents du fisc. Elle fut, notamment en province, l'une des causes de la désaffection contre le régime. Des naïfs s'imaginaient que la République diminuerait les impôts.

Le 13 septembre 1841, il y eut une nouvelle tentative d'assassinat. Le duc d'Aumale revenait d'Algérie, à la tête du 17e léger. Il faisait son Entrée à Paris par le Faubourg Saint-Antoine. Ses frères, les ducs d'Orléans et de Nemours, l'accompagnaient. Dans la rue Saint-Antoine, François Quénisset, dit Papart, tira un coup de pistolet sur les fils du roi. Il ne tua que le cheval d'un lieutenant-colonel qui précédait Aumale. C'était un ancien soldat condamné pour voies de fait sur un supérieur. Évadé de la prison Sainte-Pélagie, il avait repris son métier de scieur de long et fréquenté la société des Égalitaires. Les responsables de ce groupuscule, communistes avant la lettre, ne parlaient que de « crosser » Guizot, le roi ou ses fils, afin de radicaliser la révolution. Ils organisèrent l'attentat et chargèrent l'ancien soldat de l'exécution. Quénisset n'était qu'un pauvre hère. La cour le condamna à mort. Louis-Philippe le gracia sans hésiter.

En février 1842, la Chambre débattit à nouveau de la réforme électorale. Lamartine était passé à l'opposition. Il prononça un superbe discours dans lequel il reprocha à Guizot son inertie systématique, son refus de toute amélioration. Ses envolées lyriques produisirent un grand effet, mais donnèrent un piètre résultat. Le projet de réforme fut repoussé à 41 voix de majorité. Persuadé que l'électorat était à droite et fatigué des agitations de la Chambre, Guizot la fit dissoudre par Louis-Philippe. Les nouvelles élections lui donnèrent raison. Elles eurent lieu le 9 juillet 1842 et dotèrent le gouvernement de 266 sièges sur 449. On ne prêta pas attention au fait que, sur les douze députés de Paris, dix appartenaient à l'opposition, ce qui était pourtant symptomatique et passablement inquiétant pour l'avenir. La Chambre restait ce qu'elle était : l'émanation du pays légal, c'est-à-dire d'une bourgeoisie de plus en plus séparée du peuple.

II

LA MORT DU DUC D'ORLÉANS

Ferdinand-Philippe d'Orléans, prince héritier, avait trente ans. Il était l'espoir de la monarchie de Juillet. Les légitimistes le détestaient. Les libéraux lui savaient gré de son opposition à Casimir Périer, de ses réticences à l'égard de Molé et de Guizot. Il avait de la prestance, une beauté altière, l'allure d'un prince. Sa générosité de cœur, son intelligence des faits et des hommes, la fermeté de ses opinions, son ouverture d'esprit étaient connues. Il se préparait consciencieusement à régner et les républicains redoutaient son avènement, car ils le savaient capable de désamorcer la bombe qu'ils préparaient. Cette régénération de la royauté, ce réveil du pays, réclamés par l'opinion, il les avait inscrits dans son programme. En 1835, il confiait à sa sœur, la reine des Belges : « Je suis de ceux pour qui la Révolution de juillet n'a pas produit tout ce qu'ils en avaient attendu, fort à tort sans doute ; et quand, après cinq ans, la fumée qui nous entourait s'est un peu dissipée, que chacun a quitté son masque et que j'ai vu clair, alors j'ai été profondément pénétré de dégoût. On s'attache à briser cet élan qu'avait la nation ; les idées les plus étroites ont seules accès à la tête de nos législateurs. »

Cette perspicacité, cette hauteur de vues étaient celles d'un homme de vingt-cinq ans, ce qui augurait bien de son avenir. Il était peut-être le seul des Orléans à percevoir les dangers de la sclérose des institutions, les inconvénients de la réduction de l'électorat au pays légal. Il était aussi le seul à ne pas admirer inconditionnellement son père, même s'il le révérait. Il lui tenait tête. C'étaient deux volontés égales qui se heurtaient. Louis-Philippe, comme je l'ai indiqué plus haut, s'inquiétait des opinions avancées de son fils aîné, et de son bellicisme. Mais le prince avait peu à peu affiné sa pensée, pris conscience de la complexité des affaires. Il n'en restait pas moins résolu à promouvoir les réformes qu'il jugeait nécessaires, dès qu'il le pourrait. En 1840, il confiait au peintre Ary Scheffer, qui était un de ses amis : « L'époque actuelle est prospère, est paisible, mais elle est trop plane pour ne pas devenir bientôt stagnante et corrompue ; d'innombrables petits intérêts vulgaires et mesquins grouillent sous la surface unie que ne sauraient rider peut-être les plus violentes bourrasques. Ne suis-je donc pas appelé à donner une nouvelle impulsion, un nouvel essor à l'époque ? N'ai-je pas mission de poétiser l'œuvre de mon père ? J'ai déjà l'œil sur les individus qui me seconderont, je juge le chemin qu'ils ont fait déjà, et probablement mon choix étonnera le monde... Je fais d'abord mon éducation morale, en amassant à grand labeur tous les matériaux nécessaires en fait de recherches, d'analyses, de combinaisons, d'observations ; je posséderai ma statistique universelle à fond... Je souhaite la vie longue au roi, comme d'un père que je chéris et d'un souverain que j'honore, afin de pouvoir acquérir complètement cette expérience des hommes et des choses sans laquelle je ne saurais les diriger... C'est auprès de l'armée seule que je puis agir sans heurter la machine gouvernementale. Je pourrais vous faire sentir combien il serait peu judicieux pour moi d'y mettre trop la main ; ce serait m'enlever à la fois tout moyen de modification par la suite, gêner les mouvements du roi et m'engager vis-à-vis de lui et de la nation plus que je ne le voudrais. »

Il y avait donc un certain machiavélisme dans sa position. Ne pouvant faire prévaloir son point de vue, il se mettait en réserve, et préparait son avenir de roi réformateur. Il est d'ailleurs probable qu'en associant la jeunesse au pouvoir, en rendant la parole au peuple par le suffrage universel et en résolvant les problèmes sociaux négligés par son père, il eût sauvé la monarchie et eût épargné à la France le règne aventureux de Napoléon III.

Le sort en avait décidé autrement. Le 13 juillet 1842, le prince devait se rendre au camp de Saint-Omer, pour inspecter les régiments. Après cette inspection, il devait aller rejoindre la duchesse d'Orléans, qui était aux eaux de Plombières. Il quitta le pavillon de Marsan à onze heures, afin de prendre congé de ses parents qui se trouvaient alors à Neuilly. La voiture était un phaéton sans portières, attelé à deux chevaux trop ardents. Aucun de ses aides de camp n'accompagnait le prince. A la hauteur de la porte Maillot, les chevaux, échauffés par une allure trop rapide depuis le départ des Tuileries, s'emballèrent. La voiture s'engageait alors dans le chemin de la Révolte, perpendiculaire à la porte Maillot. Le prince cria au postillon :

— « Tu n'es plus maître de tes chevaux ? »

— « Non, Monseigneur, mais je les dirige encore ! »

Debout sur ses étriers, le postillon tenait en effet fermement les guides. Il espérait atteindre la vieille route de Neuilly, essouffler les chevaux. Le prince cria de nouveau :

— « Mais tu ne peux donc pas les retenir ? »

— « Non, Monseigneur ! »

Le prince avait un peu trop confiance en son agilité. Il sauta à pieds joints sur la chaussée, manqua son coup, trébucha. Sa tête percuta le pavé. Il resta inanimé en travers de la route. On accourut. On le transporta dans une épicerie située à quelques pas. On l'étendit tout habillé sur un lit et l'on chercha un médecin. Déjà le postillon revenait ; il avait maîtrisé les chevaux et ne comprenait pas pourquoi son maître avait sauté de la voiture. Un médecin du voisinage accourut, fit une saignée qui ne donna pas de résultat. Le prince ne présentait aucune blessure apparente, mais il ne reprenait pas connaissance. Des messagers partirent pour Neuilly et les Tuileries. La nouvelle se répandit dans Paris. Le roi, la reine, la princesse Adélaïde, la princesse Clémentine arrivèrent bouleversés rue de la Révolte. Le duc d'Aumale accourut de Courbevoie ; le duc de Montpensier, de Vincennes. Puis ce furent la duchesse de Nemours et ses dames d'honneur. Les ministres étaient réunis dans la salle du Conseil, ils attendaient le roi, quand ils apprirent l'accident. Ils accoururent eux aussi. Le maréchal Gérard, le chancelier Pasquier, le préfet de police, les officiers de la Maison royale suivirent. Le rez-de-chaussée de la misérable épicerie ne pouvait contenir tout ce monde. La foule s'était rassemblée devant la maison. Et toujours de nouvelles voitures arrivaient. Le chirurgien du prince, mandé en hâte, auscultait le blessé. Il diagnostiqua une fracture du rocher. Le prince avait entrouvert les yeux, murmuré quelques mots en allemand, puis il était retombé dans le coma. La reine, songeant au salut de son fils, fit appeler le curé de Neuilly. Quatre heures s'écoulèrent. Le visage du mourant se décolorait ; sa respiration s'amenuisait. La reine et ses filles, agenouillées près du lit, pleuraient et priaient. Aumale et Montpensier, debout près de leur père, versaient des larmes silencieuses. Le roi, retenant sa douleur, s'efforçait d'espérer. Il rassemblait ses souvenirs. Il avait lui-même fait une chute de cheval à Villers-Cotterêts, si grave qu'il n'avait repris connaissance qu'au bout de sept heures. Le même accident était arrivé à son frère Beaujolais en Écosse. Les médecins s'affairaient. A l'aide de gobelets empruntés à un cabaret voisin et d'un mauvais rasoir, ils improvisèrent des ventouses scarifiées. Il y eut un léger mieux. La respiration reprit. Il faisait une chaleur excessive. Les médecins demandèrent qu'on s'écartât du lit. La reine s'adossa à la porte. Elle défaillait. Le chancelier Pasquier la soutint pendant plus d'un quart d'heure. Le regard du roi allait des médecins, dont il scrutait les expressions, à son fils. A quatre heures, les symptômes d'une fin prochaine apparurent dans leur accablante vérité. Une demi-heure après, le corps eut un mouvement convulsif et la tête s'affaissa. Le roi embrassa son fils et lui ferma les yeux. La reine colla ses lèvres sur le front décoloré et cria :

— « Mon Dieu, mon Dieu, pardonnez-lui ses fautes ! »

Le duc d'Orléans n'avait point, apparemment, de sentiments religieux : c'était le seul chagrin qu'il eût causé à sa mère. A la douleur de le perdre, s'ajoutait pour elle la crainte du châtiment éternel. Le corps fut placé sur une civière et porté à Neuilly. La reine suivait, appuyée sur le roi. L'assistance les accompagna par compassion jusqu'à l'entrée du parc. Après cette lugubre procession, un catafalque fut dressé dans la chapelle du château et l'on y déposa la dépouille de « Chartres ». Le roi se préoccupa ensuite de prévenir la duchesse Hélène. Il craignait que la tragique nouvelle lui portât un coup mortel. Il décida donc d'envoyer Clémentine et la duchesse de Nemours à Plombières avec un médecin. Après leur départ, la reine jeta un regard sur son mari. Elle fut effrayée de la décomposition de ses traits. Il était « abattu, accablé, écrasé ». Pendant les trois jours suivants, oubliant son chagrin, ses regrets, ce fut elle qui soutint son courage, lui insuffla sa propre force d'âme. Elle ne le quitta pas un instant.

On sait, par la comtesse de Boigne, quels reproches cette femme, cette mère admirable pouvait se faire. La veille, le duc d'Orléans avait dîné à Neuilly. La reine lui avait fait promettre de revenir le lendemain, avant de partir pour Saint-Omer. Orléans ne savait rien refuser à la « chère majesté » : c'est ainsi que les princes appelaient leur mère. Si le malheureux n'avait pas tenu sa promesse, il serait encore vivant ! Mme de Boigne nous donne aussi d'autres détails. L'attelage du phaéton avait été improvisé à la hâte. Une partie des chevaux du prince avait été envoyée au camp de Saint-Omer. D'autres étaient à Plombières pour le service de la duchesse d'Orléans. On attela donc deux jeunes bêtes un peu trop fougueuses à une voiture d'une légèreté extrême. Le postillon de service, réputé pour son expérience, déclara que ces chevaux ne convenaient pas. Le prince s'impatienta.

— « C'est-à-dire que tu n'es pas capable de les conduire, répliqua-t-il. Qu'on appelle John ; lui ne fera pas de difficultés. »

Ce fut la mort qui baissa le marchepied et le postillon John devint fou de désespoir...

Le 3 août, il y eut un service solennel à Notre-Dame, puis le corps du malheureux prince fut inhumé à Dreux. Le prince de Joinville, qui participait à des manœuvres en Méditerranée à bord de « La Belle Poule », arriva juste à temps pour les obsèques. Et voici, extraite de ses *Vieux souvenirs*, ce qu'il écrit de son frère aîné, avec sa franchise habituelle : « La perte était immense, irréparable, en effet. Depuis dix ans, nous tous, et avec nous la France entière, considérions mon frère comme le chef, le chef de demain, le chef des grands jours à venir. Sans doute avions-nous pour le Roi, pour le Père, comme nous l'appelions entre nous, la plus tendre affection, le plus entier dévouement, le plus profond respect, mais celui vers lequel nous nous tournions pour avoir une direction, c'était Chartres. Pas un de nous qui n'eût depuis l'enfance accepté sans hésitation ses conseils, son autorité. Que de fois n'avions-nous pas discuté avec lui toutes les chances de l'avenir au-dedans comme au-dehors, et ne nous avait-il pas distribué à chacun les rôles qu'il nous destinait, rôles que nous sentions marqués au coin du bon sens, de la connaissance profonde des choses, et de cette griffe du chef qui s'impose. Ce que nous éprouvions vis-à-vis de lui, nous, ses frères, ses lieutenants, le pays l'éprouvait également. Aujourd'hui le Roi était sur la brèche, livrant chaque jour, avec son grand courage, la bataille de la vie, afin de conserver à la France la paix, le calme, la prospérité dont elle jouissait, et ceux que l'envie démocratique n'aveuglait pas l'en remerciaient. Mais le Roi vieillissait, les grands accidents pouvaient se produire, et, comme nous, tout le monde tournait les yeux avec confiance vers le chef jeune qui, sans se mêler aux luttes stériles de la politique terre à terre, se préparait sans relâche pour les grandes éventualités. Aussi bien pour tous que pour nous, le chef de demain était, je le répète, le duc d'Orléans. On lui savait gré de l'attention de tous les instants qu'il apportait à la bonne organisation, au perfectionnement de nos forces militaires, du soin avec lequel il allait chercher dans leurs rangs, sans ombre de favoritisme et sans distinction de naissance, les hommes les plus méritants, les Lamoricière, les Cavaignac, les Canrobert, les Mac-Mahon, pour les pousser au premier rang. C'était pour demain. De même dans le civil, s'il tendait la main, non pas aux incorrigibles révolutionnaires, mais aux hommes d'opinions avancées, qui faisaient de l'opposition au gouvernement du Roi, c'était aussi pour demain, pour pouvoir, à l'heure des dangers de la patrie, servir de trait d'union patriotique à toutes les forces vives de la nation. Hélas ! le sentiment général, le nôtre comme celui de la grande majorité des hommes qui songent, fut que le lien qui aurait pu réunir en faisceau ces forces, soit contre la révolution débordante au-dedans, soit contre l'ennemi au-dehors, venait de se briser. La mort détruisait une succession anticipée, acceptée de tous, et le principal soutien de la monarchie de Juillet. Désormais le navire allait errer sans chef, sans but, sans boussole, exposé à tous les orages. Les hommes comme les principes faisant défaut à la fois, nous retombions dans les gouvernements éphémères. Les événements n'ont que trop justifié ces tristes pressentiments. »

La disparition tragique du duc d'Orléans raviva la sympathie pour Louis-Philippe. Il y avait eu 7 000 personnes à la messe funèbre de Notre-Dame. Le roi pleurait à grosses larmes. Le spectacle de son chagrin toucha les cœurs. Les républicains n'osaient se réjouir ; cependant ils pensaient comme Béranger que la Providence se faisait soudain « furieusement républicaine ». Les légitimistes rapprochaient de la mort du duc d'Enghien dans les fossés de Vincennes, celle du duc de Berry agonisant dans une loge de l'Opéra et celle du duc d'Orléans rendant le dernier soupir dans une épicerie, sur un matelas, et voyaient le doigt de la colère divine! Quant aux carbonari et assimilés, ils clamaient que Louvel était vengé. Un postillon sans expérience, deux chevaux mal dressés avaient réussi avec brio ce que les candidats au meurtre avaient manqué. Les gens raisonnables s'inquiétaient de l'avenir, à juste raison. Le régime avait perdu sa clef de voûte. C'était leur sécurité que le duc d'Orléans avait emportée.

Louis-Philippe avait soixante-dix ans. Le comte de Paris, héritier du trône, n'avait que quatre ans. Le roi conservait sa robustesse et ses facultés intellectuelles. Cependant, il pouvait être amoindri par la maladie, succomber. Dans cette éventualité, qui assumerait la Régence? Le duc d'Orléans avait laissé un testament qui répondait à cette douloureuse question. C'est un document d'une importance exceptionnelle et l'on comprendra que je le cite presque intégralement. Il corrobore et complète admirablement le portrait écrit par Joinville. L'homme s'y révèle tout entier, dans ses préoccupations comme dans ses pressentiments, dans une grandeur authentique car dépouillée de vanité. Il avait été écrit à Toulon le 9 avril 1840, scellé de deux cachets de cire retenant un cordonnet tricolore:

« Si par malheur l'autorité du Roi ne pouvait veiller sur mon fils jusqu'à sa majorité, Hélène devrait empêcher que son nom fût prononcé pour la Régence, et désavouer hautement toute tentative qui se couvrirait de ce dangereux prétexte pour enlever la Régence à mon frère Nemours, ou à son défaut l'aîné de mes frères. En laissant, comme c'est son devoir et son intérêt, tous les soins du gouvernement à des mains viriles et habituées à manier l'épée, Hélène se dévouerait tout entière à l'éducation de nos enfants comme elle s'est dévouée à moi. C'est une grande et difficile tâche que de préparer le Comte de Paris à la destinée qui l'attend; car personne ne peut savoir à présent ce que sera cet enfant, lorsqu'il s'agira de reconstruire sur de nouvelles bases une société qui ne repose aujourd'hui que sur les débris mal assortis, et chaque jour mutilés, de ses organisations précédentes. Mais que le Comte de Paris soit un de ces instruments brisés avant qu'il n'entrevoie encore que de bien loin cette régénération sociale, à travers de grands obstacles et peut-être des flots de sang; qu'il soit Roi ou qu'il demeure défenseur obscur et méconnu d'une cause à laquelle nous appartenons tous, il faut qu'il soit avant tout un homme de son temps et de sa nation; qu'il soit catholique et serviteur exclusif de la France et de la révolution. Je suis certain que, tout en restant personnellement fidèle à ses convictions religieuses, Hélène élèvera scrupuleusement nos enfants dans la religion de leurs pères, dans cette religion catholique qui fut de tous temps celle que la France a professée et défendue, dont le principe est si parfaitement d'accord avec les idées sociales nouvelles au triomphe desquelles mon fils doit se consacrer. Il partagera l'éducation publique de ses contemporains. J'espère que d'ici là une réforme sérieuse de l'enseignement universitaire l'aura mis plus en harmonie avec les besoins de la société; mais quoi qu'il en soit, je demande formellement que mon fils soit soumis à cette épreuve de l'Instruction publique, qui peut seule, dans un siècle où il n'y a d'autre hiérarchie possible que celle de l'intelligence et de l'énergie, assurer en lui le complet développement de ces deux facultés. Je désire même, sans vouloir faire entrer mon fils à l'École polytechnique, qu'il subisse l'examen public d'admission à cette école... Je désire que mon enterrement ait lieu sans pompe ; j'ai évité pendant ma vie, autant que je l'ai pu, les comédies ; et je ne voudrais ni ennuyer le monde après ma mort, ni surtout faire servir mon cadavre à une mascarade posthume dont le seul résultat serait de faire bâiller les indifférents et amuser les oisifs. »

Louis-Philippe connaissait donc les souhaits de son fils quant à la Régence. Il partageait d'ailleurs son opinion à ce sujet. Il ne voulait à aucun prix que le gouvernement tombât, après sa mort, entre les mains d'une étrangère, allemande par surcroît. Il estimait Hélène, mais se méfiait de son caractère entier. Le problème au surplus dépassait la personne de sa belle-fille. Sous l'Ancien régime, en vertu du principe de la loi salique, la régence était normalement dévolue au prince mâle le plus proche, suivant l'ordre de progéniture. Mais la monarchie de Juillet ayant rompu avec le passé, étant par nature élective, ne revenait-il pas aux députés de désigner le régent ? Dans ce dernier cas, la mère du comte de Paris risquait d'être élue : et par ceux-là mêmes qui comptaient abuser de sa faiblesse, de son inexpérience. Pour parer le coup, Louis-Philippe fit préparer un projet de loi attribuant la régence à celui qui était désormais son fils aîné : le duc de Nemours. Les débats donnèrent lieu à une rude passe d'armes entre la droite et la gauche. Hélène de Mecklembourg avait la réputation d'être aussi libérale que son mari ; elle eut d'ardents défenseurs. Au contraire, Nemours affichait, disait-on, des opinions conservatrices ; il représentait l'ordre. Lamartine prononça un discours résolument féministe : selon lui, la Chambre n'avait pas le droit de priver une mère d'exercer la régence au nom de son fils. Barrot soutint également la régence de la veuve du duc d'Orléans. Il voulait surtout écarter Nemours, faire pièce à Louis-Philippe, d'une certaine manière effacer les derniers vestiges de l'Ancien régime. Guizot défendit la régence de droit. Il démontra superbement qu'elle résultait de la Charte, était conforme au régime constitutionnel. « Dieu veuille que Thiers parle demain, et qu'il parle bien ! » écrivait Louis-Philippe. Le 10 août, Thiers monta à la tribune ; il se sentait l'arbitre de la situation, rôle qui lui convenait à merveille. Guizot le considérait avec inquiétude. Une fois de plus, Thiers ne fut pas à la hauteur de la tâche et déçut ses amis. Il brûlait de voter contre le projet pour jouer un mauvais tour à Guizot et au roi, mais il n'osa pas et prononça cette phrase dont on ne savait si elle exprimait une intention de vote ou une prophétie :

— « Je ne vois que la contre-révolution derrière notre gouvernement ; en avant je vois un abîme ; je reste sur le terrain où la Charte nous a placés. »

La gauche se divisa, mais la loi investissant Nemours de la Régence fut votée par 310 voix contre 94.

Louis-Philippe et Guizot avaient lieu d'être satisfaits. Ce vote consolidait la dynastie des Orléans. Le pays légal respira : le régime qu'il avait institué semblait désormais hors d'atteinte. Le choix de Nemours était-il heureux ? La question reste sans réponse, car il n'eut pas à exercer la Régence. Il avait alors vingt-six ans. Il était si naturellement prince qu'il trouvait presque grâce aux yeux des légitimistes. Ceux-ci n'en préparaient pas moins leur riposte.

III

LE COMTE DE CHAMBORD

Dans les premiers jours d'octobre 1843, Chateaubriand reçut une lettre du comte de Chambord, datée de Magdebourg le 30 septembre. Il eut la stupeur de lire :

« Je serai à Londres dans la première quinzaine de novembre, et je désire bien vivement qu'il vous soit possible de venir m'y rejoindre ; votre présence auprès de moi me sera très utile et expliquera mieux que toute autre chose le but de mon voyage. Je serai heureux et fier de montrer auprès de moi un homme dont le nom est une des gloires de la France, et qui l'a si noblement représentée dans le pays que je vais visiter. Venez donc, Monsieur le Vicomte, et croyez bien à toute ma reconnaissance et au plaisir que j'aurai à vous parler de vive voix des sentiments de haute estime et d'attachement dont j'aime à vous renouveler ici la bien vive assurance. »

Cette aimable lettre contenait tous les ingrédients de nature à séduire le « serf de la légitimité », y compris l'allusion à son ambassade en Angleterre. Le vieillard souffrait de la goutte et n'y voyait plus guère. Son vieux cœur s'enflamma à la pensée de revoir le petit-fils de Charles X, l'ex-enfant du miracle, ce duc de Bordeaux qui se faisait appeler comte de Chambord et qui était l'héritier légitime du trône de France ! Il résolut de faire le voyage, dût-on le « porter dans son cercueil ». Tous les souvenirs du château de Bohême, de l'adolescent royal, de sa sœur, lui revenaient en tête. Il avait naguère répondu à l'appel de sa mère, la duchesse de Berry. Pouvait-il se soustraire à l'appel du fils de cette infortunée ? Le jeune prince avait besoin de lui ; il voulait se recommander de sa gloire d'écrivain ; il réclamait sa présence ! Le vieil homme boucla son bagage et partit pour l'Angleterre le 22 novembre. Il avait appris, entre-temps, que le prince ferait une importante déclaration. Il en devinait la teneur et, bien qu'il en perçût la vanité, s'en réjouissait. C'était un jusqu'au-boutiste de la fidélité ! Un grand nombre de légitimistes, ayant à leur tête le duc de Fitz-James, se trouvaient à Londres. Quand ils apprirent l'arrivée de Chateaubriand, ils se portèrent en foule pour le saluer et pour le remercier de sa présence. Soudain, la porte s'ouvrit et le comte de Chambord parut, accompagné de Berryer et du duc de Valmy.

— « Messieurs, dit-il, j'ai appris que vous étiez réunis chez monsieur de Chateaubriand, et j'ai voulu venir ici vous rendre visite. Je suis si heureux de me trouver au milieu des Français ! J'aime la France, parce que la France est ma patrie, et si jamais mes pensées se sont dirigées vers le trône de mes ancêtres, ce n'a été que dans l'espoir de servir mon pays avec ces principes et ces sentiments si glorieusement proclamés par monsieur de Chateaubriand, et qui s'honorent encore de tant de talent et de si nobles défenseurs dans votre terre natale. »

Le soir, Chateaubriand écrivit à Mme Récamier : « Je viens de recevoir la récompense de toute ma vie : le prince a daigné parler de moi, au milieu d'une foule de Français, avec une effusion digne de sa jeunesse. Si je savais raconter, je vous raconterais cela ; mais je suis là à pleurer comme une bête. »

Le comte de Chambord lui fit réserver un appartement dans son propre hôtel, à Belgrave Square. Chaque matin, il entrait dans sa chambre, s'asseyait familièrement sur le lit, s'entretenait longuement avec lui des intérêts, des libertés, de l'avenir de la France. Au cours de la journée, il venait le prendre dans sa voiture et l'emmenait en promenade, afin de ne perdre aucune heure de son séjour. La veille du départ de Chateaubriand, il lui adressa cette lettre : « Monsieur le Vicomte de Chateaubriand, au moment où je vais avoir le chagrin de me séparer de vous, je veux vous parler encore de toute ma reconnaissance pour la visite que vous êtes venu me faire sur la terre étrangère, et vous dire tout le plaisir que j'ai éprouvé à vous revoir et à vous entretenir des grands intérêts de l'avenir. En me trouvant avec vous en parfaite communion, d'opinions et de sentiments, je suis heureux de voir que la ligne de conduite que j'ai adoptée dans l'exil, et la position que j'ai prise sont, en tous points, conformes aux conseils que j'ai voulu demander à votre longue expérience et à vos lumières. Je marcherai donc avec encore plus de confiance et de fermeté dans la voie que je me suis tracée. Plus heureux que moi, vous allez revoir notre chère patrie ; dites à la France tout ce qu'il y a dans mon cœur d'amour pour elle. J'aime à prendre pour mon interprète cette voix si chère à la France, et qui a si glorieusement défendu, dans les temps, les principes monarchiques et les libertés nationales. »

Chateaubriand savait ce qui lui restait à faire. Il n'y manqua pas et son génie retrouvant sa jeunesse enfanta d'admirables pages. Mais enfin le voyage du comte de Chambord en Angleterre n'avait pas pour but exclusif de rencontrer Chateaubriand. Le comte de Chambord avait alors vingt-trois ans. Il venait à peine d'être délivré de la pesante tutelle de Blacas et de ses éducateurs, en clair de l'influence des jésuites. Quand il apprit la mort du duc d'Orléans et la dévolution de la Régence à Nemours, il décida de prendre nettement position. Le moment était bien choisi pour affirmer l'usurpation de cette branche d'Orléans qui prétendait se pérenniser. D'où sa décision de se rendre à Londres, et les convocations adressées aux légitimistes, et en tout premier lieu à Chateaubriand qui serait l'historiographe de cette journée décisive et saurait, par la magie de son style, exalter l'événement. Un millier de légitimistes passèrent la Manche avec Fitz-James, des pairs de France et des députés. C'est dire le peu de cas que ces derniers faisaient de la monarchie de Juillet, de la régence de Nemours et du chagrin de Louis-Philippe. Ils voulaient voir celui qu'ils considéraient comme le vrai roi, lui rendre hommage. Le 4 décembre 1843, dans la résidence de Belgrave Square, se déroula une sorte de cérémonie d'investiture. Le comte de Chambord avait revêtu l'uniforme de lieutenant général (de la Restauration). Il portait le cordon bleu en sautoir. Il prononça un discours politique, dans lequel il réaffirma ses droits dynastiques. Ce fut Chateaubriand qui lui répondit, en termes émouvants. Le « serf de la légitimité » le reconnaissait pour roi. Comme aux temps heureux de la royauté, Henri V fut acclamé par ses féaux. Il put avoir, pendant quelques instants, l'illusion de régner. En tout cas, il reprit quelque espoir dans l'avenir. Le duc de Fitz-James tint à remercier Chateaubriand. Il le fit en ces termes:

— « Après avoir rendu hommage au roi de France, il nous restait un autre devoir à accomplir et nous nous sommes présentés à vous pour rendre hommage à la royauté de l'intelligence. »

Louis-Philippe prit fort mal l'avènement in partibus d'Henri V. Dès qu'il eut été informé du voyage du prétendant en Angleterre, il avait écrit à son gendre, Léopold de Belgique, pour lui demander d'intervenir auprès de la reine Victoria. L'Entente cordiale s'amorçait. La jeune reine n'avait aucune envie de contrarier Louis-Philippe. Elle n'empêcha point Henri V de s'installer à Belgrave Square et à ses partisans de débarquer en Angleterre, mais elle refusa de le recevoir et il fut courtoisement prié d'écourter son séjour. Il n'empêche que la manifestation du 4 décembre avait eu un retentissement considérable. Louis-Philippe sut que le prétendant ne s'était pas contenté de proclamer son droit imprescriptible contre l'usurpation des Orléans, mais qu'il avait recommandé à ses adeptes de ne pas s'exclure des affaires du pays, de renoncer aux plaisirs de Paris et de vivre en province afin de rentrer en contact avec le peuple rural. Programme qui ne laissait pas d'être assez troublant! Louis-Philippe apprit aussi que certains des manifestants avaient endossé leurs tenues datant de Charles X, arboré leurs croix de Saint-Louis et du Saint-Esprit. Il connut les noms des pairs et des députés qui avaient participé à la cérémonie. On lui répéta mot à mot le remerciement de Fitz-James à Chateaubriand. L'hommage « au roi de France » le mit en fureur. Il ne pouvait encaisser une gifle pareille sans réagir. Il clama que les pairs et les députés qui s'étaient rendus à Londres avaient violé leur serment de 1830 et, parjures, n'avaient plus le droit de siéger aux Assemblées. Pour l'apaiser, Guizot inséra ce paragraphe dans le projet d'Adresse: « Oui, Sire, votre famille est vraiment nationale. Entre la France et vous, l'alliance est indissoluble: les droits de votre dynastie, fondés sur l'impérissable principe de la souveraineté nationale, sont garantis par vos serments et les nôtres. La conscience publique flétrit de coupables manifestations ; notre révolution de Juillet, punissant la violation de la foi jurée, a consacré chez nous la sainteté du serment. » Le projet d'Adresse fut discuté le 26 janvier 1844, et ce fut un beau tapage. Guizot dut regretter son excès de zèle à l'égard de Louis-Philippe. Les conservateurs estimaient que la « flétrissure » était excessive. La gauche flattait les légitimistes pour les utiliser en cas de besoin ; elle fit chorus. Guizot eut le tort d'insister sur l'« immoralité politique » du voyage à Londres et s'enferra davantage. Berryer se dressa sur son banc, s'écria:

— « C'est nous qu'on vient accuser d'avoir trahi les droits du citoyen. Je le demande: si nous étions allés aux portes de la France, devant l'Europe assemblée en armes, porter quoi ? des conseils politiques ! aurions-nous manqué à la moralité ? »

C'était une allusion insultante au séjour de Guizot à Gand pendant les Cent-Jours. Guizot voulut répliquer. Des hurlements de « A bas le traître ! Honte au déserteur ! » couvrirent sa voix. Il tint tête à cette « meute de chiens de boucher ». Dans un moment d'accalmie, il trouva moyen de placer cette mercuriale:

— « On pourra épuiser mes forces, on n'épuisera pas mon courage. Quant aux injures, aux calomnies, aux colères extérieures, on pourra les multiplier, les entasser tant qu'on voudra, on ne les élèvera jamais au-dessus de mon dédain. »

Il fallut lever la séance. Le lendemain, les esprits s'étaient calmés. L'Adresse fut adoptée par 30 voix de majorité. C'était une mince victoire. Guizot avait compromis son autorité pour peu de chose. Il ne cacha pourtant pas sa satisfaction.

— « J'aime mieux, déclara-t-il à ses amis, un acte décisif avec une majorité faible qu'une faiblesse avec une majorité forte. »

L'acte qu'il venait d'accomplir n'était qu'une maladresse. Louis-Philippe tint rigueur aux députés qui n'avaient pas voté l'Adresse, et le leur fit savoir. Cette attitude manquait assurément d'élégance. Quant aux députés qui s'étaient rendus à Londres, malgré leur serment de 1830, ils démissionnèrent pour la courte satisfaction de Guizot, mais

furent tous réélus et reprirent bientôt place sur leurs bancs. La
« flétrissure » (de l'Adresse) n'avait guère impressionné leurs électeurs.

Le comte de Chambord triomphait :

— « Le but que je m'étais proposé, dit-il, et qui a provoqué mon
voyage en Angleterre, a été complètement atteint ; ce qui le prouve,
c'est la discussion qui a suivi mon retour, discussion éminemment
préjudiciable au gouvernement de Louis-Philippe, et le vote de flétrissure qui a atteint toute la Chambre et qui, par la réélection des flétris,
est retombé avec usure sur tous ceux qui l'ont provoqué. »

Il ne se rendait même pas compte que cette déclaration dénaturait la
manifestation du 4 décembre. On pouvait en déduire qu'il attachait
moins d'importance à sa prise de position qu'aux difficultés qui en
étaient résultées pour Louis-Philippe. Il rejetait le panache pour
retomber dans la mesquinerie et cela nuisait à sa cause. Il gardait
néanmoins des partisans. L'Adresse les avait tirés de leur léthargie.
Louis-Philippe n'avait pas à attendre de ménagements de leur part. De
leur côté, les bonapartistes ne lui pardonnaient pas d'avoir enfermé leur
prince. Pourtant les conciliabules des uns et des autres autour de leur
prétendant respectif ne mettaient pas le régime en danger. C'étaient des
hommes d'une autre trempe qui préparaient silencieusement l'avenir.

IV

UN CALME TROMPEUR

Bien que Paris fût en somme entre deux révolutions (celle de 1830 et celle de 1848), elle restait une ville pleine de séduction, au moins pour ceux qui vivaient dans l'aisance. C'était même la capitale incontestée des arts, de l'esprit, de la mode, des plaisirs. Pour cela même elle attirait les étrangers, principalement les Anglais. Certains d'entre eux, comme Seymour et Dickens, avaient succombé à ses attraits, au point de s'y fixer définitivement. Il y avait d'abord les salons parisiens fréquentés par les élites et dont la réputation s'étendait pour certains à l'Europe. A cette époque, Paris donnait encore le ton et servait de modèle aux autres capitales. La révolution de 1830 avait chassé les légitimistes de leurs hôtels: plus exactement, ils les avaient fermés, croyant faire de Paris un « désert ». Ce n'était qu'un désert mondain, et encore relatif, limité au Faubourg Saint-Germain. Les années passant et Louis-Philippe se maintenant au pouvoir, on s'était lassé des délices de la vie à la campagne; on était revenu à Paris et l'on avait rouvert les salons. Sans eux la vie semblait impossible! Il va sans dire que les salons légitimistes rivalisaient avec les salons louis-philippards: mais il existait aussi des salons où, par suite d'une neutralité tacitement acceptée, les deux partis se rencontraient. Les uns et les autres s'efforçaient de retrouver ou de maintenir les anciennes traditions d'élégance et d'urbanité, sans toujours y parvenir, car l'esprit bourgeois y contrecarrait souvent l'esprit aristocratique, tout en s'appliquant à l'imiter. En dépit des luttes politiques, des événements dramatiques, des tumultes qui jalonnèrent le règne du roi-citoyen, la vie de société ne cessa d'être brillante et intensive. Les salons de la duchesse de Maillé, de la duchesse de La Rochefoucauld-Liancourt, de la duchesse de Rauzan, de la vicomtesse de Noailles, de Mme de Chastenay, de Mme d'Aguesseau, de Mme de Ségur, restaient, par exemple, conformes à la tradition. La conversation y était à l'honneur, comme au XVIIIᵉ siècle. Les jeunes s'y ennuyaient poliment. Pour les distraire, et céder à la mode, on terminait la soirée par quelques tours de valse. Puis, comme on ne pouvait se rendre aux bals des Tuileries, par fidélité envers Henri V, on imagina de donner des bals d'opposition. On affirmait ainsi ses convictions légitimistes en dansant et en muguetant avec les filles à marier ! Ces bals avaient pour but de venir en aide aux anciens pensionnés de la liste civile, privés de ressources depuis 1830. Ils étaient organisés par souscription par les plus grandes dames du Faubourg Saint-Germain et théoriquement réservés aux légitimistes. Mais ils connurent une telle vogue que les partisans de Louis-Philippe, mettant de côté leur ostracisme, s'y infiltrèrent peu à peu. Les femmes des personnages officiels en étaient naturellement exclues, d'où de terribles rancunes ! Car on était saisi d'une véritable fringale de danse. On ne dansait pas seulement dans les salons, mais dans les théâtres, à l'Opéra, à l'Odéon, à la porte Saint-Martin, à la salle Ventadour. Il y avait même les bals du matin réservés aux jeunes filles qui cherchaient un cœur. La mode revenait aux bals masqués qui autorisaient toutes les excentricités et toutes les audaces. Les invitations de la comtesse Apponyi, à l'ambassade d'Autriche, étaient fort appréciées ; on y dansait la polka, danse populaire de Bohême fort animée. Chez Mme Orfila, épouse du doyen de l'École de médecine, on dansait des quadrilles endiablés, de sept heures du soir à minuit, tout en mettant à mal un copieux buffet. Chez Sophie Gay, mère de Mme de Girardin, brillait une pléiade d'artistes : le compositeur Berlioz, le pianiste Liszt, le harpiste Lebarre, les littérateurs Balzac, Lamartine, Alphonse Karr, Eugène Sue. On chantait, on récitait des vers, on jouait la comédie et l'on racontait des histoires de revenants pour se donner le frisson. Les musiciens dominaient dans le salon de Mme Ricord, femme du célèbre médecin ; là fut chanté pour la première fois le « Stabat Mater » de Rossini. La princesse Belgiojosa (qu'on surnommait Belle et Joyeuse) s'entourait d'écrivains et d'artistes : Augustin Thierry, Victor Cousin, Henri Martin, Alfred de Musset, Ary Scheffer, Bellini, Liszt. Elle choisissait ses amants dans cet aréopage, n'appréciant, paraît-il, que les hommes supérieurs, même au lit ! Certains salons étaient des sortes de temples où l'on révérait un hôte de choix. Tel était le cas du salon de Mme de Castellane où trônait Matthieu Molé. Celui de Mme Récamier, à l'Abbaye-aux-Bois, où le Divin Vicomte jetait ses derniers feux au milieu d'une cour d'admiratrices. Celui de la princesse de Liéven, « âme-sœur » et sans doute un peu plus de François Guizot. Séparée de son mari, elle vouait à Guizot un véritable culte, veillait à sa réputation, le conseillait au besoin et lui ménageait d'utiles rencontres. On insinuait qu'elle était une espionne à la solde de Saint-Pétersbourg et de Berlin. Elle habitait rue Saint-Florentin, l'ancien hôtel de Talleyrand. Guizot palabrait dans le salon même où le Diable boiteux avait reçu la visite du tsar Alexandre en 1814 et négocié la restauration des Bourbons. Le salon de Mme Thiers, rue Saint-Georges, était surtout fréquenté par des politiciens dont, à la vérité, la couleur changeait avec l'humeur et les projets du maître de maison. Mme de Chastenay s'efforçait de rapprocher les extrêmes, de réconcilier les orléanistes et les carlistes. Son influence ne fut pas négligeable : on vit de jeunes légitimistes, lassés par l'inaction de leur parti, accepter de servir dans l'armée de l'usurpateur. Le baron James de Rothschild, « Néron de la finance », s'était offert un superbe hôtel rue Laffitte. On y honorait le cuisinier Carême, tout autant peut-être que Rossini, Ary Scheffer, Heine ou le savant helléniste Letronne. Les dames les plus huppées du Faubourg Saint-Germain ne refusaient point les invitations du banquier. Il avait une telle fortune, possédait de telles splendeurs qu'il devenait « possible ». Le comte Jules de Castellane habitait rue du Faubourg Saint-Honoré. Il avait une vocation d'acteur et de metteur en scène et donnait leur chance à des débutants. Ses soirées avaient un grand succès... de curiosité.

Les hommes fréquentaient de plus en plus les Cercles. Ils y étaient si l'on peut dire « en liberté ». Ils pouvaient y fumer, y parler à leur aise, sans se soucier des convenances. Le Cercle du Commerce se trouvait boulevard Montmartre. Les Amis des Arts, rue de Choiseul. Le Cercle de l'Union était composé pour moitié d'étrangers et fréquenté par les diplomates. Le Cercle des Arts, fondé en 1837, disposait d'une salle de concert et d'une salle d'exposition de peinture. Le plus célèbre de tous, le plus sélect et le plus recherché, était le Jockey-Club, dont la cotisation annuelle avait été fixée à 300 francs (or) et le droit d'inscription à 450 francs. Il tirait son origine de la Société d'encouragement pour l'amélioration des races de chevaux en France. Lord Seymour avait été l'un de ses fondateurs et son président jusqu'en 1835. Depuis 1836, le grand maître du Jockey-Club était le prince de la Moskowa. Ce cercle organisait des courses de chevaux, notamment celles de Chantilly. Il avait fondé un Grand Prix que se disputaient les écuries les plus réputées et qui dure toujours. L'importance croissante donnée à la vie du cercle par les hommes incita les femmes délaissées à se grouper dans la coterie des Incomprises. Se posant en victimes, elles ne tardèrent pas à trouver des consolateurs. Le Cercle des Incomprises acquit bientôt une étrange réputation.

Les dandys ou lions formaient un milieu à mi-chemin de la haute société et du demi-monde. Les lions n'avaient rien inventé. Ils étaient les successeurs des muguets, des roués, des muscadins et des merveilleux. On les appelait aussi fashionables. Ce n'étaient que des viveurs se piquant de cynisme et d'élégance, obéissant à des règles fort strictes, aimant les femmes mais fuyant la passion, aimant les chevaux par anglomanie et pourvu qu'ils fussent de haut prix, fréquentant les restaurants, et les cafés à la mode, dans le seul souci de paraître, portant des redingotes pincées à la taille, le plus souvent noires ou gris-perle avec des jabots de dentelle, ayant leurs tailleurs, leurs bottiers, leurs chemisiers attitrés. Ils affectaient une expression de dédain et d'ennui, des gestes lents et mesurés. Levés tard, passant des heures à leur toilette, ils perdaient leur journée à des vétilles et ne commençaient à vivre qu'aux alentours de cinq heures. Encore cette vie n'était-elle qu'une représentation perpétuelle. Ils avaient deux modèles fort dissemblables : le comte d'Orsay et Lord Seymour. Le premier se distinguait par une simplicité exquise et par une élégance native. Il aimait les arts. Brummel et quelques autres ne pouvaient s'empêcher de le jalouser. Lord Seymour était son antithèse. La pratique quotidienne de la gymnastique avait fait de lui une force de la nature. Remarquable cavalier, il était aussi un escrimeur et un boxeur redoutables. Dandy sportif, il n'en fréquentait pas moins les cafés et les restaurants à la mode, buvait sec et renvoyait ses maîtresses avec une brutalité et un mépris qui finirent par scandaliser ses amis. La légende le confondit longtemps avec le célèbre Mylord l'Arsouille, qui s'appelait en réalité Charles de La Battut et n'était qu'un dandy de la canaille.

Ces lions désabusés avaient pour passe-temps et proies les grisettes et les lorettes. Les grisettes étaient des ouvrières travaillant dans les ateliers de couturières ou de modistes. Sous-payées, elles avaient en général un amant de cœur et un amant de budget. D'une aventure à l'autre, beaucoup d'entre elles devenaient des lorettes. Écoutons Balzac : « Lorette est un mot récent inventé pour exprimer l'état d'une fille ou la fille d'un état difficile à nommer, et que dans sa prudence, l'Académie a négligé de définir, vu l'âge de ses quarante membres. Quand un nom nouveau répond à un cas social qu'on ne pouvait pas dire sans périphrase, la fortune de ce mot est faite. Aussi la lorette passa-t-elle dans toutes les classes de la société, même dans celles où ne passera jamais une grisette. Le mot ne fut fait qu'en 1840, sans doute à cause de l'agglomération de ces nids d'hirondelles autour de l'église Notre-Dame de Lorette. » Effectivement les lorettes habitaient ce quartier en attendant une meilleure fortune qui se présentait quelquefois. Les plus chanceuses entraient dans le demi-monde grâce à leurs amants. Certaines parvinrent à la fortune. La plupart moururent dans le dénuement et d'autres périrent au sommet de leur gloire, épuisées par les excès et la maladie : la fameuse Dame aux Camélias fut de celles-ci. C'étaient les victimes consentantes des dandys.

Tout le monde ne pouvait appartenir au Jockey-Club, fréquenter les lions de haute volée. Au niveau inférieur, il y avait les bousingots (de bousin qui signifie tapage en argot). Ils avaient les cheveux ras (à l'inverse des dandys), portaient des gilets à la Marat et des chapeaux de cuir bouilli. Ils se proclamaient républicains, matérialistes, ne croyant ni à Dieu ni à Diable, avec pour seul idéal le plaisir. Ils se groupaient en associations de gais lurons, dont la plus connue était celle des Badouillards. Les impétrants devaient être bons danseurs, boxeurs, escrimeurs, mal embouchés et francs buveurs. Ils passaient une sorte d'examen probatoire. Eux aussi poursuivaient les filles comme un gibier. Moins discrets que les dandys, ils ne se contentaient pas de mépriser les bourgeois ; ils les couvraient d'injures, l'occasion s'offrant, et troublaient le sommeil des gens paisibles par leurs chants politiques, voire obscènes. Ils comptaient pourtant dans leurs rangs d'authentiques républicains et quelques dangereux anarchistes. La police les surveillait sans beaucoup d'efficacité.

L'homme du Juste Milieu, c'est-à-dire le bourgeois, qu'il soit négociant ou fonctionnaire, ignorait l'opulence. Il anathémisait les plaisirs auxquels il n'avait pas accès et qui offensaient son sens moral, ou du moins le code de moralité adopté par son milieu. Laborieux, économe, il construisait sa propre fortune et celle de la France. Il en était pompeusement conscient et condamnait la prodigalité des dandys. Il croyait aussi détenir une parcelle du pouvoir, depuis que Louis-Philippe régnait. Son honorabilité se proportionnait à son argent. Ses plaisirs étaient innocents ou modestes : une table abondante, une partie de whist ou de bouillotte, des soirées agrémentées par des chansons. Il ne se refusait pas un repas en famille ou avec des amis. Il allait volontiers au théâtre, se délectant des mièvreries de Scribe ou des pièces historiques d'Alexandre Dumas. Les plus riches fréquentaient un cercle. Les plus sérieux ne dédaignaient pas la grisette dont le tarif ne risquait pas de gruger le budget. On s'honorait d'appartenir à la Garde nationale. Daumier dénonçait en vain le ridicule et les travers de cette classe, dont l'âpreté au gain, la dureté envers les pauvres se voilaient de fleurettes sentimentales.

Le commis de boutique, l'employé de bureau, apprentis bourgeois, se rattrapaient le dimanche et les jours fériés. La moustache en bataille, le cheveu frisé, la canne à la main, ils singeaient les fashionables. Peu leur importait de déjeuner de charcuterie dans un bouchon minable, ils se pavanaient tout l'après-midi sur les Champs-Élysées, lorgnaient les belles, se donnaient des airs de rentiers en goguette, et rentraient dans leur mansarde en feignant l'ivresse. Ils se flattaient d'idées libérales, voire républicaines, mais en attendant d'épouser la fille du patron et de rallier le camp des conservateurs. Certains, bien sûr, étaient sincères.

Les étudiants formaient une catégorie particulière. Presque tous, Parisiens de naissance ou provinciaux, étaient issus de la bourgeoisie. La Vie de Bohème, Mimi Pinson et ses acolytes, pour émouvants qu'ils soient, trahissent la vérité. Sauf exceptions, les étudiants suivaient ponctuellement les cours et préparaient leurs examens. C'étaient dans leurs rangs que se recrutaient les doctrinaires de la République, ses partisans les plus actifs et les plus tenaces. Faute de débouchés, les diplômes ne procuraient pas toujours les emplois correspondants. Pour ces déclassés, la République représentait un espoir.

Quand on considère la liste des restaurants de cette époque, des théâtres, des créations de pièces, on incline à penser que les Parisiens avaient le temps et les moyens de s'amuser et l'on envierait presque leur bonheur. Transportons-nous par l'esprit dans le quartier des Halles, autour de Saint-Eustache. Là se tapit la misère, là gîte le petit peuple de Paris. Les boulevards, les restaurants de luxe, les lieux de plaisir sont à deux pas. Ici, les maisons se pressent, vétustes et noirâtres, le long de rues qui ressemblent à des venelles. Les fenêtres sont étroites, les escaliers le plus souvent délabrés. Mais les tripots, les maisons de passe, les cafés borgnes ne manquent pas. Là fleurit la truandaille. La police de cette époque a dénombré plus de 7 000 voleurs et receleurs professionnels : que l'on se reporte aux lugubres *Mémoires* de Canler, chef de la Sûreté. La criminalité prend des proportions effrayantes : Lacenaire n'est que le plus connu de cette cohorte d'assassins. En 1840, on recueillit 130 000 enfants abandonnés. Dans le Faubourg Saint-Antoine, l'insalubrité, la promiscuité étaient les mêmes. Ce quartier était principalement peuplé d'ouvriers. Ils gagnaient à peine de quoi vivre : 3 francs par jour en moyenne. Leur salaire avait décru, depuis le règne de Louis XVIII, en proportion inverse de l'augmentation des loyers et du prix de la vie. Nombre d'entre eux sombraient dans l'alcoolisme. Quelques-uns cependant, le plus souvent grâce aux sociétés secrètes, cherchaient à s'instruire, à s'élever ; ils prenaient conscience d'eux-mêmes, de la force qu'ils représentaient dans la nation. Il leur tardait d'obtenir enfin le droit de vote, la qualité de citoyen. Les mots jusqu'alors inconnus de capitaliste et de prolétaire émergeaient. Les plus intelligents rêvaient de reconstruire la société. Est-ce par hasard que Pierre-Joseph Proudhon publia son ouvrage, *Qu'est-ce que la propriété* en 1840 ? Sa réponse était : « La propriété, c'est le vol. » Il ne réclamait pas la suppression de la propriété en tant que telle, mais sa répartition équitable entre les citoyens, c'est-à-dire l'égalité sociale. Son livre devint la Bible des ouvriers : de ceux qui n'allaient pas noyer leur désespoir dans la fumée des cabarets.

Captif de la bourgeoisie qui était son support et son garant, le gouvernement de Louis-Philippe n'osait pas se pencher sur le monde du travail, corriger au moins les abus les plus criants, fixer par une loi la fourchette des salaires. De même qu'il l'avait fait pour les canuts de Lyon, il n'intervenait pas dans les rapports entre les ouvriers et les patrons, par crainte de commettre un abus de pouvoir, et de sortir de la sacro-sainte Charte ! Tout ce qu'il consentit à faire fut d'interdire, par la loi du 22 mars 1841, de recruter dans les ateliers, manufactures, et usines, les enfants de moins de huit ans ; de limiter à 8 heures la durée du travail des enfants de huit à douze ans ; et à 12 heures le travail des adolescents de douze à seize ans. Son audace s'arrêta là. Il ne se préoccupa jamais du travail des femmes, des risques d'accident, du sort des estropiés. Liberté entière était laissée aux patrons. Tous n'en abusaient pas. Mais, le plus souvent, les nécessités de la concurrence, la cupidité, l'indifférence à la condition d'autrui, gommaient ce qu'il leur restait de sentiments humains. Comme sous Louis XVIII et Charles X, on allégeait sa conscience en multipliant les œuvres charitables, sans comprendre que l'on humiliait les pauvres en les secourant. Ce que les ouvriers voulaient, à juste raison, ce n'étaient pas des distributions gratuites, mais la possibilité de gagner honnêtement leur vie et d'économiser quelques sous.

Ce problème ouvrier devenait plus sensible à mesure que l'industrie prenait son essor. Les concentrations d'usines engendraient un nouveau prolétariat, dont les conditions d'existence étaient la plupart du temps misérables. L'émergence de cette nouvelle classe ne tarderait pas à déséquilibrer la société, cela tombait sous le sens. Mais la bourgeoisie voulait limiter l'avenir au présent, pérenniser sa prospérité. Il est vrai que la France restait, dans son immense majorité, rurale et statique. Les techniques agricoles n'avaient point évolué, hormis dans quelques grands domaines. La vie était patriarcale, rythmée par les saisons. Dans l'ensemble, les paysans continuaient à s'enrichir : les actes notariaux en font foi. Les événements politiques rencontraient peu d'écho, sauf dans les villes. Les élections ne soulevaient pas les passions. Louis-Philippe avait peu de chose à craindre de la province. Mais c'était Paris qui faisait les révolutions.

V

L'ENTENTE CORDIALE

La reine Victoria avait alors vingt-quatre ans. Elle était fille d'Édouard, duc de Kent et petite-fille du roi George III. Elle hérita du trône d'Angleterre en 1873, à la mort de son oncle Guillaume IV. En 1840, contre l'avis de sa mère, elle avait épousé son cousin, le prince Albert de Saxe-Cobourg, auquel elle conféra le titre de prince consort. Le roi des Belges, Léopold Ier, était un Saxe-Cobourg. Veuf de la princesse Charlotte, il avait gardé des liens privilégiés avec la Maison d'Angleterre. Or il avait épousé en secondes noces Louise d'Orléans, fille de Louis-Philippe. En outre, le duc de Nemours venait de se marier avec Victoire de Saxe-Cobourg. Il existait donc, à partir des Saxe-Cobourg, un cousinage entre les deux Maisons régnantes. De plus, comme on l'a signalé plus haut, Palmerston, francophobe obstiné, avait perdu le pouvoir. Sir Robert Peel était chef des tories. Fils d'un riche tisserand, petit-fils de paysan, il était un pur produit de la révolution industrielle anglaise. Il n'en menait pas moins la lutte à la Chambre des communes contre les ennemis du conservatisme. Dans la sage Angleterre, les riches industriels s'étaient tout naturellement agrégés aux grands propriétaires terriens. Peel ne pratiquait pas les ostracismes de son prédécesseur, lord Melbourne, et le successeur de Palmerston au Foreign Office, lord Aberdeen, inclinait vers la francophilie, non sans précautions. Isolée, l'Angleterre ne pouvait faire prévaloir ses points de vue en Europe. Alliée à la France, elle pouvait tout. De son côté, Louis-Philippe ne pardonnait pas aux souverains étrangers de le tenir à l'écart, de lui faire sentir qu'il n'appartenait pas à la grande famille des rois européens. Un rapprochement avec l'Angleterre eût changé sa position sur l'échiquier diplomatique. Guizot, très anglophile, partageait ce point de vue. Par une de ces contradictions dont notre pays a le secret, les Français étaient anglomanes tout en détestant les Anglais. Cependant on ne pouvait, semblait-il, redouter une levée de boucliers dans l'opinion. Il suffisait d'avancer pas à pas. Le contentieux avec l'Angleterre était assez complexe pour que l'on ne précipitât rien.

Guizot se fit la cheville ouvrière du rapprochement. L'entreprise était difficile. La France ne pardonnait pas le succès de Palmerston dans l'affaire d'Orient. L'Angleterre se méfiait des ambitions de la France en Europe et dans les pays d'outre-mer. Les points de friction étaient donc nombreux, il est vrai de gravité inégale. Invitée par Louis-Philippe, la reine Victoria repoussa le principe d'une visite officielle : elle évitait ainsi de mécontenter l'opinion anglaise et d'éveiller les soupçons des autres souverains. En revanche, elle accepta volontiers de se rendre en Normandie, au château d'Eu, pour y rencontrer Louis-Philippe. Elle venait en somme « en voisine », en parente, et pour une sorte de week-end prolongé !

Louis-Philippe ne se tenait plus de joie. C'était la première fois, depuis son avènement, qu'une personne royale[1] daignait le visiter. Comme il le prévoyait, la décision de la reine Victoria fit l'effet d'un pavé lancé dans la mare diplomatique. Toutes les chancelleries s'agitèrent. « Elle vient donc, cette petite reine, disait l'Autrichien Apponyi. Caprice de petite fille ! Un roi n'aurait pas fait cela ! » Apponyi ne connaissait pas Victoria et Louis-Philippe se faisait beaucoup d'illusions sur elle. Elle avait l'autorité d'un roi, et davantage : l'étoffe d'une grande souveraine. Quand elle monta sur le trône, à dix-huit ans, on nota avec émerveillement qu'elle avait oublié sa timidité de jeunesse, se comportait comme un homme, comprenait tout, s'occupait de tout, commandait avec une hauteur inspirant le respect, sans pourtant se départir de sa grâce féminine. La reine des Belges s'inquiéta. Elle redoutait l'intempérance de langage de son père. Par le roi Léopold, son mari, elle connaissait le caractère défiant de Victoria, les habitudes de la Cour d'Angleterre. Elle prodigua ses conseils à la « chère majesté » pour qu'ils fussent resservis au « Père ». La reine Marie-Amélie n'y manqua pas. Louis-Philippe promit de ne point parler de politique avec la jeune reine et de moduler son impatience de voir aboutir un accord entre les deux pays. Lord Aberdeen accompagnait sa souveraine. Louis-Philippe emmenait Guizot. Il tombait sous le sens que les négociations entre les deux ministres seraient délicates et qu'il importait de ne rien brusquer. Louis-Philippe promit tout ce qu'on voulut. Mais il avait presque soixante-dix ans et, comptant sur son

---

1. Hormis son gendre, le roi des Belges.

expérience et sa séduction de parole, il se flattait de mettre aisément dans son jeu cette reine qui aurait pu être sa petite-fille.

Le château d'Eu fut réaménagé des caves au grenier. On fit venir de la vaisselle, de l'argenterie, de la porcelaine, et même des canons des Invalides pour saluer l'arrivée de Sa Très Gracieuse Majesté. Des Tivolis furent dressés dans le parc. Louis-Philippe, en maître de maison chevronné, contrôlait chaque détail. Le bon Joinville avait été envoyé en éclaireur. Il s'était rendu à Windsor, avec son frère Aumale, pendant l'été (1843) : « Je voyais la reine Victoria pour la première fois. Gaie, spirituelle, avec un aimable et fin sourire qui n'était pas exempt de malice, la jeune souveraine était alors dans toute sa fraîcheur, l'éclat de la jeunesse et le rayonnement du bonheur. Elle et son royal époux nous firent un accueil dont je garde le plus reconnaissant souvenir, et de ce jour je vouai à la Reine des sentiments d'une affection profondément respectueuse, que l'âge n'a fait qu'augmenter » (*Vieux souvenirs*).

Cependant la visite manqua d'être compromise par un accident qui aurait pu être catastrophique. Un jour où la famille d'Orléans se promenait dans l'un de ces chars à bancs qu'affectionnait Louis-Philippe (des voitures pour famille nombreuse !), les chevaux s'emballèrent sur le pont reliant Le Tréport à Mers. Ils enfoncèrent le garde-fou. Le postillon eut le réflexe de trancher les traits. On en fut quitte pour la peur. La reine Marie-Amélie se contenta de dire :

— « Nemours a bien failli être roi. Dieu se plaît à entrouvrir et à refermer l'abîme. »

Pour cette âme dévote, la vie n'était que l'antichambre du ciel. Le 2 septembre 1843, le marin de la famille s'en fut jusqu'à Cherbourg, avec sa flottille pavoisée. Victoria l'invita à monter à bord de son yacht « Osborne ». On cingla vers Le Tréport. Le temps était superbe et le vent favorisa l'entrée dans ce port. La foule, massée sur les quais, ovationna la reine. Elle applaudit même le *God save the Queen*. Louis-Philippe jubilait. Il perdait même un peu le contrôle de ses nerfs et parlait d'abondance, en dépit des recommandations de Louise de Belgique. Victoria conquit tous les cœurs. En ce jour mémorable, elle portait un diadème d'émeraudes, une robe de moire blanche et le grand cordon de l'Ordre de la Jarretière. Au château d'Eu, les banquets, les réceptions, les spectacles, les promenades, se succédèrent quasi sans interruption. D'ordre de Louis-Philippe, tous les membres de la famille royale s'employaient à divertir la jeune reine. Elle riait de bon cœur. Les princes et les princesses d'Orléans avaient à peu près son âge. La jeunesse perçait sous l'éducation. Quant au roi, fidèle à ses habitudes, il faisait les honneurs du château, emmenait Victoria dans son verger. Il lui offrit même la plus belle des pêches et pela le fruit lui-même avec un gros couteau qu'il tira de sa poche, en disant :

— « Quand on a été comme moi un pauvre diable réduit à vivre avec quarante sous par jour, on a toujours un couteau dans sa poche. »

Cette bonhomie — qui ressemblait fort à une faute de goût — émut

Victoria. Car le vieux finaud usait de tous ses registres, et faisait alterner avec un art incontestable grandeur et simplicité. Il n'abordait point de sujets politiques avec la reine, mais ne pouvait s'empêcher d'évoquer les problèmes internationaux avec le prince Albert. Ce dernier l'écoutait poliment, mais évitait de s'engager. Victoria adorait son mari, mais ne perdait jamais de vue ses responsabilités de souveraine. Albert était son conseiller et son soutien ; il n'empêche qu'elle décidait seule. Louis-Philippe, jugeant d'après ses rapports avec sa Bonne Reine, traitait un peu trop le prince consort en roi, et se fourvoyait. Mais l'heure était à la bonne humeur, à la gentillesse, à la sympathie réciproques. La reine Marie-Amélie s'émouvait en voyant Victoria aimer si tendrement son mari, traiter les princes d'Orléans comme de proches cousins. Elle avait un rayon de soleil dans le cœur, oubliait ses deuils, ses angoisses.

Pendant ce temps, Guizot et lord Aberdeen conversaient. Ils s'étaient pris de sympathie l'un pour l'autre, se déclaraient d'accord pour qu'une alliance rapprochât les deux couronnes. Ils en voyaient les avantages, mais en taisaient les inconvénients, par courtoisie. Certes, il y avait quelques obstacles, mais une bonne volonté réciproque permettrait de les franchir. Aberdeen évoqua le droit de visite, s'étonna de la réaction véhémente des députés français. Ce n'était en effet qu'un épisode de la lutte pour l'abolition de l'esclavage. Un accord international sur le droit des bâtiments de guerre d'arraisonner, dans des secteurs déterminés, des navires suspects de transporter des Noirs, avait été élaboré par l'Angleterre. En décembre 1841, Guizot avait adhéré à ce système au nom du gouvernement français, suivant en cela la plupart des pays européens. Quand la question fut examinée par la Chambre, l'opposition clama que l'Angleterre ne cherchait rien d'autre qu'à conquérir la suprématie des mers (elle l'avait déjà). Guizot fut accusé d'être aux ordres du cabinet britannique. Risquant d'être mis en minorité, il retira le projet. L'affaire restait donc en suspens et les navires négriers continuaient plus ou moins le trafic du « bois d'ébène ». Une autre question, non moins grave, divisait les deux États. L'Angleterre s'orientait résolument vers le libre-échangisme. Ayant vingt ans d'avance sur l'industrie française, elle entendait développer son commerce extérieur. Guizot tenait au contraire à maintenir un protectionnisme étroit. Il lui fallait quand même lâcher un peu de lest : il consentit à dédouaner les exportations de vins : en ce domaine, la France ne craignait pas la concurrence ! On parla aussi des mariages espagnols. Aberdeen redoutait que Louis-Philippe essayât, à la faveur des troubles qui agitaient l'Espagne, de marier l'un de ses fils à la reine Isabelle, en clair, de mettre un Orléans sur le trône de Madrid. Mais il dissimulait lui-même son intention d'appuyer la candidature d'un prince de Saxe-Cobourg, cousin du mari de Victoria. Ce fut un duel à fleurets mouchetés, où chacun tâtait son adversaire. Guizot finit par promettre que le duc d'Aumale n'épouserait sous aucun prétexte la reine d'Espagne. Et Lord Aberdeen, que sa souveraine inviterait son cousin Saxe-Cobourg à ne pas briguer la main d'Isabelle. Le parti le plus sage était que celle-ci épousât un Bourbon d'Espagne. Les deux ministres convinrent d'agir en ce sens. On se doute bien que Louis-Philippe ne pouvait s'empêcher de se mêler de la discussion. Il voulait aller vite, matérialiser par un traité cette Entente cordiale à laquelle il attachait tant de prix, et il est de fait qu'elle contribuerait à affermir la monarchie des Orléans, à effacer la tache de l'usurpation. « Singulier homme ! écrivit plus tard Guizot. Le plus patient de tous à la longue et dans l'ensemble des choses ; le plus impatient, le plus pressé au moment et dans chaque circonstance. » Or Guizot et Aberdeen, s'ils se déclaraient enchantés l'un de l'autre, se séparèrent sans avoir rien conclu. Lord Aberdeen déclara :

— « Il faudrait absolument se voir de temps en temps. »

Quant à Guizot — dont la froideur était légendaire —, il s'était dégelé au point de dire :

— « Ce jour est pour moi ce que fut pour Jeanne d'Arc le sacre de Reims. »

La comparaison avec Jeanne d'Arc ne manquait pas de piquant ! Mais Guizot tenait, au moins autant que Louis-Philippe, à renouer l'Entente cordiale... La reine Victoria quitta le château d'Eu, le 5 septembre. Joinville fut chargé d'escorter le yacht « Osborne » jusqu'à Brighton. Victoria l'invita à passer une journée dans le palais qu'elle possédait dans cette ville. Joinville fut logé dans le pavillon « indien ». Il ne pouvait ouvrir une fenêtre ni faire un mouvement sans essuyer « le feu de toutes les lorgnettes des maisons d'en face ».

En tout cas, il avait su plaire au couple royal. Avec sa franchise et son entrain, il était finalement un excellent ambassadeur. Et puis il était le marin de la famille et cette qualité avait son importance aux yeux de la souveraine des mers ! Elle nota dans son Journal : « Ce fut un plaisir de garder Joinville à bord ; il est si aimable et notre grand favori. » Et plus loin : « Au cours de la traversée, nous avons eu une longue, charmante et intéressante conversation avec Joinville qui est si sensé, si franc et ouvert. Nous avons parlé de tout, de famille et de politique. Le seul ennui est qu'il est très sourd. J'ai dit alors à Joinville qu'on l'accusait de ne pas aimer les Anglais. Il a souri, puis, après un instant, il a répondu : "Je n'ai aucune haine, mais, à dire franchement, j'avoue que je n'ai pas un grand tendre (sic) pour les Anglais, car si on revient en arrière, on s'aperçoit que de tout temps les deux nations ont été opposées l'une à l'autre." Tout ceci a été dit si franchement et naturellement que l'on ne pouvait s'en offenser. » Quant au prince Albert, il écrivait : « J'ai rarement vu un jeune homme qui me plaise autant. »

Louis-Philippe eut cependant une petite déception. Il avait cru que Victoria lui remettrait l'Ordre de la Jarretière avant son départ. Il n'en fut même pas question. En revanche, l'attitude de la reine Victoria à l'égard du comte de Chambord, son refus de le recevoir à Windsor (en décembre 1843) lui mirent un peu de baume au cœur. Ils attestaient, en effet, que la souveraine d'Angleterre reconnaissait désormais pour légitime la dynastie des Orléans.

VI

L'AFFAIRE PRITCHARD

Malgré les méfaits de la politique, l'influence française se développait dans les pays d'outre-mer. Les turbulences qui jalonnent le règne de Louis-Philippe masquent un peu trop les efforts de son gouvernement pour ouvrir de nouvelles « parts de marché », obtenir des concessions, s'assurer des bases pour notre flotte de commerce. Louis-Philippe exploitait d'ailleurs les découvertes effectuées sous les règnes de Louis XVIII et de Charles X par une pléiade de grands navigateurs, dont Dumont d'Urville est le plus connu. Ces deux rois avaient assuré la renaissance de notre marine de guerre, ruinée par les désastres de l'Empire. Cette marine constituait désormais une force redoutable, la seule qui pût inquiéter la Royal Navy. Nos vaisseaux, nos frégates, avec leur escorte de corvettes et de bricks, couraient les mers. La vapeur ajoutait à la voile sa force motrice sur de nombreux bâtiments.

La monarchie de Juillet s'était empressée de reconnaître les États indépendants d'Amérique latine pour y implanter des comptoirs. Nos voiliers au long cours relâchaient à Valparaiso. L'empereur de Chine nous accorda les mêmes privilèges commerciaux qu'aux Anglais. Simultanément, des missionnaires français, mandatés par Grégoire XVI, tentaient d'évangéliser les îles du Pacifique. La protection de la France leur était nécessaire. Notre pays ne pouvait en effet se désintéresser du Pacifique. C'étaient nos marins, tel La Pérouse, qui avaient hydrographié les côtes et les îles de ce vaste océan. De plus, nos navires de guerre devaient assurer le libre exercice de la pêche à nos baleiniers dans la zone antarctique. C'est dire que, dans toutes les parties du monde, nous nous heurtions aux intérêts anglais. Mais aussi que les missionnaires français avaient maille à partir avec leurs homologues anglicans. L'amiral Dupetit-Thouars commandait alors l'escadre du Pacifique. En 1842, il obtint des habitants des îles Marquises l'agrément d'un protectorat français. Les habitants de Wallis, Futuna et des Gambier sollicitèrent le même avantage. Or, à Tahiti, le pasteur Pritchard était devenu le conseiller de la reine Pomaré. Soucieux des intérêts britanniques, il avait suggéré à lord Palmerston, alors premier ministre, de « protéger » Tahiti. Palmerston avait refusé. Peu après, le pasteur fît expulser deux prêtres catholiques. L'amiral Dupetit-Thouars intervint. Profitant de l'absence de Pritchard, il persuada la reine Pomaré d'accepter le protectorat français (1842). Pritchard revint. Sa triple fonction de consul d'Angleterre, de pasteur et d'apothicaire lui assurait depuis quatorze ans une domination incontestée. Il endoctrina les indigènes, causa quelques troubles et contraignit Pomaré à renier le protectorat français. Ce qu'apprenant, l'amiral Dupetit-Thouars revint à toutes voiles, déposa Pomaré, prononça l'annexion de Tahiti et, pour faire bonne mesure, chassa le pasteur Pritchard.

Pritchard rentra en Angleterre. Quand on apprit qu'un citoyen britannique était victime des sévices d'un marin français, ce fut une explosion de fureur. Les journaux tonnèrent de toutes leurs batteries. L'Église anglicane s'enflamma. Quant au peuple anglais, il sentit la vieille haine se réveiller contre l'éternelle ennemie. Quant aux politiques, qu'ils appartinssent à la Chambre des lords ou à la Chambre des communes, qu'ils fussent whigs ou tories, ils ne firent rien pour calmer la tempête. Les plus sages d'entre eux avaient vu d'un mauvais œil la France s'installer en Algérie sous couleur de mettre fin à la piraterie. Ils craignaient qu'elle étendît bientôt sa sollicitude à la Tunisie et au Maroc. Mais qu'elle osât de surcroît spolier, emprisonner et expulser un pasteur britannique, cela passait les bornes de la patience ! La petite reine Victoria laissait porter, comme disent les marins ; en d'autres termes, elle marchait avec le vent. Et le vent soufflait en tornade en direction de la France !

Ni Louis-Philippe ni son ministre ne perdirent la tête. Ils tenaient à sauver l'Entente cordiale, plus importante à leurs yeux qu'une île du Pacifique. Afin d'apaiser les Anglais, ils désavouèrent l'amiral Dupetit-Thouars et renoncèrent d'un commun accord au protectorat. Bien plus, apprenant que les établissements construits par Pritchard avaient été détruits, Guizot proposa une indemnité en dédommagement. Qu'avait-il fait ! L'opinion, la presse françaises crachèrent le feu. Comment, le traître Guizot osait désavouer un amiral, renoncer au protectorat de Tahiti, s'humilier devant un pasteur-apothicaire, traîner pareillement dans la boue le drapeau français ? Sous l'indignation générale, il y avait bien entendu la haine contre la perfide Albion, bourreau de Jeanne d'Arc, geôlière de Napoléon, etc. L'opposition, ravie de l'aubaine, réclamait la guerre pour laver notre honneur. En finirait-on jamais avec cette politique du Juste Milieu, sans gloire et sans dignité ? Ces critiques s'adressaient à Guizot, mais visaient le roi, comme toujours. Guizot eut le courage de persister dans son attitude conciliatrice, et le mérite de garder son sang-froid sous les insultes. Louis-Philippe le soutenait de son autorité, mais aussi, secrètement, lord Aberdeen qui pensait que les cahutes de Pritchard ne valaient certes pas une guerre ! Lorsque Guizot monta à la tribune pour rendre compte aux députés de l'affaire de Tahiti et proposer une loi indemnisant Pritchard, ce fut un concert d'imprécations. Il tint tête. La loi fut votée par 213 voix contre 205. Toutefois l'indemnité ne fut jamais payée. Soudain, sur chaque bord du Channel, les esprits s'apaisèrent comme par enchantement. On venait de comprendre qu'on avait failli s'entre-tuer pour une bagatelle.

L'Entente cordiale revint au beau fixe. Louis-Philippe jugea le moment opportun de rendre sa visite à la reine Victoria. Ce serait l'occasion de régler les questions en instance et d'aviver les sentiments d'amitié. Aberdeen n'avait-il pas dit à Guizot qu'il serait bon de se voir de temps en temps ? Bien que ce voyage fût prématuré, Victoria donna son accord. Louis-Philippe s'embarqua le 7 octobre 1844, sur le yacht « Le Gower ». C'était un magnifique steamer, à voiles et à vapeur, doté d'un moteur de 450 chevaux : un navire ultra-moderne pour l'époque. Le roi était accompagné du duc de Montpensier, le plus jeune de ses fils, et de Guizot. Il débarqua près de Portsmouth, à Grosport. Le prince Albert était venu l'accueillir. Ils partirent ensemble pour Windsor en chemin de fer. Le prince n'était pas fâché de montrer à son hôte la supériorité de l'Angleterre dans le domaine des transports : elle avait déjà 2500 kilomètres de voies ferrées et la France 533 !

Mais Louis-Philippe n'avait-il pas tenu à montrer aux Anglais son yacht à vapeur ? Ces picoteries étaient instinctives entre les deux nations, et la volonté de paix les émoussait à peine. La reine Victoria retrouva avec joie le châtelain d'Eu et rendit les politesses qu'on lui avait faites. Ce ne furent que réceptions, banquets, spectacles de gala, présentations, excursions. On visita les lieux où Louis-Philippe avait des souvenirs, parfois doux-amers : Twickenham, Claremont, Eton, Woolwich. Les ovations populaires étaient assez tièdes : on n'avait pas encore oublié l'affaire Pritchard, si la colère s'était calmée. Le lord-maire de Londres avait invité Louis-Philippe. Ce dernier avait décliné l'invitation, dans le but de montrer qu'il était l'invité personnel de la reine et non pas celui de l'Angleterre ; qu'il s'agissait en somme d'un voyage privé. Le lord-maire et les représentants de la ville se rendirent à Windsor pour porter une Adresse au roi des Français. Ceci compensait cela. La plus belle cérémonie fut celle où la reine remit la Jarretière à Louis-Philippe, en présence des membres de l'Ordre en grande tenue. Il était payé de son attente !

Aberdeen et Guizot avaient profité de cette rencontre pour s'accorder sur quelques points, notamment sur le droit de visite et sur la nécessité de ne point se disputer les îles du Pacifique. L'affaire des mariages espagnols était réglée. Aberdeen acceptait que le duc de Montpensier convolât avec la sœur de la reine Isabelle. Il était entendu que celle-ci épouserait son cousin, Bourbon-Cadix. La seule exigence d'Aberdeen était que le mariage de la reine Isabelle précédât celui de sa sœur. Il n'était plus question de la candidature de Saxe-Cobourg. C'était un succès pour Guizot.

Le 14 octobre, le train royal ramena Louis-Philippe à Grosport. La reine Victoria et le prince Albert l'accompagnaient. Il les invita à visiter son yacht. Un tableau de Biard, qui se trouve à Versailles, montre Victoria prenant congé des officiers du « Gower ». L'appareillage avait été prévu le 15 octobre. mais le vent soufflait en tempête. Le couple royal persuada Louis-Philippe de se rendre à Douvres et de débarquer à Calais. Louis-Philippe suivit ce conseil. La mer était déchaînée quand il arriva à Calais. Il regagna le château d'Eu par la route et s'empressa d'envoyer cette lettre de remerciements :

« Madame, ma Bien bonne et très chère sœur.

Mon passage de Douvres à Calais a été de deux heures et demie. L'accueil que j'ai reçu des grandes réunions de populations qui s'étaient formées à Calais, à Boulogne et sur toute la route, l'écho d'approbation qu'elles donnaient aux discours qui m'étaient adressés, et qui retentissaient tous de leur satisfaction de l'accueil que Votre Majesté m'a fait, de celui que j'ai reçu de toutes les classes de vos sujets, et enfin le bonheur de voir se raffermir les relations amicales de nos deux gouvernements et de nos deux pays, m'a causé un plaisir dont j'ose entretenir Votre Majesté, parce que je sais qu'elle le partagera. »

La reine Victoria fit une seconde visite au château d'Eu, le 8 septembre 1845. Elle resta peu de temps et l'on ne sait pas grand-chose de son entrevue avec Louis-Philippe. Il semblerait qu'elle fût quasi improvisée et gardât un caractère strictement privé.

VII

LES MARIAGES ESPAGNOLS

La reine Marie-Christine, veuve de Ferdinand VII et régente d'Espagne pendant la minorité d'Isabelle II, avait triomphé du prétendant Don Carlos avec l'appui des libéraux. Elle avait par la suite tenté de se libérer de leur tutelle en 1836 et provoqué une insurrection militaire. Après la dissolution des Cortès, elle se heurta à la résistance du général progressiste Espatero et fut chassée d'Espagne. Elle trouva refuge en France et vécut aux Tuileries de 1840 à 1843. L'hospitalité de Louis-Philippe n'était pas tout à fait gratuite. Certes, il éprouvait de la sympathie pour cette malheureuse reine, et d'autant plus qu'elle était la nièce de Marie-Amélie. On a vu précédemment que cette sympathie ne l'avait point incité à envoyer un corps expéditionnaire à Madrid. Mais, depuis cette époque, la situation avait évolué. Ce que Marie-Christine avait tenté de faire par un coup de force, c'est-à-dire rétablir le pouvoir personnel, il n'avait guère cessé d'y travailler lui-même en usant les ministres, en discréditant les extrémistes pour former un parti du Juste Milieu tout à sa dévotion. Cette technique du grignotement, des empiétements discrets, semblait lui avoir réussi jusque-là. Il pouvait donc se permettre de conseiller Marie-Christine et l'amener en douceur à partager ses vues. Car la France avait une carte à jouer en Espagne, à condition d'agir avec patience et finesse. Louis-Philippe se souvenait de Louis XIV donnant l'un de ses petits-fils aux Espagnols, effaçant les Pyrénées tout en prenant un risque considérable. Or Marie-Christine

201

avait deux filles : la reine Isabelle II et sa sœur, l'infante Dona Luisia, toutes deux en âge de se marier. Louis-Philippe tenait en réserve son plus jeune fils, Antoine, duc de Montpensier. Il convainquit aisément Marie-Christine d'agréer Montpensier comme mari d'Isabelle. Il est évident que ce mariage présentait de grands avantages pour les deux partis. Il affermissait la position de la France et promettait à l'Espagne un soutien qui pouvait lui être utile.

L'Angleterre était farouchement opposée à ce projet. Elle ne voulait à aucun prix qu'un Orléans devînt roi d'Espagne et favorisait la candidature d'un prince de Saxe-Cobourg. De son côté, Louis-Philippe commençait à prendre ombrage des ambitions de cette famille. Il ne suffisait pas aux Saxe-Cobourg d'occuper le trône de Belgique et quasi le trône d'Angleterre, ils voulaient encore régner à Madrid !

Les conversations du château d'Eu, entre Aberdeen et Guizot, avaient abouti au compromis que l'on connaît. Isabelle II épouserait son cousin, le duc de Cadix, et Montpensier, l'infante Louise. Aberdeen acceptait cette combinaison sous réserve que le mariage de Montpensier ne serait célébré qu'après la naissance du premier enfant d'Isabelle : ce qui était une manière de gagner du temps. Guizot avait proposé la candidature du duc de Cadix sur les instances de Louis-Philippe. Il semble bien que des tractations préalables aient eu lieu entre Cadix et le gouvernement français. Tractations obscures, où la corruption aurait joué son rôle. Bref, la petite reine était à l'encan. Ce fut pis lorsque Marie-Christine, rappelée par les Espagnols, reprit le pouvoir, bien que sa fille régnât légalement. Lors du voyage de Louis-Philippe à Londres, les entretiens de Guizot et d'Aberdeen confirmèrent sur tous les points les accords de l'année précédente.

Tout changea en juillet 1846, quand Palmerston renversa le cabinet Peel et prit la place d'Aberdeen. Il estima que les promesses, au surplus verbales, d'Aberdeen ne l'engageaient en rien ; que d'ailleurs ce dernier s'était laissé subjuguer par Guizot, sans voir qu'il trahissait les intérêts de l'Angleterre. Il ordonna aussitôt à Buwler, ambassadeur de Grande-Bretagne à Madrid, de remettre le prince de Saxe-Cobourg en ligne et de précipiter les négociations, afin de devancer les intrigues de Guizot. De surcroît, Buwler devait tout mettre en œuvre pour faire échouer le mariage de Montpensier avec l'infante. Informés de ce revirement brutal, Louis-Philippe et Guizot s'estimèrent déliés de leurs promesses du château d'Eu et de Londres. L'ambassadeur de France, Bresson, reçut l'ordre de hâter le mariage de Cadix et celui de Montpensier. Cadix avait probablement souscrit des engagements formels envers Louis-Philippe ; de plus, c'était un Bourbon ; le trône d'Espagne ne sortirait pas de la famille !

Survint une complication imprévue : la reine Isabelle refusa d'obéir aux injonctions de sa mère. Elle aimait les beaux hommes, capables d'assouvir sa sensualité. Or François, duc de Cadix et de Séville, ne brillait pas par la virilité. C'était un freluquet aux gestes précieux, à la voix pointue, pommadé, parfumé, grand amateur de broderies, de lingerie fine. On le surnommait Paquita ! L'ardente Isabelle refusait de s'unir à cette poupée de vitrine. Les combinaisons de Louis-Philippe s'effondraient. Il lui restait pourtant une alliée tenace en la personne de la reine mère. Par chance, « Paquita » était confit en bigoterie. Il ne fut donc pas difficile d'obtenir l'appui de l'Église. Malgré ses prurits amoureux, Isabelle restait bonne chrétienne, à la façon espagnole, proche du mysticisme. On recourut aux services d'une sainte nonne. Les conseils de celle-ci triomphèrent de la résistance de la jeune reine. Le 28 avril 1846, elle fit savoir qu'elle acceptait « Paquita » pour époux. La France marquait un point. Louis-Philippe voulait davantage. Il ne pardonnait pas sa mauvaise foi à Palmerston. Résolu à infliger une leçon à l'Angleterre, il ordonna à Bresson de faire en sorte que le mariage de l'infante avec Montpensier et celui d'Isabelle avec Cadix fussent célébrés le même jour.

La reine Marie-Amélie crut devoir informer Victoria des fiançailles de Montpensier avec l'infante. Victoria connaissait déjà les accords de Madrid : « Vous vous souviendrez peut-être, répondit-elle, de ce qui s'est passé à Eu entre le Roi et moi. Vous pouvez aisément comprendre que l'annonce soudaine de ce double mariage ne pouvait que nous causer de la surprise et un bien vif regret. Je vous demande pardon, Madame, de vous parler politique dans ce moment, mais j'aime pouvoir me dire que j'ai toujours été sincère avec vous... »

Elle déclarait à ses familiers :

— « Et dire que le Roi a fait cela dans sa soixante-quatorzième année, et laisse cet héritage à son successeur et à qui ? à un petit-fils, à un mineur. Notre amitié était de la plus grande importance pour Nemours et Paris[1]... Quant à Guizot, sa conduite dépasse en ignominie tout ce qu'on peut croire ; sa malhonnêteté est digne de mépris. Il a commis une infamie. »

Elle oubliait simplement le revirement de Palmerston ! Il avait violé les promesses de lord Aberdeen en réitérant la candidature du prince de Saxe-Cobourg et en essayant de rompre le mariage de Montpensier. La riposte de Louis-Philippe était prévisible. Le fait même que l'Angleterre attachât tant d'importance à différer le mariage de Montpensier jusqu'à la naissance du premier enfant d'Isabelle attestait sa mauvaise foi. La célébration du double mariage contrecarrait à l'évidence des projets hostiles à la France. Palmerston, furieux d'avoir été joué, disait que Louis-Philippe se conduisait plus mal que Napoléon ! Il exhuma pour la circonstance les vieux traités d'Utrecht (1713) confirmant la renonciation de Philippe V d'Espagne (ex-duc d'Anjou et petit-fils de Louis XIV) au trône de France et celles des princes français au trône d'Espagne, renonciations revêtant le caractère d'une « loi inviolable et toujours conservée », c'est-à-dire perpétuelle. Palmerston estimait que

---

1. Le comte de Paris, fils aîné du défunt duc d'Orléans ; il devait théoriquement succéder à Louis-Philippe, le duc de Nemours étant régent du royaume.

cet engagement solennel était violé par le mariage de Montpensier. Il en appelait à l'Europe. Metternich fit la sourde oreille. Il pensait que le mariage de Montpensier ne compromettait pas les traités d'Utrecht, puisque le fils de Louis-Philippe n'occuperait pas le trône espagnol. De plus, il jugeait opportun de freiner les ambitions des Saxe-Cobourg. Palmerston ordonna à son ambassadeur de susciter le maximum de difficultés, voire de stipendier des agitateurs, toutefois assez adroitement pour ne pas se compromettre. De son côté, Louis-Philippe feignit de désavouer Bresson. Il « s'étonna » que l'ambassadeur de France se fût ainsi engagé « sur la simultanéité des deux mariages », contre la volonté du roi et de Montpensier même ! Palmerston ne fut pas dupe du stratagème. Ses agents répandaient leurs calomnies sur la « race imbécile et dégénérée des Bourbons ». Il espérait qu'une révolution de palais mettrait promptement à bas les combinaisons de Louis-Philippe et de l'« ignoble » Guizot. Néanmoins le double mariage fut célébré le 10 octobre 1846.

C'était un nouveau succès pour la diplomatie française, mais aussi une victoire à la Pyrrhus pour Louis-Philippe et Guizot. Le vieux roi ne cachait pas son contentement et, comme toujours, cédait à sa manie de tout expliquer, de justifier ses décisions : « Le ministère anglais, disait-il, a été d'une duplicité indigne. Tandis que j'avais tout arrangé avec lord Aberdeen au sujet des deux mariages à conclure, on m'écrit tout à coup de Madrid que le duc de Rianzarès allait à Cobourg négocier un mariage entre un prince de cette Maison et la reine d'Espagne ; je m'en plains à Londres, on me répond : "N'ayez pas peur !" C'était dire à un individu qui doit être pendu dans une heure : "Ne vous inquiétez pas, ce ne sera rien." Je savais d'ailleurs que le prince de Metternich ne verrait pas d'un bon œil un Cobourg occuper le trône d'Espagne... »

Des lettres diplomatiques très dures furent échangées entre Londres et Paris. Les gentillesses du château d'Eu étaient oubliées. L'Entente cordiale avait vécu. Mais le vaudeville espagnol devait avoir d'autres conséquences. Mauvais joueur, Palmerston s'abaissa jusqu'à lancer contre Louis-Philippe une campagne de calomnie dont la véhémence et le ton dépassaient ceux des pamphlets républicains. Louis-Philippe y était présenté comme un dangereux scélérat, usurpateur et parjure, menaçant la paix de l'Europe. Cette campagne n'eut pas les effets escomptés. L'Europe ne se sentait nullement menacée par Louis-Philippe. Metternich se lassait des intrigues de l'Angleterre trop attachée à défendre ses intérêts au mépris du droit des peuples. Palmerston trouva cependant un écho dans l'opposition française. Thiers s'employait d'ailleurs à discréditer Guizot, par personne interposée. Une rumeur accusait Guizot de mensonge et de trahison ; le roi, de pusillanimité. Quand vint la discussion de l'Adresse pour 1847, Thiers jeta le masque. Guizot répliqua en dénonçant la duplicité du cabinet britannique et se glorifia de sa fermeté vis-à-vis de Palmerston. Il affirma que l'affaire espagnole lavait l'affront de l'affaire Pritchard et qu'aux yeux de l'Europe la France sortait grandie de cette épreuve. Il osa dire que c'était la seule grande chose réalisée depuis la révolution de Juillet, et par la France seule, c'est-à-dire par lui-même! Les députés n'avaient guère apprécié l'Entente cordiale. Les paroles de Guizot flattèrent leur chauvinisme à courte vue. Malgré les éjaculations oratoires de Thiers, l'Adresse fut votée par 248 voix contre 84. Jamais le gouvernement n'avait obtenu une majorité aussi confortable. Il paraissait indestructible. Cependant la France venait de perdre le soutien de l'Angleterre pour une satisfaction d'amour-propre. Les médisances de Palmerston, les obscures intrigues de ses agents contribuèrent au discrédit de Guizot et ne furent pas étrangères aux journées de février 1848. L'alliance avec l'Espagne ne comptant guère, la France se retrouvait, une fois de plus, isolée au milieu des nations.

A l'intérieur, les ennemis du régime ne désarmaient point. Ils avaient renoncé à descendre dans la rue et à dresser des barricades. Mais ils continuaient leurs réunions clandestines, en poussant au meurtre de pauvres diables. Au chapitre des attentats, l'année 1846 s'inscrit en bonne place. Le 16 avril, près de Fontainebleau, un ancien garde forestier, nommé Pierre Lecomte, tira deux coups de fusil sur le char à bancs royal. Louis-Philippe et sa famille rentraient d'une promenade dans la forêt. Personne ne fut atteint. La Cour de Paris condamna Lecomte à la peine de mort. Lecomte affirmait qu'il avait agi de sa propre initiative, ou ne voulut pas dénoncer ses complices. Louis-Philippe ne le gracia pas.

Le 29 juillet, comme il saluait la foule au balcon des Tuileries, il essuya deux coups de pistolet qui ne l'atteignirent pas. Le coupable s'appelait Joseph Henry. C'était un artisan tombé dans la misère. On ne sut si son geste était celui d'un désespéré ou s'il avait été inspiré par quelque secte. La seconde hypothèse paraît la plus probable. Henry fut condamné à la détention perpétuelle.

Les bonapartistes ne restaient pas non plus inactifs. En mai, Louis-Napoléon Bonaparte s'était évadé le plus commodément du monde. Déguisé en maçon, une planche sur l'épaule, il avait franchi le poste de garde et quitté la forteresse de Ham. Il ne se trouva pas un officier ou une sentinelle pour le reconnaître et, s'il fut reconnu, personne ne se soucia de donner l'alarme. Dehors, il changea de costume, trouva une voiture qui l'attendait et put s'embarquer pour l'Angleterre, sans éveiller les soupçons des douaniers. L'Angleterre lui accorda volontiers asile, en attendant des jours meilleurs. Il était inutile de demander son extradition. Il ne l'était pas moins de prescrire une enquête sur son évasion de Ham: les complicités étaient trop nombreuses. Louis-Philippe s'abstint même de recommander à l'ambassadeur de France de surveiller les faits et gestes de l'exilé. D'ailleurs celui-ci se tint tranquille, du moins en apparence. Il avait beaucoup écrit durant sa captivité, notamment son essai sur *L'extinction du paupérisme*. Il mit ses manuscrits au point. Ils formèrent trois tomes, qui furent publiés à

Paris en 1848. Lors de son évasion, ses papiers avaient disparu. Étrange coïncidence qui priva Louis-Philippe de leur lecture ! Il y avait beau·coup de chimères et de fumées dans la cervelle du prétendant, mais aussi des idées prophétiques. Le vieux roi et son premier ministre auraient pu méditer ce passage : « La classe ouvrière ne possède rien, il faut la rendre propriétaire. Elle n'a de richesse que ses bras, il faut donner à ces bras un emploi utile pour tous. Elle est comme un peuple d'Ilotes au milieu d'un peuple de Sybarites. Il faut lui donner une place dans la société, et attacher ses intérêts à ceux du sol. Enfin elle est sans organisation et sans liens, sans droits et sans avenir, il faut lui donner des droits et un avenir, et la relever à ses yeux par l'association, l'éducation, la discipline. »

Pour résorber le chômage et rendre la vie plus agréable aux ouvriers, ce rêveur imaginait de les enrégimenter dans des espèces de kolkhozes, fort ressemblants à des casernes ! Il voulait libérer les pauvres en les caporalisant. En lisant ces élucubrations, Louis-Philippe eût éclaté de rire. Guizot eût dit que ce pauvre prince avait la tête dérangée. Ils voulaient ignorer le peuple d'Ilotes côtoyant la richesse des Sybarites.

VIII

BUGEAUD ET ABD EL-KADER

J'ai relaté, dans le tome de cette collection consacré à Charles X, les circonstances de la prise d'Alger en 1830. Je rappellerai simplement les trois raisons qui avaient conduit Charles X et son premier ministre Polignac à décider l'envoi d'un corps expéditionnaire en Algérie; d'abord, une situation politique difficile dont on pouvait espérer qu'une éclatante victoire l'améliorerait; ensuite, le différend qui nous opposait au dey d'Alger; enfin, le désir d'ouvrir des débouchés au port de Marseille qui périclitait. Le problème de la piraterie servit de prétexte: un prétexte valable pour nombre de pays, mais accessoire pour la France. La prise d'Alger enhardit Charles X qui n'hésita plus à promulguer ses fameuses ordonnances. Elle fut en somme la cause indirecte des Trois Glorieuses. Louis-Philippe n'avait pas l'esprit d'un conquérant, ni même le goût du panache. Cet héritage algérien l'embarrassait et, s'il avait osé, il se serait empressé de faire évacuer Alger. Pragmatique, économe, il se demandait ce que l'on pouvait bien faire de cette conquête inachevée. S'y maintenir impliquait une extension de notre zone d'influence. Il calculait que, pour y parvenir, il faudrait engloutir des sommes énormes, et pour quel profit?

Il se contenta de révoquer le vainqueur d'Alger, Bourmont, et de le remplacer par Clauzel. C'était un brillant officier, connu pour ses opinions libérales et pour son expérience d'agriculteur: il avait exploité un ranch aux États-Unis. Clauzel s'empara de Médéa et crut la partie gagnée. Il se mit alors en tête d'implanter des colons, autrement dit de conquérir l'Algérie en la dotant d'une économie à l'européenne. Il facilita de la sorte, involontairement, une spéculation effrénée. Louis-Philippe était alors empêtré dans l'affaire belge ; il fit revenir 10 000 hommes d'Algérie. Les Kabyles attaquèrent Médéa et Clauzel ne put la défendre. On lui fendit l'oreille. Changarnier portait ce jugement sur lui : « Incomplet, inégal, mais doué de rares facultés, il est de tous les hommes de guerre que j'ai vus de près celui qui m'a le plus instruit par ses défauts, comme par ses grandes qualités. » Il était exact que Clauzel, en dépit de son échec et de ses erreurs, avait jeté les bases de la colonisation. On le remplaça par Berthezène, brave général mais prudent à l'excès : il se contenta de tenir Alger. Son successeur, le duc de Rovigo, autrement dit Savary, essaya la manière forte, au surplus conforme à sa nature, se fit exécrer par les Arabes et dut vider les lieux. Son rappel en 1834 lui épargna certainement un assassinat. Drouet d'Erlon le remplaça, décoré du titre de gouverneur des possessions françaises de l'Afrique du Nord. Ce n'était qu'une relique glorieuse de Waterloo ; il avait soixante-neuf ans et pouvait prétendre à la retraite. Mais, faut-il croire, le goût de l'aventure l'animait encore ! Sa nomination avait été précédée par l'envoi d'une commission parlementaire.

Cette commission, dirigée par le duc Decazes, déposa ses conclusions. S'ensuivirent les ordonnances de 1834, attribuant le nom de Possessions françaises dans le nord de l'Afrique à la portion du territoire algérien que nous contrôlions, prescrivant que ce territoire serait régi par les ordonnances d'un gouverneur général prises sur l'avis d'un conseil de hauts fonctionnaires et d'officiers supérieurs, et limitant le territoire en question aux régions d'Alger, Oran, Bône et Bougie. Louis-Philippe, qui voulait toujours se donner de bonnes raisons et surtout éviter d'indisposer l'Angleterre, alléguait l'attachement des Français à la conquête algérienne. N'ayant pas eu l'audace d'annuler la victoire de Charles X, il en recueillait les fruits quasi contre son gré ; il organisait en somme méthodiquement ce dont il n'avait pu se défaire ! Quoi qu'il en soit, les ordonnances de 1834 constituaient une prise de position sans ambiguïté ; la France n'abandonnerait pas sa conquête ; elle la poursuivrait. Les soldats qui se battaient depuis quatre ans sans trop savoir pourquoi étaient rassérénés. Drouet d'Erlon fit peu de chose, mais laissa faire ses lieutenants. Ces derniers n'avaient pas attendu les ordonnances pour adapter leurs troupes à la guérilla qu'elles devaient soutenir. Ils avaient appris à connaître les Arabes ; certains parlaient leur langue. Tel était le cas de l'impétueux Saint-Arnaud, de Bugeaud, de Lamoricière. Ils avaient formé des compagnies de zouaves, des bataillons d'étrangers, des escadrons de chasseurs, des bureaux arabes pour faciliter les contacts avec la population. Cependant, leur objectif se bornait à protéger les colons exposés à des attaques fréquentes, au pillage, à la destruction de leurs maigres récoltes et souvent au massacre. A la fin de 1833, le général Desmichels, commandant la division d'Oran, persuadé qu'on ne viendrait pas à bout de l'Algérie par les armes, avait écrit (directement) au ministre pour solliciter l'autorisation de négocier avec un chef nommé Abd el-Kader. Il se faisait fort d'obtenir sa soumission, tout en lui octroyant certains pouvoirs. Selon lui, Abd el-Kader représentait les diverses ethnies algériennes. Le ministre laissa faire Desmichels. Drouet d'Erlon n'entrava point les démarches de son subordonné.

Abd el-Kader avait alors vingt-cinq ans. Il était le fils d'un marabout vénéré, Mahi ed-Din, descendant du Prophète. Mahi ed-Din avait prêché la guerre sainte en 1832 et tenté de surprendre Oran. Après son échec, il avait été remplacé par son fils comme chef des tribus rebelles. Excellent cavalier, croyant exemplaire (il avait fait le pèlerinage de La Mecque), fin lettré, Abd el-Kader était aussi intelligent qu'audacieux, aussi généreux que dissimulé. Desmichels ne comprit pas à qui il avait à faire. Il crut facile d'attirer à lui le jeune chef arabe et d'exploiter son influence. Abd el-Kader ne se hâta pas de répondre à ses avances. De la sorte, c'était le général français qui se posait en solliciteur. Finalement la rencontre eut lieu et un traité fut signé le 26 février 1834. Abd el-Kader reconnaissait la suzeraineté de la France ; il s'engageait à payer un tribut et à garantir la paix. Desmichels avait commis une erreur monumentale. Dans ce traité, Abd el-Kader et le roi de France étaient mis sur un pied d'égalité. Bien plus, la France reconnaissait implicitement dans Abd el-Kader le chef de toute l'Algérie. Enfin, puisque Desmichels s'abaissait à traiter, c'était donc qu'il était vaincu ! Le brave Desmichels ne comprenait rien à cette psychologie. Il eut même la faiblesse d'autoriser par une contre-lettre (dont il ne rendit pas compte au gouvernement) Abd el-Kader à acheter des armes où bon lui semblerait. Le plus extraordinaire fut que le traité Desmichels fut accueilli avec faveur. Il importait peu que ce chef arabe jouît d'une certaine autonomie. Il avait reconnu la suzeraineté française : c'était là le point essentiel ! Des naïfs crurent la guerre terminée. Il fallut déchanter. Ayant reformé son armée, Abd el-Kader rouvrit les hostilités au printemps de 1835. Le 28 juin, il écrasait les troupes du général Trézel entre Oran et le Chélif. Drouet d'Erlon fut rappelé à Paris et Clauzel renvoyé à Alger. Ce dernier ne songea qu'à venger la défaite du général Trézel. Avec 10 000 hommes, il partit vers Mascara, s'empara de la capitale d'Abd el-Kader, poussa jusqu'à Tlemcen et revint à Alger. L'émir évita d'engager la bataille. Il se contenta de réoccuper sa capitale et de destituer les chefs intronisés par les Français. Clauzel voulait en finir ; il mesurait mal l'influence d'Abd el-Kader qui portait le titre d'émir, mais dont l'autorité réelle équivalait à une sorte de sultanat. Enhardi par le succès, il résolut de s'emparer de Constantine. Thiers présidait alors le Conseil. Il lui avait promis des crédits, des renforts et du matériel. Mais il fut renversé et Molé lui succéda. Clauzel n'obtint rien de ce que Thiers avait promis. Néanmoins, emporté par son ardeur, il marcha vers Constantine avec 9 000 hommes, sans artillerie de siège. Il y arriva le 21 novembre 1836, sous une pluie battante. L'aspect de Constantine, véritable nid d'aigle, déconcerta les plus braves. L'artillerie était insuffisante pour éventrer les puissantes murailles. Les hommes étaient harassés et affamés, car les Arabes avaient surpris un convoi de vivres et exterminé son escorte. Clauzel ne s'arrêta pas à ces détails. Il tabla sur l'effet de surprise et ordonna d'attaquer sur deux points dans la nuit du 23 au 24 novembre. Ce fut un sanglant échec. Clauzel dut ordonner la retraite. Elle fut plus coûteuse et plus effroyable que l'assaut. Fantassins et cavaliers arabes sortis de Constantine harcelaient constamment nos colonnes. Ce jour-là, le commandant Changarnier sauva l'armée d'une débâcle totale. Le 30 novembre, elle rentra à Bône. Le typhus ajouta au désastre. La nouvelle consterna l'opinion. On se racontait la résistance héroïque de Changarnier, l'exploit du capitaine de Richepanse qui, renouvelant le geste du chevalier de Malte Ponce de Savignac, avait planté son sabre dans la porte de Constantine. L'honneur était sauf, mais la défaite n'en était pas moins cruelle. Elle appelait une revanche : Louis-Philippe ne le savait que trop, bien qu'il se rangeât parmi les partisans d'une occupation restreinte. On convint de pacifier l'Oranais, pour se retourner contre Constantine. Le général Bugeaud fut chargé du secteur d'Oran. On lui donna mission de traiter à nouveau avec Abd el-Kader. Quoique député et apparemment au fait des questions politiques, il n'avait rien d'un diplomate. Il ne croyait même pas à l'avenir de l'Algérie et portait sur les colons un jugement méprisant. Il entra en contact avec Abd el-Kader et renouvela, avec moins d'excuses, l'erreur du général Desmichels. Par le traité de Tafna, signé le 30 mai 1837, il reconnaissait à l'émir pleine autorité sur les provinces d'Oran et de Médéa et sur une partie de la région d'Alger, c'est-à-dire sur l'ouest de l'Algérie. Toutefois la France se réservait quelques villes, telles que Mostaganem, Mazagran, Arzew et Oran. En contrepartie, Abd el-Kader reconnaissait la suzeraineté de la France et s'engageait à acheter chez nous les armes et les munitions qui lui seraient nécessaires. En apparence, le parti de l'occupation restreinte l'emportait. En réalité, nul ne faisait fond sur le respect du traité de Tafna par Abd el-Kader, mais l'essentiel était d'avoir les mains libres pour agir à l'est de l'Algérie. Tout compte fait, cette combinaison était stratégiquement valable. De son côté, Abd el-Kader déclarait à ses familiers :

— « En faisant la paix avec les chrétiens, je me suis inspiré de la parole que Dieu dit dans la Coran : "La paix avec les infidèles doit être considérée par les musulmans comme une sorte de trêve pendant laquelle ils doivent se préparer à la guerre". »

Le maréchal Clauzel avait été remplacé par le général Damrémont, ancien officier de l'Empire comme son adjoint, le général Valée. On lui avait fixé pour objectif la prise de Constantine. Le maître de cette ville, Ahmed bey, attendait l'attaque des Français ; il avait pris ses dispositions et sollicité l'alliance des beys de Tripoli et de Tunis. Il avait même concentré son artillerie sur le seul point faible de la citadelle, le Coudiat-Aty. La garnison, en partie composée de Turcs, avait été renforcée. Damrémont disposait de quatre brigades, dont l'une était commandée par le duc de Nemours, et d'une abondante artillerie de siège. Il avait apporté tous ses soins aux questions d'intendance négligées par Clauzel. On ne saurait à son propos souscrire au jugement de Changarnier qui le qualifie d'« honnête homme médiocre », sans doute par envie. Damrémont était un officier plein de valeur, et pénétré de la stratégie napoléonienne. Ahmed bey fut sommé de reconnaître la suzeraineté française et de payer tribut : le précédent d'Abd el-Kader fut évidemment invoqué. Confiant dans la solidité de ses murailles et dans l'ardeur belliqueuse de ses troupes, tablant aussi sur l'intervention d'une escadre turque, Ahmed rejeta l'ultimatum français. Damrémont se mit en route le 1ᵉʳ octobre 1837, cependant qu'une escadre mouillait à La Goulette pour couvrir le front de mer. Bien qu'il fût parti un mois plus tôt que Clauzel en 1836, Damrémont éprouva les mêmes difficultés. La pluie, le vent assaillirent son armée. Elle comptait déjà de nombreux malades, lorsqu'elle arriva en vue de Constantine le 5 octobre 1837. Une capitulation honorable fut offerte aux défenseurs. Ils la rejetèrent en termes dédaigneux. Ahmed bey avait quitté la ville. A la tête de 3000 cavaliers d'élite, il surveillait les Français à bonne distance, s'apprêtant à attaquer leurs arrières, voire à convertir en désastre une retraite plus que probable. Sous les bourrasques d'une pluie glaciale, les Français hissèrent les lourdes pièces d'artillerie, les fourgons, construisirent des plates-formes de tir protégées de fascines et de sacs de terre, élevèrent des retranchements. Damrémont avait prévu le matériel nécessaire. Cependant l'armée ne disposait que de quinze jours de vivres et les canons n'avaient que deux cents coups. Il fallait se hâter, réussir coûte que coûte ! Le bombardement commença le 10 octobre. Un pan de muraille s'effondra. Damrémont proposa de nouveau une capitulation honorable, qui fut repoussée par les défenseurs. Le 12 octobre, il se porta en avant pour reconnaître l'état de la brèche. Il était accompagné par son état-major. Un boulet le frappa en pleine poitrine. Nemours était près de lui ; il l'avait échappé belle, car, à son côté, un autre officier tomba avec une balle dans la tête. Valée, qui était le plus ancien des généraux, prit le commandement. Le 13 octobre, la brèche était béante. Trois colonnes s'y engouffrèrent, par vagues successives. Il fallut prendre maison par maison, tant la résistance fut acharnée. A neuf heures, Constantine était prise, mais à quel prix : plus de 500 morts, dont 23 officiers, un grand nombre de blessés et de malades frappés par le choléra ! Ce fléau causa plus de pertes que les combats tout au long de la conquête. Valée fut promu maréchal et l'on inhuma Damrémont aux Invalides, non loin de Turenne : ils avaient eu la même mort. La prise de Constantine fut célébrée comme une grande victoire par le gouvernement français, d'autant plus que le duc de Nemours y avait participé en montrant d'ailleurs un courage exemplaire. Elle enchanta les bellicistes et fut assurément déterminante pour l'avenir de la conquête.

A l'automne de 1837, le maréchal-gouverneur Valée contrôlait l'est de l'Algérie, mais Abd el-Kader était maître de l'ouest. L'émir se comportait en véritable souverain, divisait son territoire en khalifats, levait des impôts et surtout entraînait son armée. De son côté, Valée n'avait pas su exploiter sa victoire. Il considérait la partition du traité de Tafna comme définitive. Il fit tracer des routes et intensifia l'installation des colons. Ceux-ci se montrèrent généralement odieux envers les Algériens, d'où une série d'incidents néfastes. Les soldats transformés en cantonniers maugréaient. Bref, l'armée s'enlisait dans une paix trompeuse. Il était évident qu'Abd el-Kader préparait sa revanche, mais on ne s'en souciait guère. La rupture de la paix ne vint pas de l'émir. Le duc d'Orléans en porte la responsabilité. A l'automne de 1839, ce prince — qui brûlait d'accomplir un exploit — s'en fut visiter Constantine. Au lieu de revenir à Alger par Bône et la voie maritime, il décida d'emprunter la voie de terre. On essaya vainement de l'en dissuader. Cet itinéraire impliquait en effet la traversée d'une gorge dite Les Portes de Fer, longue de six kilomètres. C'était une entreprise fort risquée, pour ne pas dire un peu folle. Le duc d'Orléans la tenta et franchit quasi sans encombre ce défilé profond de 200 mètres et large de 20. A Paris, cette imprudence fut présentée comme un acte d'héroïsme. Abd el-Kader n'attendait qu'une occasion de reprendre le combat. Il prétendit que Les Portes de Fer étaient incluses dans son territoire ; que le traité de Tafna avait été violé. En quelques jours, la révolte gronda. Les abords mêmes d'Alger devinrent dangereux. Changarnier maintint à grand-peine un semblant d'ordre. Louis-Philippe dut expédier des renforts. Ils permirent de rétablir la situation ; ils étaient toutefois insuffisants pour vaincre l'émir. On était alors en 1840, sous la menace d'un conflit européen. Louis-Philippe ne pouvait dégarnir la métropole de troupes qui seraient probablement indispensables. La menace écartée, grâce à sa prudence et à son habileté, il lui fut enfin possible de songer à l'Algérie. Il convoqua Bugeaud[1] qui accepta les responsabilités de gouverneur à condition de disposer de 100 000 hommes et de 100 millions pendant sept ans. Louis-Philippe accepta ; il avait confiance dans le réalisme et le bon sens de ce gentilhomme périgourdin. Il retrouvait en lui des traits de son propre caractère. Abd el-Kader venait de proclamer la guerre sainte et de ravager la Mitidja. Il promettait à son peuple de chasser les Français. Quand Bugeaud débarqua à Alger, il déclara que le drapeau français flotterait seul sur la terre d'Afrique. Il mit aussitôt en place un dispositif inspiré par Lamoricière. Partant du fait que l'on ne pouvait vaincre l'émir dans une bataille rangée, on résolut d'affamer ses troupes et de les poursuivre avec des colonnes mobiles. On systématisa les razzias : les troupeaux, les récoltes étaient enlevés et les populations

---

1. Il avait été rappelé en France après le traité de Tafna.

hostiles mises à rançon. Privé de vivres, traqué de toutes parts, Abd el-Kader en était réduit à la défensive. Lamoricière s'empara de Mascara, poussa jusqu'à Tlemcen. La route d'Oran était libre. Mais l'émir tenait encore le massif de l'Ouarsenis. Il en fut délogé en 1843. La prise de sa smalah, le 16 mai, par le duc d'Aumale, fut un de ces faits d'armes qui plaisaient aux Français. Elle ne résolvait rien et il est à croire qu'on l'aurait oubliée si le peintre Horace Vernet ne l'avait célébrée dans une vaste toile dont on s'enthousiasma. Il faut tout de même souligner que les princes d'Orléans payaient de leur personne et qu'à défaut peut-être d'un grand talent militaire, l'audace ne leur manquait pas. L'émir remporta un succès local à Sidi-bel-Abbès, mais son territoire se rétrécissait de jour en jour. Pour ne pas être pris et sauver les débris de son armée, il se retira dans la province marocaine d'Oudjda. Grave complication pour Bugeaud! Le Maroc était un État indépendant, dont le souverain était le sultan Moulay Abd en-Rahman. Bugeaud essaya de négocier avec le caïd d'Oudjda. L'entrevue tourna mal. Bugeaud proposa alors au gouvernement d'envahir Oudjda, afin de capturer Abd el-Kader. Louis-Philippe ne voulait pas indisposer l'Angleterre : l'Entente cordiale était à son zénith! Le sultan du Maroc fut courtoisement invité à ne plus donner asile au chef rebelle. Et, pour appuyer cette demande, le prince de Joinville croisa devant Tanger avec son escadre. Tout compromis étant impossible avec le sultan, Joinville bombarda Tanger, le 6 août 1844. « Vous avez tiré sur moi une lettre de change, lui écrivit gaillardement Bugeaud. Soyez assuré que je ne tarderai pas à y faire honneur! » Six jours après, avec 10 000 hommes, il dispersa, sur les bords de l'Isly, l'armée marocaine forte de 45 000 hommes. Le 15 août, Joinville bombardait Mogador. Ses marins débarquèrent dans cet îlot, dont ils rasèrent la forteresse. Mogador était le centre commercial le plus important du Maroc. Cette leçon fut entendue. Le 10 septembre, le sultan décrétait Abd el-Kader hors la loi et s'engageait à l'interner, s'il parvenait à le capturer. Ce beau succès valut à Bugeaud, qui était déjà maréchal, le brevet de duc d'Isly. Cette distinction atténuait à peine sa colère contre le gouvernement de Paris. Au lieu de traiter avec le sultan, il eût préféré envahir le Maroc qui n'avait plus d'armée pour couvrir ses frontières. L'autorisation lui en fut refusée. Or Abd el-Kader était hors d'atteinte. Il recrutait même des volontaires, avec l'accord du sultan. La défaite de l'Isly n'avait point abattu son courage. Il suscita, indirectement, la révolte des tribus des Dahra, conduites par un illuminé de vingt ans, Bou-maza. Bugeaud réagit brutalement. Ce fut en cette circonstance que le colonel Pélissier, interprétant à sa façon les ordres de son chef, enfuma cinq cents rebelles dans une grotte. Il fut le premier à regretter cette cruauté, mais le mal était fait. A Paris, l'indignation fut générale. Interpellé à la Chambre, le ministre de la Guerre (c'était le maréchal Soult) lâcha son subordonné. Cette dérobade du ministre provoqua la colère de l'armée d'Afrique. Les députés et la clique ministérielle furent traités de canailles et de lâches. Bugeaud écrivit à Soult pour revendiquer la responsabilité de l'affaire. Et, ne mâchant pas ses mots, il concluait ainsi : « Par une rigoureuse philanthropie on éterniserait la guerre d'Afrique en même temps que l'esprit de révolte ; et alors on n'atteindrait même pas le but philanthropique. » Comme on le constate, il avait sérieusement évolué depuis son premier séjour en Algérie. C'est qu'à l'usage, il avait fini par aimer cette belle terre d'Afrique et que l'Algérie était devenue « sa » chose. Soult crut l'apaiser par quelques bonnes paroles. Bugeaud sollicita néanmoins un congé et partit pour son Périgord natal. Il se disait abreuvé de dégoût par les politiques.

Lamoricière gouverna l'Algérie pendant son absence. Le 28 septembre 1845, il réclama instamment le retour de son supérieur : « Je ne dois pas vous dissimuler, écrivait-il, que la situation est fort grave. » Elle l'était. Abd el-Kader revenait en force. Le lieutenant-colonel de Montagnac, commandant le fort de Djemma-Ghazouat, s'était laissé surprendre, alors qu'il portait secours à une tribu restée fidèle à la France. Sa colonne avait été exterminée. Il avait laissé ses bagages dans le marabout de Sidi-Brahim, à la garde de 80 carabiniers. L'émir vint assiéger en personne le marabout. Les carabiniers se défendirent pendant trois jours. Ils tentèrent une sortie. Douze survivants parvinrent à gagner le fort de Djemma. Peu de jours après, une colonne était anéantie près de Tlemcen. De sinistres nouvelles affluaient de partout. La présence de Bugeaud était indispensable. Le 15 octobre, il était à pied d'œuvre. Il forma un corps de 3000 fantassins et de 450 cavaliers, en prit lui-même le commandement. D'octobre 1845 à mars 1846, les marches et les contremarches se succédèrent sans arrêt. Ce fut à ce moment qu'il entra dans la légende. Cet homme de soixante-deux ans bravait tous les dangers, toutes les fatigues. Sous le vent, la pluie ou le soleil torride, il menait ses hommes, partageait leur vie, s'occupait de leur nourriture, de leur santé. On raillait sa fameuse casquette à double visière (« La casquette du père Bugeaud »), mais on l'adorait. Traqué comme un gibier, Abd el-Kader perdait des hommes, reculait sans cesse, battu à chaque rencontre, réduit chaque fois à fuir et à se cacher. Bugeaud finissait par l'admirer, par admettre que l'émir n'était plus un simple chef rebelle, mais une sorte de roi défendant son royaume. Quand il rentra à Alger dans sa vieille capote, au milieu de ses soldats en haillons, de chevaux effrayants de maigreur, l'enthousiasme fut à son comble. Certes, il n'avait point capturé Abd el-Kader, mais il l'avait mis hors d'état de nuire ! Désormais l'émir ne constituait plus une menace pour l'Algérie. Il faut ajouter que, simultanément, les lieutenants de Bugeaud avaient ratissé l'Oranais et le Constantinois. A Paris, les attaques reprenaient contre le maréchal-gouverneur. Les députés de l'opposition s'étonnaient qu'avec 100 000 soldats aguerris, il ne fût pas encore parvenu à prendre Abd el-Kader. Ce dernier bénéficiait même d'un courant de sympathie. On avait de l'admiration pour ce chef héroïque. On vantait sa générosité, sa noblesse de cœur, et jusqu'à ses exploits. Cette admiration ne dura pas. En avril 1846, l'émir proposa un échange de prisonniers. Bugeaud refusa de traiter d'égal à égal avec lui. Dépité, Abd el-Kader fit égorger 280 soldats. Bugeaud demanda l'autorisation de le poursuivre. Il reçut l'ordre formel de ne dépasser en aucun cas la frontière du Maroc. Louis-Philippe voulait éviter les complications internationales : l'affaire des mariages espagnols battait alors son plein ; l'Entente cordiale avait cessé d'être et Palmerston n'attendait qu'une occasion pour mettre le feu aux poudres.

Bugeaud laissa l'émir dans son refuge marocain. Malgré la protection du sultan, il était à peu près réduit à l'impuissance. Bugeaud eut alors l'idée de parfaire la conquête en distribuant les terres disponibles aux soldats qui étaient libérables. Il proposa donc au gouvernement un système de colonisation militaire analogue à celui de l'ancienne Rome dotant ses légionnaires retraités. Il réclama un crédit pour tenter cette expérience. La Chambre rejeta le projet. Bugeaud résolut alors de quitter sa chère Algérie. En mai 1847, il dirigea une ultime campagne en Kabylie. Les Arabes le glorifiaient du nom de « maître de la Fortune » ; ses soldats l'acclamaient. Après ce triomphe, il embarqua à bord du « Caméléon ». Joinville était là : « A son départ nous lui rendîmes les honneurs vice-royaux et je vois encore sa tête blanche et énergique, lorsque debout et découvert sur la passerelle du bâtiment qui l'emportait, il traversa lentement la ligne des vaisseaux, au bruit du canon, des tambours, des musiques jouant *La Marseillaise* et des acclamations des équipages. »

Louis-Philippe s'était décidé à confier le gouvernement général de l'Algérie au duc d'Aumale. Ce dernier prit ses fonctions le 5 octobre 1847. L'affaire de la smalah d'Abd el-Kader lui conférait une sorte d'auréole. A dire vrai, Bugeaud lui avait tracé la voie. L'essentiel était accompli. Aumale pouvait faire confiance aux lieutenants formés par le vieux chef, non sans zizanies parfois. Changarnier, Lamoricière, Bedeau, Mac-Mahon étaient devenus de vrais Africains, terriblement efficaces s'il était nécessaire. Il ne restait plus à régler que le sort d'Abd el-Kader. Le sultan du Maroc avait médité la leçon de Tanger et de Mogador, compris qu'Abd el-Kader n'avait plus aucune chance de vaincre. Il le dépouilla de ses dignités et, répugnant à le livrer aux Français, résolut de le repousser vers l'Algérie. A cette fin il réunit une armée. L'émir l'attaqua par surprise, fut battu et faillit être pris. Il repassa la Moulaya avec ce qu'il lui restait de cavaliers. Il avait l'intention de se retirer dans le désert. Mais Lamoricière l'attendait. Lorsque l'émir comprit qu'il était cerné, il se résigna à capituler.

— « Notre souverain sera généreux envers toi et les tiens », lui dit Lamoricière.

Le même jour (23 décembre 1847), le duc d'Aumale confirma les promesses de Lamoricière. Abd el-Kader avait demandé à être conduit avec sa famille en Égypte ou en Syrie. Sur l'ordre de Louis-Philippe, il fut interné au fort de Lamalgue. En 1848, on le transféra au château de Pau, puis, en 1850, au château d'Amboise.

LE JUSTE MILIEU

IX

« ENRICHISSEZ-VOUS »

Le mot n'a probablement jamais été prononcé, ce qui est le cas de la plupart des mots historiques. Par contre, Guizot écrivit : « Là où le travail est surtout matériel et manuel, là aussi il y a des situations diverses et inégales. Les uns, par l'intelligence et la bonne conduite, se créent un capital et entrent dans la voie de l'aisance et du progrès. Les autres, ou bornés ou paresseux, ou déréglés, restent dans la condition étroite et précaire des existences fondées uniquement sur le salaire. » Il exprimait ainsi les convictions intimes de la bourgeoisie. Pour se donner bonne conscience et surtout ne pas voir les vrais problèmes, elle expliquait la pauvreté par la paresse et par le vice, et la réussite dans les affaires par une « conduite réglée » ! Un tel postulat devait nécessairement engendrer des abus (je les ai évoqués plus haut) et aggraver les inégalités sociales. Jamais peut-être les chefs d'entreprises — surtout les chevaliers d'industrie — ne montrèrent une telle âpreté au gain ni un tel mépris du bétail humain. La monarchie de Juillet, issue de cette même bourgeoisie, n'osait intervenir. Avait-elle même conscience du danger auquel elle s'exposait ? Naguère les rois s'appuyaient sur une aristocratie d'épée et de robe. Pendant le règne de Louis-Philippe, c'était la grande bourgeoisie qui constituait l'aristocratie. Malheureusement, elle se souciait moins des intérêts du pays que de ses intérêts privés. Le goût de la spéculation l'emportait sur l'envie de servir et de se distinguer. La seule vraie distinction, c'était désormais la richesse.

Elle avait une hiérarchie autrement plus rigoureuse que celle de l'ancienne noblesse. En 1840, un millionnaire avait plus de puissance qu'un duc et pair au temps de Versailles. Le baron de Rothschild se vantait d'entrer dans le cabinet de Louis-Philippe quand il le voulait, sans demander audience, sans même prévenir de sa visite. Les ministres, les maréchaux, le vieux Soult lui-même décoré du titre de maréchal-général faisaient parfois antichambre.

Le gouvernement avait besoin des banques. Elles l'aidaient à placer ses emprunts, contre une commission avantageuse. La monarchie de Juillet retombait ainsi dans les errements de l'Ancien régime avec les fermiers généraux. Par la force des choses les banquiers pesaient sur ses décisions. Ils jouaient aussi un rôle déterminant dans la croissance de l'économie, car ils contribuaient à des investissements que l'État s'avérait incapable d'assumer. Le capitalisme, tel que nous le connaissons, était en train de naître. Il se substituait à la grande propriété foncière et immobilière. Sans doute le phénomène était-il général, bouleversait-il les structures économiques de presque tous les États européens. Cependant, en France, il revêtit une coloration particulière. Au lieu d'être progressif et continu comme en Angleterre, il intervint dans notre pays presque brutalement.

On passa de même sans transition du stade artisanal au stade industriel. Cette mutation résultait des découvertes scientifiques, des progrès de la technique, de l'esprit inventif des ingénieurs, des recherches systématiques effectuées dans les facultés et les grandes écoles. La mise au point de la machine à vapeur fut un facteur décisif. Le nombre des machines décupla presque pendant le règne de Louis-Philippe. Leur puissance ne cessa d'augmenter. Par voie de conséquence, la production de charbon fit plus que doubler et les importations de coke triplèrent. L'industrie textile se mécanisa. A l'époque antérieure, il n'était pas rare qu'un ouvrier pût installer un atelier et devenir chef d'entreprise ; qu'un artisan finisse par créer une petite usine. L'industrie conservait un caractère familial. Les rapports entre les ouvriers et les patrons restaient humains, par la force des choses. Désormais, les patrons modestes, et moins encore les ouvriers, ne pouvaient financer les dépenses d'équipement. Dans l'industrie textile, les grandes filatures supplantèrent rapidement le travail à domicile. Il se maintint toutefois dans les départements de l'Ouest, mais les entreprises perdirent rapidement des parts de marché. La quantité commença à primer la qualité. On cherchait par tous les moyens, au besoin par l'allongement de la journée de travail, à accroître le rendement. On assista bientôt aux premières concentrations industrielles : dans la région parisienne, dans la basse Seine, dans le Nord-Est, en Alsace, et dans le Lyonnais. Elles aboutissaient inévitablement à de quasi-monopoles. Les Français de cette époque pratiquaient encore le « bas de laine ». Le crédit les effrayait. Ils n'avaient confiance que dans le bel or sonnant et trébuchant. Cette mentalité venue du fond des âges ne favorisait guère les gros investissements. Ceux-ci nécessitaient l'intervention de riches spéculateurs, de banquiers et, fréquemment, de groupements bancaires.

L'exemple des chemins de fer est à cet égard saisissant. Les Français ne crurent pas à leur expansion ; ils n'aperçurent pas leur utilité. Les dirigeants eux-mêmes divaguaient. « Le feu des locomotives, disait-on, incendierait les forêts ; le vacarme des trains rendrait inhabitables les propriétés et les châteaux avoisinants, et affolerait les troupeaux broutant auprès des voies. » Certains médecins estimaient que le transport en wagon provoquerait des fluxions de poitrine et des catarrhes. Ceux qui avaient visité l'Angleterre savaient que ce mode de transport (des hommes et plus encore des marchandises) y connaissait un surprenant essor. On savait aussi que les États-Unis possédaient déjà un vaste réseau. Quand Émile Péreire sollicita l'autorisation de construire une ligne de Paris à Saint-Germain, Thiers éclata de rire : « Il faut donner cela aux Parisiens, comme un jouet, déclara-t-il, mais jamais on ne transportera de la sorte un seul homme, ni même un seul bagage ! » Les gens les plus sérieux estimaient que les chemins de fer ne pourraient servir qu'au transport des matériaux dans les régions dépourvues de voies fluviales, rivières ou canaux, en raison de leur topographie. Les ingénieurs évaluaient cependant le coût de fabrication des rails et du matériel roulant. Bien que la métallurgie française eût doublé, elle était encore loin de pouvoir satisfaire les besoins. Les hauts fourneaux à coke représentaient à peine le tiers des hauts fourneaux à bois, et l'on ne pourrait indéfiniment puiser dans les forêts. Il était donc nécessaire d'importer du fer et du charbon, si l'on décidait de doter la France d'un réseau cohérent de voies ferrées. Or le gouvernement pratiquait un protectionnisme rigoureux.

La première ligne (Paris-Saint-Germain) fut inaugurée le 24 août 1837 par la reine Marie-Amélie et sa fille, la princesse Marie. Elles effectuèrent le trajet en 18 minutes. Le succès fut immédiat. Bientôt le train de Saint-Germain transporta 20 000 voyageurs par jour. Les Parisiens s'étaient engoués de ce nouveau mode de locomotion. Le prix du voyage était attractif : 1,25 F contre 1,50 F en diligence et 2 F en coupé. Deux autres lignes furent concédées reliant la capitale à Versailles, par la rive droite à Rothschild, par la rive gauche à Fould. Une affiche publicitaire fut diffusée (c'était une image d'Épinal) ; elle vantait les charmes et les avantages des transports ferroviaires : « La vitesse n'est pas ce qui surprend le moins dans les chemins de fer. On fait ordinairement huit à dix lieues à l'heure, et dernièrement en Angleterre, on a vu parcourir une distance de vingt-cinq lieues en une heure... L'économie peut aussi être comptée dans cette nouvelle voie de communication... Un chemin de fer sert à économiser le travail, à réduire le prix des objets qui viennent de loin, à donner plus de valeur à ceux du pays, à multiplier les échanges et à accélérer la production dans toutes les branches de l'industrie... » Bref, c'était la merveille des merveilles du siècle! Dès 1835, une équipe d'ingénieurs des Travaux publics avait étudié l'itinéraire de cinq grandes lignes reliant Paris à Lyon, à Bordeaux, à Strasbourg, au Havre et à Lille. En 1837, le gouvernement reprit le projet, y adjoignit les lignes de Paris à Bayonne, Toulouse et Marseille, outre une liaison directe Bordeaux-Marseille et Marseille-Bâle. Le projet fut rejeté par la Chambre des députés: ces têtes pensantes renâclaient devant la dépense, évidemment énorme. Mais les banquiers, en tout premier lieu Rothschild, les maîtres de forges, les patrons des grandes usines s'intéressaient de fort près à la question. Ils fondèrent des sociétés privées, auxquelles furent concédées la construction et l'exploitation des lignes Paris-Orléans, Paris-Rouen et Strasbourg-Bâle. Les investissements dépassèrent à ce point les prévisions que l'État dut les subventionner pour éviter leur liquidation. Guizot comprit alors que le problème ferroviaire avait une envergure nationale, et qu'il convenait de le résoudre par une loi. La discussion du projet fut sur le point d'être abandonnée. Le 8 mai 1842, le train de Versailles rive gauche dérailla et prit feu. Les portières étant cadenassées, une cinquantaine de voyageurs brûlèrent vifs, parmi lesquels l'amiral Dumont d'Urville, sa femme et son fils. Cette catastrophe provoqua une intense émotion. La loi fut néanmoins votée le 11 juin 1842. Loi capitale, puisqu'elle définissait des itinéraires qui sont toujours en vigueur! Deux thèses s'étaient affrontées: ou bien on poursuivrait la politique des concessions, ou bien l'État assumerait seul la construction du réseau. La thèse étatiste se heurtait au problème de financement: 500 millions pour la seule jonction de Paris avec les principales villes. Or le budget se trouvait obéré par les dépenses militaires, notamment par les travaux de fortification de Paris. La politique du Juste Milieu chère à Louis-Philippe suggéra un compromis de nature à ménager les deniers publics et à satisfaire les intérêts privés. La loi du 11 juin instaura un condominium tripartite. L'État construirait les voies et les gares; il achèterait les terrains nécessaires à l'infrastructure. Les départements et les commerces participeraient à ces dépenses. Les sociétés privées fourniraient le matériel roulant, entretiendraient les voies et les gares et paieraient le personnel. L'État se réservait une préemption sur le matériel.

La loi de 1842 donna un nouvel essor à l'esprit d'entreprise. Le groupe Rothschild s'adjugea une large part du gâteau. Les actions des compagnies ferroviaires doublèrent de valeur. L'engouement devint général. Des spéculateurs de toutes sortes l'exploitèrent: ils vendirent jusqu'à des « promesses d'actions », c'est-à-dire du vent, et le gouvernement dut interdire ce commerce frauduleux. D'autres intervenaient dans les procédures d'expropriation. Malgré ces difficultés, les travaux se poursuivirent. En 1848, il y avait 1322 kilomètres exploités régulièrement. Malgré les critiques et les récriminations, on percevait enfin que le mouvement était irréversible. Et James de Rothschild pouvait écrire: « Les départements qui ont été dotés de chemins de fer désirent les conserver afin d'en tirer le maximum de profits. Ceux qui n'en ont pas encore souhaitent et espèrent en avoir bientôt. »

Ce fut un salutaire coup de fouet pour la métallurgie : il fallut accélérer la production de fer et de charbon pour répondre à la demande, inventer des machines pour fabriquer des rails, construire des wagons en série et des locomotives de plus en plus performantes. Sur les premières lignes, on était obligé d'atteler des chevaux devant les locomotives lorsque la pente était trop accusée. Dix ans plus tard, les locomotives Crampton assuraient des moyennes de 55 km/heure, avec des pointes de 140 km/heure. On comprend l'effroi des voyageurs accoutumés aux diligences et aux omnibus. Mais rien ne les terrorisait davantage que la traversée des tunnels !

Dans la même période, les progrès des machines à vapeur bouleversaient la navigation et permirent la création de la première ligne transatlantique (France-Amérique). Les paquebots étaient propulsés par des roues à aubes, avec un tonnage de trois à quatre mille tonneaux. L'amélioration du transport des matières premières et des objets manufacturés profitait au commerce, suscitait la rénovation des industries anciennes et la création d'industries nouvelles. Dans la capitale, apparaissaient les premiers grands magasins : Le Bonhomme Richard, la Ville de Paris. Qu'était-ce donc que la Maison France sous le règne de Louis-Philippe ? Une maison de commerce en pleine prospérité, doublée d'une banque en pleine expansion. L'argent passait de main en main et la Bourse, créée par le bon roi Louis XVIII, acquérait une imprévisible puissance, et non seulement parce que les fortunes s'y faisaient et s'y défaisaient en un moment ! Le gouvernement du Juste Milieu pouvait être fier de sa réussite. Jamais l'économie n'avait été plus florissante et jamais on n'avait disposé d'une telle masse de capitaux.

Cette mutation rapide et spectaculaire aggravait dangereusement la distorsion entre les riches et les pauvres. Les grande et moyenne bourgeoisies roulaient sur l'or (les Caisses d'épargne regorgeaient), voyaient s'arrondir régulièrement leur fortune. « Enrichissez-vous ! » Elles n'étaient que trop portées à suivre cette recommandation. Un ouvrier très spécialisé gagnait 10 F par jour de travail. Un ouvrier moyen, environ 3 F. Le salaire des femmes dépassait rarement 1,50 F. Les mineurs ne gagnaient pas plus de 500 F par an. C'était sur ces salaires de misère que s'édifiaient les grandes fortunes. La multiplication des usines, leur concentration en trusts, engendraient un prolétariat croissant, misérable et revendicatif. Le monde rural restait statique. Il ne connaissait pas les mêmes difficultés ; du moins étaient-elles fortement atténuées. Toutefois, la part de l'agriculture dans le revenu de l'État accusait une diminution sensible au profit du commerce et de l'industrie. Le rendement stagnait par suite de la routine et du manque d'équipement mécanisé. La pauvreté paysanne s'aggravait dans les départements les moins fertiles, à l'écart des voies de communication, notamment des voies ferroviaires. Les industriels manquaient de main-d'œuvre : des villages se dépeuplaient. Le monde contemporain, implacable et fébrile, naissait. Un art de vivre, avec ses humbles bonheurs, était en train de disparaître. L'édifice social se fissurait.

QUATRIÈME PARTIE
« *PIS QUE CHARLES X !* »
1847-1848

L'on reconnaît les grands politiques à ce qu'ils savent céder quand il le faut.

(Cardinal de Retz)

I

LES IDÉOLOGIES

Furieux d'être écarté du pouvoir, Thiers se posait en chef de l'opposition. Louis-Philippe l'eût-il rappelé, le petit homme se serait empressé de retourner sa veste. Il enrageait de voir son rival, Guizot, se maintenir contre vents et marées. L'alternance se faisait tirer l'oreille et il déclarait gravement :

— « Nous ne sommes pas bien loin du moment où nous pourrons agir. Le Roi ne vivra pas longtemps, c'est un homme abattu, épuisé, et s'il ne meurt pas, ce sera tout comme ; déjà il se trouve fatigué d'esprit, il confond et les personnages et les choses, il rabâche, il adresse souvent des questions à des personnes qui sont complètement étrangères aux affaires dont il les entretient. »

Thiers exagérait un peu. Louis-Philippe avait soixante-quatorze ans en 1847, mais son intelligence restait intacte. La logorrhée des dernières années de son règne n'était que l'aggravation de sa tendance au bavardage, parfois même au verbiage. Mais cette manie n'était pas innocente. Elle permettait au vieux roi de faire connaître son opinion sur tel ou tel sujet, voire ses désaccords avec ses ministres. En abreuvant ses interlocuteurs de paroles, il diffusait ses opinions et ses projets. De même, quand il interrogeait à brûle-pourpoint quelque personnage complètement étranger au sujet, il guettait ses réactions, en faisait généralement son profit. Il était passé maître depuis longtemps dans l'art de flairer l'opinion. En revanche, il se croyait de plus en plus infaillible. Ses expériences diverses, les heurs et malheurs de sa longue vie, sa connaissance des affaires et son habileté à se tirer des mauvais pas lui donnaient un sentiment de fausse sécurité. De plus, avec l'âge, son énergie s'émoussait. Guizot aurait pu l'éclairer, mais il n'était pas l'homme de la situation. Par bien des côtés, il était moins ouvert, plus sclérosé que le roi. Ce qui lui importait surtout, c'était de ne pas perdre la confiance de celui-ci. Il affichait — et il éprouvait sans doute — un parfait contentement de lui-même. La réussite économique de son gouvernement lui paraissait être le meilleur garant de sa pérennité. Il ne voyait pas, ou ne voulait pas voir, les signes d'une dégradation évidente du pouvoir. Il ne comprenait pas davantage, ou ne voulait pas comprendre, les graves questions que posaient les inégalités sociales. Son regard n'allait pas au-delà de la bourgeoisie. C'était un économiste et un légiste ; il manquait d'intuition, encore qu'il savourât ses propres traits de finesse. Mais la classe politique ne montrait pas plus de sagacité que lui. Elle portait les œillères de l'égoïsme.

« Cela sent le malade, notait Joinville rentrant d'une longue campagne. La danse de Saint-Guy parlementaire ne satisfaisait personne à l'exception de Jérôme Paturot[1], à qui elle procurait une position sociale. Mais, pour un satisfait, que d'envieux ! Le Parlement donc n'apportait aucune force au gouvernement que la presse attaquait presque unanimement. Et, par une étrange contradiction, le principal reproche adressé à ce régime que chacun s'efforçait de déconsidérer et d'ébranler, était de manquer de vigueur. Que de fois ai-je entendu dès cette époque le : "Soyez forts", qui sonne toujours le glas des gouvernements aux abois. Si le besoin de détruire qui est l'essence de l'esprit révolutionnaire, l'envie démocratique, la spéculation politique, poursuivaient ouvertement et sans autres oppositions que de stériles verbiages et de fertiles entraves leur travail de termites, la vie sociale de tous les jours gardait pourtant les apparences de la santé. »

Cette analyse de Joinville est pertinente, mais incomplète. Elle ne tient pas compte de la poussée de libéralisme qui agitait alors plusieurs pays d'Europe. En Italie, Pie IX, successeur de Grégoire XVI, avait adopté une attitude quasi révolutionnaire. Il avait gracié les condamnés politiques, amorcé des réformes libérales, doté Rome d'une municipalité, autorisé des assemblées de notables dans ses États, accordé la liberté de la presse et même décidé de construire des chemins de fer. Il donnait un démenti flagrant aux doctrines absolutistes de la Sainte-Alliance et à l'immobilisme du gouvernement de Louis-Philippe. Agissant de la sorte, il apportait un soutien inespéré aux catholiques progressistes, comme Montalembert, sanctionnés par son prédécesseur. En Prusse, le roi Frédéric-Guillaume IV se déclarait disposé à exécuter la promesse de son père et, pour calmer l'agitation des esprits, annonçait la promulgation d'une Constitution libérale. Il comptait

1. Personnage des romans satiriques de L. Reybaud qui connurent une grande vogue.

« octroyer » une sorte de Charte ; elle lui fut bientôt imposée par la force. En Autriche, la toute-puissance de Metternich était de plus en plus mal supportée ; les révolutionnaires s'apprêtaient à le renverser. Ils l'enverront en exil, contraindront l'empereur Ferdinand à abdiquer en faveur de son neveu François-Joseph, auquel ils imposeront une Constitution. Il n'était pas jusqu'à la Suisse qui ne fût atteinte par le prurit révolutionnaire. Sept cantons catholiques firent sécession sous le nom de Sonderbund ; ils furent vaincus par les protestants. L'idée de révolution était donc dans l'air. Une telle conjoncture aurait dû éveiller l'attention de Louis-Philippe et de Guizot. Ils ne comprirent pas que cette situation reproduisait à peu de chose près celle de 1830 : le libéralisme agissait par poussées. Il était prévisible que la France n'échapperait pas à ce mouvement. Toutes les conditions étaient même réunies pour qu'une crise éclatât à brève échéance.

Les capitalistes s'enrichissaient, cependant que le déficit budgétaire s'aggravait. On avait essayé en vain d'éponger la Dette par un gros emprunt. Un projet de conversion de la rente avait été voté par les députés en 1845 ; les pairs le repoussèrent. La mauvaise récolte de 1846 paralysa l'économie. La rente baissa et les rentrées fiscales furent largement inférieures aux prévisions. Il fallut recourir aux bons du Trésor. Le déficit de 1847 fut proche de 247 millions, chiffre jamais atteint jusque-là ! Cette situation fut très dommageable à la réputation d'un gouvernement dont le principal objectif n'avait cessé d'être la prospérité matérielle et qui avait établi sa propagande sur les progrès de l'économie. L'inquiétude des capitalistes était cependant peu de chose en comparaison des difficultés que rencontraient la classe moyenne et plus encore les salariés. La mauvaise récolte de 1846 provoqua la hausse des denrées alimentaires. Le prix du blé doubla dans certains départements. Ceux des pommes de terre et autres féculents triplèrent. Or les salaires permettaient à peine de vivre en temps ordinaire. La disette frappa durement la population ouvrière, provoqua des émeutes dans certaines villes. Le gouvernement recourut à des palliatifs. Il organisa des distributions de vivres, indemnisa les chômeurs, versa des subventions aux œuvres charitables. La récolte de 1847 fut satisfaisante. Elle permit de réduire le prix des denrées essentielles. Mais la sous-alimentation avait fait ses ravages, provoqué des maladies souvent incurables (la tuberculose notamment) et, par voie de conséquence, aggravé le discrédit du régime et réveillé la fermentation politique.

Cette fermentation se développait sur deux clivages. Elle touchait à la fois la bourgeoisie éclairée et les prolétaires. Les chefs de l'opposition n'avaient que l'embarras du choix pour agresser le gouvernement. Leurs journaux s'y employaient. La disette avait servi de cheval de bataille. L'avocat Ledru-Rollin, dans *La Réforme* et dans *Le Journal du Peuple*, rappelait qu'en 1789 on avait nationalisé les biens accaparés par la noblesse et par le clergé, et redistribué une grande partie du domaine agricole. Il réclamait donc la nationalisation des industries trustées par les capitalistes, afin de répartir plus équitablement les bénéfices. Il déclarait, avec le succès qu'on imagine, que la liberté n'existe pas quand l'égalité fait défaut. Les réformes qu'il préconisait, rejoignaient d'ailleurs les théories de ceux que les historiens qualifient volontiers de « socialistes utopiques ». J'ouvre ici une courte parenthèse, car, pour comprendre l'état de l'opinion dans les dernières années du règne de Louis-Philippe, il n'est pas inutile de connaître l'essentiel de ces théories. Les saint-simoniens furent les premiers à élaborer la doctrine socialiste, du moins en France. Ils préconisaient l'étatisation des moyens de production et de distribution, le développement d'associations placées sous le contrôle du gouvernement. Leur audience resta limitée. On les prit pour des rêveurs. Leur analyse de l'économie était par trop romantique. Les adeptes de Fourier s'en prenaient aux concentrations industrielles, aux grandes villes, à tout ce qui avilit les travailleurs et dégrade leur santé. Ils voyaient dans la création de « phalanstères » un nouvel âge d'or. Dans le bric-à-brac de leurs idées, on relève pourtant des concepts qui feront leur chemin, tels que le minimum vital et le droit aux loisirs. Proudhon était un démolisseur. Il dénonçait l'autoritarisme de l'État profitant à la seule bourgeoisie, les méfaits du capitalisme engendrant un nouvel esclavage, et ceux de la religion qui endormait les masses. Plein de méfiance envers les démagogues patentés et la bourgeoisie de gauche (y compris l'intelligentsia), il souhaitait, non pas de simples réformes, mais une révolution exclusivement populaire. Toutefois, il concevait assez faiblement l'organisation qui devait suivre et qui était plutôt une désorganisation systématique. C'était plus un anarchiste qu'un socialiste. Cependant, Karl Marx lui reconnaissait le mérite d'avoir fait prendre conscience d'elle-même à la classe ouvrière. Louis Blanc avait acquis une grande popularité parmi les salariés. Il s'en prenait à la concurrence, clef de voûte du régime libéral, réclamait une réforme de la société et de l'État par le suffrage universel. Il se référait au Christ prolétaire. Il était cependant partisan d'un système totalitaire où l'égalité avait plus de prix que la liberté. Il voulait un État propriétaire exclusif des richesses, contrôlant le travail et la consommation, fortement centralisé et structuré et imposant aux enfants une éducation communautaire. Il promettait aux ouvriers le bonheur matériel, la sécurité de l'emploi, les soins gratuits pour les malades et les accidentés, la retraite pour les vieux. L'influence qu'il exerça fut considérable ; sa non-violence explique, en partie, le comportement relativement modéré des révolutionnaires de 1848. Tout autre était Blanqui, prisonnier quasi perpétuel. Pour lui, la République était devenue synonyme de socialisme et la révolution devait aboutir à la dictature du prolétariat, à peine de s'enliser comme celle de 1830. Il rejoignait sur ce point les pseudo-carbonari et autres tenants des sociétés secrètes qui poussaient à l'émeute et aux attentats politiques, sans pour autant souhaiter l'instauration d'un régime totalitaire. Engels et Karl Marx s'étaient rencontrés à Paris en 1844. Depuis lors, ils élaboraient de conserve, à partir d'une analyse scientifique, les conditions de l'évolution sociale, les structures de la société future, telle qu'ils la concevaient, c'est-à-dire fondée sur la toute-puissance de l'État et l'égalité absolue par la suppression de la propriété privée. Réalistes, ils voyaient dans la lutte des classes savamment dirigée le moyen d'aboutir à la prolétarisation des peuples. Le *Manifeste communiste*, portant leur double signature, fut publié en 1848. Il prenait le relais du socialisme utopique. Est-il besoin de dire qu'il ne toucha que les intellectuels les plus avancés et une infime minorité d'ouvriers?

Ces idéologies diverses et contradictoires s'infiltraient peu à peu dans les associations ouvrières, dont certaines préfiguraient les syndicats. Camouflées en sociétés de secours mutuels, elles étaient suspectes au gouvernement, surveillées par la police. Les plus agissantes étaient clandestines, formant des îlots de résistance et bravant la loi qui interdisait les réunions de plus de vingt personnes. Il n'existait pas de véritable mouvement ouvrier, mais plutôt un état d'esprit, une mentalité nouvelle. L'incompréhension du gouvernement et la rapacité des employeurs avaient engendré cette mutation.

Simultanément tout ce qui n'appartenait pas au pays légal réclamait le suffrage universel, les intellectuels comme la petite bourgeoisie, qu'elle fût urbaine ou campagnarde. « Comment voulez-vous, s'exclamait le chimiste Regnault, que je trouve tout simple de ne pouvoir voter, quand mon épicier, mon cordonnier ont ce droit, parce qu'ils ont de l'argent et que je suis pauvre! » Les batailles parlementaires, les luttes d'influence, les coalitions dont le seul but était de renverser un ministère pour s'adjuger les portefeuilles, avaient indisposé l'opinion. Force était de constater qu'en dépit de leurs divergences d'opinion, les députés appartenaient tous à la même classe et ne représentaient qu'une infime partie du peuple. Sur une population de 30 millions d'habitants, il n'y avait que 250 000 électeurs et 56 000 éligibles. Les journaux commencèrent à tourner le parlement en dérision, l'accusant d'immobilisme, de complaisance envers le gouvernement, qualifiant les intrigues de l'opposition de « querelles intérieures entre les enfants d'une même famille cherchant à se friponner les uns les autres ». Le théâtre, la caricature s'en mêlèrent. On fit un pas de plus en accusant Guizot de vendre les places, d'octroyer des faveurs pour s'assurer une majorité, de pratiquer la corruption comme moyen de pouvoir. Il méprisait ces insinuations haineuses, déclarait superbement:

— « Les sociétés démocratiques ont ce vice incurable qu'elles abaissent la taille des hommes fort au-dessous de leurs affaires. Les destinées de la France se passent toujours en haut ; leur horizon ne descend pas. Mais la vie et la vue des acteurs descendent toujours. »

L'avenir ne l'inquiétait nullement, tant l'autosatisfaction l'aveuglait. Louis-Philippe ne partageait peut-être pas son optimisme, mais, à mesure qu'il vieillissait, il se persuadait chaque jour davantage de sa précellence. Or il était parvenu à l'âge où toute nouveauté effraie. Tout autant que Guizot, il était hostile à une réforme électorale quelconque. Il craignait que le suffrage universel amenât une majorité belliqueuse, un ministère impossible à subjuguer. Il tenait à Guizot en raison de leur identité de vues. Il gouvernait à travers lui ; en tout cas, il conduisait la haute politique, celle qui lui importait. Roi-citoyen, il régnait en roi quasi absolu. Les apparences étaient sauves, puisque les décisions paraissaient émaner du premier ministre et que la Chambre disputaillait assez pour donner le change. Tout concourait donc pour maintenir la fiction d'une monarchie constitutionnelle. Malgré la crise économique et financière, les élections de 1846 élargirent la majorité ministérielle. Le régime apparaissait plus solide que jamais.

II

LES SCANDALES

La déconsidération de la classe dirigeante suivit celle des politiciens. La mauvaise fortune parut alors s'acharner sur le régime. Les affaires scandaleuses se succédèrent. Cela commença par une tricherie au jeu. Un officier d'ordonnance du roi fut surpris à biseauter des cartes. Puis un prince, membre du Jockey-Club, contrefit la signature du secrétaire et mit de faux jetons de cent francs en circulation. Le viol et le meurtre d'un enfant perpétrés par un moine dans le cimetière de Toulouse réveillèrent l'anticléricalisme. Une espèce d'épidémie de folie frappa le monde diplomatique. Le comte Bresson, ambassadeur à Naples, s'ouvrit la gorge à coups de rasoir. Un autre diplomate, de surcroît pair de France, le comte Mortier, tenta de massacrer ses enfants. On parvint difficilement à le capturer. La presse s'empara de l'affaire et la dénatura perfidement, bien que l'aliénation mentale fût évidente. L'escalade continua. L'ex-ministre de la Justice, Martin du Nord, attaqua Duchâtel, ministre de l'Intérieur, sur le chapitre des mœurs. Ce dernier répliqua en menaçant son collègue de publier certains rapports de police le concernant. Le gouvernement étouffa l'affaire. Il faut croire que Martin du Nord n'était pas au-dessus de tout soupçon, car il se retira à la campagne, où il mourut promptement de honte et de chagrin. Le scandale Teste et Cubières éclata peu après. Teste était, comme Thiers, un émule de Rastignac. Ses débuts furent cependant plus obscurs. Venu à Paris pour faire fortune, il n'obtint qu'un modeste emploi dans la police des Cent-Jours. Exilé à Bruxelles, après Waterloo, il y monta un cabinet d'affaires qui prospéra. Il rentra en France après les Trois Glorieuses et s'improvisa avocat parlementaire. Il rendit d'appréciés services, se fit d'utiles relations. Une note de police le présentait alors comme un « chef de ces forbans politiques qui vivent aux dépens de tous les pavillons ». Il fit cependant la conquête du maréchal Soult qui lui confia le portefeuille des Travaux publics. On ne pouvait faire un choix plus imprudent, mais le vieux Soult avait une sorte d'innocence. Lorsque Guizot devint premier ministre de fait, il n'eut rien de plus pressé que de se débarrasser de Teste, mais en le dédommageant par une double nomination de pair de France et de président de chambre à la Cour de cassation. Teste lui extorqua même, semble-t-il, la promesse d'être nommé ensuite premier président. Il prit alors le masque de l'intégrité, car c'était un merveilleux comédien. Nul ne s'était soucié de ses antécédents plus que douteux. On apprit soudain (en mai 1847) qu'il était accusé d'avoir touché un pot-de-vin de 94 000 francs (or) alors qu'il était ministre des Travaux publics. Cette somme lui avait été versée par le général Cubières, ex-ministre de la Guerre et lui aussi pair de France. Peu fortuné, Cubières avait de gros besoins d'argent. Il eut l'idée malencontreuse de s'associer avec un certain Parmentier, affairiste véreux. Cubières obtint la concession d'une mine de sel, dont Parmentier dirigea l'exploitation. Ce dernier voulut ensuite évincer Cubières. Il l'assigna devant un tribunal, en exhibant une correspondance établissant que, pour obtenir la concession, on avait dû se concilier les faveurs du gouvernement. L'enquête remonta à l'ex-ministre des Travaux publics. Elle prouva en outre que Teste avait souscrit un grand nombre de bons du Trésor à la même époque. Les deux principaux accusés étaient justiciables de la Cour des pairs. Il revenait au chancelier Pasquier de diligenter l'affaire. Dès le premier interrogatoire, le général Cubières, brillant soldat mais tête assez faible, passa aux aveux. Teste s'obstina à nier. Victor Hugo, étant l'un des juges, prenait des notes de séance et, dans son Journal, relate longuement le procès. Il raconte aussi que le duc de Broglie lui aurait dit : « Prenez garde, avec des procès comme ceux-là on ébranle plus que le cabinet, on court le risque de faire tomber le gouvernement, les institutions, l'État. » Réponse de Victor Hugo : « L'homme n'est pas bien solide sur ses jambes qu'on fait tomber en lui brossant son habit. » Teste se déclara victime d'une machination lorsque, pour le confondre, l'accusation produisit des billets portant sa signature authentique. Ces billets avaient été livrés par la femme d'un des complices. Teste était à bout de résistance. Ses nerfs craquèrent brusquement. Il fallut l'emporter à l'infirmerie. Selon les témoins, il fut pris d'« une jaunisse instantanée ». Il écrivit au président : « Je considère à mon égard le débat comme consommé et clos définitivement. J'accepte d'avance tout ce qui sera fait par la Cour en mon absence. » Puis il se tira deux coups de pistolet. L'un dans la bouche, mais l'amorce ne partit pas. L'autre dans le cœur, mais l'arme était si petite que la chemise était à peine tachée par la poudre. Ce n'était qu'une comédie de plus. Teste n'avait aucune envie de se tuer ; il voulait simplement impressionner ses juges. La Cour le condamna à trois ans de prison et à la dégradation civique. Cubières et Parmentier s'en tirèrent à meilleur compte : ils furent remis en liberté, mais se virent infliger une amende de dix mille francs. Louis-Philippe était furieux. Il gourmanda Pasquier :

— « Comment, lui dit-il, vous n'aviez pas assez d'un de mes anciens ministres ! Il vous en a fallu un second ! Ainsi j'ai passé dix-sept ans à relever le pouvoir en France ; en un jour, en une heure, vous le faites retomber ! »

Pasquier plia le dos sous la bourrasque. Il avait quatre-vingts ans passés et ne comprenait pas clairement les reproches du roi ; il croyait, dans sa rectitude de magistrat, avoir bien servi la justice, donc la couronne, car il ne dissociait pas l'une de l'autre. Les journaux, les partis de l'opposition profitèrent de l'aubaine. Ils exploitèrent à fond ce procès qui éclaboussait d'un coup les ministres, la magistrature, la pairie et l'armée. Il apportait la « preuve » de la corruption qui régnait en haut lieu. Or jamais un gouvernement ne fut moins vénal que celui de Louis-Philippe. Teste et Cubières étaient des exceptions. On voulut en déduire que tout s'achetait à beaux deniers comptants, les concessions comme les emplois.

Un mois après le procès Teste et Cubières, un horrible fait divers défraya la chronique. Il frappait cette fois la haute noblesse et de nouveau la Chambre des pairs. Dans la nuit du 18 août 1847, le duc de Choiseul-Praslin assassina sauvagement sa femme. Victor Hugo : « Le duc de Praslin est un homme de taille médiocre et de mine médiocre. Il a l'air très doux, mais faux. Il a une vilaine bouche et un affreux sourire contraint. C'est un blond blafard, pâle, blême, l'air anglais. Il n'est ni gros ni maigre, ni beau ni laid. Il n'y a pas de race dans ses mains, qui sont grosses et laides. Il a toujours l'air d'être prêt à dire quelque chose qu'il ne dit pas. » Hugo force un peu la note : ce portrait est postérieur au crime. Théobald de Choiseul-Praslin avait épousé la fille unique du maréchal Sébastiani, ministre puis ambassadeur de Louis-Philippe. Elle avait été richement dotée. Le couple vécut sans histoire et procréa neuf enfants. Il habitait un hôtel rue du Faubourg Saint-Honoré et, pendant l'été, le magnifique château de Vaux-Praslin, jadis bâti par le surintendant Foucquet à Vaux-le-Vicomte. Une institutrice, nommée Henriette Deluzy, mit la brouille dans le ménage. Elle devint la maîtresse de Théobald, gouverna bientôt la maisonnée. La duchesse n'avait pas un grand caractère, mais elle ne put supporter de vivre séparée de son mari, d'être privée de ses enfants, bref de subir le joug d'une intrigante. Elle se plaignit à son père. Le maréchal Sébastiani n'était pas une mauviette. Il mit son gendre en demeure de rendre les enfants à sa fille et de congédier l'institutrice. Si le duc n'obtempérait pas, il déposerait une demande en séparation. Praslin capitula. La séparation eût été pour lui une catastrophe, car ses finances étaient largement obérées par l'entretien de son fastueux château. Henriette Deluzy quitta la maison, s'installa dans un garni, où il continua à la voir. Quelles furent les exigences ou les incitations de cette femme ? On l'ignore, mais on peut supposer que son amant était incapable de rien lui refuser.

Le 18 août, le drame éclata. Vers cinq heures du matin, la femme de chambre de Mme de Praslin fut réveillée par des coups de sonnette frénétiques. Elle se leva d'un bond, courut à la chambre de sa maîtresse et trouva la porte fermée, mais entendit des gémissements. Tremblant de peur, elle appela à l'aide les autres domestiques. Ils passèrent par le jardin, brisèrent une fenêtre et virent la duchesse couchée sur un canapé et inondée de sang. Elle venait de mourir. Les murs, les tapis, les tentures, les meubles, les objets étaient éclaboussés de sang. Le duc apparut en robe de chambre, très pâle. Il se jeta sur le corps de sa femme en hurlant :

— « Quel malheur ! Qu'allons-nous devenir ? Que feront mes pauvres enfants ? »

La police arriva. Le commissaire Allard considéra le corps tailladé à coups de couteau, ces taches de sang répandues par toute la chambre, et dit cyniquement :

— « C'est mal fait ; les assassins dont c'est l'état travaillent mieux ; c'est un homme du monde qui a fait ça. »

Les soupçons se portèrent immédiatement sur le duc, en dépit du désespoir qu'il affichait. A la vérité, tout l'accusait : la mèche de cheveux qu'Allard détacha des doigts de la morte, les débris de cuir chevelu adhérant à la crosse du pistolet de Praslin. Des papiers, des linges ensanglantés furent trouvés à demi consumés dans sa chambre. Il ne fut pas difficile de reconstituer le crime : le duc avait fait irruption dans la chambre de sa femme ; il avait frappé la malheureuse à coups de couteau, dans l'obscurité. Elle s'était défendue, lui avait échappé, était parvenue à agripper le cordon de sonnette. Il ne cessait de la frapper et, comme elle résistait encore, il lui avait martelé le crâne avec la crosse de son pistolet, puis avec des chandeliers de cuivre. Mme de Praslin avait reçu plus de trente blessures. Ce n'était pas seulement un crime odieux, c'était une ignoble boucherie.

L'émoi fut à son comble, aux Tuileries, à la Chambre des pairs, dans l'opinion. Une foule poussant des cris de mort s'était rassemblée devant l'hôtel. Le vieux Pasquier entra en lice, une fois de plus, et il se serait bien passé de cette périlleuse épreuve. Le duc était gardé à vue, en attendant que le chancelier prît une décision. Une rumeur accusait déjà la justice de chercher à innocenter l'assassin par quelque subterfuge, parce qu'il appartenait à la haute noblesse. Les journaux jetaient de l'huile sur le feu : « Il fallait, écrivait Le Siècle, qu'un de ces crimes à peine concevables, qui de loin en loin jettent l'effroi dans l'imagination des peuples, vînt avertir cette société en déroute que la loi morale ne gouverne plus et qu'il est grand temps pour elle de sacrifier à d'autres dieux que l'égoïsme et la peur. »

Mal surveillé par les policiers, Praslin avala une petite fiole de poison. On suspecta les policiers de l'avoir laissé faire, par ordre. Le 19 août, avant l'aube, Praslin fut transféré à la prison du Luxembourg, sur un matelas. Il était moribond. L'embarras du gouvernement était extrême. Praslin joignait à tous ses titres celui de chevalier d'honneur de la duchesse d'Orléans. Les journaux ne manquèrent pas de souligner ce détail, d'affirmer que la famille royale avait intérêt à ce que l'assassin mourût subitement, afin d'éviter un procès scandaleux. Pasquier eut la maladresse d'affirmer que Praslin était atteint du choléra. Cependant il poursuivait l'enquête. L'accusé étant justiciable de la Cour des pairs, le chancelier tint à l'interroger lui-même. Avait-il réellement préparé l'assassinat de sa femme, et sinon avait-il cédé à une crise de fureur ? Henriette Deluzy avait-elle inspiré son crime ? Quelle excuse pouvait-il invoquer ? A toutes les questions, Praslin, invoquant sa faiblesse, ne répondait pas. L'institutrice avait été écrouée à la Conciergerie. Elle fut interrogée par un juge d'instruction, en présence de Pasquier. « Il n'y a rien eu de coupable dans le passé entre nous, osa-t-elle affirmer, et il n'y avait pour l'avenir aucun projet coupable. Madame de Praslin serait morte naturellement et monsieur de Praslin m'eût offert sa main que, par intérêt pour ses enfants, je n'aurais jamais consenti à une mésalliance dont les circonstances seraient retombées sur eux. Jamais, non plus, je n'aurais eu l'idée d'une autre liaison. Si monsieur de Praslin m'eût aimée, j'aurais pu lui sacrifier ma réputation, ma vie, mais je n'aurais pas voulu qu'il en coûtât un cheveu de sa femme. »

Trois jours durant, le chancelier s'acharna à savoir la vérité et Praslin s'obstina à nier son crime. Le petit peuple célébrait la mémoire de « Notre-Dame-Praslin », rappelait ses œuvres de charité ; c'était surtout pour réclamer vengeance contre l'assassin. « Il est peu probable, ironisait *Le National*, que le duc de Praslin, pair de France, chevalier d'honneur à la Cour et prévenu d'assassinat, comparaisse devant la Cour instituée pour le juger. On nous annonce que son état de santé décline d'heure en heure. La faiblesse de ses organes est telle qu'il ne peut pas subir un interrogatoire de quelque durée et on a eu toutes les peines du monde à obtenir de lui des réponses intelligibles. » D'autres journaux faisaient écho, insinuaient que, si le coupable avait été un simple paysan ou un ouvrier, on aurait su l'empêcher de s'empoisonner pour se soustraire à la justice. Hugo rapporte cette réflexion d'une bouquetière :

— « Mon Dieu, pourvu qu'on ne me le tue pas ! Cela m'amuse tant de lire tout ça le matin dans les journaux. »

Praslin demanda l'assistance d'un prêtre, se confessa et reçut l'Extrême-Onction. Il mourut en emportant « son secret ». Jusqu'à son dernier instant, il refusa d'avouer son crime ou de désigner ses complices, s'il en avait eu. Quand la nouvelle de sa mort se répandit dans Paris, ce fut un beau récri. Pour calmer l'opinion, le chancelier Pasquier, d'accord avec Louis-Philippe, inventa une procédure d'une légalité douteuse. Comme on le sait, la mort d'un accusé arrête le cours de la justice. Or la Cour des pairs, saisie par une ordonnance royale en bonne et due forme, se déclara compétente pour juger le mort ! Elle le condamna à la peine capitale. L'institutrice resta quelques mois à la Conciergerie et bénéficia d'un non-lieu. Elle partit pour l'Amérique, où elle épousa un pasteur presbytérien. On ne voulut pas croire à la mort de Praslin. Quatre sommités médicales, dont le célèbre Orfila, avaient pourtant pratiqué l'autopsie, analysé le contenu des viscères et conclu à un empoisonnement par l'acide arsénieux. On imagina une rocambolesque histoire de substitution et on raconta que le criminel menait une existence paisible en Angleterre. Il existe une tradition en Normandie selon laquelle il eût vécu dans la cabane d'un bûcheron et expié son crime en abattant des arbres. Ce personnage inspira même un roman.

III

LES PRODROMES

La comtesse de Boigne rapporte l'entretien qu'elle eut à cette époque avec son ami le chancelier Pasquier. Le vieil homme était las et plein d'inquiétude pour l'avenir. Il disait :

— « Mon grand âge et l'affaiblissement de ma vue sont sans doute des raisons suffisantes pour justifier ma retraite ; mais je vous avoue que je suis surtout pressé par le profond dégoût de ce qui se passe. Tout tombe en charpie autour de nous. Le Roi est assis depuis dix-huit ans sur le trône, il y est moins affermi que la première année. Il n'y a plus de direction, plus de volonté, plus de gouvernement. Chacun tire de son côté sans être guidé ; aussi tout s'abaisse et se dissout. Quand je vois comment on commande et comment on sert aujourd'hui et que je songe à la façon dont j'ai vu ordonner et obéir, je suis forcé de reconnaître tout changé. Je n'appartiens plus à un monde si nouveau ; nous ne sommes point faits l'un pour l'autre. Cette Chambre que je préside, on semble s'appliquer à la rendre toujours plus infime. Le ministère et même le Roi en font une grande remise pour toutes les incapacités. J'ai eu beau en montrer les inconvénients, on n'écoute plus mes remontrances. Il s'y trouve encore une douzaine de pairs qui la galvanisent de temps en temps ; mais, lorsqu'ils disparaîtront et nous sommes tous vieux, vous la verrez tomber dans un discrédit que je ne veux pas partager. »

Mme de Boigne répliqua :

— « Heureusement, mon ami, nous sommes trop vieux pour être témoins des catastrophes que vous craignez. »

— « Je n'en sais rien, je n'en sais rien du tout. Ce gouvernement est si complètement délabré que je ne serais nullement étonné de le voir s'effondrer à la première heure. »

Puis il ajouta rêveusement :

— « Qui sait au reste si, d'ici à cinquante ans, le régime républicain ne sera pas celui de toute l'Europe. Si monsieur de La Fayette, de l'autre monde, entrevoit cet avenir, son âme doit bien se délecter, et cependant j'ose lui prédire que les marquis de La Fayette ne seront pas les présidents de ces républiques-là... »

Louis-Philippe descendait de l'« idonéité[1] » à l'infatuation. Gouvernant par lui-même avec des ministres domestiqués, persuadé d'avoir pleinement réussi, il se croyait seul détenteur de la vérité, ne se fiait qu'à son instinct politique et ne supportait plus la contradiction. Guizot se gardait bien de lui ouvrir les yeux ; il s'aveuglait lui-même sur la situation, prenait les apparences pour la réalité et se croyait un grand homme d'État, parce qu'il avait dompté la Chambre, si bien qu'il faisait voter ce qu'il voulait et ce que voulait le roi. Leur erreur fondamentale, à l'un comme à l'autre, était de croire qu'il suffisait d'avoir préservé la paix en Europe, conquis l'Algérie, développé l'économie, assumé de grands travaux publics et consolidé la majorité parlementaire pour être assuré de l'avenir. Ils ne percevaient pas que la bourgeoisie moyenne se détachait d'un régime qui finissait par la décevoir. Ils ne sentaient pas que le bien-être matériel ne profitait qu'à une partie de la population et que, de toute manière, il ne pouvait combler les aspirations des Français : ceux-ci avaient besoin d'un idéal. L'argent n'en était pas un. Pour tout dire, Louis-Philippe et Guizot, malgré leur intelligence, s'égaraient dans les détails, mais étaient incapables de concevoir de grandes choses, de dynamiser le peuple par des idées assez vastes pour l'exalter et pour émousser les effets pernicieux de la propagande adverse. Ils ne savaient pas ennoblir le quotidien, car c'étaient d'abord des gestionnaires. Les conseils des ministres n'étaient plus que des parodies. Le roi monologuait. Guizot abondait dans son sens. N'était-il pas son alter ego ? Les autres ministres écoutaient. Les décisions étaient prises avant que les affaires eussent été débattues. Cette fiction se fût maintenue, si Louis-Philippe ne s'était pas vanté, et plus d'une fois, de gouverner par lui-même. Malheureusement son énergie fléchissait, sa sagacité s'émoussait, cependant que sa facilité de parole tournait à la verbosité, processus bien connu des médecins et symptôme indubitable d'un début de décrépitude. Qu'un visiteur cherchât à l'éclairer, lui montrant que l'esprit public avait évolué et qu'il était temps de faire des concessions, le roi lui tournait le dos et sinon lui prouvait qu'il avait tort de s'alarmer. Il avait pourtant des moments de lucidité, mais trop rares. S'il survenait quelque incident grave, il s'exclamait :

— « Quel gâchis ! Une machine toujours prête à se détraquer ! »

Mais son optimisme reprenait vite le dessus, stimulé par Guizot. Par

1 Il appelait ainsi l'opportunisme, la faculté de s'adapter à une situation nouvelle.

ailleurs, l'harmonie si réconfortante pour lui qui régnait au sein de sa famille commençait à se troubler. Jusqu'ici le « Père » avait régné en patriarche des anciens temps. Habitué à imposer sa volonté, encore qu'il se prétendît libéral, il oubliait que ses fils avaient grandi, acquis une personnalité différente de la sienne, et qu'ils s'étaient mariés. Il tolérait mal qu'ils eussent leurs propres conceptions de la politique. La duchesse d'Orléans posait un problème particulier, du fait qu'elle était mère de l'héritier du trône et ne se préoccupait que de l'avenir de celui-ci. Elle regrettait de n'avoir pas été désignée comme régente et, considérant le caractère indécis de Nemours, ne dissimulait guère ses inquiétudes. Elle avait ses propres partisans. Ambitieux et subtils, ils l'encourageaient à évincer Nemours, si quelque accident arrivait au roi. Montpensier se tenait sur l'expectative : on ignorait toutefois quel parti il prendrait. Quant à Joinville, s'il n'ambitionnait rien pour lui-même, il appuyait la démarche de la duchesse d'Orléans. Ces intrigues fatiguaient Louis-Philippe.

— « Si on veut me rendre la vie trop dure, s'écriait-il avec colère, j'abandonnerai tout. Je me retirerai à Eu avec ma Bonne Reine ; et on verra comment on fera pour se passer de moi ! »

Il se croyait indispensable, ne jugeait finalement aucun de ses fils capable d'assumer les responsabilités du gouvernement. Ulcérés, ils ne se gênaient pas pour le mettre en garde, lui conseiller de jeter du lest quand il en était encore temps et surtout de congédier Guizot au plus vite. Joinville se montrait le plus acharné contre ce dernier. Il avait son franc-parler, ne disait que la vérité et, ce faisant, croyait défendre le trône de son neveu, le comte de Paris. Mais Louis-Philippe n'avait pas la moindre envie d'abdiquer. Il se sentait assez gaillard pour vivre encore dix ans, et assez rusé pour se tirer de n'importe quelle situation. Aux reproches formulés par Joinville s'ajouta celui de n'avoir pas ratifié les promesses faites à Abd el-Kader. On se souvient que celui-ci avait demandé à être conduit en Égypte. Louis-Philippe l'avait envoyé dans une forteresse, au mépris des engagements souscrits par Aumale. Joinville estimait l'honneur du roi compromis par cette décision. Excédé, Louis-Philippe le renvoya en Afrique. C'était un demi-exil. Or Aumale et Joinville étaient les plus valeureux et les plus populaires de ses fils. Tous deux lui manquèrent cruellement, en 1848. Leur courage, leur autorité, leur esprit d'initiative auraient pu retourner la situation. Mais il voulait être le maître chez lui, régner sur les siens. Ses fils n'étaient à ses yeux que des lieutenants. La reine Marie-Amélie ne savait qu'apaiser les différends, sans les résoudre. Elle admirait trop le roi pour le contredire. Quant à la princesse Adélaïde, elle souffrait de crises d'asthme et s'acheminait vers sa fin. Il est évident que, si le duc d'Orléans n'avait pas péri dans un accident stupide, ces intrigues n'auraient pas tourmenté le vieux roi. Ses frères le considéraient depuis l'enfance comme leur chef. Toutefois serait-il parvenu à convaincre le « Père » de promulguer les réformes nécessaires ou de résilier le pouvoir ? Cela paraît extrêmement douteux eu égard à l'entêtement de Louis-Philippe et à la présomption de Guizot.

L'atmosphère de la dernière année du règne de Charles X se reproduisait en plus menaçant, en plus sombre. Il y eut une fête au bois de Vincennes qui rappelait à s'y méprendre celle du Palais-Royal en 1830. Là aussi, on dansait sur un volcan ! Cette fête réunissait quatre mille invités. Elle était offerte par le duc et la duchesse de Montpensier. Victor Hugo y assista, avec ses collègues de la Pairie et de l'Académie française. Il en rend compte, dans son Journal, sans omettre un détail. On avait dressé des tentes dans le bois : celle d'Abd el-Kader provenant de la fameuse smalah, celle de Napoléon, cadeau du sultan Sélim. Des canons du XVIIᵉ siècle, des colonnes formées de piques et de pistolets, des panoplies gothiques, des armures et des caparaçons empruntés au musée de l'artillerie complétaient un décor des Mille et Une Nuits. Les allées étaient éclairées par des lanternes de couleur. Des mèches à sape jetaient leurs brusques lueurs dans les taillis. Ailleurs, on avait suspendu des lanternes chinoises « qui ressemblaient à de grosses oranges lumineuses ». Au fond d'une allée, brillait une grande étoile de la Légion d'Honneur. Ici et là, des piles de boulets, des affûts servaient de sièges. Des sonneries de trompettes ponctuaient les danses. On se pressait autour des buffets. Le brave Hugo était un peu éberlué par les parures de diamants, les broderies des uniformes, l'élégance des robes. A une heure, on tira un feu d'artifice et on alluma les feux de Bengale. Puis on soupa et l'on se remit ensuite à danser. Hugo ne resta pas jusqu'à la fin. Il partit en regrettant de ne pas voir se lever le jour sur les visages las et les girandoles éteintes. Mais voici où je voulais en venir :

« Au reste, écrit-il, je crois, je ne sais pourquoi, que le souvenir de cette fête restera ; elle m'a laissé quelque chose d'inquiet dans l'esprit. Depuis quinze jours on en parlait, et le peuple de Paris s'en occupait beaucoup. Hier, depuis les Tuileries jusqu'à la barrière du Trône, une triple haie de spectateurs garnissait les quais, la rue et le Faubourg Saint-Antoine, pour voir défiler les voitures des invités. A chaque instant, cette foule jetait à ces passants brodés et chamarrés des paroles hargneuses et sombres. C'était comme un nuage de haine autour de cet éblouissement d'un moment. »

Les spectateurs avaient hué des députés, craché sur leurs voitures, maculé de poussière et de boue la calèche d'un général, insulté les pairs. Hugo ne comprenait pas cette agressivité du public : « Il semblerait pourtant que cette fête n'eût rien d'impolitique et ne pouvait avoir rien d'impopulaire ; au contraire, M. de Montpensier, en dépensant deux cent mille francs, a fait dépenser un million. Voilà, dans cet instant de misère, douze cent mille francs mis en circulation au profit du peuple ; il devrait être content. Eh bien ! non. »

Et, comme l'heure du républicanisme flamboyant n'a pas encore sonné pour lui, et qu'il reste un inconditionnel de Louis-Philippe (d'autant qu'on le reçoit aux Tuileries), il déroule cet écheveau de bonnes raisons : « Le luxe est un besoin des grands États et des grandes civilisations. Cependant il y a des heures où il ne faut pas que le peuple le voie. Mais qu'est-ce qu'un luxe qu'on ne voit pas? Problème... Quand on montre le luxe au peuple dans les jours de disette et de détresse, son esprit, qui est un esprit d'enfant, franchit tout de suite une foule de degrés ; il ne se dit pas que le luxe le fait vivre, que ce luxe lui est utile, que ce luxe lui est nécessaire. Il se dit qu'il souffre et que voilà des gens qui jouissent ; il se demande pourquoi tout cela n'est pas à lui. Il examine toutes ces choses non avec sa pauvreté, qui a besoin de travail et par conséquent besoin des riches, mais avec son envie. Ne croyez pas qu'il conclura de là : Eh bien! cela va me donner des semaines de salaire et de bonnes journées. Non, il veut, lui aussi, non le travail, non le salaire, mais du loisir, du plaisir, des voitures, des chevaux, des laquais, des duchesses. Ce n'est pas du pain qu'il veut, c'est du luxe. Il étend la main vers toutes ces réalités resplendissantes qui ne seraient plus que des ombres s'il y touchait. Le jour où la misère de tous saisit la richesse de quelques-uns, la nuit se fait, il n'y a plus rien. Plus rien pour personne. Ceci est plein de périls. Quand la foule regarde les riches avec ces yeux-là, ce ne sont pas des pensées qu'il y a dans tous les cerveaux, ce sont des événements. »

Mais il se surpasse dans cette réflexion finale : « Ce qui irrite surtout le peuple, c'est le luxe des princes et des jeunes gens ; il est en effet trop évident que les uns n'ont pas eu la peine, et que les autres n'ont pas eu le temps de le gagner. Cela lui semble injuste et l'exaspère ; il ne réfléchit pas que les inégalités de cette vie prouvent l'égalité de l'autre. »

Guizot n'eût pas mieux dit. Mais c'était le vicomte Hugo, pair de France, qui traçait ces lignes dans son Journal, non pas l'auteur des *Misérables*.

Cette fête de Vincennes fut la dernière de la monarchie de Juillet. Peu de mois après, la Cour prit le deuil de Madame Adélaïde. La comtesse de Boigne était allée la voir le 27 décembre. La vieille princesse apparut, portée dans un fauteuil. Les crises d'asthme l'avaient épuisée, mais elle conservait sa lucidité. Elle avait de la sympathie pour Mme de Boigne et lui savait gré de sa fidélité. Elle aimait surtout l'interroger sur les affaires en cours, sur l'état de l'opinion. Elle n'ignorait point sa liaison avec le chancelier Pasquier et la savait bien renseignée. Mme de Boigne lui fit part de ses inquiétudes, évoqua les dangers menaçant la Couronne. Lorsqu'elle prit congé, la princesse l'incita à venir le mercredi suivant afin de présenter ses vœux de nouvel an au roi :

— « Voyez-vous, lui dit-elle, ma chère madame de Boigne, nous serons sortis de cette déplorable année 1847 ; je la déteste, et j'aspire à en voir la fin. »

Elle ne la vit pas, car le 30 décembre, elle fut prise d'étouffement, perdit l'usage de la parole. Les Orléans accoururent. Elle mourut en tenant les mains de son frère et de la reine. Sa mort passa presque inaperçue. Elle accabla Louis-Philippe. Il perdait non seulement une sœur tendrement aimée et qui lui avait consacré sa vie, mais une conseillère avisée. Sans doute, depuis des années, n'exerçait-elle plus la même influence sur lui. Cependant certaines informations importantes, certains avertissements utiles passaient par son canal. Faute d'obtenir une audience du roi, on s'adressait à sa sœur. Elle avait ses fidèles — choisis avec discernement —, ses informateurs. Elle était à la vérité irremplaçable. Et il n'oubliait pas qu'au temps de l'adversité, elle avait été son soutien le plus constant. Il puisait alors dans l'admiration qu'elle lui vouait la force d'espérer.

Elle laissait une grosse fortune. Elle l'avait supérieurement gérée, et d'autant qu'elle était économe. On ouvrit son testament. Elle avait partagé ses biens entre ses neveux et nièces, mais avantagé Joinville et Montpensier. Toutefois, elle en réservait l'usufruit à son frère. Les héritiers s'estimèrent spoliés. Ils protestèrent avec si peu de discrétion que Louis-Philippe rompit la séance. Les histoires de gros sous s'ajoutèrent aux zizanies politiques. Le vieil homme se sentit encore plus seul. La Bonne Reine lui restait, mais elle ne savait que consoler.

IV

LA CAMPAGNE DES BANQUETS

Les élections de 1846 avaient eu les conséquences les plus néfastes. En consolidant la majorité ministérielle, elles donnèrent au roi et à Guizot un sentiment de fausse sécurité. Elles incitèrent simultanément l'opposition à proposer une réforme électorale, puisque, par le système censitaire en vigueur, il s'avérait qu'elle n'accéderait jamais au pouvoir. Pour avoir quelque chance de succès, elle devait obtenir le doublement du nombre des électeurs, c'est-à-dire l'abaissement du cens et l'adjonction de ce qu'on appelait les capacitaires. Un projet de loi fut présenté à la Chambre par Duvergier de Hauranne, en mars 1847. Il avait pris la précaution d'écrire au préalable une brochure dans laquelle il exposait son point de vue sur la « réforme », brochure qui fut largement diffusée dans le public. Duvergier de Hauranne était à la fois historien et député ; il jouissait d'une grande réputation, raison pour laquelle Guizot le détestait. Ses propositions étaient judicieuses et d'une grande modération. Il demandait que tout citoyen payant 100 francs de cens (impôts payés dans l'année) devînt électeur. Dans le cas où un arrondissement aurait moins de 400 électeurs, la liste serait complétée par les individus les plus imposés. Il réclamait aussi le droit de voter pour les « capacitaires », c'est-à-dire pour les citoyens payant moins de 100 francs de cens, mais exerçant certaines fonctions ou titulaires de certains diplômes, à savoir : les correspondants de l'Institut, les professeurs titulaires du Collège de France et des Facultés, les médecins, les notaires, les avocats et les avoués, les officiers ayant plus de 1200 francs de retraite, les membres des Chambres de commerce, des Conseils de Prud'hommes ou de manufactures et les conseillers municipaux des villes comptant au moins 3000 habitants. Il demandait enfin que le nombre des députés fût porté de 459 à 538.

Charles de Rémusat déposa en même temps un projet complémentaire tendant à exclure de l'éligibilité un grand nombre de fonctionnaires, notamment ceux qui étaient attachés aux maisons civiles et militaires du roi et des princes. Le but de cette mesure était évidemment d'empêcher que certains députés fussent influencés par le palais.

Il s'agissait donc, en réalité, d'une double réforme : électorale et parlementaire. L'opposition cherchait à transformer le régime en monarchie vraiment constitutionnelle, avec un roi-président. Elle voulait mettre un terme à l'action directe de la Couronne sur les débats de la Chambre. Le ministre de l'Intérieur Duchâtel nia l'opportunité de ce projet. Alors que, par ses préfets et ses policiers, il avait une connaissance approfondie de l'opinion, il eut le front de dire :

— « Si le pays avait le désir de cette réforme, on le saurait ; les élections toutes récentes l'auraient fait voir. »

C'était plus qu'une contrevérité ; c'était de la provocation. Quant à Guizot, il déclara sèchement :

— « Il n'y aura pas de jour pour le suffrage universel. »

Car il apercevait que le projet de loi ne serait qu'un palier. Sûr d'avoir la majorité, il préférait tuer le germe dans l'œuf. La gauche soutint le projet avec talent, mais son orateur eut le tort de parler des tripotages électoraux auxquels s'était livré le gouvernement pour étoffer sa majorité. La proposition Duvergier de Hauranne fut repoussée par 252 voix contre 154. La proposition de Rémusat, soutenue par Thiers, manqua d'être adoptée. Ni le roi ni Guizot ne comprirent l'avertissement. Tout au contraire, ils se sentirent plus solides que jamais. Jusqu'ici Guizot n'était officiellement que ministre des Affaires étrangères ; il n'exerçait les fonctions de chef de gouvernement que de fait. Le maréchal Soult fut prié de se retirer ; on lui laissa le portefeuille de la Guerre en prime de consolation. Louis-Philippe nomma alors son cher Guizot premier ministre en titre. Ce dernier en profita pour remanier le ministère. On murmurait qu'il se prenait pour Polignac, et il l'était peut-être de quelque manière.

Dans cette même période parut l'*Histoire des Girondins*, histoire poétique de la Révolution qui acquit une célébrité immédiate à Lamartine. Parurent aussi les histoires de la Révolution de Jules Michelet et de Louis Blanc, dont l'information était plus assurée, et les premiers tomes de l'*Histoire du Consulat et de l'Empire*, œuvre d'Adolphe Thiers. Ces livres exercèrent une influence décisive dans les milieux intellectuels. Ils ravivaient dangereusement les souvenirs de 89 et de 93, créaient un climat propice à l'insurrection.

Puisque la Chambre des députés refusait d'élargir le corps électoral, l'opposition décida de porter le débat devant l'opinion. Les réunions étant interdites par la loi, elle imagina d'organiser des « banquets », auxquels assisteraient les citoyens qui accepteraient de cotiser. Le premier de ces banquets fut celui du Château-Rouge. Il eut lieu le 9 juillet 1847 et réunit 1200 convives, dont 86 députés. On prononça des discours virulents contre Guizot. On porta des toasts à la réforme et on chanta *La Marseillaise*. Louis-Philippe ne fut pas mis en cause. Toutefois, Duvergier de Hauranne prononça cette phrase qui se grava dans les esprits :

— « On ne brise plus les institutions, on les fausse ; on ne violente plus les consciences, on les achète. »

Il y eut de la sorte quelque soixante-dix banquets, tant à Paris qu'en province. Mais le nombre total des participants n'excéda pas 17 000, car on payait son repas et les tarifs étaient élevés. Le 18 juillet, un grand banquet fut organisé à Mâcon pour fêter la sortie de l'*Histoire des Girondins*. Applaudi, encensé, grisé par tant d'honneurs, Lamartine se lança dans une de ces improvisations dont il avait le secret, mais dont il ne mesurait pas toujours la portée. Emporté par son lyrisme, il dit :

— « La France, après avoir connu les révolutions de la liberté et les contre-révolutions de la gloire, aura la révolution du mépris. »

On prit Lamartine pour un grand homme d'État. Ce n'était qu'un La Fayette marié aux muses. Mais, dans la conjoncture, cette sorte d'homme était redoutable.

Par ailleurs — et le fait est d'importance ! — il n'y avait pas identité de vues entre les participants. Deux tendances se manifestaient : les uns étaient de simples réformistes (comme Odilon Barrot et ses amis de la gauche dynastique) ; les autres (comme Ledru-Rollin, Arago ou Louis Blanc) réclamaient le suffrage universel, l'abolition de la monarchie et l'avènement de la République. Leur alliance n'était à l'évidence que momentanée et sujette à caution. Parmi les réformistes, certains orateurs ne voulaient que donner une leçon au gouvernement et surtout abattre Guizot pour affaiblir le roi ; mais ils cédaient à l'entraînement général, à la surenchère démagogique. Flaubert assistait au banquet de Rouen, animé par Odilon Barrot. Il laissa un témoignage piquant de ces agapes : « Quel goût ! Quelle cuisine ! Quels vins et quels discours ! Rien ne m'a plus donné un absolu mépris du succès que de considérer à quel prix on l'obtient. Je restais froid et avec des nausées de dégoût au milieu de l'enthousiasme qu'excitaient le timon de l'État, l'abîme où nous courons, l'honneur de notre pavillon, l'ombre de nos étendards, la fraternité de nos peuples et autres galettes de cette farine. Jamais les plus belles œuvres des maîtres n'auront le quart de ces applaudissements-là ; jamais le livre de Musset ne fera pousser les cris d'admiration qui partaient de tous les coins de la salle aux hurlements vertueux de M. Odilon Barrot... Et après cette séance de neuf heures passées devant du dindon froid, du cochon de lait et dans la compagnie d'un serrurier qui me tapait sur l'épaule, aux bons endroits, je m'en suis revenu gelé jusque dans les entrailles. Quelque triste opinion que l'on ait des hommes, l'amertume nous vient au cœur quand s'étalent devant vous des bêtises aussi délirantes, des stupidités aussi échevelées. » A quoi l'on objectera qu'il s'agit là du témoignage d'un écrivain qui par sa fortune personnelle se rangeait dans la catégorie des notables. Une large fraction des participants partageait cependant cette opinion et commençait à redouter l'avenir. C'était le peuple qui souhaitait une république, encore n'était-il pas unanime. C'était aussi la petite bourgeoisie : il entrait plus d'ambition que de conviction dans son choix. Certains penseurs, comme Tocqueville, jugeaient cette expérience dangereuse, car, ou bien cette bourgeoisie avancée échouerait dans son entreprise, ou bien elle réussirait, mais le peuple révolté l'entraînerait plus loin qu'elle ne l'avait prévu, et, dès lors, toutes les aventures étaient possibles, y compris la dictature du prolétariat et les excès d'une nouvelle terreur. Il était en tout cas prévisible que la bourgeoisie ne pourrait escamoter la révolution, ainsi qu'elle l'avait fait en 1830. Nombre de réformistes refusaient de s'associer aux apprentis sorciers. Duvergier de Hauranne regrettait presque d'avoir présenté le projet de loi électorale. Il écrivait à un ami : « Vous voyez que les députés ne sont ni plus braves ni plus unis que les électeurs. Malgré cela, il faut tenir bon, et s'en tirer avec honneur. » C'est-à-dire, selon lui, imposer la réforme à Louis-Philippe et faire en sorte qu'ensuite tout rentrât dans l'ordre. Au banquet de Compiègne, le 21 novembre 1847, Crémieux, qui devait faire une brillante carrière sous la Seconde et la Troisième République, déclara plus nettement encore que Duvergier son attachement à la Charte :

— « Je suis, nous sommes tous, je le dis bien haut et volontiers dans cette ville à séjour royal, nous sommes les hommes de la monarchie constitutionnelle. Pourquoi voudrions-nous le trouble, le désordre ? Est-ce que tous, tant que nous sommes, nous n'avons pas conquis à la sueur de notre front les positions plus ou moins brillantes que nous occupons ? Quelqu'un de nous serait-il bien heureux de voir la guerre dans les rues, le pillage dans les maisons ? »

Cependant le retentissement de la Campagne des Banquets fut énorme. Le roi Léopold de Belgique s'inquiéta. A l'automne de 1847, il chargea le prince Eugène de Ligne, son ambassadeur à Paris, de mettre le roi en garde contre un soulèvement probable. Louis-Philippe répondit à l'ambassadeur :

— « Assurez le roi Léopold, mon gendre, qu'il s'inquiète à tort ; que ce ne seront pas les banquets de veau froid, ni les Bonaparte qui me désarçonneront. Je suis bien assis sur mon cheval. »

Il était bien assis, mais les sangles étaient usées et la selle tournerait au premier écart. Le roi Léopold n'était pas le seul à s'émouvoir. Le loyal Joinville, « exilé » en Algérie, fit une dernière tentative pour ramener le roi à la raison. Il écrivit à son frère Nemours, en espérant que sa lettre serait mise sous les yeux du « Père » : « Il me paraît difficile que, cette année, à la Chambre, le débat ne vienne pas sur cette situation anormale qui a effacé la fiction constitutionnelle et a mis le Roi en cause sur toutes les questions. Il n'y a plus de ministres, leur responsabilité est nulle. Tout remonte au Roi. Le Roi est arrivé à cet âge où l'on n'accepte plus les observations. Il est habitué à gouverner et il aime à montrer que c'est lui qui gouverne. Son immense expérience, son courage et ses grandes qualités font qu'il affronte le danger audacieusement, mais le danger n'en existe pas moins. Le pis est que je ne vois pas de remède. »

Analyse pessimiste, car le remède était à portée de main : renvoyer Guizot sans plus attendre, ouvrir la session parlementaire avec un gouvernement moins hostile à l'élargissement du corps électoral. Mais Joinville connaissait l'entêtement de son père, sa méfiance envers tout ce qui n'était pas le « pays légal ». Louis-Philippe préparait alors le discours du Trône. On lui conseillait la prudence. Il ne voulut rien entendre. Abd el-Kader venait précisément d'être capturé par Lamoricière. Désormais, la France était assurée de la possession paisible, pleine et entière de l'Algérie. La nouvelle de la soumission du chef arabe produisit sur Louis-Philippe un effet analogue à la prise d'Alger sur Charles X. Le discours qu'il prononça, le 28 décembre 1847, indisposa l'opposition par son allure menaçante : « Au milieu de l'agitation que forment des passions ennemies ou aveugles, dit-il, une conviction m'anime et me soutient : c'est que nous possédons dans la monarchie constitutionnelle, dans l'union des grands pouvoirs de l'État, les moyens de surmonter tous les obstacles et de satisfaire à tous les intérêts moraux et matériels de notre chère patrie. Maintenons fermement, selon la Charte, l'ordre social et toutes ses conditions. Garantissons fidèlement, selon la Charte, les libertés publiques et tous leurs développements. Nous remettrons intact aux générations qui viendront après nous le dépôt qui nous est confié et elles nous béniront d'avoir fondé et défendu l'édifice à l'abri duquel elles vivront, heureuses et libres. »

C'était, à peu de chose près, ce que Charles X avait dit dans son discours du Trône, le 2 mars 1830, à l'ouverture de la session parlementaire. Il avait exhorté les pairs et les députés à repousser les insinuations et les coupables manœuvres de l'opposition et, lui aussi, s'était déclaré résolu à maintenir la paix publique. Louis-Philippe avait assisté à cette séance. Il ne s'en souvenait plus. Il se croyait surtout plus fort que Charles X. N'avait-il pas un plan anti-émeute ? Il ne commettrait pas, en cas de troubles graves, les erreurs de ses prédécesseurs. Cependant sa position était plus fragile que celle de ce dernier, et de beaucoup ! Ce fut même cet argument que Tocqueville développa lors de la discussion de l'Adresse à la Chambre des députés.

— « Songez, déclara-t-il, à l'ancienne monarchie ; elle était plus forte que vous par son origine, elle s'appuyait mieux que vous sur d'anciens usages, sur de vieilles mœurs, sur d'antiques croyances et cependant elle est tombée dans la poussière. Elle est tombée parce que la classe qui gouvernait était alors devenue, par son indifférence, par son égoïsme, par ses vices, indigne de gouverner. La tempête est à l'horizon, elle marche sur vous. Vous laisserez-vous prévenir par elle ? On dit qu'il n'y a pas de péril parce qu'il n'y a point d'émeutes. Sans doute le désordre n'est point dans les faits, mais il est entré plus profondément dans les esprits. Ma conviction profonde et arrêtée, c'est que les mœurs publiques se dégradent, c'est que la dégradation des mœurs publiques vous amènera dans un temps court, prochain peut-être, à des révolutions nouvelles. Je crois à l'utilité de la réforme électorale, à l'urgence de la réforme parlementaire... Pour Dieu, changez l'esprit du gouvernement, car cet esprit-là vous conduit à l'abîme. »

Guizot répondit par le dédain, selon son habitude. Le ministre de l'Intérieur Duchâtel fut d'une maladresse extrême :

— « Je n'hésite pas à dire que l'on se trompe si l'on croit que le gouvernement cédera devant des manifestations quelles qu'elles soient. Non, il ne cédera pas ! »

On le traita de Polignac. L'Adresse fut votée, après amendement, par 228 voix contre 195. La majorité s'effritait. Le roi n'en tint aucun compte. Il ne voulait ni se débarrasser de Guizot ni accepter la moindre réforme. Il affirmait avec colère que, si les députés la votaient, les pairs la rejetteraient. Que même si ces derniers l'adoptaient, il opposerait son veto. Il est à croire que Guizot était secrètement favorable à la réforme. Mais Duchâtel y était farouchement hostile : il obéissait aux instructions de Louis-Philippe. C'était en fin de compte le vieux roi qui tirait les ficelles : les ministres n'étaient plus que des marionnettes. Le duc de Montpensier s'affolait, écrivait à Aumale : « Ici, les affaires vont terriblement mal. Le ministère a poussé les choses à une extrémité telle que nous nous attendons à tout. » Mais ce petit « foutriquet[1] » de Thiers affichait un optimisme béat :

— « Une révolution ! disait-il. On voit bien que vous êtes étranger au gouvernement et que vous ne connaissez pas ses forces ; elles sont dix fois supérieures à toute émeute possible. La Garde nationale va donner une bonne leçon à Guizot, mais le roi a l'oreille fine. Il entendra raison et cédera à temps. »

---

1. Le maréchal Soult l'appelait ainsi, ou encore : « méchant foutriquet ».

V

« LE ROI A L'OREILLE FINE »

Les chefs de l'opposition avaient décidé de suspendre la Campagne des Banquets pendant la durée de la session parlementaire. Plus que leur sagesse, cette décision montrait leur méfiance à l'égard du peuple. Ils comptaient bien entretenir un climat de mécontentement pour impressionner le gouvernement, voire amener la chute de Guizot, mais ils n'avaient aucune envie de démuseler la populace des faubourgs et des bas quartiers. Ils estimaient, eux aussi, que les forces dont la monarchie disposait ne laissaient aucune chance à l'émeute : 37 000 soldats de la ligne, 3200 gardes municipaux relevant du ministre de l'Intérieur, et la Garde nationale dont on pouvait croire qu'elle défendrait le régime comme elle l'avait fait précédemment. Or, précisément, quelques officiers de la Garde nationale du XIIe arrondissement (le Faubourg Saint-Marcel) se moquant de la pusillanimité des chefs de la gauche, décidèrent de poursuivre la Campagne. Le 24 décembre (1847), ils sollicitèrent du préfet de police l'autorisation d'organiser un banquet le 19 janvier suivant. Le 14 janvier 1848, le préfet leur notifia son refus. Ils s'adressèrent alors au comité central de l'opposition, dans lequel figuraient Duvergier de Hauranne, Odilon Barrot, Ledru-Rollin et Garnier-Pagès. On l'a déjà dit, ce n'étaient pas des foudres de guerre, mais, dans leur position, il était délicat d'opposer un refus catégorique. Ils louvoyèrent donc. Modérant quelque peu l'ardeur des gardes nationaux, ils leur imposèrent un compromis : le banquet n'aurait pas lieu dans le XIIe arrondissement, quartier trop populaire, mais dans une salle des Champs-Élysées ; sa date fut repoussée au 22 février. Il était clair que le comité voulait éviter les incidents et se donner le temps de négocier avec le gouvernement. Et non moins clair qu'il tenait par-dessus tout à rester dans la légalité. J'oubliais de signaler que le prix du repas fut fixé à 6 F (un ouvrier gagnait 3 F par jour). D'accord avec le préfet de police Delessert, on imagina ce scénario : les participants se donneraient rendez-vous à la Madeleine ; ils se rendraient en cortège à la salle du banquet, sur les Champs-Élysées ; ils rencontreraient comme par hasard un commissaire de police qui verbaliserait contre l'attroupement ; on passerait outre et l'on prendrait place au banquet ; Barrot porterait un toast « A la réforme et au droit de réunion ! ». Le commissaire réapparaîtrait à cet instant et, sur sa sommation, les participants se disperseraient. En contrepartie le comité déposerait plainte pour abus de pouvoir. L'autorisation fut donnée le 19 janvier. Le programme de la manifestation, rédigé par Marrast, parut dans tous les journaux d'opposition. Marrast lui avait donné le ton d'une proclamation. Il voulait par ce moyen attirer un grand nombre de manifestants à la Madeleine. Le 20, par ordre de Guizot, l'autorisation fut rapportée. L'ordonnance du préfet de police fut placardée le 21. Les députés qui avaient promis leur concours se réunirent au domicile de Barrot et, par 90 voix contre 17, décidèrent de s'abstenir. Il était grand temps. Le soir du 21 février, Duchâtel avait ordonné l'arrestation des principaux meneurs. Vingt-deux mandats d'amener avaient été préparés : on en suspendit l'exécution. Des vivres et des munitions avaient été distribués à la garnison de Paris. Le maréchal Sébastiani qui commandait les troupes de ligne et le général Jacqueminot, chef de la Garde nationale, proposèrent de décommander le déploiement militaire prévu pour le lendemain. Louis-Philippe acquiesça sans beaucoup de discernement. Il ne cachait pas sa joie.

— « Eh bien ! vous venez me féliciter, dit-il à Jayr (ministre des Travaux publics) ; c'est qu'en effet l'affaire tourne à merveille. Que je vous sais gré, mes chers ministres, de la manière dont elle a été conduite ! Vous savez qu'ils ont renoncé au banquet. Ils ont vu, un peu tard il est vrai, que c'était jouer gros jeu. Quand je pense que beaucoup de nos amis voulaient qu'on cédât ! Mais ceci va réconforter la majorité. »

Jayr répondit :

— « En venant au château, j'ai vu un courant continu d'hommes en blouse se dirigeant par les deux quais vers la place de la Concorde ; les faubourgs envoyaient là leur avant-garde. Nous aurons une grande bataille, du moins une forte sédition. Il faut s'y tenir prêts. »

— « Sans doute, reprit le roi, Paris est ému ; comment ne le serait-il pas ? Mais cette émotion se calmera d'elle-même. Après le lâche-pied de la nuit dernière, il est impossible que le désordre prenne des proportions sérieuses. Du reste, vous savez que les mesures sont prises. »

PIS QUE CHARLES X

Ces compliments aux ministres, cette sécurité aberrante rappellent à s'y méprendre le comportement de Charles X après la publication des ordonnances et l'annonce des premiers troubles dans la capitale. Louis-Philippe manifestait envers Guizot le même aveuglement que Charles X envers Polignac. Cependant, la veille, il avait demandé au général Jacqueminot si l'on pouvait compter sur le loyalisme de la Garde nationale. Jacqueminot avait répondu :

— « Sur les 384 compagnies[1], seules 6 ou 7 sont mal disposées ; toutes les autres sont sincèrement attachées au trône. »

— « 6 ou 7 ? avait rétorqué le roi ; pour ma part, je dirai 17 ou 18. »

Dans son entourage, on commençait à craindre le pire. On pensait qu'il serait impossible et même dangereux de convoquer la Garde nationale, beaucoup plus gangrenée par la propagande de l'opposition que ne le croyait le roi. Que, dans l'éventualité où elle répondrait à la convocation de Jacqueminot, ce serait pour pactiser avec les manifestants. On affirmait que ce général manquait d'autorité, car il avait négligé son service et par là même encouragé tous les laxismes. On critiquait l'indécision du maréchal Sébastiani. Pourtant, et c'était un hasard heureux, Bugeaud et plusieurs officiers servant en Algérie étaient en congé à Paris. De son côté, le duc de Nemours regrettait que son père ne le nommât pas commandant supérieur des troupes de Paris : il se faisait fort de coordonner les actions de Sébastiani et de Jacqueminot qui se jalousaient. Mais Louis-Philippe ne voyait pas la nécessité de confier le commandement à Nemours et de faire appel aux bons services de Bugeaud. Il se méfiait même de la brutalité de ce dernier. D'ailleurs, le préfet de police était persuadé qu'il ne se passerait rien ; il affirmait que tout était prévu, que toutes les mesures avaient été prises, quel que fût le danger. Cependant le préfet de la Seine, Rambuteau, ne partageait pas les illusions de son collègue. Il crut de son devoir d'en prévenir le roi. Réponse :

— « Mon cher préfet, dans huit jours vous serez bien honteux des sottes peurs qu'on vous a données. »

Vers dix heures du matin[2], plusieurs centaines d'étudiants arrivèrent à la Madeleine. Ils descendirent la rue Royale en chantant *la Marche des Girondins*. Une foule de curieux les applaudissait. Ils se dirigèrent vers la Chambre des députés encore inoccupée, investirent la salle des débats, les salons, sortirent en riant et restèrent devant le palais à scander : « Vive la Réforme ! A bas Guizot ! » En même temps, des groupes se formaient sur les Champs-Élysées. C'étaient les ouvriers des quartiers et de la banlieue est. Ils ignoraient que le banquet avait été décommandé par le comité et que la tente où devaient se tenir les agapes révolutionnaires avait été démontée. Ces groupes criaient aussi : « Vive la Réforme ! A bas Guizot ! » On ne s'en prenait qu'au premier ministre. Personne ne criait : « A bas Louis-Philippe ! » Delessert

1. Formant environ 85 000 hommes.
2. Le 22 février.

perdait un peu de sa superbe. Il fit fermer les grilles des Tuileries et rameuta ses gardes municipaux. Vers midi, en prévision de la séance qui devait se dérouler à la Chambre, Sébastiani se rendit au Palais-Bourbon, avec un escadron du 6ᵉ dragons et un bataillon de la ligne. Les cavaliers s'avancèrent au petit trot. Les étudiants n'opposèrent aucune résistance. Ils se dirigèrent vers la rue Royale, où de nouveaux groupes s'aggloméraient. Au début de l'après-midi, malgré le froid, la place de la Concorde était noire de monde. Toutefois les manifestants, s'ils réclamaient le départ de Guizot, ne montraient pas encore d'intentions belliqueuses. Une barricade fut dressée sur les Champs-Élysées avec des fiacres renversés et des chaises. Elle fut franchie sans encombre par les cavaliers. On s'aperçut alors qu'elle était occupée par des gavroches.

Thiers, qui n'avait certes pas l'étoffe d'un héros, estima qu'il ne courrait aucun risque s'il se rendait au Palais-Bourbon. Ses collègues s'y trouvaient presque tous. La séance s'annonçait assez terne (une discussion sur les privilèges à accorder à la Banque de Bordeaux), lorsque Barrot monta solennellement à la tribune. Il proposa la mise en accusation de Guizot pour avoir forfait à l'honneur de la France et « jeté le pays dans une perturbation profonde ». Ses collègues furent stupéfaits. Guizot n'avait point forfait à l'honneur et, n'ayant pas violé la Charte, ne pouvait être assimilé à Polignac et à ses complices. Guizot ne daigna pas répondre à cette extravagante accusation. Il se contenta de demander l'ajournement, qui lui fut aussitôt accordé. Puis, pour rassurer les députés que la manifestation inquiétait, il fit cette déclaration superbe :

— « Messieurs, je réponds de la journée ! »

Après cet incident, la Chambre reprit paisiblement ses travaux. Dehors, malgré le froid et quelques rafales de pluie, l'effervescence persistait. L'opposition mesurait ses forces. Cette journée du 22 février n'était en somme qu'une répétition. A l'exception des ouvriers et des membres des sociétés secrètes, les manifestants ne souhaitaient point le renversement du régime. Les slogans, inchangés, en apportaient la preuve. Mais des agitateurs professionnels se mêlaient à la foule. Ils descellèrent les grilles de Saint-Roch. Avec ces leviers improvisés, on dépava ici et là la chaussée et on commença à construire des barricades. On faisait poliment descendre les occupants des voitures. Celles-ci étaient chargées de pavés : c'étaient autant d'obstacles pour la cavalerie. Le préfet Rambuteau dut regretter d'avoir fait paver les rues ! Toutefois les barricades étaient peu nombreuses. On laissait les soldats de la ligne ouvrir des brèches pour la cavalerie. Aucune d'elles ne fut défendue ; on comblait cependant les brèches après le départ des soldats. Le ministre Duchâtel estima qu'elles étaient mal construites, que les émeutiers les avaient élevées « pour la forme ». Au contraire, Montalivet, ex-ministre de l'Intérieur, déclarait :

— « L'anarchie n'a qu'un pas à faire pour pénétrer jusqu'au cœur des pouvoirs publics. »

PIS QUE CHARLES X

Il jugeait en connaisseur ! Le plan de mobilisation établi en 1839 par le maréchal Gérard en cas d'émeute restait valable, mais son efficacité demeurait liée à l'unité de commandement. Le 22 février au soir, le roi n'avait pris aucune décision à cet égard. Bugeaud avait néanmoins été prévenu officieusement qu'il serait chargé de ce commandement en cas de besoin. Il fit cette réponse :

— « Si le Roi attend, comme vous le dites, ce sera trop tard. »

On ne se soucia pas de la présence de nombreux chômeurs. La fin des travaux des lignes de chemin de fer autour de la capitale privait de travail un grand nombre d'ouvriers. Il en était de même de l'achèvement des fortifications de Paris. La police signalait, en outre, l'arrivée à Paris de nombreux individus « à mine patibulaire » : c'étaient les vieux routiers de l'émeute, les membres des sociétés secrètes de province, les carbonari de tout poil convoqués par leurs chefs. On ne prit pas garde non plus au fait que les retraits dans les caisses d'épargne représentaient huit cents pour cent des dépôts : preuve que la petite bourgeoisie s'attendait au pire. Mais, à la Bourse, la rente semblait se maintenir : les banquiers faisaient donc confiance au gouvernement. La haute société partageait ce sentiment. Il y avait bal chez la princesse de Ligne et chez la duchesse d'Estissac. Les invités s'y rendirent en grand équipage et personne ne les inquiéta. Par contre, la moitié des convives étaient absents du dîner offert par le ministre des Finances. Le soir, les manifestants s'étaient dispersés d'eux-mêmes. Ils avaient regagné leurs quartiers. Toutefois les cabarets regorgeaient de buveurs ; les agitateurs y palabraient le verre à la main. Tout était apparemment rentré dans le calme. Il n'y avait plus de gardes municipaux. Le bilan de la journée se soldait par la victoire apparente du gouvernement. Aucun incident grave n'était à déplorer. Quelques chaises avaient été brûlées sur les Champs-Élysées. Les barricades étaient abandonnées. La manifestation s'était en somme terminée sans que la force publique ait eu à intervenir. On n'apercevait à la lueur des quinquets que des piquets de soldats battant la semelle autour des Tuileries et des ministères. Vers onze heures du soir, Mme de Boigne reçut ce billet de Salvandy : « Je voulais aller vous rassurer moi-même, madame ; il est déjà tard, et je suis encore retenu au Conseil. Soyez tranquille tout est prévu, tout est prévenu ; il n'y a pas ombre de souci à prendre. » Elle s'inquiétait surtout du sort de son ami le chancelier qui se trouvait aux Tuileries. Chose étrange, dans ses *Mémoires* si prolixes de détails, Guizot est muet sur ce Conseil nocturne. Il note simplement que des bandes erraient encore çà et là, qu'elles poussaient des cris menaçants en passant devant son ministère ; que des boutiques avaient été pillées et que des prisonniers avaient été amenés à la préfecture de Police. Ce qui paraît hors de doute, c'est qu'à l'occasion de ce Conseil ministériel qui devait être le dernier, il ne fut même pas question d'une possible démission de Guizot. Au surplus, la situation semblait infiniment moins préoccupante qu'elle avait pu l'être en maintes circonstances du règne.

Pourtant Guizot ne pouvait ignorer que les « blouses bleues » avaient défilé aux cris de « Vive la Réforme ! À bas Guizot ! ». Il ne comprenait pas. Il avait sa conscience pour lui. Que lui reprochaient les agitateurs ? Il était resté dans la légalité la plus stricte. Cette réforme dont il récusait le principe, la Chambre en avait rejeté le projet ; elle seule représentait à ses yeux la réalité de l'opinion. D'ailleurs, le roi restait imperturbable, malgré l'émoi de la reine et des princes. Ce fut au cours de cette soirée qu'il perdit le trône. Le 22 février, tout était encore possible pour lui.

Une analyse objective de la situation montrait qu'il fallait, sans perdre une heure, congédier Guizot et son équipe et confier à une personnalité bien choisie le soin de former un nouveau ministère en y agrégeant quelques responsables de l'opposition. Il fallait annoncer en même temps qu'un projet de réforme électorale serait à bref délai soumis à l'examen des députés. Ce changement de cap eût ramené la confiance et désarçonné les révolutionnaires. En prenant cette décision, Louis-Philippe eût sauvé le régime. On peut même dire que, s'il avait en outre manifesté clairement son intention d'instaurer le suffrage universel, les Orléans auraient continué à régner sur la France pendant des décennies. La France de 1848 n'était nullement mûre pour une république. La Révolution de 1848 porta même un grave dommage au concept républicain, puisque l'échec de la Seconde République aboutit comme on sait à la pseudo-dictature de Napoléon III.

Au cours de cet ultime Conseil du 22 février, une grande occasion fut donc perdue. Il restait cependant une chance à Louis-Philippe de se maintenir. C'était d'envisager un grand déploiement militaire, en ne se servant que de la troupe de ligne. Or, et ce fut sa seconde faute, il décida de rassembler la Garde nationale le lendemain, pour faire face à tout événement. La Garde n'était-elle pas le bouclier du régime ?

Louis-Philippe se retira avec les siens. Les inquiétudes de la Bonne Reine ne le touchaient pas beaucoup. Elle n'avait pas selon lui la « tête politique ». Quant aux princes, ils manquaient d'expérience ! Tout à fait rasséréné, le vieux roi s'endormit paisiblement.

A la même heure, le petit « foutriquet » se retirait lui aussi dans sa chambre, en disant :

— « Tout est fini. »

Il n'était pas fâché de la leçon infligée à Guizot et entrevoyait une place à prendre, cette place qu'il attendait depuis 1840 !

— « Le Roi a l'oreille fine, avait-il dit, il comprendra. »

Le roi était frappé de surdité soudaine et ne comprenait plus rien. Thiers non plus. Son seul objectif était désormais de tirer Guizot par les jambes pour s'asseoir dans son fauteuil. Il s'apprêtait, comme l'écrit si plaisamment Maxime du Camp, « à récolter les foins que les nigauds fauchaient pour lui ». Il oubliait tout simplement que les émeutiers de 1848 ressemblaient fort peu à ceux de 1830. Il est difficile d'escamoter deux fois une révolution.

VI

BOULEVARD DES CAPUCINES

Le matin du 23 février, il tombait une pluie glacée. Cela parut de bon augure à Louis-Philippe. Le mauvais temps n'avait jamais été favorable aux émeutiers. La Révolution de 1830 avait eu lieu en juillet et c'était en août que les Tuileries avaient été prises. A l'aube, les régiments quittèrent leurs casernes. De petits groupes d'émeutiers criaient « Vive la ligne ! » sur leur passage. Des tambours à bonnet d'ourson battaient le rappel dans tous les quartiers. On laissa les tambours taper de la baguette. Les gardes nationaux montraient peu d'empressement à répondre à l'appel de leur général. Des rassemblements se formaient dans le Faubourg Saint-Antoine. Des « blouses bleues » parcouraient les rues, en attendant les ordres. Des badauds regardaient, indifférents ou vaguement inquiets. Les bourgeois se calfeutraient dans leurs appartements. Beaucoup n'avaient pas ouvert leurs boutiques. Les ouvriers désertaient leurs ateliers. Les meneurs ne se hâtaient pas d'agir. Ils avaient modifié leur tactique ; ils comptaient sur la défection d'une partie de la Garde nationale pour étoffer leurs troupes et démoraliser le gouvernement. Ils savaient d'ailleurs quels détachements seraient utilisables. Vers dix heures, plusieurs compagnies des 2e, 3e, 7e et 10e légions se déclarèrent en faveur de la réforme. Elles prirent quatre directions : le Faubourg Saint-Antoine, la place du Palais-Royal, la rue Le Peletier (où se trouvaient les bureaux du *National*), le quartier des écoles (Faubourgs Saint-Jacques et Saint-

Germain). Les émeutiers suivirent. La présence des bonnets d'ourson en tête des cortèges rassurait le public. Ces gardes factieux ne représentaient qu'une minorité. Mais les cris qu'ils poussaient, l'allure martiale qu'ils se donnaient (pour une fois), le succès qu'ils rencontraient, conféraient à l'événement une importance capitale. Les gardes municipaux, beaucoup plus nombreux, auraient pu les arrêter, tout au moins les désarmer. Ils n'osèrent pas en venir aux mains. Le préfet de police informa le ministre de l'Intérieur de la situation. La plupart des gardes supposés fidèles au gouvernement manifestaient une tristesse et une inertie suspectes, ou ne se rendaient pas à l'appel. Les exhortations de leurs officiers restaient inopérantes. Ils n'avaient aucune envie de se battre pour Guizot, encore moins d'affronter des camarades portant le même uniforme. Le pilier du régime s'effondrait.

Quand on prévint Louis-Philippe que sa chère Garde nationale le lâchait, il fut abasourdi. Devrait-il donc faire tirer sur cette cohorte qui l'avait mis au pouvoir en 1830 et défendu avec courage en plusieurs circonstances tragiques ? Il comprenait soudain, douloureusement, que la bourgeoisie ne lui avait donné la couronne que pour se préserver de la république, et non par attachement à sa personne. Qu'oubliant les services qu'il lui avait rendus, elle se retournait contre lui parce qu'il ne se conformait plus à ses vues. On le sait, il n'aimait pas verser le sang. Pour éviter un affrontement qui paraissait inévitable, il se résigna soudain à sacrifier Guizot. Il aurait pu faire connaître immédiatement sa décision. Il n'y avait eu jusqu'ici ni morts ni blessés ; pas un seul coup de fusil n'avait été tiré ! Duchâtel, mandé au palais, assura qu'avec de l'énergie on surmonterait la crise. Le roi semblait de plus en plus abattu. Il dit :

—« C'est aussi mon sentiment. Cependant, on me donne, de tous côtés, le conseil de terminer la crise en changeant de cabinet. Je ne veux pas m'y prêter. »

Fidèle à ses habitudes, il finassait, sondait son interlocuteur. Duchâtel :

— « Le Roi sait bien que, pour ma part, je ne tiens pas à garder le pouvoir, et que je ne ferais pas un grand sacrifice en y renonçant : mais les concessions arrachées par la violence à tous les pouvoirs légaux ne sont pas un moyen de salut ; une première défaite en amènerait bientôt une nouvelle ; il n'y a pas eu loin, dans la Révolution, du 20 juin au 10 août, et aujourd'hui les choses marchent plus vite que dans ce temps-là ; les événements vont à la vapeur comme les voyageurs. »

— « Je crois comme vous qu'il faut tenir bon ; mais causez un moment avec la Reine ; elle est très effrayée. Je désire que vous lui parliez. »

Et il appela Marie-Amélie. Elle entra avec le duc de Montpensier. Ils semblaient l'un et l'autre fort agités.

— « Monsieur Duchâtel, dit-elle, je connais le dévouement de monsieur Guizot pour le Roi et pour la France ; s'il le consulte, il ne restera pas un instant de plus au pouvoir. »

— « Madame, répliqua Duchâtel ému de cette sortie assez brusque, monsieur Guizot, comme tous ses collègues, est prêt à se dévouer pour le Roi jusqu'à la dernière goutte de son sang ; mais il n'a pas la prétention de s'imposer malgré lui. Le Roi est le maître de donner ou de retirer sa confiance, selon qu'il le juge convenable pour les intérêts de la Couronne. »

— « Ne dis pas ces choses, ma chère amie, s'écria bizarrement le roi. Si monsieur Guizot le savait ! »

La reine :

— « Je ne demande pas mieux qu'il le sache ; je le lui dirai à lui-même ; je l'estime assez pour cela ; il est homme d'honneur et me comprendra. »

Avec l'accord de Louis-Philippe, — dont l'expression désolée faisait peine à voir —, Duchâtel se rendit à la Chambre, où siégeait Guizot avec les autres ministres. Ils revinrent ensemble aux Tuileries. Ils avaient tous deux le sentiment d'être victimes d'une révolution de palais. Ils pensaient que le roi se perdait en les sacrifiant, car la Chambre était incapable de le soutenir. D'un autre côté, ils ne pouvaient songer à garder le pouvoir, car le roi ne les soutiendrait pas. Il était deux heures et demie, quand ils entrèrent dans le cabinet de Louis-Philippe. Il parla de la gravité des circonstances, du regret qu'il éprouvait d'être obligé de se séparer de ses ministres, ajoutant qu'il aimerait mieux abdiquer. La reine se récria :

— « Tu ne peux pas dire cela, mon ami ; tu te dois à la France ; tu ne t'appartiens pas. »

— « C'est vrai, je suis plus malheureux que les ministres ; je ne puis donner ma démission. »

Guizot ne fut pas dupe de ce qu'il crut être une comédie du regret :

— « C'est à Votre Majesté à prononcer : le cabinet est prêt, ou à défendre jusqu'au bout le Roi et la politique conservatrice qui est la nôtre, ou à accepter sans plainte le parti que le Roi prendrait d'appeler d'autres hommes au pouvoir. Il n'y a point d'illusions à se faire, Sire ; une telle question est résolue par cela seul que, dans un tel moment, elle est posée. Aujourd'hui plus que jamais le cabinet, pour soutenir la lutte avec une chance de succès, a besoin de l'appui décidé du Roi. Dès qu'on saurait, dans le public, comme cela serait inévitable, que le Roi hésite, le cabinet perdrait toute force morale et serait hors d'état d'accomplir sa tâche. »

Le roi l'avait écouté en silence. Il abattit soudain ses cartes :

— « C'est avec un bien amer regret que je me sépare de vous ; mais la nécessité et le salut de la monarchie exigent ce sacrifice. Ma volonté cède ; je vais perdre beaucoup de terrain ; il me faudra du temps pour le regagner. »

Guizot comprit que le vieux renard craignait surtout de redevenir roi selon la Charte, avec un ministère indocile. Montpensier et Nemours assistaient à l'entretien. Montpensier dit qu'il fallait que sa conviction fût bien forte pour qu'elle l'emportât sur la reconnaissance qu'il devait à Guizot.

— « Nous ne ferons que de la résistance au petit pied et de second plan, dit Nemours ; mais sur ce terrain, nous comptons retrouver votre appui. »

Le roi demanda à Guizot s'il voyait une objection à ce qu'il appelât Molé pour former le ministère. Guizot acquiesça. Il savait cependant que Molé n'était pas l'homme de la situation, en raison de son caractère trop subtil pour n'être pas indécis. Mais l'avenir ne le concernait plus. Le roi l'embrassa, en versant quelques larmes. La reine :

— « Vous serez toujours les amis du Roi ; vous le soutiendrez. »

Guizot et Duchâtel revinrent à la Chambre. Le premier ministre annonça la démission du gouvernement. Bien entendu, il restait en fonction pour expédier les affaires courantes et maintenir l'ordre, en attendant la constitution du nouveau cabinet.

Le roi, la reine, les princes se persuadaient que le départ de Guizot mettrait fin aux troubles. En quoi ils s'illusionnaient beaucoup. Molé n'arriva qu'à quatre heures aux Tuileries. Il n'avait pas changé et commença par se faire prier. Il finit par accepter, sous réserve que Thiers ferait partie du gouvernement. Le roi et lui disputaillèrent sur des points de détail. Molé voulait confier le ministère de la Guerre à l'énergique Bugeaud. Le roi redoutait les méthodes de celui-ci ; il ne voulait pas verser le sang quand tout pouvait encore s'arranger. Il ne mesurait pas plus que Molé la gravité de la situation. L'un et l'autre se croyaient revenus au bon vieux temps où, complices, ils dosaient savamment le ministère. Après cet entretien qui dura beaucoup trop longtemps, Molé se rendit chez Thiers. Le petit homme le reçut à bras ouverts. Il s'attendait à ce que le roi fît appel à lui. Quand il sut qu'on lui proposait un simple portefeuille, il refusa sèchement. Il voulait être président du Conseil, ou rien. Molé poursuivit ses consultations, sans marquer une hâte excessive. Il ne marchait pas « à la vapeur », comme les événements.

Vers six heures du soir, la nouvelle de la démission de Guizot se répandit dans Paris. Les gardes nationaux mirent leurs shakos et leurs bonnets à poil au bout des fusils. Ils criaient « Vive la réforme ! » et croyaient la révolution terminée, puisque le roi les avait entendus. Dès lors, ils commencèrent à rentrer chez eux. De nombreux manifestants, qui ne voulaient eux aussi que le départ de Guizot, les imitèrent. Non ceux du quartier Saint-Antoine, non la populace des bas-fonds ni les « blouses bleues ». Pour ceux-là, il n'y avait pas de différence entre Molé et Guizot. C'était la république qu'ils voulaient. Les meneurs cherchaient à provoquer un incident. Ils sentaient que l'enthousiasme s'attiédissait. Leurs bandes étaient dorénavant isolées au sein d'une population déjà hostile. Ils parvinrent à former un cortège qui se dirigea vers les beaux quartiers.

Ni la police, ni la garde municipale, ni l'armée ne réagirent. L'ordre était de montrer la plus grande modération. Vers cinq heures de l'après-midi, un des chefs de bataillon du 34ᵉ de ligne avait été tué à bout portant par un gamin. Ses soldats n'avaient pas tiré. Dans le secteur de l'Hôtel de Ville et du quartier Saint-Denis, les barricades étaient restées debout. On dépavait tranquillement les rues pour les renforcer. On continuait impunément à fracturer les portes des boutiques d'armuriers. Des bandes demandaient des armes aux aristocrates et aux bourgeois qui n'osaient refuser. La nuit approchait et Molé n'était pas de retour aux Tuileries. Il n'y avait toujours pas de gouvernement depuis la démission de Guizot. Louis-Philippe restait seul à décider. Il n'avait pas encore nommé de commandant en chef. Sébastiani et Jacqueminot restaient en poste. Ils attendaient les ordres du roi, qui ne les donna pas. La troupe commençait à se démoraliser.

A neuf heures du soir, une bande d'émeutiers était à la hauteur de la rue Le Peletier. Un meneur ouvrait la marche, l'épée nue à la main. Il les conduisit sous les fenêtres du *National*. Le rédacteur en chef de ce journal était Marrast. Ce fut son heure de gloire. Il harangua la foule dans le meilleur style révolutionnaire, jeta du haut d'un balcon les mots que l'on voulait entendre : mise en accusation des ministres, dissolution de la Chambre, réforme électorale, droit de réunion, réforme parlementaire. Lorsque le cortège se remit en marche, ce fut aux cris de « Vive la République ! A bas Guizot ! A bas les ministres ! Guizot à la potence ! La peau de Guizot pour faire des bottes ! ». Il y avait de tout dans cette cohue, le meilleur et le pire, d'honnêtes ouvriers et des individus de sac et de corde, des hommes résolus et des brutes avinées. On embouqua le boulevard des Capucines, toujours à la suite du porteur d'épée. Là, précisément, se trouvait le ministère des Affaires étrangères, donc le domicile de Guizot. Il ne fait aucun doute que les meneurs projetaient d'enfoncer les portes du ministère et, à la faveur du tumulte, d'assassiner le ministre. Les manifestants se heurtèrent à un bataillon du 14ᵉ de ligne. Que se passa-t-il réellement ? Il est impossible de le préciser, car les dépositions faites par les témoins sont contradictoires. Il semblerait qu'un émeutier ait couché en joue le lieutenant-colonel commandant le bataillon. Le coup aurait manqué son but, mais tué un soldat. Un sergent d'origine corse nommé Giacomoni aurait riposté et la fusillade eût été générale. D'autres prétendirent que les soldats tirèrent les premiers, sans en avoir reçu l'ordre. Quoi qu'il en soit, seize cadavres jonchaient le bitume. Les manifestants arrêtèrent une voiture, en firent descendre les occupants, et chargèrent les seize corps, dont un officier de la Garde nationale et un soldat de la ligne. Ils escortèrent ce lugubre chargement éclairé par des torches jusqu'aux bureaux du *National*, où Marrast hurla de nouveau ses invectives contre le gouvernement. Le cortège se rendit ensuite à la porte Saint-Denis, puis aux Halles. Ils étaient plus de deux cents en arrivant place de la Bastille, las de crier : « A bas Louis-Philippe ! Vengeance ! On assassine nos frères ! Des armes ! » Cette fois, les meneurs tenaient le prétexte qui leur manquait.

Lorsque la fusillade du boulevard des Capucines fut connue aux Tuileries, l'émoi fut à son comble. Ce tragique incident n'était pas entré dans les prévisions de Louis-Philippe. Molé, qui se sentait incapable d'affronter la situation, déclara qu'il renonçait à former le ministère. Il conseilla au roi d'appeler Thiers de toute urgence. Il était un peu plus de trois heures du matin quand le petit homme fut conduit au roi par le général Berthois, un des aides de camp. Il avait du mal à contenir sa joie et ne pouvait s'empêcher de frétiller. Il tenait enfin son ministériat, et telle était sa présomption qu'il ne doutait pas de la réussite. Tout aussi fat que Guizot, il se persuadait que son seul nom ferait rentrer chez eux les émeutiers. Lui aussi posa ses conditions. Il voulait pour ministres Odilon Barrot, Duvergier de Hauranne, Rémusat, Malleville. Tous ces hommes, le roi les détestait. Cependant il donna son accord. Était-il sincère ? Voulait-il simplement gagner du temps ? Ce qui lui importait, c'était d'imposer Bugeaud comme commandant en chef. Thiers ne fit pas d'objections. Le roi dit qu'après la fusillade du boulevard des Capucines l'affrontement semblait inévitable et qu'il convenait de se prémunir. Thiers acquiesça. S'il y avait bataille, il préférait que le roi endossât la responsabilité. Une proclamation fut envoyée aussitôt au *Moniteur* pour impression immédiate. Elle était libellée ainsi :

> « *Habitants de Paris,*
> *Le Roi a fait appeler Monsieur Thiers*
> *et l'a chargé de la composition*
> *d'un nouveau cabinet. Monsieur Thiers*
> *a demandé au Roi la permission*
> *de s'adjoindre Monsieur Odilon Barrot.*
> *Le Roi a donné son consentement à*
> *cette proposition.* »

Cette proclamation était datée du 24 février 1848, trois heures du matin. Deux jours plus tôt, peut-être même un jour, elle eût sauvé la monarchie.

LES ROIS QUI ONT FAIT LA FRANCE

VII

L'ABDICATION

Il était environ quatre heures du matin (le 24 février), lorsque Louis-Philippe demanda à Guizot de contresigner la nomination de Bugeaud. Jusqu'au dernier moment, il respectait la légalité. Guizot, assurant l'intérim du gouvernement, sa signature était nécessaire. Le maréchal se tenait prêt à toute éventualité dans un salon voisin. Il endossa son uniforme. Accompagné de Nemours et de Montpensier, de Guizot, Duchâtel et Montalivet, il descendit dans la cour du Carrousel et inspecta les troupes qui y étaient cantonnées. Guizot voulut savoir ce qu'il pensait de la journée qui commençait et dont il sentait bien qu'elle serait décisive.

— « Il est un peu tard, répondit Bugeaud ; mais je n'ai jamais été battu et je ne commencerai pas demain. Qu'on me laisse faire et tirer le canon ; il y aura du sang répandu, mais demain soir la force sera du côté de la loi et les factieux auront reçu leur compte. »

Sa nomination était un soulagement pour l'armée : avec un tel chef on ne resterait pas dans l'inaction ! Pour l'opinion, c'était un choix contestable : on tenait Bugeaud pour responsable du massacre de la rue Transnonain. Le maréchal tablait sur la fermeté de Louis-Philippe. Ce dernier n'avait point hésité pendant son règne à faire tirer sur les émeutiers. Mais il n'était plus le même homme, et cela Bugeaud l'ignorait ou ne l'avait pas compris. Le roi, s'était naguère servi de la Garde nationale, armée prétendument populaire ; il lui répugnait de faire tirer sur elle par les soldats de la ligne. Cependant, en dehors des légions factieuses, il s'agissait d'un soulèvement analogue à ceux que l'on avait déjà réprimés, conduit par les mêmes agitateurs, encadré par les tenants des mêmes sociétés secrètes. La fusillade du boulevard des Capucines rendait toute conciliation impossible. Pourtant Louis-Philippe s'obstinait à croire que Thiers réussirait à arrêter l'insurrection. Il s'était laissé berner par les rodomontades du petit homme à besicles. Il souhaitait donc l'apaisement tout en confiant l'armée à Bugeaud, dont il connaissait cependant la manière expéditive. Il espérait rétablir l'ordre dans la capitale, puis consentir quelques réformes, avant de reprendre le pouvoir tel qu'il n'avait cessé de le concevoir. Ces contradictions, à cette heure dramatique, attestent son vieillissement, l'usure de son énergie, l'affaissement de sa volonté. Il n'avait plus l'âge de monter à cheval et d'entraîner des troupes fidèles, ni même de prendre les décisions utiles de son cabinet. Il tergiversait, comme Charles X à Saint-Cloud, et n'avait en réalité personne pour le conseiller.

Pendant ces heures perdues, les meneurs s'étaient activés. Paris s'était couvert de barricades. Le funèbre convoi du boulevard des Capucines avait fait merveille, ravivé la colère du peuple, semé la haine sur son itinéraire. Les harangues, les placards improvisés avaient fait le reste. Avant le levée du jour, les « blouses bleues » occupaient les points stratégiques. Partout on se préparait à l'affrontement. Aux Tuileries, Bugeaud avait réuni son état-major, exposé son plan. Il était semblable à celui de 1834. Quatre colonnes devaient se diriger simultanément vers l'Hôtel de Ville par les rues du centre, vers la Bastille par les boulevards extérieurs, vers le quartier du Marais et vers le Panthéon. Une troupe de réserve resterait dans la cour du Carrousel. L'assurance du maréchal galvanisait les courages. Les officiers les plus expérimentés jugeaient que ce plan pouvait réussir, à condition d'être strictement et promptement appliqué. Bugeaud a-t-il dit : « S'il le faut, je ferai avaler aux Parisiens le sabre d'Isly jusqu'à la garde » ? Fanfaronnade de soldat ou mot historique fabriqué après coup ? Déjà les ordres partaient vers les casernes.

Thiers avait réuni ses amis dans son hôtel de la rue Saint-Georges. Ils lui reprochaient tous d'avoir accepté la nomination de Bugeaud. Jamais ils n'accepteraient d'entrer dans un cabinet, tant que le bourreau de la rue Transnonain commanderait les troupes. Précédemment Thiers s'était rendu chez Rémusat. Non seulement ce dernier avait refusé d'être ministre, mais il lui avait déconseillé de former le gouvernement si le roi ne révoquait pas la nomination de Bugeaud. Le petit homme défendait de son mieux Bugeaud, mais sa résistance faiblissait. Il importait sans doute de mettre le pouvoir à l'abri de l'émeute. Mais, d'un autre côté, Bugeaud serait l'arbitre de la situation. Thiers connaissait ses appétits de pouvoir. Ne venait-il pas de recevoir un billet par lequel le vainqueur de l'Algérie se portait candidat au ministère de la Guerre ? Où s'arrêterait son ambition ? Ne prendrait-il pas la suite du vieux Soult qui, pendant tant d'années, s'était paré du titre de président du Conseil? Thiers n'avait pas envie de perdre sa place. Il feignit de céder à l'avis de ses amis et déclara sa résolution d'obtenir du roi l'annulation de la nomination de Bugeaud. On l'applaudit. On aura noté que ces politiciens ne mesuraient nullement la gravité de la situation. Ils tablaient sur leur réputation, sur leur influence. Le temps était déjà passé où ils pouvaient remplir la mission dont ils se chargeaient. La rue était désormais aux mains des révolutionnaires.

A six heures du matin, les colonnes de Bugeaud firent mouvement. La première, commandée par Sébastiani, arriva à l'Hôtel de Ville à sept heures. La deuxième atteignit le Panthéon presque en même temps. La troisième progressait difficilement dans le lacis des ruelles du quartier Saint-Merri. La quatrième, de loin la plus importante, sous les ordres du général Bedeau, amorçait sa mission d'encerclement par les boulevards extérieurs. Bugeaud comptait ainsi envelopper le secteur insurgé et le quadriller par l'intérieur. Il faut savoir que les émeutiers avaient enlevé 300 000 pavés, abattu plus de 4 000 arbres et construit 1512 barricades. A l'approche des soldats, ils n'opposaient généralement qu'une résistance assez faible, se dispersaient et réoccupaient leurs postes au bout d'un moment. On ne tirait pas des fenêtres, comme on l'avait fait en 1834. On essayait même de pactiser avec les troupiers. Boulevard Bonne-Nouvelle, non loin de la porte Saint-Denis, la colonne Bedeau fut arrêtée par une énorme barricade, hérissée de drapeaux tricolores et tenue par des gardes nationaux. Bedeau était un excellent général. Il s'était couvert de gloire en Afrique et Bugeaud avait toute confiance en lui. Le sort de Louis-Philippe allait se jouer au pied de ce tas de pierres. Bedeau pouvait ordonner l'assaut. Les soldats-bourgeois se fussent débandés sous les baïonnettes des troupes de ligne. Mais il répugnait à Bedeau, homme sensible et fin, de verser le sang de ses compatriotes. Il accepta de parlementer. Les meneurs lui promirent que les barricades tomberaient d'elles-mêmes, dès que les insurgés connaîtraient la formation du cabinet Thiers. Ils s'en portaient garants. Le général tomba dans le piège. Il donna l'ordre à ses soldats de rétrograder vers la Madeleine. Démoralisés, la plupart refusèrent de démolir les barricades que l'on avait relevées après leur passage. Ils jetèrent leurs cartouches et fraternisèrent avec les émeutiers. Vers dix heures et demie, ce qu'il restait de la colonne Bedeau se heurta aux insurgés de la rue Gabriel. Elle força le passage après une atroce mêlée, et se replia sur la rive gauche. Presque en même temps, les polytechniciens, ayant rompu les portes de leur École, se joignaient aux émeutiers de la place de Grève. L'Hôtel de Ville était occupé, sans que la troupe intervînt.

Thiers, accompagné de Barrot, Rémusat et du général Lamoricière en civil, était aux Tuileries. Il conférait avec le roi et le duc de Nemours. On le vit sortir en compagnie de Nemours. Il dit à Bugeaud que le roi jugeait le moment convenable pour retirer les troupes.

— « Mais si nous agissons ainsi, s'exclama Bugeaud, la royauté est foutue et nous tous avec elle ! »

Nemours s'approcha de lui, murmura quelques mots. Le maréchal changea soudain de ton et donna l'ordre de cessez le feu. Que lui avait dit Nemours ? Il lui avait probablement confirmé l'ordre de Louis-Philippe. Le vieux roi renonçait à se servir de la ligne. Il prenait le risque ultime de s'en remettre à la Garde nationale pour rétablir la paix civile. Décision suicidaire ! Bugeaud lui avait précédemment déclaré qu'il répondait du succès, mais qu'il en coûterait 20 000 hommes, car on tirerait le canon. Louis-Philippe n'avait pu se résoudre à sacrifier tant de vies pour garder le pouvoir. Thiers garantissait, avec son inconséquence habituelle, que la Garde nationale, ayant obtenu gain de cause, s'empresserait de désarmer les enragés et que son exemple entraînerait le reste de la population. Par une étrange coïncidence, un notable du boulevard Bonne-Nouvelle s'était présenté à l'état-major avec une délégation :

— « Monsieur le maréchal, nous venons vous supplier de retirer vos troupes, afin d'éviter une grande effusion de sang. Nous avons l'intime conviction que, si le peuple savait que monsieur Thiers et monsieur Odilon Barrot sont appelés à former un nouveau ministère, tout rentrerait dans l'ordre... »

Thiers retourna chez le roi. Les cris de la foule aux abords des Tuileries l'avaient impressionné. Il proposa à Louis-Philippe de nommer Lamoricière commandant de la Garde nationale, Bugeaud conservant le commandement de la ligne. Le roi accepta. Lamoricière était en civil. On lui prêta une veste trop étroite pour sa corpulence. Il conserva son pantalon à carreaux. Ce fut dans cette tenue de carnaval qu'il monta à cheval et galopa vers la rue Saint-Honoré. On comptait sur sa popularité. La foule hurlait : « Le Roi nous trompe ! On va nous égorger ! Qu'on renvoie Bugeaud ! » Il répondait : « Bugeaud ne vous fera aucun mal ! Renversez les barricades et tout ira bien ! » Les gardes nationaux l'acclamèrent, crurent qu'il rejoignait leurs rangs. Il avait un grand rôle à jouer, mais c'était un officier exact, il n'avait pas la vocation d'un dictateur, ne savait qu'obéir. Après ce bain de foule un peu spécial, il regagna les Tuileries. De son côté, Odilon Barrot courait la même aventure. Il s'en était allé, à l'instigation de Thiers, porter la bonne parole aux insurgés. Mais le temps n'était plus des harangues après boire de la Campagne des Banquets. Boursouflé d'outrecuidance, le brave Odilon s'imaginait être acclamé. Il était monté à cheval pour produire plus d'effet. Il fut hué, bousculé, se dégagea à grand-peine et fila vers les Tuileries, trop heureux de trouver des soldats pour couvrir sa retraite. Les émeutiers vociféraient : « A bas les endormeurs ! Plus de Thiers ! Plus de Barrot ! Le peuple est maître ! » Thiers venait d'obtenir du roi la promesse de dissolution immédiate de la Chambre. D'une concession à l'autre, Louis-Philippe qui, deux jours avant, était encore un monarque tout-puissant, presque absolu, se retrouvait dans la position de l'infortuné Louis XVI au 10 août 1792, trahi par les Conventionnels et menacé par la Commune!

Bugeaud avait ordonné aux quatre chefs de colonne de se replier sur le Carrousel. Cet ordre fut très partiellement exécuté, car les officiers n'avaient plus leurs hommes en main. Ceux-ci, l'arme basse, assistaient en témoins aux progrès des émeutiers ou fraternisaient ouvertement avec eux. Bedeau avait repassé la Seine, mais, quand il arriva place de la Concorde, il lui restait si peu de monde qu'il ne put empêcher les insurgés d'égorger les gardes municipaux réfugiés dans le pavillon Peyronnet. Enhardis par cette victoire — qui n'était qu'une boucherie —, les insurgés prirent la direction des Tuileries. Bedeau n'avait plus les moyens de s'opposer à leur marche. De toute manière il n'eût pas ouvert le feu. Tels étaient les effets de la suspension d'armes arrachée à Bugeaud. La confusion était totale. Désormais, les soldats de la ligne et les gardes nationaux marchaient avec les insurgés. Il n'y avait plus rien à faire. Toutes les tentatives de conciliation avaient échoué. L'état-major insurrectionnel qui siégeait dans les bureaux du *National* et de *La Réforme* ne voulait point d'accommodements. Il avait fait placarder des affiches où l'on pouvait lire:

— « Citoyens, Louis-Philippe nous fait assassiner comme Charles X; qu'il aille rejoindre Charles X! »

Ou encore:

— « Citoyens, vous avez encore une fois, par votre héroïsme, forcé le despotisme dans ses derniers retranchements, mais vous l'avez déjà vaincu le 14 juillet 1789, le 10 août 1792, le 29 juillet 1830 et chaque fois l'on vous a ravi le bénéfice de votre victoire. Courez aux Tuileries! Aux armes! Aux Tuileries! »

Le palais était défendu par 4000 soldats de ligne et par trois légions de la Garde nationale dont une au moins paraissait suspecte. Il y avait aussi seize canons avec leurs artilleurs mèches allumées. Quand l'approche des insurgés fut signalée, Thiers ne put s'empêcher de trembler. Il suggéra au roi de se retirer à Saint-Cloud avec une forte escorte. Il se faisait fort de rassembler 60 000 hommes et avec cette armée d'écraser les rebelles. Louis-Philippe se souvint des derniers jours de Charles X à Saint-Cloud, de ses fatales illusions. Il refusa sèchement et, comme il était dix heures et demie, il se mit à table. Les événements ne lui avaient pas coupé l'appétit. A onze heures, il décida de monter à cheval. Revêtu de son uniforme de lieutenant général, accompagné par Nemours, Montpensier, Bugeaud et Lamoricière, il passa les troupes du Carrousel en revue. Les soldats l'acclamèrent, ainsi que les gardes de la 1re et de la 10e légion. Ceux de la 4e crièrent: « Vive la réforme! A bas Guizot! A bas le système! » et quelques-uns d'entre eux sortirent du rang dans une attitude menaçante. Le roi hésita, tourna bride et rentra au palais. Après ce sursaut d'énergie, il retomba dans son apathie. Bugeaud rongeait son frein, parlait de remonter à cheval, de reprendre la lutte. On le fit taire. Thiers ne savait quelle contenance tenir. Il dit:

— « Tout est perdu. Je suis débordé. »

— « Il y a longtemps que je le sais, monsieur », lui lança Louis-Philippe.

A ce moment une fusillade éclata, toute proche. Les émeutiers attaquaient le Château d'eau. C'était un pavillon orné d'une fontaine, qui séparait la place du Carrousel de celle du Palais, à quelque deux cents mètres des Tuileries. Ce poste était défendu par le 14e de ligne. Les soldats de ce régiment n'avaient pas de quartier à attendre des insurgés. C'étaient eux qui se trouvaient la veille boulevard des Capucines. On leur intima l'ordre de se rendre. Ils ripostèrent à coups de fusil. Fous de rage, les insurgés entassèrent de la paille et des fagots autour du bâtiment. Les soldats tinrent bon, au risque d'être brûlés vifs. Leur résistance désespérée sauva la vie de Louis-Philippe et des siens.

— « Le flot monte, le flot monte ! » gémissait le petit Thiers.

Il avait offert sa démission. Le roi désigna Odilon Barrot pour le remplacer. Mais c'était une baudruche percée. Il dit :

— « Thiers n'est plus possible et moi je ne le suis guère. »

Ce faux homme d'État supputait ses chances, alors que des bandes agitant des drapeaux rouges se massaient place du Carrousel. Quelqu'un lança le mot d'abdication. Louis-Philippe tonna :

— « Donner mon abdication, jamais ! Jamais je ne ferai cela sans avoir pris l'avis de la Reine. »

On fut chercher la reine. Elle entra, avec la princesse Clémentine, sa fille.

— « Vous ne signerez pas, dit-elle. Vous n'abdiquerez pas ! Il faut mourir ici. »

Admirables paroles révélant le courage, la grandeur d'âme de cette femme jusque-là si discrète ! La princesse Clémentine dit :

— « C'est un conseil funeste. Monsieur Thiers est un traître. »

Nemours lui imposa silence. Il était partisan de l'abdication, ainsi que son frère Montpensier. Croyait-il que le comité du *National* allait lui apporter la régence sur un plat d'argent ? Quant à Montpensier, il perdait le contrôle de ses nerfs. Dans l'assistance, fort disparate, les uns disaient que, si le roi abdiquait, la république serait proclamée dans une heure. Les autres le pressaient d'abdiquer pour sauver le trône de son petit-fils et sa propre vie. Louis-Philippe semblait étrangement calme, comme absent. En lui le ressort était brisé. Il demanda, par acquit de conscience, aux généraux présents s'il restait une chance de défendre le palais. Ils restèrent muets. Alors, comme un homme recru de fatigue après une dure journée, il s'assit pesamment à son bureau et prit une feuille de papier. Le bureau en érable avait servi jadis à Napoléon Ier. De sa grande écriture (celle que Mme de Genlis lui avait apprise), il écrivit : « J'abdique cette Couronne que la voix nationale m'avait appelé à porter en faveur de mon petit-fils le Comte de Paris. Puisse-t-il réussir dans la grande tâche qui lui échoit aujourd'hui. Louis-Philippe. 24 février 1848. »

Montpensier le suppliait de se hâter.

— « J'ai toujours écrit lentement, dit-il. Ce n'est pas le moment de changer mes habitudes. »

Mme de Boigne affirme que la reine dit à la duchesse d'Orléans :

— « Réjouissez-vous, Hélène, vous en êtes venue à vos fins. »

— « Ah ! ma mère, quelle cruelle parole », s'écria la princesse en lui baisant les mains.

Elle rapporte aussi que la duchesse répéta à plusieurs reprises :

— « Et Joinville qui n'est pas ici ! »

Ni Joinville, ni Aumale, ni les troupes d'élite qui venaient de vaincre Abd el-Kader ! Guizot n'avait pas montré plus de prévoyance que Polignac...

Louis-Philippe entra dans sa chambre pour enlever son uniforme et s'habiller en bourgeois. La reine s'en fut prendre un chapeau. Ils rentrèrent ensemble en se donnant le bras. Le roi tenait un gros portefeuille. Il avait demandé ses clefs, mais oublié de prendre de l'argent. La duchesse d'Orléans se jeta à ses pieds :

— « Ah ! Sire, ne m'abandonnez pas ; je ne suis qu'une pauvre femme ; que ferais-je sans votre avis et sans votre protection ? »

— « Ma chère enfant, répondit-il en l'embrassant, vous vous devez à vos enfants et à la France ! Il vous faut rester. »

On le pressait de hâter son départ. Le Château d'eau était enveloppé de flammes. Deux carrosses avaient été préparés. Quand ils sortirent de la remise rue Saint-Thomas-du-Louvre, les insurgés les renversèrent et y mirent le feu, après avoir tué un des cochers. Ils portèrent le chapeau galonné de ce malheureux au bout d'une pique, comme un trophée. Heureusement, Nemours, prévoyant le pire, avait fait amener deux broughans et un cabriolet place de la Concorde. Le roi, la reine, la duchesse de Nemours et ses enfants, la princesse Clémentine, le duc de Montpensier, quelques fidèles, traversèrent les jardins encore gardés par les soldats. Ils montèrent dans les trois voitures, à l'endroit même où, cinquante-cinq ans plus tôt, Louis XVI avait été guillotiné. Les trois voitures, escortées par des cavaliers, prirent la route de Saint-Cloud.

Louis-Philippe était comme anéanti. Il répétait :

— « Pis que Charles X, cent fois pis ! »

Charles X s'était retiré avec honneur, entouré d'une cohorte de fidèles. Lui, il fuyait déguisé en bourgeois. La reine pensait à la duchesse d'Orléans, au comte de Paris et à son frère, le duc de Chartres, deux enfants de dix et huit ans. Elle tremblait pour eux.

VIII

L'EXIL

La duchesse d'Orléans avait quitté les Tuileries et, sous la protection des soldats, elle était arrivée sans encombre au pavillon de Marsan, où elle avait ses appartements. Nemours était resté, lui aussi. Désormais Régent selon la loi, il avait pris quelques mesures. Estimant inutile de défendre le palais après le départ du roi, il avait ordonné l'évacuation des troupes qui le gardaient et assuré la protection du pavillon de Marsan. Il restait persuadé que les députés reconnaîtraient son neveu le comte de Paris comme roi et confirmeraient la décision prise en 1842 au sujet de la Régence. On le constate, il sortait brusquement de sa passivité, car il n'avait rien fait pour aider son père, sinon jouer le rôle de figurant. Peu après, il donna l'ordre au général Bedeau de renforcer les détachements autour du Palais-Bourbon : il importait que la Chambre délibérât en toute sécurité. La séance, ouverte à midi et demi, avait été interrompue presque aussitôt en raison des événements. Les républicains profitèrent de ce laps de temps pour former une sorte de directoire, où siégeaient Lamartine, Arago, Marie, Garnier-Pagès et Marrast. Le petit Thiers était hors jeu. Alors qu'il se rendait au Palais-Bourbon, la foule l'avait insulté. Il se crut mort et prit la fuite. Il n'osa pas rentrer chez lui, et demanda asile à un ami. Bugeaud avait eu plus de cran. Il avait quitté le palais en grand uniforme, droit sur son cheval de bataille et les insurgés s'étaient écartés devant lui. Il avait ainsi caracolé jusqu'à son hôtel. L'Afrique avait trempé son caractère.

PIS QUE CHARLES X

Le député Dupin se rendit au pavillon de Marsan. Il n'ignorait pas les intrigues des républicains. Il savait combien ses collègues étaient divisés. L'exultation des légitimistes l'inquiétait. Il crut pouvoir devenir un nouveau Monk. L'idée d'être le sauveur de la monarchie le comblait d'aise. La perspective de disqualifier ses adversaires, et pour des années, ne lui déplaisait pas non plus. Il persuada la duchesse d'Orléans de le suivre au Palais-Bourbon avec ses deux fils. Il n'empêcha point Nemours de les accompagner. Lorsque la princesse, en habits de deuil, calme et pâle, fit son entrée, elle produisit un grand effet. Les députés applaudirent. Impassible, le petit comte de Paris marchait près d'elle. Nemours, sanglé dans son uniforme, suivait avec le duc de Chartres. Sauzet présidait la séance ; le courage n'était pas sa qualité majeure. Dupin prit la parole. Il informa ses collègues de l'abdication de Louis-Philippe et de l'ouverture de la Régence. Il était toutefois d'avis d'abolir la loi de 1842 et de confier la Régence, non pas au duc de Nemours, mais à la mère du comte de Paris. Barrot, qui était premier ministre, monta à la tribune et appuya la proposition de Dupin :

— « Notre devoir, déclara-t-il, est tout tracé. Il a heureusement cette simplicité qui saisit toute une nation, il s'adresse à ce qu'elle a de plus généreux et de plus intime, à son courage, à son honneur. La couronne de juillet repose sur la tête d'un enfant et d'une femme. Est-ce que, par hasard, on prétendrait remettre en cause ce que nous avons décidé par la Révolution de juillet ? »

Quel jeu jouait-il réellement ? Qu'y avait-il de convenu entre lui et le comité républicain ? Était-ce un revirement subit en présence de l'enfant-roi et de la veuve du duc d'Orléans, un prince que tous regrettaient ? L'attaque vint de l'extrême droite. La Rochejacquelein, archétype des légitimistes, clama :

— « Vous n'êtes plus rien ! Plus rien ! Je dis, moi, qu'il faut convoquer la nation ! »

Qu'espérait-il ? Il ne voulait que dépouiller les Orléans du trône ! Croyant servir le comte de Chambord, il avançait la république. Tocqueville supplia Lamartine de parler. Il pensait que le poète se comporterait en gentilhomme. Mais, depuis qu'il avait écrit son *Histoire des Girondins*, Larmartine se prenait pour l'un d'eux. Il osa dire :

— « Je ne parlerai pas tant que cette femme et cet enfant seront là. »

De telles paroles déshonorent celui qui les prononce ! On emmena la duchesse d'Orléans et le comte de Paris à l'hôtel de la présidence. Ce fut à ce moment précis que le député Marie proposa la constitution d'un gouvernement provisoire. Barrot feignit de n'avoir pas entendu, et demanda à nouveau à la Chambre de confier la régence à la duchesse d'Orléans. Il n'eut pas le temps de développer son argumentation. Des insurgés brandissant des armes et des drapeaux rouges envahirent l'hémicycle. Le général Bedeau les avait laissés passer. L'un d'eux coucha le président Sauzet en joue. Il s'empressa de lever la séance. La plupart des députés se dispersèrent, trop heureux d'en être quittes à si bon compte! Lamartine se leva, dit quelques mots. Les insurgés vociférèrent: « Vive la République! A l'Hôtel de Ville! Lamartine en tête! » Tout de même, Bedeau parvint à protéger la retraite de la duchesse d'Orléans et de ses fils vers le pavillon de Marsan. Vers six heures du soir, elle fut conduite au château de Bligny, près de Limours, chez Anatole de Montesquiou. Le 27 février, elle partit pour Lille, passa par la Belgique, puis gagna Cologne et Ems. Nemours quitta Paris le 25 et s'embarqua le lendemain pour l'Angleterre. Deux jours plus tard, le futur Napoléon III débarquait dans le même port. L'Histoire précipitait son rythme.

Pendant que la duchesse d'Orléans se trouvait au Palais-Bourbon, les émeutiers avaient envahi les Tuileries. Leur avant-garde visita les salons, les chambres, avec plus de curiosité que de haine. Ils commirent peu de dégâts. Mais une horde de mégères échevelées, de personnages hirsutes et avinés, la lie de la population, succéda aux combattants des barricades. Les tableaux furent lacérés, les tentures arrachées, les meubles fracturés ou brisés, les livres, les papiers jetés par les fenêtres, les objets, le linge dérobés, les caves et les cuisines pillées. Enfin, suprême exploit, le trône fut promené triomphalement dans Paris, puis brûlé place de la Bastille. Au Palais-Bourbon, les députés qui ne s'étaient pas enfuis avaient acclamé les membres du gouvernement provisoire: Lamartine, Arago, Garnier-Pagès, Marie, Ledru-Rollin, Cavaignac, Bethmont, Carnot, Crémieux et Dupont de l'Eure, avec Marrast, Albert, Flocon et Louis Blanc comme secrétaires. Le nouveau gouvernement se rendit à l'Hôtel de Ville. Louis Blanc rédigea le décret proclamant la République. Ce décret, entre autres dispositions, reconnaissait aux ouvriers le droit de réunion et garantissait leur droit au travail. On avait oublié Blanqui. Il arriva vers quatre heures avec une bande de forcenés. Le lendemain, 26 février, Lamartine sauva d'extrême justesse le drapeau tricolore. Blanqui voulait imposer le drapeau rouge. Il n'avait d'autre objectif que de poursuivre la révolution afin de radicaliser la société. Dans quelques mois, Cavaignac mettra ces extrémistes à la raison...

Nul ne se souciait de la Chambre des pairs. On ne lui avait rien demandé. Elle n'avait joué aucun rôle, n'avait même pas essayé d'aider le roi ou de sauver la Régence. Le chancelier Pasquier avait quitté Paris; il se cachait à Pontchartrain et Mme de Boigne s'inquiétait de sa santé. La nuit du 24 février, Victor Hugo soupait chez l'actrice Alice Ozy en compagnie du peintre Chassériau. Les jours suivants, quand la révolution fut accomplie, il nota: « 89 est accouché d'un monstre; 1830, d'un nain. » Il avait oublié ses conversations familières avec le ci-devant roi. Il est vrai que, plus tard, il se montra moins ingrat: l'exergue de ce livre en atteste. La haute bourgeoisie, le monde des affaires, de la banque et de la diplomatie étaient frappés de stupeur: « Nous croyons rêver, écrivait Apponyi. Il est impossible d'admettre que ce qui vient de se passer devant nos yeux soit vrai. On ne saurait même pas parler d'imprévoyance, de complot préparé, d'une machination ourdie depuis longtemps. Rien de tout cela. La poudre a éclaté, un cyclone a détruit, balayé tout, c'est la Providence, Dieu l'a voulu ainsi. » Apponyi se trompait. La machination avait ses germes dans la Révolution de 1830. Malgré les échecs répétés et sanglants, le travail de sape ne s'était jamais interrompu. Mais il était exact que l'effondrement brutal du régime surprenait ceux-là mêmes qui l'avaient provoqué. Personne ne comprenait comment les 3000 soldats du général Bedeau avaient laissé passer la centaine d'émeutiers qui avaient envahi le Palais-Bourbon à l'instant même où la Régence allait être proclamée. Parmi les adversaires du régime, ceux qui souhaitaient la république étaient minoritaires. « Émeutes, barricades, chute de ministres, chute du roi, chute de la royauté elle-même, enfin table rase, s'étonnait d'Estournel. Le tout en présence de la tranquillité et, on peut se le dire, de la prospérité du pays, de la majorité de la Chambre et d'une armée fidèle ! » Rothschild ne s'attarda pas en regrets stériles. S'il plaignait l'infortune du vieux roi, il ne tarda pas à consentir des avances au nouveau gouvernement, dès que celui-ci eut pris un peu de consistance et ramené un semblant d'ordre.

On ne savait où se trouvaient Louis-Philippe et les siens. A tout hasard, le gouvernement provisoire avait donné l'ordre aux gardes-côtes d'intercepter les fugitifs et leurs complices. Louis-Philippe et Marie-Amélie, escortés par des cuirassiers et des gardes nationaux à cheval, étaient passés par Saint-Cloud et Trianon. Le général Dumas, qui commandait l'escorte, loua deux berlines de voyage à Versailles. Il fut décidé que le roi et la reine se rendraient à Dreux. Le reste de la famille, à Eu et à Boulogne. C'était une sage précaution. Louis-Philippe et Marie-Amélie arrivèrent à Dreux vers cinq heures du soir. Le roi avait recouvré son calme. Il était persuadé que la Chambre avait reconnu le comte de Paris comme roi des Français et que la Régence avait été dévolue à Nemours ou à la duchesse d'Orléans. Il projetait donc de se retirer au château d'Eu et de mener l'existence paisible d'un gentilhomme campagnard. Ignorant le sac des Tuileries, il écrivit à Montalivet, chargé de la liste civile, de lui envoyer de l'argent et de prévoir les arrangements consécutifs à sa nouvelle position. Il ne croyait certes pas qu'il lui faudrait quitter la France une nouvelle fois. La reine priait sur le tombeau de ses enfants. Vers sept heures, le sous-préfet Maréchal fit réveiller le roi. Il venait d'apprendre l'échec de la Régence et la proclamation de la République. On tint un bref conseil. Il fut décidé que l'on se rendrait en Angleterre le plus vite possible. Le roi et la reine voyageraient sous le nom de M. et Mme Lebrun. Ils gagneraient la côte de Grâce, au-dessus de Honfleur, où le gendre de Dumas, M. de Perthuis, possédait un pavillon. Il serait aisé d'organiser leur traversée. On se remit en route. Le sous-préfet était monté à côté du cocher. On évita Pacy-sur-Eure dont les opinions républicaines étaient connues. On contourna Évreux pour les mêmes raisons. Le roi s'était souvenu qu'il connaissait un des châtelains des environs, M. de Melleville. Ce dernier ne refuserait pas de l'héberger. M. de Melleville s'était absenté pour la journée ; il n'était pas encore rentré d'Évreux. Ce fut le fermier, nommé Renard, qui accueillit les voyageurs, en attendant le retour du maître. Louis-Philippe avait faim. Il prit place à la grande table de ferme, à côté des valets et mangea de grand appétit. M. de Melleville arriva et le reconnut. Renard était de ces braves gens de campagne au cœur généreux. Il n'y avait pas à craindre une dénonciation de sa part. Ce fut lui qui conduisit le roi à Honfleur. La reine poursuivit dans la berline avec le général de Rumigny qui avait choisi de suivre les souverains en exil. Les deux voitures arrivèrent sur la côte de Grâce au point du jour. Louis-Philippe et Marie-Amélie s'installèrent dans la villa de M. de Perthuis: elle existe toujours. Le jardinier était un ancien matelot de la Royale ; il avait servi sur « La Belle Poule » ; il se chargea de trouver un bateau de pêche. Il ne fut de retour que le 27 à la fin de l'après-midi. Pour 3 000 F, le patron d'un petit voilier acceptait de transporter leurs Majestés en Angleterre. L'affaire mal agencée échoua. Il s'en fallut d'un cheveu que Louis-Philippe fût reconnu et arrêté. Besson, un ami de M. de Perthuis, se remit en piste. Des bâtiments battant pavillon britannique croisaient au large de l'estuaire de la Seine avec une insistance significative. Besson entra en contact avec Jones, vice-consul d'Angleterre au Havre. Ce dernier avait effectivement reçu l'ordre de son gouvernement de faciliter l'évasion des souverains déchus.

Le 1er mars, à Paris, Montalivet eut la visite d'un certain M. de Champeaux. Quand cet inconnu se fut débarrassé de son manteau et eut enlevé son chapeau, il reconnut Lamartine, chef du gouvernement. Le poète-président lui fit cette déclaration bizarre :

— « Monsieur, le Roi est encore en France ; vous devez connaître sa retraite ; je viens vous la demander. Je suis autorisé par le gouvernement provisoire à faire cette démarche, et si j'ai pris de si graves précautions pour arriver jusqu'à vous, c'est pour ne pas exciter la curiosité du public et les émotions qui pourraient en naître. Dites-moi où est le Roi, sous quel nom il se cache, et je pars pour aller le chercher, le conduire en Angleterre en lui remettant un million pour ses premiers besoins. »

Était-il sincère ? Éprouvait-il un remords tardif ? Était-il le jouet de ses collègues de l'Hôtel de Ville ? Montalivet répondit qu'il ignorait où se trouvait le roi.

Le 2 mars, le vice-consul d'Angleterre se rendit au pavillon de M. de Perthuis. Il informa Louis-Philippe que le capitaine du paquebot « Express » se tenait à sa disposition. L'« Express » transportait le courrier du Havre à Newhaven. On convint que le roi voyagerait sous le nom de William Smith, citoyen britannique. Louis-Philippe rasa ses favoris, prit de grosses lunettes et enfila une redingote de tweed. Il parlait couramment l'anglais. La reine conserva le nom de

Mme Lebrun. Les vieux époux se rejoignirent au Havre, embarquèrent sur l'« Express » en feignant de ne pas se connaître. A la dernière minute, tout faillit manquer. Un officier du port monta à bord, prétendit visiter le navire. Sur l'ordre du vice-consul, les matelots larguèrent les amarres et l'officier n'eut que le temps de sauter sur le quai, en criant:

— « Ah! monsieur le Consul, qu'avez-vous fait? »

— « Ce que vous auriez fait à ma place, monsieur. »

Le lendemain, à sept heures du matin, l'« Express » abordait à Newhaven, après une traversée difficile. Le 4 mars, les souverains déchus s'installaient à Claremont. Ce château avait été mis à la disposition du roi des Belges, qui le cédait à ses beaux-parents. Ils y furent rejoints par la princesse Clémentine, les ducs et les duchesses de Nemours et de Montpensier, dont la traversée n'avait pas rencontré de difficultés. Arago avait rédigé, au nom du gouvernement provisoire, cette lettre au prince de Joinville, datée du 25 février, à 8 h 1/2 du soir:

« Prince, le salut de la patrie exige que vous ne fassiez aucune tentative pour détourner les équipages ou les soldats de la marine de l'obéissance au gouvernement provisoire. Il importe que vous renonciez jusqu'à nouvel ordre à mettre le pied sur le sol de la France et à communiquer avec aucun navire de la flotte.

Prince, votre cœur patriotique saura se résigner à ce sacrifice et l'accomplira sans hésitation. Tel est l'espoir que le gouvernement provisoire met en vous. »

Cette lettre-dépêche fut apportée à Joinville par une corvette à vapeur venue de Toulon. Aumale, gouverneur général de l'Algérie, avait reçu le même ordre. Les deux frères songèrent un instant à désobéir. Les officiers, les troupes africaines et les équipages de l'escadre leur étaient acquis. Mais ils prirent la décision de renoncer à leurs commandements et s'embarquèrent, avec leurs familles, sur l'aviso « Solon », à destination de l'Angleterre. Le gouvernement ne leur sut aucun gré de leur patriotisme.

La chute de la monarchie de Juillet ne surprenait pas Joinville. Il l'avait prévue. Il en connaissait les causes. Dans ses *Vieux souvenirs,* il rend hommage au courage de son père, mais écrit: « Évidemment celle-ci (la monarchie) était morte, morte sans s'être défendue. Quand on dispose de l'armée et de l'administration, on peut faire ce que l'on veut. Mais le Roi, le plus modéré des hommes, ne voulait sortir de la légalité qu'à la dernière extrémité et ce trait de caractère était connu de tous, amis et ennemis. S'il décourageait quelque peu les uns, il encourageait les autres ; aussi le signal du recours à la force partit-il d'en bas ; les prétoriens de la rue s'insurgèrent et la défensive légale se vit-elle partout débordée. En quelques instants, le désordre fut général et la révolution faite. »

A Claremont, on s'organisait tant bien que mal. La reine n'avait emporté qu'une robe: celle qu'elle portait en quittant les Tuileries. Elle avait acheté un peu de linge à Honfleur. Le roi n'était guère mieux loti. Heureusement, lord Aberdeen vint à Claremont et laissa mille louis. Pendant quelques semaines, on mena une existence frugale. Louis-Philippe s'en accommodait ; il avait été élevé à la spartiate. Les premiers jours, il paraissait avoir cent ans. Le regard éteint, les épaules voûtées, il s'abandonnait au chagrin, semblait avoir renoncé à vivre. Cet effondrement du trône en deux jours et même en quelques heures, cette fuite pitoyable, les fatigues et les aléas du voyage, cette traversée sur une mer tempétueuse, l'avaient moralement et physiquement écrasé. Puis il émergea à nouveau et l'on reprit confiance. La reine Marie-Amélie acceptait sa déchéance avec sérénité. Elle avait si souvent tremblé pour la vie de son mari et de ses fils qu'elle était presque soulagée et rendait grâces à Dieu d'avoir au moins préservé sa famille. Ses enfants, ses petits-enfants étaient saufs et c'est ce qui lui importait. Sa fille, la reine de Belgique, supplia son père de ne pas rester en Angleterre, sous la coupe de Palmerston. Elle craignait qu'on lui infligeât des avanies et suggérait une installation dans l'aimable ville de Salzbourg. Mais Louis-Philippe était excédé des voyages ; il n'aspirait plus qu'au repos.

A mesure que le temps passait, les visites se faisaient moins rares à Claremont. C'était pour le vieux roi l'occasion de monologues interminables. Il cherchait à se justifier, rappelait son passé, insistait chaque fois sur son respect de la Charte, répétait qu'il avait donné à la France la paix et la prospérité. Sa famille essayait en vain de le refréner. Mais raisonne-t-on un vieillard tombé dans le bavardage ? Il faut dire cependant que son discours n'était nullement sénile. Certains de ses propos montrent au contraire qu'il avait retrouvé sa sagacité. Il se faisait lire les journaux par Rumigny. Les nouvelles l'irritaient, provoquaient ses sarcasmes, non toujours. Il essayait de comprendre. Il supputait les chances de durée de la jeune république. Il parlait sans haine des hommes qui étaient au gouvernement. Crut-il, un moment, que les Français lui reviendraient ? En avril 1848, ils avaient envoyé à la Chambre (qui prit le nom d'Assemblée constituante) une forte majorité de modérés. Les socialistes avaient été exclus de la commission exécutive. Le nouveau gouvernement ne parvenait pas à stopper la recrudescence du chômage, malgré la création d'ateliers nationaux. Les faillites étaient nombreuses et les impôts rentraient mal. Louis-Philippe pérorait :

— « Le peuple s'imagine respirer plus librement. Le vice, la honte, le despotisme, l'autorité enfin s'en va ! Je n'ai pas le droit d'accuser le peuple français. Il m'a vu tomber et il est resté indifférent à ma chute ; il m'a vu partir et mon départ ne l'a pas touché. C'est tout simple ! Il y avait dix-huit ans qu'on lui apprenait à mépriser et à détester la personnification de l'autorité... »

Et il ajoutait avec une passion retrouvée :

— « Une voix s'élèvera-t-elle pour dire : cet homme avait du bon ? »

Des voix s'élevaient. Ceux-là mêmes qui avaient assisté à sa chute avec indifférence se prenaient à le regretter : c'était surtout l'anarchie qu'ils appréhendaient. De petites brochures étaient publiées ; elles rappelaient — timidement encore — l'existence du roi-citoyen. Des orléanistes venaient à Claremont consulter l'exilé. Parmi eux se glissaient des espions du gouvernement. Il refaisait pour eux le récit des journées de février, afin de prouver qu'on l'avait trompé. Ou bien il se lançait dans des tirades infinies pour expliquer sa politique extérieure, tout entière et constamment orientée vers le maintien de la paix. Il finissait toujours par revenir aux journées de février ; c'était chez lui un leitmotiv :

— « Retenez bien ceci : roi élu par la Garde nationale de Paris, le jour où la Garde nationale s'est déclarée contre moi, mon règne était fini. »

Jamais un mot sur le suffrage universel, sur les problèmes sociaux, sur les erreurs de Guizot ! Il était convaincu de n'avoir commis aucune faute, parce qu'il avait scrupuleusement respecté la Charte, ou plutôt ce qui en était la lettre, non le fond. Lorsque le général Cavaignac, en juin 1848, réprima sauvagement les émeutes ouvrières, le vieux roi eut ce mot désabusé :

— « La République a de la chance ! Elle peut tirer sur le peuple. »

Lui, on doit le reconnaître, s'était abandonné quasi sans résistance, pour ne pas verser le sang. La fusillade du boulevard des Capucines avait été fortuite, ne résultait pas d'un ordre supérieur. Les journées de juin 1848 avaient été, à elles seules, plus sanglantes que toutes les émeutes du règne de Louis-Philippe.

L'Assemblée avait voté le bannissement des Orléans. Elle tenta de les dépouiller de leur fortune au profit de l'État. Certains députés soutinrent que la donation faite le 7 août 1830 était illégale. Selon eux, les biens de Louis-Philippe devaient revenir à la Couronne, selon l'usage monarchique. Il n'avait donc pas le droit de les léguer à ses enfants. Berryer démontra que la donation était valable, car elle était intervenue avant l'intronisation du roi-citoyen, alors que le duc d'Orléans n'était qu'un simple particulier. Très habilement il souligna que Louis-Philippe n'avait pas accédé au trône par droit dynastique, mais par la souveraineté du peuple. L'Assemblée se contenta de distinguer entre les apanages et les biens privés. Louis-Philippe obtint une provision de 200 000 F, qui fut portée à 400 000, en attendant la levée du séquestre. Montalivet et Dupin défendirent ses intérêts du bec et de l'ongle. Il réclama le remboursement des travaux de restauration du Louvre et de Versailles (23 millions). Ces sommes avaient été prélevées sur sa liste civile et sur ses revenus personnels. L'État lui en était intégralement redevable. Ces préoccupations d'argent allégeaient sa tristesse. Il avait toujours été bon comptable, un peu chicaneur !

En novembre 1848, la maisonnée avait été victime d'un empoisonnement. Les canalisations de Claremont s'étaient oxydées. L'eau fut altérée par l'oxyde de plomb. Le bibliothécaire Vatout en mourut, ainsi que Mme de Montjoie, fidèle dame de compagnie de la reine. Le roi ne sembla pas atteint. La famille dut abandonner Claremont pendant la réfection de la tuyauterie. Elle s'installa dans un hôtel de Richmond puis, par raison d'économie, à Saint-Leonard, près de Hastings. La cohabitation des princes aigrissait les humeurs. Aumale reprochait à Nemours et à Montpensier leur manque d'énergie pendant les journées de février. Ils s'étaient, selon lui, comportés en simples fonctionnaires, « faute de s'être crus les représentants prédestinés et indiscutables ». A son père, de les avoir tenus à l'écart à l'heure du péril. Ces dissensions peinaient le vieux souverain. L'harmonie familiale se dissolvait en sourdes récriminations.

La duchesse d'Orléans résidait à Eisenach, avec ses deux fils. Louis-Philippe se souciait fort de l'avenir du comte de Paris. Lorsque Guizot vint lui rendre visite, il lui fit part de ses réflexions :

— « Mon petit-fils ne pourra jamais régner au même titre et aux mêmes conditions que moi qui ai fini par échouer. Il ne peut régner que comme roi légitime. Il y a pour lui plusieurs manières de devenir roi légitime. Si le duc de Bordeaux[1] mourait, si le duc de Bordeaux abdiquait, si le duc de Bordeaux règne et n'a pas d'enfants, Paris devient roi légitime. Il doit rester en mesure pour toutes ces chances-là ; il n'y a pour lui que ces chances-là ! Ce n'est pas pour nous, ce n'est pas entre les familles royales que la fusion doit commencer : qu'elle commence en France même entre les partis monarchiques ; qu'elle s'y prépare à des termes convenables pour notre honneur comme pour les droits et les intérêts du pays ; elle nous trouvera prêts à l'accepter. Je tiens pour évident que l'union des partis monarchiques est indispensable pour rétablir l'ordre. »

C'était en quelque sorte son testament politique. Mais il ne croyait guère à la possibilité d'une restauration, s'il estimait nécessaire la réconciliation de la branche aînée des Bourbons et des Orléans. Dans ce crépuscule où il entrait, il doutait de tout et de lui-même :

— « Le matin du 24, répétait-il, je croyais sincèrement que je coucherais le soir aux Tuileries... Que voulez-vous, je me suis cru infaillible ! »

Sa santé déclinait rapidement. De temps à autre, les siens le conduisaient à Brighton ou à Hastings : l'air marin lui était bénéfique. Il se distrayait en rédigeant ses Mémoires. Sa grande écriture restait inchangée. Le soir, il lisait aux siens les pages qu'il avait écrites dans la journée. Au printemps de 1850, Thiers vint le voir à Claremont : par sympathie vraie ou pour contempler sa victime ? Il ne le savait pas lui-même. Guizot fit une seconde visite. Il voulait revoir une dernière fois un maître qu'il avait si mal servi, mais sincèrement révéré. Il le trouva « horriblement changé, maigre et mince comme une feuille de papier, mais la face point décomposée, l'œil animé, le teint clair, la voix

1. Le comte de Chambord, petit-fils de Charles X.

ferme, et l'esprit aussi net et serein qu'il l'ait jamais vu ». Louis-Philippe avait une maladie de foie. Mais il se croyait convalescent, parce qu'il mangeait et dormait bien. Et, de fait, au début d'août, il parut reprendre des forces. Pourtant son irritabilité augmentait. Dans la nuit du 24, le mal s'aggrava brusquement. Le vieux roi comprit qu'il lui fallait « prendre congé ». Il n'avait pas beaucoup de religion, mais, pour complaire à sa Bonne Reine, il accepta de se confesser et reçut l'Extrême-Onction. Puis il fit appeler le général Dumas afin d'achever avec lui un chapitre de ses Mémoires. Le lendemain, il bénit ses enfants et ses petits-enfants. Il s'affaiblissait d'heure en heure, mais conservait sa lucidité et sa dignité. Il expira ainsi, paisiblement, le 26 août 1850, à huit heures du matin. Il avait presque atteint soixante-dix-sept ans.

Les obsèques eurent lieu le 2 septembre. Le roi fut inhumé près de la chapelle de Weybridge, dans un caveau appartenant à un particulier. Son corps et celui de la reine Marie-Amélie ne furent transférés dans la chapelle royale de Dreux qu'en 1876. Louis-Philippe avait rédigé plusieurs testaments, dont l'un à Saint-Leonard en 1849. On y relève cette mention : « La Révolution du 24 février 1848, en renversant le trône, auquel le vœu de la France m'avait appelé après celle de juillet 1830, a ébranlé l'ordre social jusque dans ses fondements. Ce n'est que la conviction intime, que j'avais déjà acquise à cette époque, que mon dévouement pouvait seul préserver mon pays de l'anarchie et de ses funestes conséquences, qui m'a déterminé à accepter le fardeau de la Royauté. »

C'était là son ultime et solennelle réponse à ceux qui l'accusaient d'avoir été un usurpateur...

La mort du vieux roi fut commentée par la presse britannique avec un manque d'égards dont beaucoup de Français s'indignèrent. Les Anglais ne lui pardonnaient pas les mariages espagnols, la rupture de cette Entente cordiale, dont ils avaient imaginé qu'elle tournerait à leur profit. Ils s'étaient montrés plus généreux ou plus circonspects envers le vaincu de Waterloo. C'est que Louis-Philippe avait pacifié l'Algérie, accru l'influence française en Europe et dans le monde, en dépit des obstacles et des menaces, laissé une armée et une flotte puissantes, bien équipées, bien entraînées, une industrie en plein essor. Palmerston le détestait. Il avait salué sa chute avec une joie indécente. Louis-Philippe gênait l'Angleterre !

Les Français montrèrent plus de mesure. Leur colère était passée. Ils se prenaient à regretter le roi-citoyen. Les plus républicains d'entre eux commençaient à craindre les ambitions du prince-président : ce Louis-Napoléon Bonaparte qui s'apprêtait à renverser la frêle république et à devenir, une certaine nuit de décembre, l'empereur Napoléon III ! Le 31 juillet 1850, les députés qui, deux ans plus tôt, eussent jugé Louis-Philippe, levèrent le séquestre sur ses biens : ce petit fait était lourd de signification. A partir de la mort de Louise d'Orléans, reine des Belges, en octobre 1850, un mouvement de compassion se manifesta en faveur des Orléans. On les plaignait, après les avoir vilipendés et chassés. On avait raillé le pacifisme de Louis-Philippe, mais on redoutait le ton belliqueux de Louis-Napoléon et l'on se souvenait des guerres incessantes et funestes de son oncle, le grand empereur. On éprouvait un début de nostalgie pour les dix-huit années de la monarchie de Juillet. Le peintre Delacroix notait : « Nous avons été gâtés par la prospérité. Nous avons été comme les gens qui s'ennuient de se bien porter. » C'était l'expression même de la vérité. Il n'avait finalement manqué à Louis-Philippe que de « poétiser » son règne, que de masquer son matérialisme un peu trop voyant et de proposer un autre idéal que l'« enrichissez-vous » de Guizot. Les peuples ne sont que l'addition d'êtres humains. Ils ont un cœur, une âme collective. Ils aiment aimer ; il faut leur procurer un peu de rêve : Louis-Philippe croyait plaire en prenant un parapluie et en donnant le bras à sa femme ; il oubliait que les Français veulent sentir la grandeur dans celui qui les dirige, mais ils veulent aussi qu'il soit simple ; autrement dit, ils souhaitent la grandeur authentique et Louis-Philippe, qui la possédait, jouait au roi-citoyen, au bourgeois couronné, croyant bien faire. L'âme des Français, ou leur esprit, aime d'être soulevée par un idéal. Louis-Philippe la laissa s'engluer dans le quotidien. Il déçut la jeunesse, avide de générosité et plus encore de changement. Il ne sut pas faire prévaloir quelque vaste concept propre à canaliser les énergies. Il donna l'impression de n'être qu'un gestionnaire, d'assurer en quelque sorte un intérim, d'éviter les grandes idées. Et pourtant il voulait fonder une dynastie et travaillait avec ardeur à assurer la grandeur de la France. Il était surtout le contraire d'un romantique, à une époque où fleurissaient Hugo, Musset, Vigny, Lamartine, Balzac, Delacroix et leurs émules. On ne lui pardonnait pas son prosaïsme et ce qu'on estimait être son manque de goût. Il allait son chemin, cachant avec soin son but secret, Louis XIV travesti en M. Jourdain pour paraître de son temps. Son malheur fut d'avoir trop bien réussi politiquement et fait confiance à Guizot. Son vieillissement rencontrait la présomption de celui-ci. Leurs deux scléroses se renforçaient. S'il avait vécu quelques années de moins ou s'il avait congédié Guizot quand il en était encore temps, on révérerait sa mémoire.

DESTINS DE PRINCES

Après la mort de Louis-Philippe, le comte de Paris était désormais chef de la Maison d'Orléans. Il s'installa en Angleterre en 1857, avec son frère le duc de Chartres et sa mère qui mourut bientôt de tuberculose. En 1861, il s'engagea avec Chartres dans les troupes nordistes et participa à la guerre de Sécession dans l'état-major du général Grant. Il épousa ensuite l'infante d'Espagne Isabelle, fille de Montpensier. Chartres épousa Françoise-Marie, fille de Joinville. La vieille reine Marie-Amélie assista aux deux mariages. Elle mourut à Claremont en 1866, âgée de quatre-vingt-deux ans. Quand éclata la guerre de 1870, Joinville, Aumale et Chartres tentèrent vainement de s'engager dans les troupes françaises. Après Sedan, ils combattirent sous des noms d'emprunt et se signalèrent par leur vaillance. Après la chute de l'Empire, Aumale et Joinville furent élus députés dans une Chambre presque entièrement royaliste. La restauration semblait acquise. Toutefois il y avait deux prétendants : le comte de Chambord, que les légitimistes appelaient Henri V et qui était l'héritier de Charles X et de la branche aînée des Bourbons, et le comte de Paris, héritier de Louis-Philippe et des Orléans. L'un et l'autre avaient leurs partisans zélés. Ce fut au comte de Chambord que la couronne fut offerte par une délégation de la Chambre. Elle se heurta à son intransigeance. Il refusa le drapeau tricolore avec un entêtement digne de son aïeul. Pour lui l'Histoire s'arrêtait en 1830, voire en 1789. Le comte de Paris avait une carte à jouer. Mais l'opposition des légitimistes, les intrigues de Thiers et l'irréalisme politique de Mac-Mahon, élu chef du gouvernement provisoire, firent échouer toutes les combinaisons. La troisième République, proclamée en 1875, ne tarda pas à s'affermir. La loi de 1886 envoya les princes en exil.
Les deux branches s'étaient réconciliées. Aussi, lorsque le comte de Cham-

bord mourut à Frohsdorf, en 1883, la quasi-totalité des légitimistes et bien entendu les Orléanistes reconnurent le comte de Paris comme prétendant. Désormais chef de la Maison de France, il s'écarta quelque peu de la tradition libérale des Orléans. Il mourut en 1894. Ses frères, Aumale, Nemours et Joinville moururent respectivement en 1896, 1897 et 1900.

Le nouveau prétendant était alors Philippe d'Orléans, fils du comte de Paris. Il avait épousé l'archiduchesse Marie-Dorothée d'Autriche, dont il n'eut pas d'enfants. Après sa mort survenue en 1926, le prétendant fut le duc de Guise, fils du duc de Chartres. Profondément patriote, il mourut de chagrin après la défaite de 1940. Ouvert aux idées libérales, il exerça une influence considérable sur son fils Henri, comte de Paris, chef actuel de la Maison de France. Mgr le Comte de Paris est l'auteur de plusieurs ouvrages en lesquels il concilie la tradition capétienne, le libéralisme propre aux Orléans et les aspirations de la société moderne. L'un d'eux porte le titre significatif de : « L'Avenir dure longtemps. »

NOTE AU LECTEUR

Cette vie de Louis-Philippe termine la collection des « Rois qui ont fait la France ». Ce n'est pas sans regrets que je prends congé de ces princes qui édifièrent, contre vents et marées, notre pays. Il m'eût été facile d'ajouter quelques centaines de pages à chacune de ces biographies, mais l'entreprise eût été déraisonnable, puisque cette collection comprend vingt volumes. Cependant il y a de grands événements, de vastes mouvements de pensée qui, pour cette raison même, ont été laissés de côté, ou n'apparaissent que fragmentés ou incomplets. J'ai donc l'intention de les évoquer en plusieurs ouvrages, sous le titre général « Les Grandes Heures de l'Histoire de France ». J'espère de la sorte, si les lecteurs me font l'honneur de me suivre, faire revivre ces hommes, ces femmes, ces grands personnages parfois, qui incarnent ces moments privilégiés ou poignants, en lesquels l'âme collective affleure et s'exprime le chant profond de l'Histoire.

NOTICES BIOGRAPHIQUES

ABD EL-KADER, né en 1807, mort en 1883, issu d'une grande famille arabe descendant des califes fatimides, il se fit proclamer émir des tribus de Mascara après la chute du dey d'Alger (1830), contrôla bientôt l'Oranais et engagea contre les Français une résistance qui dura quinze ans. Excellent stratège, il contraignit le général Desmichels à reconnaître son autorité (traité du 26 février 1834). Desmichels ayant été désavoué, Abd el-Kader reprit le combat, fut victorieux à Macta (1835); mais les généraux Clauzel et Bugeaud le chassèrent respectivement de Mascara (novembre 1835) et de Tlemcen (juillet 1836). Le traité de Tafna (30 mai 1837) reconnut cependant sa souveraineté sur une partie de l'Oranais et de l'Algérois. Il reprit les armes en 1839, après le passage des Portes de Fer, assiégea en vain Mazagran (février 1840) et Cherchell, et subit une grave défaite au col de Mouzaïa (mai 1840). Bugeaud, ayant été nommé gouverneur général de l'Algérie, mena dès lors une guerre incessante. Le 16 mai 1843, la smalah d'Abd el-Kader fut prise par le duc d'Aumale. L'émir se réfugia au Maroc, puis revint en Algérie et ne cessa de harceler les Français. Contraint de se retirer à nouveau au Maroc, il tenta de renverser le sultan et se réfugia chez les Beni Snassen, où Lamoricière le captura. Abd el-Kader fit sa soumission le 23 décembre 1847. Bien qu'on lui promît de le conduire en Égypte, il fut interné en France. Napoléon III le libéra en 1852. Abd el-Kader se retira à Constantinople, puis à Damas. Ses interventions en faveur des chrétiens pendant les massacres de Syrie lui valurent la grand-croix de la Légion d'Honneur.

ABERDEEN (George Hamilton, vicomte Gordon, comte d'), né en 1784, mort en 1861, il entra dans la politique comme pair d'Écosse et fut chargé de négocier l'adhésion de l'Autriche à la coalition de 1813 contre Napoléon Ier. Ministre des Affaires étrangères, il dut accepter des événements auxquels il était hostile, notamment la destruction de la flotte turque à Navarin et l'émancipation des catholiques anglais. Il reconnut le gouvernement de Louis-Philippe en 1830. Il rentra dans l'opposition sous le ministère de lord Gray. Ministre des Colonies en 1834, il adopta des idées libérales, surtout en matière religieuse. De 1841 à 1846, il s'employa à renouer l'alliance avec la France, compromise par l'affaire de Syrie et le conflit avec Pritchard. Il fut même, d'accord avec Guizot, un partisan résolu de l'Entente cordiale. Premier lord de la Trésorerie, il prit en 1852 la tête d'un ministère de coalition et signa avec la France un traité d'alliance en 1853. Il se retira du pouvoir en 1855 par suite des critiques formulées sur la mauvaise organisation de l'armée de Crimée. On lui a reproché souvent l'inconstance de sa politique.

ADÉLAÏDE (Eugénie Louise, princesse d'Orléans, dite Madame), née en 1777, morte en 1847. Sœur de Louis-Philippe, elle vécut en émigration avec Mme de Genlis, puis à la cour du roi de Naples. Rentrée en France lors de la Restauration, elle vécut au Palais-Royal et contribua, par sa sagacité politique et par ses conseils, à l'accession au trône de Louis-Philippe. Elle resta d'ailleurs sa meilleure conseillère.

ANGLETERRE: rois de 1830 à 1848: GUILLAUME IV (1830-1837), VICTORIA (1837-1901).

ARAGO (Dominique François), né en 1786, mort en 1853, fut un astronome et un physicien de renommée internationale. Élu à l'Académie des Sciences à 23 ans, il fut professeur à l'École polytechnique et directeur de l'Observatoire de Paris et du Bureau des Longitudes. Député des Pyrénées-Orientales, conseiller municipal de Paris, il appartint à l'opposition d'extrême gauche. En 1848, il devint ministre de la Guerre et de la Marine. Il se retira de la politique en 1851 et se consacra à ses recherches. On lui doit notamment la théorie de l'ondulation de la lumière, la polarisation colorée, le magnétisme par rotation. Il fut aussi un remarquable vulgarisateur.

AUMALE (Henri Eugène Philippe Louis d'Orléans, duc d'), né en 1822, mort en 1897. Quatrième fils de Louis-Philippe, il entra dans l'armée à 16 ans et prit part à la conquête de l'Algérie. Il se distingua en s'emparant de la smalah d'Abd el-Kader (1843). Nommé gouverneur général de l'Algérie en 1847, il se démit de ses fonctions après la Révolution de 1848 et se retira en Angleterre, où il écrivit des ouvrages historiques (notamment une _Histoire des princes de Condé_). Il essaya en vain de combattre dans l'armée française en 1870-1871. Député à l'Assemblée nationale, il présida le conseil de guerre qui jugea Bazaine. Inspecteur général de l'armée, il fut néanmoins proscrit en 1886, mais fut autorisé à rentrer en France trois ans plus tard. Membre de l'Académie française, il légua le château de Chantilly et ses précieuses collections à cette institution.

AUTRICHE: empereurs de 1830 à 1848: FRANÇOIS Ier (1806-1835), FERDINAND Ier (1835-1848).

BARBÈS (Armand), né en 1809, mort en 1870, originaire de la Guadeloupe et ayant hérité de la fortune de son père, il vint en France en 1830. Devenu l'un des chefs de l'opposition républicaine, il conspira contre Louis-Philippe et subit diverses condamnations, avant de diriger avec Blanqui et Martin-Bernard l'insurrection de 1839. Condamné à mort, il fut gracié sur l'intervention de Victor Hugo. La Révolution de 1848 le libéra. Élu député, il participa à la journée du 15 mai 1848 et fut à nouveau condamné à la prison à vie. Gracié de force par Napoléon III, il fut expulsé du territoire et mourut à La Haye.

BARROT (Camille Hyacinthe Odilon), né en 1791, mort en 1873. Avocat sous la Restauration, il plaida la cause de nombreux opposants. Élu député, il devint chef des monarchistes constitutionnels de gauche. Il prit part à la campagne des banquets et contribua à la chute de Louis-Philippe (qu'il ne souhaitait pas!). Ministre de la Justice en 1848-1849, il s'opposa au futur Napoléon III, et se tint en dehors de la politique pendant le Second Empire. Thiers le nomma président du Conseil d'État en 1872. Odilon Barrot a laissé d'intéressants _Mémoires_.

BELGIQUE: rois de 1830 à 1848: GUILLAUME Ier d'Orange-Nassau (1814-1830), LÉOPOLD Ier de Saxe-Cobourg (1831-1865).

BÉRANGER (Pierre Jean de), né en 1780, mort en 1857. Ses chansons politiques — qui lui valurent plusieurs condamnations sous la Restauration —

eurent un prodigieux succès populaire. Elles contribuèrent largement à confondre dans l'opinion le culte de Napoléon, l'anticléricalisme et la mystique révolutionnaire. Il n'accepta aucune faveur du gouvernement de Louis-Philippe et mourut dans la pauvreté.

BERRY (Marie-Caroline Ferdinande Louise de Bourbon-Sicile, duchesse de), née en 1798, morte en 1870. Veuve du duc de Berry, elle mit au monde Henri, duc de Bordeaux, puis comte de Chambord. Après 1830, elle suivit Charles X en exil, mais débarqua clandestinement à Marseille en avril 1832 ; elle suscita un soulèvement en Vendée qui tourna court. Emprisonnée à Blaye, elle accoucha d'une fille et avoua son mariage secret avec Lucchesi-Palli. Louis-Philippe la fit reconduire à Palerme en 1833. Le scandale qu'elle avait provoqué divisa le parti légitimiste.

BERRYER (Pierre Antoine), né en 1790, mort en 1868. Avocat célèbre, légitimiste et catholique, il défendit des causes célèbres (notamment le maréchal Ney, Cambronne et Lamennais). A partir de 1830, il fut chef de l'opposition légitimiste à la Chambre. Il protesta contre le coup d'État du 2 décembre 1851. Ses Discours parlementaires et ses principaux Plaidoyers ont été publiés après sa mort.

BERTHEZÈNE (Pierre), né en 1775, mort en 1847, il prit part aux guerres de la Révolution et de l'Empire. Nommé général après Wagram, il fut capturé à Dresde et revint en France après l'abdication de Napoléon. Il reprit du service pendant les Cent-Jours, vécut en exil après Waterloo et fut rappelé par Gouvion-Saint-Cyr. Il se distingua lors de la prise d'Alger en 1830, devint gouverneur de l'Algérie en 1831 et fut pair de France en 1832.

BLANC (Jean Joseph Louis), né en 1811, mort en 1882. Journaliste politique, il fonda la *Revue du Progrès* et adhéra au socialisme. Dans son livre sur *L'organisation du travail* (1839), il condamnait la concurrence et préconisait un système associatif régulé par l'État, avec participation aux bénéfices, caisses de retraite et de maladie. Il reprit et développa sa thèse dans le *Droit au Travail* (1848). Simultanément il rédigea deux grands ouvrages historiques : l'*Histoire de la Révolution française* et l'*Histoire de dix ans* qui était un pamphlet contre le gouvernement de Louis-Philippe. Membre du gouvernement provisoire en 1848, il ne put donner sa mesure. Il dut ensuite s'exiler en Angleterre et ne rentra en France qu'après la chute de Napoléon III.

BLANQUI (Louis Auguste), né en 1805, mort en 1881, il fit ses études de médecine et de droit, avant de céder à sa véritable vocation de révolutionnaire. Carbonaro, il prit part à l'émeute du Faubourg Saint-Antoine et aux Trois Glorieuses. Il ne cessa ensuite de conspirer dans l'opposition républicaine. Condamné à mort et gracié comme son ami Barbès, il sortit de prison en 1848 et tenta de faire prévaloir son système inspiré du babouvisme, donc assez proche du communisme, visant à instituer une république populaire. Il tenta de renverser le gouvernement provisoire en mai 1848 et retourna en prison. Libéré par Napoléon III en 1859, il fut à nouveau incarcéré en 1861, s'évada en 1865 et se réfugia en Belgique. Arrêté sur l'ordre de Thiers en 1871, il ne fut amnistié qu'en 1879. Il dirigea dès lors son journal : *Ni Dieu ni maître*. Il passa trente-six ans de sa vie en prison. Son ouvrage principal est sa *Critique sociale* publiée en 1885.

BROGLIE (Achille Victor, duc de), né en 1785, mort en 1870. Il assuma diverses missions diplomatiques sous Napoléon Ier, adhéra au parti libéral sous le gouvernement des Bourbons et se rallia à Louis-Philippe. Ami de Guizot, il fut plusieurs fois ministre et contribua à l'abolition de l'esclavage. Après le coup d'État de 1851, il se retira de la vie publique. Il a laissé des *Souvenirs* (1885-1886).

BUGEAUD (Thomas Robert, marquis de la Piconnerie, duc d'Isly, maréchal de France), né en 1784, mort en 1849. Soldat de l'Empire, il se distingua pendant la guerre d'Espagne. Colonel en demi-solde sous la Restauration, il fut rappelé au service en 1830. Chargé de garder la duchesse de Berry en 1832, il réprima ensuite brutalement l'insurrection de 1834. Envoyé en Algérie en 1836, il battit Abd el-Kader, puis mena une guerre implacable contre celui-ci. Il remporta la brillante et décisive victoire d'Isly (1844). Il tenta alors d'organiser méthodiquement sa conquête, puis démissionna. Louis-Philippe lui conféra le commandement de l'armée de Paris en 1848. Bugeaud, très impopulaire, ne put rétablir l'ordre.

CARLOS (Maria José Isodoro de Bourbon, don), né en 1788, mort en 1855. Frère de Ferdinand VII d'Espagne, il partagea la captivité de ce roi à Valençay jusqu'en 1814. Lorsque Ferdinand VII abolit la loi salique en 1833, pour assurer la succession de sa fille Isabelle II, don Carlos protesta énergiquement. Après la mort de son frère, il revendiqua le trône d'Espagne, rassembla de nombreux partisans (les carlistes), et déclencha une guerre civile qui ne prit fin qu'en 1839. Après sa défaite, don Carlos se réfugia en France et renonça à ses prétentions en faveur de son fils, le prince des Asturies. Il vécut ensuite en Autriche sous le nom de comte de Molina.

CARREL (Armand), né en 1800, mort en 1836. Journaliste, il fonda *Le National* avec Thiers et Mignet, et devint sous Louis-Philippe l'un des chefs de l'opposition républicaine. L'éclat de son style, la rigueur de sa pensée, sa générosité de cœur lui valaient le respect de ses adversaires, dont Chateaubriand. Il fut tué au cours d'un duel avec Émile de Girardin.

CAVAIGNAC (Louis Godefroy), né en 1801, mort en 1845, fils du Conventionnel Jean-Baptiste Cavaignac, il participa activement à l'opposition républicaine sous la monarchie de Juillet. Arrêté en 1834, il s'évada de Sainte-Pélagie et s'exila. Il revint en France en 1841 et reprit ses activités politiques, mais mourut peu après de tuberculose.

CAVAIGNAC (Louis-Eugène), frère du précédent, né en 1802, mort en 1857. Polytechnicien, il devint général dans le Génie. Envoyé en Algérie en 1832, il se distingua dans la bataille de Cherchell et de l'Isly. Nommé ministre de la Guerre, après l'insurrection du 15 mai 1848, il manifesta la plus grande énergie contre les émeutiers et rétablit brutalement l'ordre. Chef de l'exécutif, investi des pleins pouvoirs, il prit des mesures draconiennes. Candidat à la présidence de la République, le 10 décembre 1848, il se vit préférer le futur Napoléon III. Après le coup d'État du 2 décembre 1851, il refusa de prêter serment au nouvel empereur et persista jusqu'à sa mort dans ses convictions républicaines.

CHAMBORD (Henri, comte de), né en 1820, mort en 1883. Fils posthume du duc de Berry, petit-fils de Charles X, il fut surnommé l'Enfant du Miracle et porta d'abord le titre de duc de Bordeaux. Il prit ensuite le titre de comte de Chambord, ce château lui ayant été offert par souscription nationale. Après l'abdication de Charles X et du duc d'Angoulême, il partagea leur exil en Angleterre et en Autriche. Après la chute du Second Empire, il fit acte de prétendant : les légitimistes le reconnurent pour roi sous le nom d'Henri V. Son intransigeance relativement au drapeau blanc empêcha une nouvelle Restauration et permit l'instauration de la Troisième République (1875). Il mourut sans enfants, laissant ses droits au trône de France à la branche d'Orléans.

CHANGARNIER (Nicolas Anne Théodule), né en 1793, mort en 1877, il embrassa la carrière militaire et combattit en Algérie de 1830 à 1848. Excellent général, il fut néanmoins privé de son commandement par Napoléon III en raison de ses opinions orléanistes. Exilé, il ne rentra en France qu'en 1859 et servit en 1870 à l'armée de Metz. Député en 1871, il tenta de s'opposer à l'instauration de la Troisième République, mais accepta d'être sénateur inamovible en dépit de ses opinions résolument royalistes.

CLAUZEL ou Clausel (Bertrand, comte), né en 1772, mort en 1842, il fit les campagnes de la Révolution et de l'Empire, se distingua en Espagne (Pampelune), rallia Napoléon pendant les Cent-Jours, fut exilé par Louis XVIII et reprit du service en 1830. Nommé général en chef de l'armée d'Algérie, il amorça une politique de colonisation. Gouverneur général en 1835, il prit Mascara et Tlemcen, mais ne put s'emparer de Constantine et fut remplacé par Damrémont en 1837. Clauzel était maréchal de France.

DAUMIER (Honoré), né en 1808, mort en 1879, caricaturiste et peintre, il était fils d'ouvrier et fit seul son éducation artistique. En 1830, il commença à publier ses caricatures qui connurent un rapide succès. Collaborant à *La Caricature* et au *Charivari*, il soutint efficacement l'opposition républicaine en fustigeant férocement la bourgeoisie, les hommes politiques et le roi lui-même, ce qui lui valut de sévères condamnations. L'ensemble de ses caricatures (environ 4000) forme une sorte de Comédie humaine louis-philipparde.

DESMICHELS (Louis Alexis, baron), né en 1779, mort en 1845, fit toutes les campagnes du Consulat et de l'Empire. Placé en demi-solde, il fut nommé général en 1823. Il fut ensuite envoyé en Algérie et nommé gouverneur d'Oran. Malgré divers avantages remportés sur Abd el-Kader, il signa avec celui-ci le traité d'Oran (1834). Disgracié à la demande de Drouet d'Erlon, il fut cependant nommé général de division et devint inspecteur général de la cavalerie.

DEUX-SICILES, voir FERDINAND II.

DROUET D'ERLON (Jean-Baptiste, comte), né en 1765, mort en 1844, il fit les campagnes de la Révolution et de l'Empire, et rallia Napoléon pendant les Cent-Jours. Condamné à mort par contumace, il se réfugia en Prusse. Louis-Philippe le rappela en 1830 et le nomma gouverneur général de l'Algérie en 1834. Drouet d'Erlon créa les bureaux arabes et prit d'utiles mesures administratives. Il reçut le bâton de maréchal en 1843.

DUCHÂTEL (Charles-Marie Tanneguy, comte), né en 1803, mort en 1867, homme politique, il participa à la rédaction du *Globe* sous la Restauration, devint conseiller d'État et député après 1830. Il fut successivement ministre du Commerce, des Finances et de l'Intérieur.

DUPETIT-THOUARS (Abel Aubert), né en 1793, mort en 1846, il accomplit une brillante carrière d'officier de marine et effectua un remarquable voyage autour du monde sur la frégate « La Vénus », protégeant le commerce français et faisant aussi une riche moisson d'informations scientifiques dans les domaines les plus divers. Promu contre-amiral, nommé commandant en chef de la station navale du Pacifique, il prit possession des îles Marquises et obtint de la reine Pomaré le protectorat sur Tahiti (1842). Il se heurta à l'opposition de Pritchard, missionnaire anglais, qu'il expulsa et prononça ensuite l'annexion de Tahiti. Désavoué par Louis-Philippe qui redoutait des complications avec l'Angleterre, il fut néanmoins promu vice-amiral et entra au conseil de l'Amirauté. Il a laissé une relation de son voyage sur « La Vénus ».

DUPIN (André Marie), né en 1783, mort en 1865, avocat, juriste éminent et homme politique, il plaida plusieurs causes célèbres, avant de devenir député en 1827. Il présida la Chambre de 1832 à 1837 et exerça une grande influence sur Louis-Philippe. Devenu procureur général près de la Cour de cassation, il présida l'Assemblée législative de 1848 et se déclara favorable au futur Napoléon III. Il fut sénateur sous le Second Empire. Il a laissé des *Mémoires*.

DUPONT DE L'EURE (Jacques Charles Dupont, dit), né en 1767, mort en 1855, ci-devant avocat au parlement de Normandie, il fut membre du conseil des Cinq-Cents (1797) et président de la cour de Rouen sous l'Empire. Destitué en 1818, il devint ministre de la Justice en 1830, mais entra promptement dans l'opposition. Président du gouvernement provisoire en 1848, il ne joua aucun rôle en raison de son grand âge.

DUVERGIER DE HAURANNE (Prosper), né en 1798, mort en 1881, journaliste et homme politique, il collabora au *Globe* avec Guizot et Rémusat : il donna notamment des « Lettres sur les Élections anglaises » et sur l'Irlande. Il adhéra à la société « Aide-toi, le ciel t'aidera ». Élu député, il soutint le ministère de Casimir Périer, mais s'opposa au ministère Molé. Partisan convaincu d'une monarchie constitutionnelle véritable, il publia en 1838 ses *Principes du gouvernement représentatif et de leur application*, principes qui se peuvent résumer dans la maxime fameuse : « Le Roi règne et ne gouverne pas. » Adversaire déterminé de Guizot, il prit part à la campagne des banquets. Il redevint toutefois orléaniste après 1848, fut arrêté et exilé après le coup d'État du 2 décembre 1851. Rentré en France, il se consacra à sa monumentale *Histoire du gouvernement parlementaire en France* (10 volumes). Il fut sénateur en 1876.

ESPAGNE : rois de 1830 à 1848 : FERDINAND VII (1808-1833), ISABELLE II (1833-1870).

FERDINAND Ier, empereur d'Autriche de 1835 à 1848. Fils aîné de François Ier d'Autriche, il était sujet à des troubles mentaux, en tout cas à une cyclothymie prononcée, en sorte que la réalité du pouvoir était assumée par le chancelier Metternich. Les émeutes de Vienne, en 1848, le contraignirent à abdiquer en faveur de son neveu François-Joseph.

FERDINAND II, roi des Deux-Siciles de 1830 à 1859, il laissa d'abord espérer à son peuple une Constitution libérale, puis revint à un absolutisme brutal. Contraint d'accorder une Constitution en 1848, il reprit le contrôle du pouvoir et fit bombarder Messine. Il régna dès lors en roi absolu, jusqu'à sa mort.

FONTAINE (Pierre François Léonard), né en 1762, mort en 1853, architecte réputé, il servit successivement Napoléon, Louis XVIII, Charles X et

Louis-Philippe. On lui doit notamment la construction de l'Arc de Triomphe du Carrousel et la restauration de Versailles. Il travaillait le plus souvent en collaboration avec Percier.

FOURIER (Charles), né en 1772, mort en 1837. Fils d'un riche négociant ruiné par la Révolution, il en fut réduit pour survivre à de petits emplois de commis aux écritures. Autodidacte, il acquit une culture désordonnée. Ses livres, où des vues géniales se mêlent aux pires extravagances, lui valurent quelques disciples. Fourier voulait refaire la société en créant des « phalanstères », une cité idéale, mystico-sociale. Les essais qui furent tentés, en particulier en Amérique, échouèrent piteusement. Les Surréalistes s'inspirèrent de ses œuvres.

FRÉDÉRIC-GUILLAUME III, né en 1770, roi de Prusse de 1797 à 1840 : voir notice biographique dans *Charles X*, du même auteur, même éditeur.

FRÉDÉRIC-GUILLAUME IV, né en 1795, roi de Prusse de 1840 à 1861. Fils du précédent, surnommé « roi romantique », la révolution berlinoise de 1848 le contraignit à promulguer une Constitution libérale. L'ordre ayant été rétabli, il revint sur ses concessions. Il refusa la couronne impériale que lui offraient les libéraux et, foncièrement aristocrate, tenta de nouer une union avec les princes allemands, ce qui provoqua une réaction menaçante de l'Autriche. Il dut confier la régence en 1858 à son frère, le futur Guillaume Ier.

GÉRARD (Étienne Maurice, comte), né en 1773, mort en 1852. Il se distingua au passage de la Berezina, rallia Napoléon pendant les Cent-Jours et remporta la victoire de Ligny. Exilé par Louis XVIII, il fut élu député et resta dans l'opposition jusqu'en 1830. Ministre de la Guerre de Louis-Philippe, il fut ensuite promu maréchal de France. Il commanda l'armée envoyée au secours des Belges et prit Anvers (1832). Louis-Philippe lui confia le commandement de la Garde nationale en 1838.

GIRARDIN (Émile de), né en 1806, mort en 1881, fils illégitime d'Alexandre de Girardin, maître des chasses de Louis XVIII et de Charles X, il fut inspecteur des musées, puis devint journaliste. En 1836, il créa *La Presse*, journal révolutionnaire pour l'époque : les ressources de la publicité compensaient son prix modique. Attaqué par ses confrères, il provoqua en duel Armand Carrel et le blessa mortellement. Opportuniste, il fut orléaniste sous Louis-Philippe, républicain en 1848, bonapartiste sous Napoléon III, à nouveau républicain en 1872. Son *Petit Journal* atteignit le tirage de 500 000 exemplaires. Son influence politique, aussi mouvante que contrastée, fut néanmoins considérable, parfois déterminante. Girardin est dans son domaine une sorte d'archétype. Il avait épousé la poétesse Delphine Gay qui tenait un salon réputé.

GRÉGOIRE XVI (Mauro Cappellari), né en 1765, mort en 1846, pape de 1831 à 1846. Enseignant la théologie à Rome, il se fit connaître par la publication d'un ouvrage dans lequel il développait la doctrine de l'infaillibilité pontificale. Cardinal en 1814, il succéda à Pie VIII en 1831 et dut faire face à des soulèvements populaires, avec l'aide de l'Autriche, ce qui provoqua l'intervention française et l'occupation d'Ancône (1832). Décelant une inspiration antichrétienne dans l'idéologie révolutionnaire, il ne sut pas distinguer le caractère nationaliste de certains mouvements. Il condamna à plusieurs reprises les thèses de

Lamennais. Ce fut un pape missionnaire, œuvrant pour le maintien des droits de l'Église et pour le renouveau de la foi.

GUILLAUME IV, roi d'Angleterre et de Hanovre de 1830 à 1837, né en 1765. Troisième fils de George III, il succéda à son frère George IV. Il promulgua la loi électorale de 1832. Il imposa autoritairement le ministère Peel en 1834. Sa nièce Victoria lui succéda sur le trône d'Angleterre et d'Irlande. Son frère Ernest Auguste, duc de Cumberland, devint roi de Hanovre.

GUIZOT (François Pierre Guillaume), né en 1787, mort en 1874. Fils d'un avocat guillotiné en 1793, il fut emmené par sa mère à Genève et élevé dans la religion calviniste. Rentré en France en 1805, il fut, grâce à la protection de Fontanes, nommé professeur d'histoire moderne à la Sorbonne. Il se rallia à la Restauration, devint secrétaire général du ministère de l'Intérieur et suivit Louis XVIII à Gand pendant les Cent-Jours. Il perdit sa charge à l'arrivée au pouvoir des ultras et reprit ses cours à la Sorbonne. Son cours fut suspendu en 1822. Dès lors Guizot se consacra à des travaux historiques et à la publication de la collection des « Mémoires relatifs à l'Histoire de France ». Chef des Doctrinaires (monarchistes constitutionnels), Guizot préparait avec ses amis l'accession de la bourgeoisie aux affaires. Élu député, il s'opposa au ministère Polignac, vota l'Adresse des 221 et fut l'un des « promoteurs » de l'avènement de Louis-Philippe. Ministre de l'Intérieur en 1830, il resta ensuite pendant sept ans ministre de l'Instruction publique et accomplit une œuvre capitale dans le domaine de l'enseignement. Ambassadeur à Londres en 1840, il fut rappelé par Louis-Philippe qui lui confia les Affaires étrangères. Il s'agissait en effet de redresser une situation gravement compromise par les initiatives de Thiers. Guizot parvint à renouer l'alliance avec l'Angleterre : l'Entente cordiale. Il se heurtait cependant à l'anglophobie des Français. Chef effectif du gouvernement de 1840 à 1848, il pratiqua un conservatisme assez étroit, négligeant les questions sociales et les aspirations populaires. Il refusa d'élargir le corps électoral. Il tint tête à la campagne des banquets (1847) et provoqua en partie la chute de Louis-Philippe. Il a laissé une œuvre historique de premier plan, outre les *Mémoires pour servir à l'histoire de mon temps.*

ISABELLE II (Marie-Louise, dite), née en 1830, morte en 1904, reine d'Espagne de 1833 à 1870. Fille de Ferdinand VII et de Marie-Christine de Bourbon-Sicile, elle succéda à son père qui avait abrogé la loi salique en sa faveur. Son avènement provoqua la guerre carliste (voir don CARLOS). Sa mère, Marie-Christine, exerçait la régence. Isabelle épousa son cousin, le duc de Cadix. Elle exerça effectivement le pouvoir à partir de 1854, mais entourée d'une toute-puissante camarilla, elle irrita profondément son peuple et fut chassée du trône par un soulèvement en 1868. Elle refusa d'abdiquer. Les Espagnols offrirent la couronne à un prince de Hohenzollern, qui la récusa. Isabelle abdiqua en faveur de son fils Alphonse XII, en 1870.

JOINVILLE (François Ferdinand Philippe d'Orléans, prince de), né en 1818, mort en 1900. Troisième fils de Louis-Philippe, il entra à l'École navale et se consacra à la Marine. Il ramena les cendres de Napoléon en 1840. Il commanda l'expédition du Maroc en 1844 et fut promu vice-amiral deux ans après. Son opposition à Guizot accrut sa popularité. Exilé avec sa famille en 1848, il participa à la guerre de Sécession dans les rangs nordistes. En 1870, il combattit clandestinement en France. Député en 1871, il fut exclu de la Marine par la loi de 1886 sur les princes. Il a laissé de savoureux *Vieux souvenirs*.

LACORDAIRE (Henri), né en 1802, mort en 1861. Ancien avocat, il fut ordonné prêtre et entra chez les Dominicains. Adhérant au groupe de Lamennais, il œuvra pour réconcilier le catholicisme et le libéralisme. Ses conférences à Notre-Dame de Paris eurent un énorme retentissement, en particulier dans les milieux intellectuels. Député en 1848, il démissionna après les émeutes de mai.

LAFFITTE (Jacques), né en 1767, mort en 1844. D'une origine modeste, il devint l'adjoint, puis l'associé du banquier Perregaux. Il fut ensuite régent, puis gouverneur de la Banque de France. Député en 1816, il fut l'un des chefs de l'opposition libérale. En 1830, il prit l'initiative d'offrir le trône à Louis-Philippe. Ministre des Finances, puis président du Conseil, il mena une politique extérieure dangereuse et laissa se développer l'agitation des républicains à l'intérieur. Les troubles de 1831 provoquèrent sa chute. Revenu à l'opposition, ses affaires périclitèrent rapidement, malgré l'aide que lui consentit Louis-Philippe.

LAMARQUE (Maximilien, comte), né en 1770, mort en 1832, il fit les guerres de la Révolution et de l'Empire et, à la suite de brillants faits d'armes, fut promu général de division. Pendant les Cent-Jours, il réprima l'insurrection vendéenne. Proscrit de 1815 à 1818, il fut ensuite élu député et devint l'un des chefs de l'opposition libérale. Il mourut du choléra et ses obsèques furent le prétexte des journées de juin 1832. Il a laissé des *Souvenirs*, *Mémoires* et *Lettres*.

LAMARTINE (Alphonse Marie Louis de), né en 1790, mort en 1869, poète célèbre, il entra en politique et, élu député en 1833, il s'opposa à Guizot en réclamant la réforme électorale. La publication de son *Histoire des Girondins* accrut sa popularité. En 1848, il fut chef du gouvernement provisoire et révéla son inaptitude en tant qu'homme d'État. Le coup d'État du 2 décembre 1851 mit fin à sa carrière politique.

LAMENNAIS (Félicité Robert de), né en 1782, mort en 1854. Ordonné prêtre en 1816, il défendit d'abord les thèses du traditionalisme. La politique religieuse de la Restauration l'amena à préconiser la séparation de l'Église et de l'État. Il fonda le journal *L'Avenir* dans cette perspective, avec Lacordaire et Montalembert. Condamné par Grégoire XVI, il répliqua en publiant les *Paroles d'un croyant* (1834), sorte de prophétie révolutionnaire. Il fut député de la gauche en 1848. Instigateur d'une réconciliation entre l'Église et la République, il échoua par suite de ses interprétations inacceptables des Écritures.

LAMORICIÈRE (Christophe Louis Léon Juchault de), né en 1806, mort en 1865, polytechnicien, il entra dans l'armée, participa brillamment à la conquête de l'Algérie et fut promu général. En 1847, il contraignit Abd el-Kader à se soumettre. Député en 1848, il siégea parmi les républicains modérés et combattit l'insurrection de juin. Ministre de la Guerre avec Cavaignac, il s'opposa au futur Napoléon III et fut exilé après le coup d'État du 2 décembre 1851. En 1860, il entra au service du pape, réorganisa l'armée pontificale ; mais il dut capituler à Ancône et rentra en France.

LEDRU-ROLLIN (Alexandre Auguste), né en 1807, mort en 1874, avocat, il plaida avec acharnement la cause des journalistes opposés à Louis-Philippe. Il participa activement à la campagne des banquets et à la Révolution de 1848. Ministre de l'Intérieur du gouvernement provisoire, il entra en conflit avec Cavaignac. Il tenta de prendre le pouvoir lors de l'insurrection de juin 1848 et parvint à s'enfuir en Angleterre. Rentré en France en 1871, il fut élu député, mais refusa de siéger.

LÉOPOLD Ier de Belgique, voir SAXE-COBOURG.

LIGNE (Eugène Lamoral, prince de), né en 1804, mort en 1880. Après la Révolution de 1830 en Belgique, on lui offrit le trône, qu'il récusa, permettant ainsi l'élection du prince Léopold de Saxe-Cobourg. Il fut ensuite ambassadeur de Belgique en Angleterre, en France (1842-1848) et en Italie. Il devint président du Sénat en 1852.

LOBAU (Georges Mouton, comte de), né en 1770, mort en 1838, il prit part aux guerres de la Révolution et de l'Empire. En 1809, il sauva l'armée française enfermée dans l'île de Lobau : d'où le titre que lui octroya l'empereur. Il combattit à Waterloo et fut banni par Louis XVIII jusqu'en 1818. Élu député en 1828, il participa à la Révolution de 1830 et reçut le commandement de la Garde nationale. Louis-Philippe le promut maréchal de France en 1831.

MAC-MAHON (Marie Edme Patrice Maurice de), duc de Magenta, maréchal de France, né en 1808, mort en 1893. D'un milieu légitimiste prononcé, il entra dans l'armée en 1827 et participa brillamment à la conquête de l'Algérie. Il servit ensuite sous Napoléon III et remporta les victoires de Malakoff (1855) et de Magenta (1859). Gouverneur général de l'Algérie en 1864, il reçut le commandement d'une armée en 1870, ne put dégager Bazaine encerclé dans Metz et, grièvement blessé, tomba aux mains des Prussiens. Il commanda ensuite l'armée de Versailles contre la Commune. Il fut élu président de la République en 1873, tenta de s'opposer aux progrès de la gauche et fut obligé de se démettre en 1879. Son successeur fut Jules Grévy.

MAHMOUD II, voir *Charles X*, du même auteur, même éditeur.

MAISON (Nicolas Joseph, marquis de), né en 1771, mort en 1840, il fit les guerres de la Révolution, se distingua pendant les campagnes de Russie et d'Allemagne, refusa de servir Napoléon pendant les Cent-jours. Il commanda l'expédition de Morée (1828-1829) et reçut le bâton de maréchal. Ministre des Affaires étrangères en 1830, il fut ensuite ambassadeur en Autriche et en Russie, puis ministre de la Guerre en 1835-1836.

MARRAST (Armand), né en 1801, mort en 1852, dirigea le journal *Le National* sous la monarchie de Juillet, participa à la campagne des banquets et fut membre du gouvernement provisoire en 1848. Son revirement envers le parti modéré mit fin à sa carrière politique.

MAUGUIN (François), né en 1785, mort en 1854, fut un remarquable avocat ; il plaida dans plusieurs procès célèbres, dont celui de La Bédoyère. Élu député en 1827, il entra dans l'opposition, mais après 1830 prit position contre Casimir Périer. Il fut également député en 1848 et en 1849, mais n'accéda pas aux responsabilités que promettaient son talent et ses connaissances, notamment en politique extérieure.

MÉHÉMET ALI, voir *Charles X*, du même auteur, même éditeur.

MICHELET (Jules), né en 1798, mort en 1874, il apporta à l'Histoire la contribution que l'on sait. Le succès de ses livres lui attira de solides inimitiés. Ses prises de position à l'égard de la laïcité provoquèrent la suspension de ses cours au Collège de France. Il les reprit en 1848, tenta de s'opposer au coup d'État du 2 décembre 1851. Il perdit tous ses emplois et dut vivre de sa plume. Il reprit alors son *Histoire de la Révolution* et son *Histoire de France.*

MOLÉ (Louis Matthieu, comte), né en 1781, mort en 1855, d'une illustre famille de magistrats, il entra au Conseil d'État grâce à la protection de Fontanes, fut préfet de plusieurs départements, avant de devenir ministre de la Justice en 1813. Il se rallia aux Bourbons, fut ministre de la Marine (1815-1818), puis adhéra à l'opposition libérale. Louis-Philippe le nomma ministre des Affaires étrangères. Molé défendit le principe de non-intervention. Opposé au bellicisme de Thiers, il lui succéda comme premier ministre en 1836. Il dut se retirer en 1839, devant la coalition nouée par Thiers et par Guizot. Député en 1848, il fut l'un des promoteurs du suffrage universel et condamna le coup d'État du 2 décembre 1851.

MONTALEMBERT (Charles Forbes, comte de), né en 1810, mort en 1870, il rejoignit Lamennais dans le groupe de *L'Avenir,* ouvrit une école catholique libre à Paris avec Lacordaire et prononça à la Chambre des pairs un discours célèbre sur la liberté religieuse. Catholique libéral, il devint bientôt l'un des chefs de l'opposition. Il désapprouva la rupture de Lamennais avec l'Église. Député en 1848, il évolua vers la droite et se rallia à Napoléon III, mais revint à l'opposition et sur la fin de sa vie aux idées libérales qui avaient été celles de sa jeunesse. Il prit même position contre l'infaillibilité pontificale. Il a laissé plusieurs ouvrages d'histoire religieuse.

MONTALIVET (Marthe Camille Bachasson, comte de), né en 1801, mort en 1880. Pair de France en 1826, il défendit les idées libérales dans plusieurs brochures et se rallia à la monarchie de Juillet. Ministre de l'Intérieur en 1830 (à vingt-neuf ans), il eut le portefeuille de l'Instruction publique en 1832, puis à nouveau celui de l'Intérieur, avant de devenir Intendant de la liste civile. Il collabora à la création du musée de Versailles. Après 1848, il défendit les intérêts de la Maison d'Orléans et, plus tard, la mémoire de Louis-Philippe. Il refusa ensuite à plusieurs reprises d'être élu député, mais accepta un siège de sénateur inamovible en 1879.

MONTPENSIER (Antoine Marie Philippe d'Orléans, duc de), né en 1824, mort en 1890, était le plus jeune fils de Louis-Philippe. Il épousa en 1846 l'infante Marie-Louise, sœur d'Isabelle II d'Espagne. Après 1848, il devint général espagnol, mais fut banni par Isabelle. Il revendiqua le trône d'Espagne en 1870, puis facilita l'avènement d'Alphonse XII.

MORTIER (Édouard Adolphe Casimir Joseph), duc de Trévise, maréchal de France, né en 1768, mort en 1835. Après avoir fait les campagnes de la Révolution et de l'Empire, il adhéra au régime de Louis XVIII. Pair de France en 1819, il fut comblé d'honneurs par la Restauration. Rallié à Louis-Philippe, il fut ambassadeur en Russie (1830-1831), puis grand chancelier de la Légion d'Honneur. Ministre de la Guerre en 1834, il trouva la mort dans l'attentat de Fieschi.

NEMOURS (Louis d'Orléans, duc de), né en 1814, mort en 1896, second fils de Louis-Philippe, il fut élu roi de Belgique en 1831 : son père refusa cette couronne pour apaiser l'irritation du cabinet anglais. Il prit part au siège d'Anvers (1832), puis à la conquête de l'Algérie. Il se distingua à Constantine et dans les combats contre Abd el-Kader. Exilé en Angleterre en 1848, il revint en France en 1871 et reprit son grade de général de division. Il fut rayé des cadres en 1886 (loi sur les princes).

NICOLAS Iᵉʳ Pavlovitch, né en 1796, empereur de Russie de 1825 à 1855. Son avènement fut marqué par la révolte des Décembristes, promptement réprimée, mais qui laissa un souvenir ineffaçable dans l'esprit du jeune tsar. Renonçant à s'appuyer sur la noblesse, il instaura une bureaucratie tentaculaire et une impitoyable censure. Il publia le Code des lois russes qui resta en vigueur jusqu'à la Révolution de 1917. Il s'efforça simultanément de moderniser la Russie, en l'industrialisant et en améliorant la condition paysanne. En politique extérieure, il adopta les mêmes principes autocratiques et tenta de pérenniser la Sainte-Alliance, tout en œuvrant pour l'expansion russe. La guerre russo-turque (1828-1829) lui permit de se déclarer champion des chrétiens. En 1830, il proposa à l'Autriche et à la Prusse de remettre les Bourbons sur le trône de France. Il réprima sauvagement la révolte polonaise. En 1849, il aida l'Autriche à mater la révolte hongroise. Il finit par déclarer la guerre à la France et à l'Angleterre et mourut de désespoir à la suite des désastres de Crimée.

ORLÉANS (Ferdinand, duc d'), né en 1810, mort en 1842. Fils aîné de Louis-Philippe, il prit d'abord le titre de duc de Chartres, selon la tradition des Orléans. Colonel du 1ᵉʳ régiment de hussards, il fit arborer la cocarde ticolore à ses hommes en 1830. Il participa au siège d'Anvers (1832) et à la conquête de l'Algérie. Il créa les Chasseurs d'Orléans. Sa mort accidentelle priva Louis-Philippe d'un soutien qui eût sans doute été déterminant en 1848. Sa vaillance en Algérie, ses idées libérales lui avaient acquis une grande popularité.

OZANAM (Antoine Frédéric), né en 1813, mort en 1853, il fonda à vingt ans la Conférence de Saint-Vincent de Paul et fut un des inspirateurs du catholicisme social. Il participa à 1848 avec Lacordaire, mais renonça à la politique après le coup d'État du 2 décembre. Professeur de littérature étrangère à la Sorbonne, il consacra plusieurs ouvrages à l'Italie du Moyen Age.

PALMERSTON (Henry John Temple, vicomte), né en 1784, mort en 1865, homme politique anglais. Il fut élu député en 1807 et le resta jusqu'à sa mort. Ministre des Affaires étrangères, il empêcha l'annexion indirecte de la Belgique par la France en 1831. Il soutint les gouvernements constitutionnels en Espagne et au Portugal et s'opposa, en Orient, à Méhémet Ali et au tsar Nicolas Iᵉʳ. Hostile à Louis-Philippe, il n'hésita pas à reconnaître Napoléon III. Écarté du pouvoir, il succéda à Aberdeen lors de l'affaire de Crimée. Son intransigeance aboutit à l'isolement de l'Angleterre et avantagea les ambitions de Bismarck.

PAPES de 1830 à 1848 : PIE VIII (1829-1830), GRÉGOIRE XVI (1831-1846), PIE IX (1846-1878).

PÉRIER (Casimir), né en 1777, mort en 1832. Fils de Claude Périer (l'un des fondateurs de la Banque de France), il fut d'abord officier du Génie, puis devint banquier. Élu député en 1817, il fut l'un des chefs de l'opposition. En 1830, il se rallia à Louis-Philippe et présida la Chambre. Il succéda à Laffitte comme chef du gouvernement, réprima sévèrement les émeutes et restaura l'autorité. Malgré son pacifisme, il intervint en Belgique et en Italie. Il fut l'archétype de la grande bourgeoisie.

PIE IX (Giovanni Maria Mastai Ferretti), né en 1792, pape de 1846 à 1878. D'une profonde charité et d'une piété ardente, il se montra d'abord libéral et modernisa le gouvernement des États pontificaux. Son refus d'entrer en guerre contre l'Autriche, en avril 1848, lui fit perdre sa popularité. Les révolutionnaires l'obligèrent à quitter Rome, où il ne rentra qu'en 1850. A partir de là, il lutta contre les idées nouvelles (rationalisme, libéralisme, socialisme) comme antichrétiennes. Ce fut sous son pontificat que fut défini le dogme de l'infaillibilité papale (1870).

PROUDHON (Pierre Joseph), né en 1809, mort en 1865. Ouvrier typographe, il s'établit à Paris en 1838 et acquit, en autodidacte, une vaste culture. En 1840, il publia son premier mémoire: *Qu'est-ce que la propriété?* dans lequel figure cette maxime: « La propriété, c'est le vol. » En fait, il préconisait la propriété pour tous, la dissolution de l'État dans la société économique, un fédéralisme international. Un tel système aboutissait nécessairement à l'anarchie, d'où les attaques violentes subies par Proudhon et venant de tous les partis. Sa pensée influença certains socialistes français, comme Jaurès, mais aussi les milieux anarchistes. Elle annonce, d'une certaine manière, l'union européenne.

PRUSSE, voir FRÉDÉRIC-GUILLAUME III et FRÉDÉRIC-GUILLAUME IV.

QUINET (Edgar), né en 1803, mort en 1875. Professeur de littérature au Collège de France, il fut suspendu de ses fonctions en 1846 à la suite de la publication d'un ouvrage sur les Jésuites. Élu député en 1847, il siégea à l'extrême gauche. Banni après le coup d'État du 2 décembre 1851, il ne rentra en France qu'en 1870 et fut à nouveau élu député. Son œuvre, très vaste et multiforme, est inégale. Il tenta de dégager une philosophie de l'Histoire. Ami de Michelet, il était comme lui un ardent partisan de la laïcité.

RASPAIL (François Vincent), né en 1794, mort en 1878. D'abord séminariste, il devint professeur de théologie, puis rompit avec l'Église en 1816. Passionné par les sciences, il fit plusieurs découvertes de grande importance, dont celle des microbes. Animé par un républicanisme ardent, il fut l'un des chefs de l'opposition à Louis-Philippe. En 1848, il fut le premier à proclamer la République et fonda *L'Ami du Peuple*, ainsi que le Club Raspail. Condamné à six ans de prison en 1849, libéré en 1853, il fut banni par Napoléon III et ne rentra en France qu'en 1863. Député en 1869, il tenta de s'opposer à la guerre franco-prussienne, récusa la Commune, mais fustigea la répression versaillaise. A nouveau condamné, il fut néanmoins réélu député et siégea à l'extrême gauche. Il réclama en vain l'amnistie des Communards.

ROTHSCHILD (James, baron de), né en 1792, mort en 1868. Appartenant à la puissante famille des banquiers autrichiens, anoblis par l'empereur, il fonda la branche de Paris, fut successivement le banquier de Louis XVIII, Charles X et Louis-Philippe. Ce dernier le nomma grand officier de la Légion d'Honneur. Sous son impulsion, Paris devint le centre des affaires de la famille de Rothschild qui avait par ailleurs des filiales à Londres et à Naples. Sous Napoléon III, la faveur de James de Rothschild s'accrut. Son fils, naturalisé français, devint régent de la Banque de France.

RUSSIE, voir NICOLAS Iᵉʳ.

SAINT-ARNAUD (Armand Jacques Leroy de), né en 1801, mort en 1854. Fils d'un préfet de l'Empire, il se rallia à Louis XVIII, mais fut chassé de l'armée en 1820. Il combattit comme volontaire dans l'armée grecque. Réintégré en 1831, il accomplit en Algérie de brillants faits d'armes et fut promu général. Il complota ensuite en faveur du futur Napoléon III et fut l'un des artisans du coup d'État du 2 décembre. Promu maréchal en 1852, il abandonna le portefeuille de la Guerre pour commander l'expédition de Crimée, remporta la victoire de l'Alma (1854), et, gravement malade, mourut sur le navire qui le rapatriait.

SAVARY (Anne Jean Marie René), duc de Rovigo, né en 1774, mort en 1833. Après avoir participé aux campagnes de la Révolution et du Consulat, il devint chef de la police secrète (exécution du duc d'Enghien). Il se distingua pendant la campagne d'Allemagne, notamment à Friedland. Napoléon le chargea d'exécuter le guet-apens de Bayonne (contre le roi d'Espagne et sa famille). Savary succéda à Fouché en 1810, mais ne prévit pas la conspiration de Malet. Il voulut accompagner l'empereur en exil. Les Anglais l'en empêchèrent. Réintégré après 1830, le général Savary fut nommé commandant en chef en Algérie (1831-1832). Ses *Mémoires* sur Napoléon sont remarquables.

SAXE-COBOURG (Léopold, prince de), né en 1790, mort en 1865. Prince héréditaire de Saxe-Cobourg, il combattit dans l'armée russe contre Napoléon. Naturalisé anglais, il épousa en 1816 Charlotte, héritière du trône d'Angleterre, qui mourut l'année suivante. Il refusa le trône de Grèce en 1830 et fut élu roi des Belges en 1831. Il épousa en 1832 Louise Marie d'Orléans, fille aînée de Louis-Philippe. Il sut admirablement préserver la Belgique des ambitions françaises et prussiennes, favoriser dans son royaume l'union des catholiques et des libéraux et prendre une part importante, sinon parfois déterminante, dans le maintien de la paix en Europe.

SÉBASTIANI (Bastien François Horace, comte), né en 1772, mort en 1851. D'abord destiné à la prêtrise, il entra dans l'armée d'Italie (1796) et fut l'un des artisans du 18 Brumaire. Ambassadeur en Turquie, il gagna l'amitié du sultan Sélim III et, en 1806, défendit victorieusement Constantinople contre les Anglais. Il participa aux campagnes d'Espagne, de Russie, d'Allemagne, rallia Napoléon pendant les Cent-Jours. Placé en demi-solde, il fut élu député en 1819 et siégea à la gauche de la Chambre. Ministre des Affaires étrangères en 1830, sa malheureuse phrase sur l'écrasement de la rébellion polonaise par les Russes (« L'ordre règne à Varsovie ») l'obligea à se démettre. Ambassadeur à Londres, puis à Naples, il fut promu maréchal de France en 1840. L'assassinat de sa fille, la duchesse de Praslin, accabla ses dernières années.

SOULT (Nicolas Jean de Dieu), duc de Dalmatie, né en 1769, mort en 1851. Il se distingua pendant les guerres de la Révolution, fut promu général de brigade en 1794, participa à la victoire de Zurich (avec Masséna) et à la défense de Gênes. Il fut promu maréchal en 1804, se distingua à nouveau à Austerlitz et pendant la campagne de Prusse, mais il fut moins heureux en Espagne. En 1814, il défendit Orthez et Toulouse, puis se rallia à Louis XVIII, devint pair de France et ministre de la Guerre. Pendant les Cent-Jours, il fut néanmoins major de l'armée.

Banni après Waterloo, il rentra en 1819 et fut rétabli dans ses dignités. Rallié à Louis-Philippe, il fut ministre de la Guerre en 1830-1831, président du Conseil en 1832-1834, puis en 1839 et de nouveau en 1840 jusqu'en 1847. Louis-Philippe lui conféra le titre de maréchal général.

THIERS (Louis Adolphe), né en 1797, mort en 1877. D'abord avocat à Aix, il vint à Paris en 1821, fut secrétaire du duc de La Rochefoucauld-Liancourt et fit ses débuts de journaliste au *Constitutionnel*. Il devint promptement l'un des chefs les plus en vue de l'opposition libérale. Son *Histoire de la Révolution française* consacra sa réputation. Avec Armand Carrel, en 1830, il fonda *Le National* et devint un adversaire acharné de Polignac. Lors des Trois Glorieuses, il fut l'un des artisans de l'avènement de Louis-Philippe. Il fut secrétaire d'État aux Finances dans les ministères Laffitte et Périer, ministre de l'Intérieur en 1832 et 1834, président du Conseil (et ministre des Affaires étrangères) en 1836. Ses rodomontades faillirent provoquer la guerre avec l'Angleterre (affaire d'Espagne) et provoquèrent sa chute. Il se consacra alors à la rédaction de sa monumentale *Histoire du Consulat et de l'Empire*. En 1840, il s'allia avec Guizot pour renverser le ministère Molé. A nouveau président du Conseil et ministre des Affaires étrangères, son bellicisme dans l'affaire d'Orient faillit provoquer une conflagration européenne. Contraint de se retirer, il fut rappelé par Louis-Philippe le 23 février 1848, mais la révolution était accomplie. Élu député par quatre départements en 1848, il facilita l'élection du futur Napoléon III mais, décelant l'ambition de celui-ci, rompit avec lui et fut arrêté après le coup d'État du 2 décembre 1851. Exilé en Suisse, il rentra en 1852, mais s'abstint de toute activité politique jusqu'en 1863. Élu député de Paris, il réclama énergiquement la liberté de la presse et tenta de s'opposer à la déclaration de la guerre de 1870. Chef du pouvoir exécutif en 1871, il dut combattre la Commune et négocier la paix avec Bismarck. Après la prise de position du comte de Chambord rendant toute Restauration impossible, Thiers combattit Mac-Mahon et travailla à l'instauration de la Troisième République.

VEUILLOT (Louis), né en 1813, mort en 1883, il fut clerc d'avoué avant de collaborer à divers journaux de province. Installé à Paris, il dirigea le journal *La Charte de 1830*, de 1836 à 1838. A la suite d'un voyage à Rome, il mit sa plume au service de l'Église et dirigea *L'Univers*, journal ultramontain. Il combattit en faveur de l'enseignement libre (contre Quinet et Michelet notamment). D'abord rallié à Napoléon III, il manifesta son opposition à la politique italienne de ce dernier. *L'Univers* cessa de paraître de 1860 à 1867. Lors du premier concile du Vatican, Veuillot se fit l'apologiste de l'infaillibilité pontificale.

VICTORIA, née en 1819, reine d'Angleterre et d'Irlande de 1837 à 1901, impératrice des Indes de 1876 à 1901. Petite-fille de George III, elle succéda à son oncle Guillaume IV. Son avènement marqua la fin de l'union de l'Angleterre et du Hanovre. Elle épousa son cousin Albert de Saxe-Cobourg en 1841 et lui donna neuf enfants. Formée à la politique par lord Melbourne, elle s'efforça d'imposer ses vues, sans pourtant sortir de ses prérogatives et elle exerça une influence certaine dans les affaires extérieures. Disraeli, qu'elle ne cessa de soutenir, lui fit donner le titre d'impératrice des Indes. La popularité de Victoria était immense. Son règne marque l'apogée de l'Angleterre.

TABLEAUX GÉNÉALOGIQUES

TABLEAU GÉNÉALOGIQUE DES MÉROVINGIENS

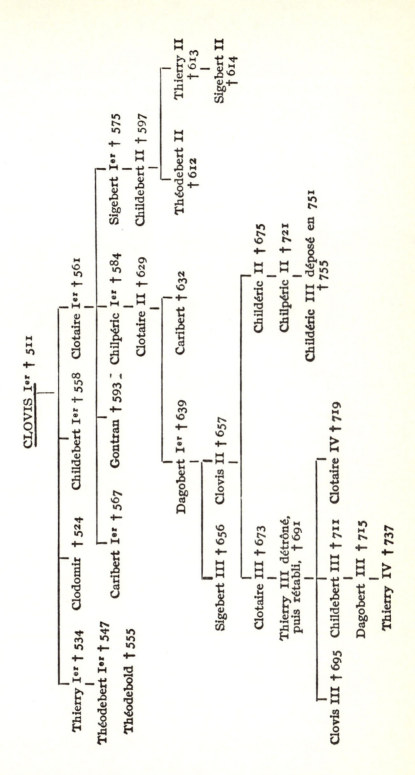

TABLEAU GÉNÉALOGIQUE DES CAROLINGIENS

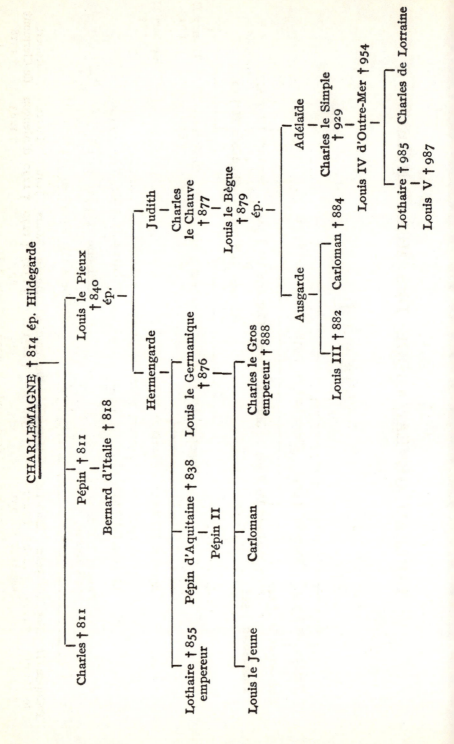

TABLEAU GÉNÉALOGIQUE DES CAPÉTIENS
DE CAPET AUX ENFANTS DE St LOUIS

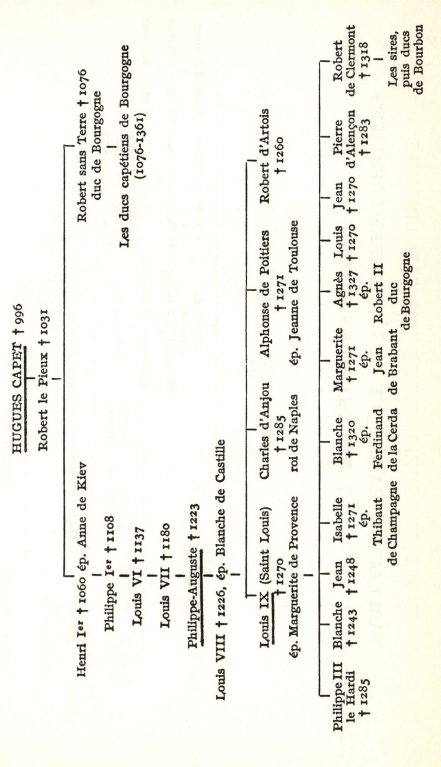

HUGUES CAPET † 996

Robert le Pieux † 1031

Henri Ier † 1060 ép. Anne de Kiev — Robert sans Terre † 1076 duc de Bourgogne — Les ducs capétiens de Bourgogne (1076-1361)

Philippe Ier † 1108

Louis VI † 1137

Louis VII † 1180

Philippe-Auguste † 1223

Louis VIII † 1226, ép. Blanche de Castille

Louis IX (Saint Louis) † 1270 ép. Marguerite de Provence — Charles d'Anjou † 1285 roi de Naples — Alphonse de Poitiers † 1271 ép. Jeanne de Toulouse — Robert d'Artois † 1260

Blanche † 1243 — Jean † 1248 — Isabelle † 1271 ép. Thibaut de Champagne — Blanche † 1320 ép. Ferdinand de la Cerda — Marguerite † 1271 ép. Jean de Brabant — Agnès † 1327 ép. Robert II duc de Bourgogne — Louis † 1270 — Jean † 1270 — Pierre d'Alençon † 1283 — Robert de Clermont † 1318

Philippe III le Hardi † 1285

Les sires, puis ducs de Bourbon

TABLEAU GÉNÉALOGIQUE DES DERNIERS CAPÉTIENS

ET DES PREMIERS VALOIS

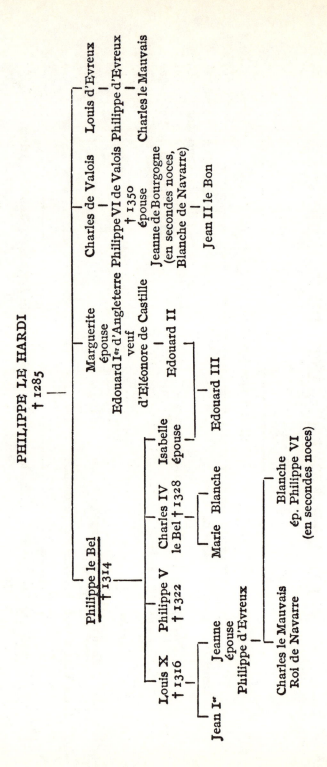

PHILIPPE LE HARDI
† 1285

Philippe le Bel
† 1314

Marguerite
épouse
Edouard Ier d'Angleterre
veuf
d'Eléonore de Castille

Charles de Valois

Philippe VI de Valois
† 1350
épouse
Jeanne de Bourgogne
(en secondes noces,
Blanche de Navarre)

Louis d'Evreux

Philippe d'Evreux

Charles le Mauvais

Edouard II

Jean II le Bon

Louis X
† 1316

Philippe V
† 1322

Charles IV
le Bel † 1328

Isabelle
épouse

Edouard III

Marie   Blanche

Jean Ier

Jeanne
épouse
Philippe d'Evreux

Blanche
ép. Philippe VI
(en secondes noces)

Charles le Mauvais
Roi de Navarre

TABLEAU GÉNÉALOGIQUE DES VALOIS

PHILIPPE VI DE VALOIS † 1350

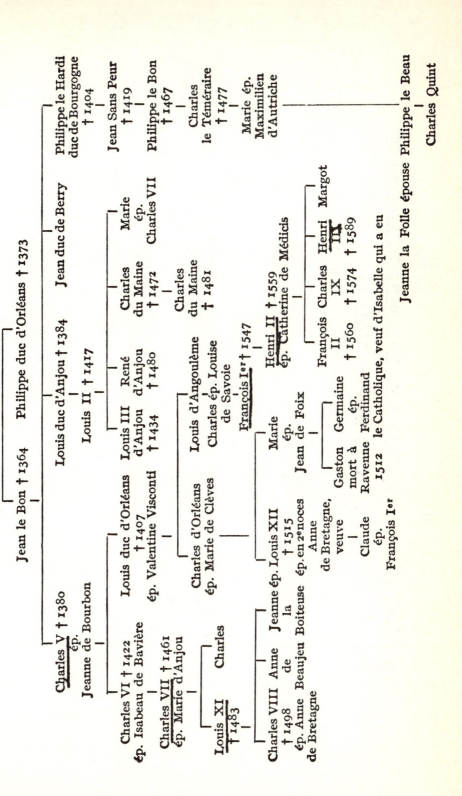

TABLEAU GÉNÉALOGIQUE DES BOURBONS

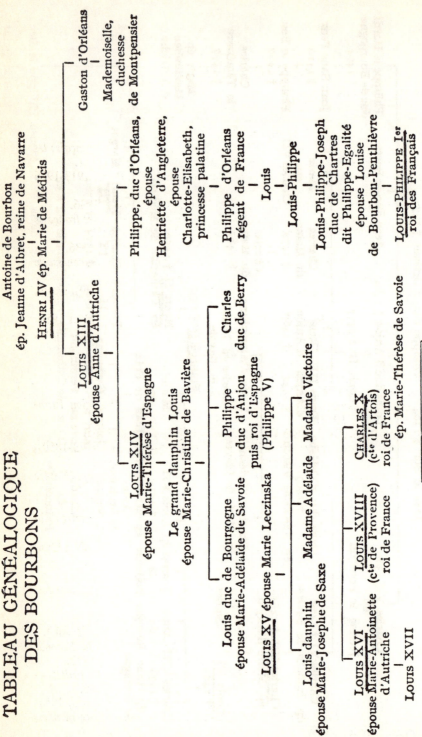

Antoine de Bourbon
ép. Jeanne d'Albret, reine de Navarre

HENRI IV ép. Marie de Médicis

LOUIS XIII épouse Anne d'Autriche

Gaston d'Orléans

Mademoiselle, duchesse de Montpensier

LOUIS XIV épouse Marie-Thérèse d'Espagne

Philippe, duc d'Orléans, épouse Henriette d'Angleterre, épouse Charlotte-Elisabeth, princesse palatine

Le grand dauphin Louis épouse Marie-Christine de Bavière

Philippe duc d'Anjou puis roi d'Espagne (Philippe V)

Philippe d'Orléans régent de France

Louis duc de Bourgogne épouse Marie-Adélaïde de Savoie

Charles duc de Berry

Louis

Louis-Philippe

LOUIS XV épouse Marie Leczinska

Louis-Philippe-Joseph duc de Chartres dit Philippe-Egalité épouse Louise de Bourbon-Penthièvre

Louis dauphin épouse Marie-Josephe de Saxe

Madame Adélaïde   Madame Victoire

LOUIS-PHILIPPE Ier roi des Français

LOUIS XVIII (c^te de Provence) roi de France

CHARLES X (c^te d'Artois) roi de France ép. Marie-Thérèse de Savoie

LOUIS XVI épouse Marie-Antoinette d'Autriche

Louis Antoine dauphin duc d'Angoulême

Charles Ferdinand duc de Berry, ép. Marie-Caroline de Naples

LOUIS XVII

Henri conte de Chambord (Henri V)

BIBLIOGRAPHIE

ABRANTÈS (duchesse d'), *Mémoires* (1830), Paris, s.d.

AGUET (Jean-Pierre), *Contribution à l'histoire du mouvement ouvrier français: les grèves sous la monarchie de Juillet* (1830-1847), Genève, 1954.

APPONYI (comte Joseph), *Vingt-cinq ans à Paris* (1826-1852), Paris, 1913-1926 (4 vol.).

AZAN (général Paul), *L'armée d'Afrique de 1830 à 1852*, Paris, 1936.

BASTID (Paul), *Les institutions politiques de la monarchie parlementaire française* (1814-1848), Paris, 1954.

BERTAUT (Jules), *Le roi bourgeois (Louis-Philippe intime)*, Paris, 1936.

BERTIER DE SAUVIGNY (G. de), *La conspiration des légitimistes et de la duchesse de Berry contre Louis-Philippe* (1830-1832), Paris, 1950.

BLANC (Louis), *Révolution française. Histoire de dix ans* (1830-1840), Paris, 1877 (5 vol.).

BOIGNE (comtesse de), *Mémoires* (1820-1848), Tome II, Paris, 1971 et 1986.

BORDONOVE (Georges), *Les rois qui ont fait la France : Louis XVI* (Paris, 1983), *Louis XVIII* (Paris, 1989), *Charles X* (Paris, 1990).

BORY (Jean-Louis), *La révolution de Juillet*, Paris, 1972.

BROCHURES POLITIQUES: 1830-1848.

CANLER, *Mémoires* (1797-1865), Paris, 1968.

CASTILLON DU PERRON (Marguerite), *Louis-Philippe et la Révolution Française*, Paris, 1984.

CASTRIES (duc de), *De Louis XVIII à Louis-Philippe*, Paris, 1965.

Catalogue de l'Exposition : Louis-Philippe, l'homme et le roi (1773-1850), Archives Nationales, Paris, 1974.

Catalogue de l'Exposition : Le prince de Joinville et la marine de son temps (Musée de la Marine), Paris, 1953.

Chansons politiques : 1830-1848.

CHARLETY (S.), *La monarchie de Juillet* (1830-1848), in Lavisse : *Histoire de la France contemporaine*, Paris, 1921.

CHATEAUBRIAND, *Mémoires d'outre-tombe* (Troisième partie : livre XV ; Quatrième partie : Livres I à X – Édition Garnier), Paris, s.d.

CLÉMENT (Jean-Paul), *Chateaubriand politique*, Paris, 1987.

COLLING (Alfred), *La liste civile de Louis-Philippe*, in *Revue des deux mondes*, Paris, février 1966.

CUVILLIER (Armand), *Hommes et idéologies de 1840*, Paris, 1956.

CUVILLIER-FLEURY (Alfred Auguste), *Journal intime*, Paris, 1903 (2 vol.).

DAUBAN (C.-A.), *Histoire du règne de Louis-Philippe Ier et de la Seconde République* (24 février 1848 — 2 décembre 1851), Paris, 1872.

DESCHAMPS (Henry Thierry), *La Belgique devant la France de Juillet — L'opinion et l'attitude françaises de 1839 à 1848*, Paris, 1956.

DUHAMEL (Jean), *Louis-Philippe et la première Entente cordiale*, Paris, 1951.

DUHAMEL (Jean), « *Louis-Philippe et Victoria* », in *Revue des deux mondes*, Paris, janvier 1969.

DUVERGIER DE HAURANNE (Prosper), *Histoire du gouvernement parlementaire en France*, Paris, 1860-1872 (10 vol.).

FALLOUX (comte Frédéric Alfred Pierre de), *Mémoires d'un royaliste*, Paris, 1925-1926.

FESTY (Octave), *Le mouvement ouvrier au début de la monarchie de Juillet*, Paris, 1908.

FLERS (marquis de), *Le roi Louis-Philippe: vie anecdotique (1773-1850)*, avec 130 lettres inédites, Paris, 1891.

GABORY (Émile), *Les guerres de Vendée* (les Bourbons et la Vendée), Paris, 1989.

HAUSSONVILLE (O. d'), *Histoire de la politique extérieure du gouvernement français (1830-1848)*, T. I, Paris, 1850.

HAUTPOUL (général marquis d'), *Mémoires (1789-1855)*, Paris, 1906.

HAYEM (Raymond), *Le conseil des ministres sous Louis-Philippe*, Paris, 1939.

HUART (Suzanne d'), « *Louis-Philippe et Guizot d'après leur correspondance* », in *Revue soc. histor. du protestantisme français* (10 p.), Paris, 1976.

HUGO (Victor), *Journal (1830-1848)*, Paris, 1954.

JARDIN (A.) et TUDESQ (A.-J.), *La France des notables. L'évolution générale (1815-1848)*, Paris, 1973.

JOINVILLE (prince de), *Vieux souvenirs*, Paris, 1970.

LA GORCE (Pierre de), *Louis-Philippe (1830-1848)*, Paris, 1931.

LA MOTTE-ROUGE (général E. de), *Souvenirs et campagnes*, Paris, 1895.

LASSÈRE (André), *La situation des ouvriers de l'industrie textile dans la région lilloise sous la monarchie de Juillet*, Lausanne, 1952.

LATREILLE (capitaine Albert), *La campagne de 1844 au Maroc. La bataille d'Isly*, Paris, 1912.

LAVISSE (voir CHARLETY).

LEMAIRE (Jean-François), « *Le difficile mariage du duc d'Orléans* », in *Revue des deux mondes*, Paris, janvier 1968.

LENÔTRE (Georges), *Les fils de Philippe-Égalité pendant la Terreur*, Paris, 1907.

LOUIS-PHILIPPE, *Mémoires (1773-1793)*, Paris, 1973 (2 vol.).

MAILLÉ (duchesse de), *Mémoires (1832-1851)*, présentés par Xavier de La Fournière, Paris, 1989.

MARIE-AMÉLIE, reine des Français, *Journal*, présenté par Suzanne d'Huart, Paris, 1981.

MAZAS (A.) et ROZET, *La révolution de Juillet* (25 juillet-16 août 1830), Mémoires de Mazas et Chronique de Rozet, publiés par R. Lécuyer, Paris, s. d.

MONTAGNON (Pierre), *La conquête de l'Algérie (1830-1871)*, Paris, 1986.

MONTALIVET (comte M.-C. de), *Fragments et souvenirs*, Paris, 1899-1900 (2 vol.).

MONTRÉAL (Fernand de), *Les dernières heures de la monarchie*, Paris, 1895.

NOUVION (Victor H.N. Brillard de), *Histoire du règne de Louis-Philippe, roi des Français (1830-1848)*, Paris, 1861 (4 vol.).

OWZINSKA (Anna), *La politique de la France envers l'Allemagne à l'époque de la monarchie de Juillet (1830-1848)*, Krakow, 1979.

PERREUX (Gabriel), *La propagande républicaine au début de la monarchie de Juillet*, Paris, 1930.

POISSON (Georges), *Cette curieuse famille d'Orléans*, Paris, 1976.

PONIATOWSKI (Michel), *Louis-Philippe et Louis XVIII*, autour du Journal de Louis-Philippe en 1815, Paris, 1980.

BIBLIOGRAPHIE

PONTEIL (Félix), *La monarchie parlementaire (1815-1848)*, Paris, 1949.

RECOULY (Raymond), *Louis-Philippe roi des Français. Le chemin vers le trône*, Paris, 1930.

ROUX (marquis de), *La Restauration*, Paris, 1930.

SAINT-AMAND (Imbert de), *La jeunesse de Louis-Philippe et de Marie-Amélie*, Paris, 1894.

SAVINE (Albert), *L'assassinat de la duchesse de Praslin*, Paris, 1908.

SÉE (Henri), *La vie économique de la France sous la monarchie censitaire (1815-1848)*, Paris, 1927.

THUREAU-DANGIN (Paul), *Histoire de la monarchie de Juillet*, Paris, 1909 (7 vol.).

TUDESQ (André Jean), *Les grands notables en France (1840-1849)*, Paris, 1964 (2 vol.).

VALYNSELLE (Joseph), *Les maréchaux de la Restauration et de la monarchie de Juillet*, Paris, 1962.

VERON (Dr L.), *Mémoires d'un bourgeois de Paris*, Paris, 1853-1855 (6 vol.).

VIDALENC (Jean), *La société française de 1815 à 1848*, Paris, 1969-1973 (2 vol.).

VIENNET (Jean P.G.), *Journal de Viennet, pair de France, témoin de trois règnes*, Paris, 1955.

WEILL (Georges), *La France sous la monarchie constitutionnelle (1814-1848)*, Paris, 1912.

TABLE DES MATIÈRES

CHEZ LE MÊME ÉDITEUR

DU MÊME AUTEUR

LE BÛCHER

Une sublime histoire d'amour et de mort

1210 : Noyée dans les flammes de son bûcher, Minerve, ville-forteresse réputée imprenable entre les Cévennes et les Pyrénées, capitule au terme d'un siège sans merci. Le premier acte de la tragédie cathare s'achève. Le dernier, trente-quatre années plus tard, s'appellera Montségur.

Dans ce roman superbe s'inspirant de la première phase de la croisade des Albigeois qui déchira la France il y a quelque sept cents ans, entraînant la disparition de la civilisation occitane, Georges Bordonove, sur fond authentique de la geste des «Parfaits», mêle avec une rare maîtrise l'Histoire, le sang, la foi, la volupté et la mort.

Guilhem, jeune seigneur de Minerve, accueille dans son château, par bravade plutôt que par foi véritable, une horde d'hérétiques traqués par les Croisés de Simon de Montfort. Parmi les fugitifs se trouve Esclarmonde, indicible beauté de vingt ans, ardente, rayonnante, vouée aux béatitudes célestes et non au plaisir des sens. Mais dès le premier regard qu'il porte sur elle, Guilhem sait qu'elle lui appartiendra.

LE BÛCHER, livre d'une saisissante grandeur, d'une force, d'un lyrisme, d'une poésie qui subjuguent, évoque l'essentiel du drame cathare : le conflit pathétique entre l'amour selon la chair et l'amour selon l'esprit, la coexistence, parfois incompatible, du bonheur et du devoir.

« *Emouvant, passionné, vibrant...* »

L'Express

« *Un magnifique roman historique. Une exceptionnelle qualité d'écriture.* »

Le Figaro

COLLECTION ROUGE ET BLANCHE

Achevé d'imprimer en octobre 1990
sur presse CAMERON,
dans les ateliers de la S.E.P.C.
à Saint-Amand-Montrond (Cher)

– N° d'édit. 364. – N° d'imp. 2397. –
Dépôt légal : octobre 1990.

Imprimé en France